반지성주의 시대

반지성주의 시대

★ 거짓 문화에 빠진 미국, 건국기에서 트럼프까지 ★

수전 제이코비 지음
박광호 옮김

THE AGE OF AMERICAN UNREASON IN A CULTURE OF LIES

오월의봄

일러두기

1. 이 책은 *The Age of American Unreason in a Culture of Lies* 개정판(Vintage, 2018)을 옮긴 것이다.
2. 〔 〕는 옮긴이가 본문 내용의 이해를 돕기 위해 보충 설명한 부분이다.
3. 본문에서 인용된 책 제목은 한국어판이 있는 경우 그에 따르고 원문을 병기했다. 또한 한국어판 번역도 참조했다.
4. 본문 하단에 배치한 각주에서 ◘ 표시는 원주, ◕ 표시는 옮긴이 주이다.

---★---

문명국가의 국민이 무지하면서도 자유롭기를 바란다는 것은
과거에도 없었고 앞으로도 없을 것을 바라는 셈이다.

—토머스 제퍼슨, 1816

---★---

★彡 차례 彡★

서문

강력한 반지성주의의 부활
9

1장

오늘날 우리는 어떻게 살아가고 있는: 바로 우리 서민들 이야기
35

2장

그때는 어떻게 살았나: 신생 국가의 지성과 무지
77

3장

미국의 문화 전쟁 초기에 발생한 사회적 사이비과학
119

4장

빨갱이, 좌경분자, 동조자
149

5장

미들브라우 문화, 전성기에서 쇠퇴기까지
179

6장

그 60년대를 탓하다
219

7장 ───────────────────── 265

유산들: 청년문화와 유명인 문화

8장 ───────────────────── 295

새롭게 나타난 오래된 종교

9장 ───────────────────── 331

정크사상과 정크과학

10장 ───────────────────── 375

주의 산만 문화

11장 ───────────────────── 431

공공생활: 우둔함의 기준을 점점 더 낮게 규정하다

결론 ───────────────────── 463

기억상실과 탈진실의 시대에 무엇을 할 것인가

감사의 말 • 487

주 • 489

선별한 참고문헌 • 505

옮긴이의 말 • 511

찾아보기 • 517

서문

강력한 반지성주의의 부활

수십, 수백 년 동안 지속되고 통찰의 토대가 되는 저작을 쓰는 것은 모든 역사학자(특히 거짓이 만연한 문화권에 속한)의 꿈이다. 그런 책이 1963년 초, 즉 매카시의 시대와 1960년대 말 사회 격변의 시대 사이 희망에 찬 시기에 출간된 리처드 호프스태터의 《미국의 반지성주의Anti-Intellectualism in American Life》다. 호프스태터는 애가조이지만 조심스럽게 낙관하는 결론에서 이렇게 썼다. "과거의 자유로운 사회가 가지고 있었던 장점 중 하나는 다양한 스타일의 지적인 삶을 인정한 점이다. 그 덕분에 다양한 유형의 지식인들을 발견할 수 있다. 열정과 반항심에 의해 이름을 얻은 지식인도 있지만, 우아하고 화려한 지식인도, 검소하고 엄격한 지식인도 있다. 현명하고 복잡한 지식인도, 인내심 강하고 총명한 지식인도, 특별한 관찰력과 인내력을 지닌 지식인도 있다. 어쨌든 다양한 장점을 이해하려면 솔직함과 관대한 정신이 필요하다. 단선적이고 편협한 사회에서도 이런 미덕을 발견할 수는 있다. …… 물론 현대의 조건 아래서 다양한 선택의 길이 차단될 가능성은 있다. 미래의 문화를 지배하는 것은 오로지 특정 신조를 위해 매진하는 사람들일지도 모른다. 확실히 그럴 가능성은 있다. 그러나 인간의 의지가 역사의 저울을 좌우하는 한, 인간은 그렇게 되지 않으리라고 믿으며 산다."

지금으로부터 45년도 더 된 대학생 시절, 이 책을 처음 읽었을 때 나는 이 말에 감동받았고 지금도 그러하다. 새 천년이 시작된 직후 이 책을 쓰게 된 동기 중 하나는 호프스태터에게 존경을 표하고 싶은 바람이었다. 그의 책은 허비한 시간을 만회하기에 아직 충분히 젊었던 때 내가 습관적인 지적 게으름에서 벗어나도록 해주었고 내 삶을 변화시켰다. 이 책에 필요한 연구 조사의 대부분은 9·11 테러 공격과 2008년 대선 선거운동 초반 사이에 진행했다. 당시 (다른 많은 역사학자, 저널리스트와 마찬가지로) 나도 조지 W. 부시가 대통령으로 재직하던 8년을 현대 미국 정치사에서 반지성주의와 반합리주의가 절정에 이른 시기로 보았다.

처음 이 책은 2008년 겨울 판테온 출판사에서 양장본으로 출간되었는데, 그때 버락 후세인 오바마라는 특이한 이름의 젊은 상원의원과 힐러리 로댐 클린턴이라는 고령의 상원의원이 민주당 대선 후보 지명을 따내기 위해 뉴햄프셔주 눈밭을 헤쳐 나가고 있었다. 나는 합리성과 지식에 대한 존중이 대통령의 중요한 자격 요건이라고 보기에 오바마든, 클린턴이든 부시보다는 나으리라고 생각했다. 하지만 초판 서문에 담은 대체로 비관적인 논지를 바꿔야 할 아무런 이유를 찾지 못했다. 거기서 나는 "미국사의 저울이, 민주주의가 제대로 기능하는 데 필수적인 활기차고 다채로운 삶에 반하는 쪽으로 크게 기울어왔다는 두려움을 억누르기 어렵다"고 주장했다. 부시 행정부를 반지성주의의 경향으로 간주한 것은 부시의 개인적 결함들 때문이라기보다는 1970년대 이래 미국 문화에서 우둔함의 기준을 점점 더 낮게 규정해온 일반적인 과정의 한 징후로 보였기 때문이다. 나는 이렇게 썼다. "지난 40년간 미국의 고질적인 반지성주의 경향들은 비디오 영상과 끊임없는 소음으로 가득 찬 무지몽매의 대중문화와 공생하는, 혼미한 정신의 신종 반합리주의로 악화되어 왔다. …… 이 나라가 물려받은 18세기 계몽주의적 이성이라는 유산과도, 현대 과학 지식과도 상충하는 이 새로운 유형의 반합리주의는 역사에서 과거의 반합리주의들이 미국 문화와 정치에 가한 것보다 훨씬 큰 손상을 입힐 수 있는 반지성주의의 급증을 야기해왔다. 사실 대중의 반합리주의와 반지성주의는 현재 아주 밀접한 관계를 맺고 있다."

전에 썼듯이, 나는 첨단 과학기술을 두려워하는 이의 고루한 이야기로 들릴까 걱정스러웠다. 현재 그 구절은 반동적인 한탄보다는 조심스럽고 절제된 표현에 가깝게 들린다. 10년 전에는 나처럼 과학기술, 특히 인터넷이 대중의 주의 집중 능력과 지식수준 일반에 미치는 영향을 크게 두려워하는 학자와 미디어 종사자가 적었다(셰리 터클과 니컬러스 카 같은 유명한 예외적 인물들이 있긴 했지만). 우리가 말보다 이미지에 의존한다고 이야기했을 때 나는 유튜브, 비디오게임, 그리고 웹사이트에서 정보를 그래픽으로 단순화하는 것을 염두에 두고 있었다. 당시에는 디지털이 추동하고 문자메시지와 트윗이 촉진한 언어의 황폐화가 그 문화적 범위를 사회 전반으로 아직 확장하지 못하고 있었다. 2008년에는 소셜미디어의 영향력이 현재보다 훨씬 적었다(특히 뉴스의 파급과 진위성과 관련해). 오늘날 사용하는 의미의 '가짜 뉴스'라는 말은 만들어지지 않았다. 초판에서는 2006

년에 시작되어 사용자가 100만 명 정도 되던 트위터조차 언급하지 않았다(2016년에는 사용자가 3억 1700만 명이 넘었다). 불혹을 넘긴 사람들 다수는 처음에 트위터를 매우 젊은 이들만 사용하는 매체로 보았다. 어떤 성숙한 인간이 글자 수를 140자 내로 줄여 소통하려 하겠는가? 만약 2008년에 내가 미래의 대선 후보나 대통령은 소통 방식으로 야간 트윗을 선호하리라고, 140자 가운데 대부분을 '부정직하다', '잘못됐다', '슬프다' 따위의 단어에 느낌표를 붙여 쓰리라고 예측했다면 진지한 비평가들은 나를 조롱했으리라.

하지만 2015년 여름, 도널드 J. 트럼프가 트럼프타워에서 현재 유명해진 에스컬레이터를 타고 로비로 향하면서 공화당 대선 후보 경선 참가 의사를 밝혔을 때 나는 별로 놀라지 않았다. 뉴욕의 도도한 헤어디자이너들은 그를 '거대한 오렌지맨Le Grand Orange'●으로 취급하며 무시했을 테지만, 나는 그가 공화당 대선 후보 지명을 따낼 기회가 있다고 늘 생각했다. 그가 공화당을 접수한 뒤에도 나는 본선에서 그가 돌아온 클린턴을 이길 수도 있다고 믿었다. 늘 스스로를 자유주의자로 여겨온 나는 이런 불안한 예감이 하나도 즐겁지 않았지만 말이다. 뉴욕과 워싱턴의 내 친구들(대부분이 저널리스트와 작가인)은 내가 미쳤다고 계속 이야기했다. 선거운동이 막판으로 치달으면서 그중 일부는 (일시적으로) 더는 나에게 말하지 않기도 했다. 그렇지만 친구들 때문에, 트럼프가 클린턴을 역전할 수 있다는 강박적 초조함을 내가 면하게 되었다고는 말할 수 없다. 사실 친구들은 2016년의 미국 문화가 엄밀히 새로운 세대의 계몽주의를 이루었다고 할 수는 없지만 국가 정보기관의 브리핑을 듣지 않고, 기후변

● 트럼프의 불그스름한 머리카락 색, 피부색을 조롱하는 표현.

화가 중국이 퍼뜨린 거짓말일 것이라고 선언하며, 팔짓과 손짓으로 뇌성마비 흉내를 낸 장애인 리포터를 조롱한 후보를 뽑을 만큼 미국인이 어리석진 않다고 말하곤 했다(《뉴욕타임스》 서지 코발레스키 기자는 9·11 테러 공격으로 쌍둥이빌딩이 무너졌을 때 뉴저지주의 무슬림들이 일제히 환호하고 경축했다는 트럼프의 주장에 이의를 제기해 그의 분노를 산 바 있다. 트럼프는 이를 찍은 영상을 텔레비전에서 실제로 봤다고 말했다. 이 영상은 존재하지 않는데, 소위 경축 행사는 결코 일어난 바 없었기 때문이다).

내가 항상 트럼프를 심각하게 받아들인 것은 호프스태터의 책을 다시 읽고 이 책을 위한 연구 조사를 하는 동안 트럼프가 단순한 일탈 행동이라기보다는 쉽게 알아볼 수 있는 패턴을 드러내는 반지성적 후보로 보였기 때문이다. 그가 자신의 개인 브랜드의 경영을 미국이라는 브랜드의 경영과 맞바꾸려는 야심을 공개적으로 드러냈을 때, 다음과 같은 호프스태터의 경고가 내 뇌리에서 떠나지 않았다. "다양한 선택의 길이 차단될 가능성은 있다. 미래의 문화를 지배하는 것은 오로지 특정 신조를 위해 매진하는 사람들일지도 모른다." 네바다주 공화당 예비경선에서 고졸(혹은 그 이하)인 사람들에게서 57퍼센트의 표를 따낸 뒤 트럼프는 "나는 가방끈이 짧은 이들을 사랑한다"고 외쳤다. 교육을 제대로 못 받은 이들에게 더 나은 교육 기회를 제공하는 것은 예나 지금이나 늘 아메리칸드림의 토대다. 역설적으로 대학 등록금 마련의 어려움은 오늘날 육체노동자들 사이에 반지성주의가 다시 기승을 부리는 가장 중요한 요인 중 하나일 것이다. 얼핏 보면 그건 모순으로 보이는데, 자녀가 부모보다 더 잘하리라는 미국인들의 기대(거의 선천적으로 갖는)는 너무 많은 교육은 과하다는 양면적 태도와 늘 함께해왔다. 부모는 아이들이 부모의 세계에서 완전히 벗어날 정도로 지나치게 고등교육을 받기를 원하지 않는다. 노동계급 부모들은 지식인(혹은 자신들이 생각하는 지식인의 특성)을 전형적인 문화 특권층으로 혐오하면서도 동시에 자녀들이 특권층에 들어갈 기회를 얻기를 원한다(물론 대학 교육을 받은 아이가 교수나 언론인이 되는 것보다는 의사나 경영자가 되기를 바랄 것이다). 본능적으로 타인의 약점을 정확히 공략할 줄 아는 트럼프는 가방끈이 짧은 이들을 사랑한다고 말할 때 이런 양가적 태도를 꿰뚫어 보고 있었다.

주류 매체가 트럼프의 기회들을 과소평가했던 것은 개인적 반감이나 그의 부정직한 태도 때문이 아니라, 트럼프는 여전히 그렇게 믿고 있지만, 있음 직하지 않은 트럼프의 우위를 실현시킬 사회적 맥락을 이해하지 못했기 때문이다. 비슷한 맥락에서 트럼프 취임 후 다수 매체는 그의 지지자들이 선거운동에서 러시아와의 관련성, 백악관과 러시아와의 관계에 대한 조사 같은 중요 문제에 보인 무관심에 줄곧 당황했다. 트럼프와 다른 나라들의 관계에 대해 더 면밀한 조사에 들어간 뒤에도 미국인 다수는 여전히 다른 세계에 무관심했고, 이에 따라 초점은 계속 그의 정책이 아니라 그의 성격에 맞추어졌다. 트럼프의 탄핵에 관한 추측(내가 현재 이 글을 쓰는 지금도 여전히, 가까운 시일에 발생할 수 있는 일보다는 극좌파의 공상에 가까워 보이는)이 제기되는 동안, 언론은 그를 뽑은 사람들의 책임이 아니라 **그의** 개인적 기벽과 **그의** 책임을 계속 강조했다. 많은 주류 언론은 트럼프 행정부의 실책들을 조사하는 데 뛰어난 성과를 올렸지만 그를 가능하게 한, 또 (그의 대통령직의 운명과는 상관없이) 사람들이 그를 계속 좋아하게 할 반합리주의 문화는 조사하지 않았다.

주류 저널리스트들은, 인터넷에는 세계 각지의 생각이 비슷한 사람들을 연합시키는 명백한 잠재력이 있으며 그에 따라 소셜미디

반지성주의 시대

어와 결부된 문화적 편협성이 기하급수적으로 늘어나는 현상을 알아차리는 데 특히 느렸다. 문제는 '생각이 비슷한'이란 수식어에 있다. 자신과 견해가 같은 이들에게만 귀를 기울이고 편견에 더 사로잡힌다면 사람들은 거의 무엇이든 믿게 될 것이다. 편협함과 반지성주의는 늘 밀접한 관련을 맺어왔지만 소셜미디어가 서로 멀리 떨어진 지역들을 연결해 즉석에서 편협한 커뮤니티를 만들어내는 역량은 새로운 것이다. 텔레비전 및 신문 기자들은 트럼프를 곧잘 "전례 없는unprecedented" 후보라고 불렀지만, 사실 전례 없는 것은 바로 트럼프가 의도적으로 메시지가 제한된 소통 수단(비합리적인 이들에게 호소하기에 더할 나위 없는)을 하루 24시간 내내 사용한다는 것이다. 트위터의 140자 형식은 정의상 반지성적인데 표어, 구호에 딱 좋은 분량이기 때문이다. 그것은 드라마 〈매드맨Mad Men〉 시대의 주옥같은 광고 문구의 현대적 판본이다. 이를테면 "윈스턴, 맛이 참 좋아요. 담배라면 당연히 그래야 하듯이요" 또는 "그 여자, 한 건가요, 안 한 건가요? 헤어디자이너만이 알 수 있지요"(염색약 클레롤의 광고 문구). 차이가 있다면 대다수 사람들이 그 오래된 광고 표어는 광고로 인식했지만 중대한 대통령 후보의 트윗은 사실로 간주한다는 점이다. 즉, 독특하기로 타의 추종을 불허하는 대통령 고문 켈리앤 콘웨이의 말에 따르면 "대안적 사실alternative facts"로 말이다. 트럼프의 취임 다음 날, NBC의 〈밋 더 프레스Meet the Press〉에 출연한 콘웨이는 취임식에 모인 인파의 규모를 의도적으로 낮게 추산했다는 이유로 대장(트럼프)이 그 "부정직한" 매체에 가한 공격을 변호했다.° 트럼프는 취임식에 모인 군중이 워싱턴기념탑까지 이어졌다고 주장했는데, 무수한 항공사진을 보면 당시 그 공간의 약 3분의 1이 비어 있었다. 그곳은 흔히 그런 식으로 인원을 추산하는 공공장소이고, 거기에 모인 인원을 그보다 쉽게, 신뢰할 만하게 확인할 방식은 없다. 트럼프는 군중이 워싱턴기념탑으로 이어지는 길을 가득 메운 광경을 보고 싶었을 테지만 그건 희망 사항이지 사실이 아니다. 더욱이 대안적 사실도 아니다.

나는 문화적 보수주의자를 자칭할 수 없는데, 1980년대에 종교적 우파가 가로채고 미디어가 퍼뜨린 그 용어가 트랜스젠더(남들이 자신의 생식기를 절대 보지 못하도록 화장실 문을 잠가야 하는 상식도 없을 만큼 명청한 존재로 간주되는)의 화장실 사용 같은 사안에 사로잡힌 사람을 묘사하는 데 관습적으로 사용되기 때문이다. 나는 스스로를 엄격한 사전적 의미에서 "파괴적 영향력, 자연적 부패 혹은 낭비로부터 존재, 생명, 건강, 완성 등의 형태로 문화를 보존하는 것"에 헌신하는 문화 보호주의자로 여긴다.

호프스태터가 미국의 반지성주의를 고찰한 책은, 즉 문화 보호주의의 전형적인 예는 제2차 세계대전 이후 팍스 아메리카나를 사회 전반에서 자축하던 분위기를 미국인이 조금 더 비판적으로 보던 시기에 나왔다. [1960년 대통령] 선거가 치러지고 존 F. 케네디가 암살당하기까지 그 3년 동안에는 대다수 미국인 가운데 낙관론이 많이 퍼졌는데, 지식인 사회보다 더 많은 희망을 품은 집단은 없었다. 1940년대 말과 1950년대 초, 학계의 관심사, 학술적 관심사를 싸잡아 공산주의적 경향으로 간주해버리는, 혹은 적어도 좌익에 공감하

● 당시 프로그램 진행자가 던진 취임식 인파에 관한 질문에 콘웨이는 "당신은 거짓말이라고 하지만 스파이서[당시 백악관 대변인]는 대안적 사실을 제시했을 뿐"이라고 답했고, 이에 진행자는 "대안적 사실은 사실이 아닙니다. 그것은 거짓말이에요"라고 반박했다. 이후 '대안적 사실'은 가상의 자료, 왜곡된 데이터를 근거로 한 거짓말을 의미하는 신조어가 되었고 독일에서는 2017년도 '올해의 못된 유행어'로 꼽혔다.

는 이들에 대한 위험한 관용으로 동일시하는 정치 풍토에 지식인들은 익숙해졌다. '계란머리eggheads'°°가 잠재적 배반자로 묘사되지 않을 때조차 그들은 흔히 무능력자로 무시되었다. 1954년 아이젠하워 대통령은 공화당 기금 모금 행사에서 한 연설에서 지식인을 "자기가 아는 것 이상을 말하기 위해 필요 이상의 말을 내뱉는 사람"으로 묘사했다.

1957년 소련이 스푸트니크를 발사해 미국의 자부심에 상처를 입히자 미국인은 지식인에게 사실 실용적 가치가 있을지도 모른다는 데 생각이 미쳤다. 그런데 대중의 관심사와 공적 자금은 대개 과학적 노력(국방과 경쟁국을 이기고 우쭐댈 수 있는 일처럼 목적이 분명한)을 위한 것이었다. 일반 대중의 관점에서만 보면 명백한 실용적 목적이 전혀 없는 학문이나 사상에 헌신하는 지식인은 사회적 위상이나 지위가 거의 없는 존재였다.

1970년대 초 뉴욕으로 이사한 나는, 1950년대에 애들레이 스티븐슨이 대선에서 아이젠하워를 이길 수 있다고 실제로 믿었던 지식인들을 만나서 깜짝 놀랐다. 이는 그들이 보통의 미국인으로부터 심리적으로, 사회적으로 얼마나 동떨어져 있는지를 보여주는, 희망 사항에 불과한 오해였다. 우리 부모님, 할아버지, 할머니, 그리고 대부분의 친구들은 프랭클린 루스벨트와 해리 트루먼을 찍었는데, 내가 시카고 바로 남쪽의 블루칼라 소도시에서 자랄 때 스티븐슨에

°° 지식인을 경멸적으로 가리키는 표현. 본디 미국 소설가 오언 존슨이 자신의 소설에서 사용했을 때는 부정적인 의미가 없었다. 하지만 1952년 대선에서 공화당이 지식인 성향이 강하고 머리가 벗겨진 민주당 후보 애들레이 스티븐슨을 비꼬는 의미로 사용한 뒤로 그런 부정적 의미가 현재까지 이어지고 있다(강준만, 《교양영어사전 1》, 인물과사상사, 2012, 245쪽).

관해 들어본 거라곤 보통 사람들의 문제를 조금이라도 이해하기엔 그가 너무나 계란머리라는 것이었다. 스티븐슨의 세련된 연설, 즉 그의 동료 지식인들이 보기엔 유리한 강점이 내 어린 시절의 어른들 대부분에겐 단점으로 보였다. 아흔아홉 살, 돌아가시기 직전 공화당에 한 표도 던진 적이 없음을 자부한 바 있는 우리 할머니는 대공황과 당신이 사랑했던 루스벨트를 되돌아봄으로써 스티븐슨의 어법과 고상한 어휘에서 느낀 싫은 감정을 극복할 수 있었다. "애들레이는 서민을 얕보는 투로 말했단다." 할머니는 이렇게 회상했다. "서민적인 느낌은 없었어. 아이크(아이젠하워의 애칭)는 서민적이어서 좋았는데, 결국 어느 정당이 우리에게 사회보장 혜택을 주고 어느 정당이 굶주리는 노인들에게 신경도 쓰지 않았는지 돌아보니까 차마 공화당을 찍을 수 없었지."

그에 반해 케네디는 미국 국민에게 오만한 지식인으로 보이지 않으면서도 지적 능력과 교육 수준을 드러내는(그의 언사는 스티븐슨 못지않게 세련되고 박식했다) 그 까다로운 일을 해냈다. 국민이 옳았다. 호프스태터의 정의에 따라 지식인을, "어떻게 보면 지식을 위해 살고 있다—실로 종교적 헌신과 흡사한, 정신의 삶에 대한 헌신적 의식을 갖고 있는" 사람으로 가정한다면 케네디는 지식인이 아니었다. 어느 시대, 어느 나라건 지식인에 대한 이런 엄격한 자격을 갖춘 정치인은 거의 없었다. 미국독립혁명 세대의 가장 놀라운 특징 하나는 진정한 지식인이 참 많이 존재했고 그들의 영향력도 강했다는 점이다(그 용어가 18세기에는 만들어지지 않았지만 말이다). 독립선언문과 헌법을 만들고 수십 년간의 형성기에 공화국을 이끈 정치인들은 비범한 학식과 지성을 갖춘 이들이었다. 계몽주의적 가치에 충실한 그들은 사상가로서의 역할과 공적 무대에서 활동하는 공인으로서의 역할 사이에서 어떤 모순도 느끼지 못했다. 건국의 아버지 들은 라이어널 트릴링이 1942년에 "현실과 머릿속에서 생각하는 것 은 대립되고 반드시 현실의 편에 서야 한다는 미국인들의 고질적인 믿음"[■]으로 묘사한 것이 이후 어떻게 퍼져나갔는지를 보았다면 깜짝 놀랐을 것이다.

케네디는 미국 사회가 사고와 행위는 불가피하게 나뉜다는 20세기 미국의 편협한 관념을 버리고, 학식과 철학을 사랑해야 정치 지도자의 지도력이 향상된다고 간주되던 18세기의 본보기로 돌아가야 한다고 자주 이야기하고 글로 썼다(대통령이 되기 전까지 오랫동안 그렇게 했다). 그의 정부 관료 임명에는 이 철학이 반영되었다. 케네디는 행정부의 중요 직책에 사람이 필요할 때 수차례 저명한 교수들을 불러들였는데, 이는 그가 지성인들(비록 여성들은 아니었지만)과 함께할 때 편안해한다는 분명한 증거였다. 신임 대통령이 존 케네스 갤브레이스, 리처드 뉴스타트, 리처드 굿윈, 아서 슐레진저 2세, 월터 헬러 같은 계란머리들을 찾았다는 사실이 알려지면서 대중은 지식인 사회를 훨씬 더 존중하게 되었고, 지식인들은 새롭게 펼쳐진 권력의 기회와 그에 따른 물질적 보상에 벅찬 희열과 죄책감을 동시에 느끼곤 했다.

이 문화적 균형의 순간에 호프스태터의 《미국의 반지성주의》가 출간되었다. 한 가지 중요한 의미에서 이 책은 실로 매카시 시대의 산물이다. 청교도들이 처음 플리머스 바위에 발을 디딘 직후부터 그 모습을 선명히 드러낸 미국의 문화적 경향의 장기적이고 광범위

[■] 본디 컬럼비아대학에서 한 이 강연은 트릴링의 영향력 있는 평론 선집 《자유주의의 상상력(The Liberal Imagination)》(1950)에 실렸다.

한 맥락에서 전후에 반지성주의와 반공주의적 고발이 뒤섞여 나타났고, 호프스태터는 바로 이런 맹렬한 경향을 탐구하고자 결심했기 때문이다. 호프스태터는 이렇게 주장했다. "미국의 반지성주의는 사실 이 나라가 국가로서 확립되기 전부터의 오랜 역사적 배경을 가지고 있다. 이 배경을 살펴보면 미국에서 지식인에 대한 존중의식이 꾸준히 감소한 것도 아니고 최근에 갑자기 실추된 것도 아니며, 주기적으로 변동하기 쉬운 것이었음을 알 수 있다. 또한 우리 시대에 지식인에게 쏠리는 악감정도 지식인의 지위가 땅에 떨어져서 나타난 게 아니라 그 지위가 점차 높아졌기 때문에 나타난 것임을 알 수 있다." 이런 관점에서 미국의 반지성주의는 종교와 교육에서 보이는 미국의 민주주의적 충동들의 이면을 나타낸다. 기본적으로 인간과 신이 개별적으로 관계를 맺는다는 믿음을 갖고 정통 교회의 위계질서를 거부하는 근본주의적 종교는 또한 지성주의(초창기 청교도 성직자들의 종교적 지성주의를 포함해)와 오랫동안 관련되어온 근대화, 세속화 경향도 거부했다. 19세기 말부터 고등학생 수를 크게 늘리고 20세기에 대학 등록률도 크게 높인 교육 민주화는 필연적으로, 극소수의 학생만이 기초적인 읽기, 쓰기, 산수 이상의 교육을 받을 수 있다는, 여러 사회에 만연한 더 엄격한 기준을 완화했다. 마지막으로, 미국에서 자수성가한 인물(특권계층 가족의 후광이나 정규교육이 주는 유리한 점 없이 스스로의 기지와 부지런함으로 성공한 자)을 이상화하는 풍토에서는 가르침과 배움에 헌신하는 이들에 대한 존중이 쉽사리 수용되지 않았다.

얄궂게도 교사를 폄하하는 분위기는 20세기 중반, 그러니까 학사 학위가 법조계, 의료계뿐 아니라 한때 자수성가의 영역으로 간주되던 사업계의 많은 분야에서도 성공의 보증수표가 된 시기에 뿌리내리게 되었다. '능력 있는 자는 실제로 하고, 능력 없는 자는 가르친다'라는 말은, 교사 채용이 서부 개척지 변경 지역들에서 문명을 나타내는 두 가지 근본 지표 중 하나(다른 하나는 목사의 존재)였던 18세기, 19세기 미국인에겐 터무니없게 들렸을 속담이다. 물론 흔히 공식적인 교육기관 자격증을 갖추지 못했던, 어디에나 있지만 없어서는 안 되는 지역사회의 교사는 특히 제2차 세계대전 이후 점차 재계, 정부, 교육계를 지배한 한편 보통 사람의 특별한 덕목이라고들 하는 상식의 적으로 곧잘 여겨진, 자격증을 갖춘 '전문가'와는 판이한 문화적·사회적 동물이었다.

새 천년 초, 호프스태터의 책을 다시 읽으며 나는 그의 학문의 예스러운 공정성에 매혹되었다. 그것은 사이비 '객관성'이나 진실이 늘 양 주장의 중간에 있다고 하는 단순한 중도주의가 아니라 상대의 주장과 정면 승부하고 자신의 편견과 배치되는 증거를 인정하는 진지한 시도였다. 대학 시절에 이 책을 읽을 때는 이런 특성을 충분히 알아보지 못했는데, 공정성이 1960년대 전반에는(후반에는 아닐지라도) 장차 학자가 되려는 청년에게 꽤 당연한 이상이었기 때문이다. 21세기 미국 지식인들이 20세기 중반 '합의 역사학자들'(호프스태터가 대표적 학자다)의 연구[*]를 되돌아보고 새롭게 평가할 때, 그런 재고는 정치적 상대를 악마화하는 것도, 예술·사회·경제 분야의 매우 광범위한 문제에 대한 상대의 이견을 하찮게 간주하는 것도 용인했던, 당시 이데올로기적으로 양극화된 대중을 비판적으로 전제

---

[*] 합의 사학(consensus history)으로 불린다. 미국 역사, 사회, 정치, 경제의 우수성과 특수성을 강조했다. 미국 사학계를 지배해왔고, 계급 갈등의 중심성을 강조한 기존의 진보 사학을 거부했다. 1960년대 후반, 젊고 급진적인 역사학자들은 합의 사학을 비판하고 계급, 인종, 젠더의 중심적 역할을 강조하는 신좌파적 관점을 취했다.

하고 수행해야 한다.

트럼프의 대선 출마를 두고 흔히 쓰인 형용사 '전례 없는'은 절반만 진실이다. 트럼프는 정부나 군에 재직한 경력이 없는 첫 대통령이라는 의미에서만 전례 없는 인물이다. 그 밖의 점에서 그는 초창기 혹은 현대 미국사에서 전례가 없는 게 결코 아닌, 경제 상황에 대한 분개와 반지성주의가 결합된 광범위한 현상의 일부다. 트럼프가 갖고 있던(지금도 갖고 있는) 것은 파급력과 영향력이 전례 없이 강한 소셜미디어들에 대한 접근권이다. 이 세기의 초반 몇 해만 해도 유아기에 머물러 있던 페이스북과 트위터는 2015년에는 트럼프가 누구나 이해할 수 있는 접근법으로 공적 담론을 공략하기 위한 폭넓고 효과적인 도구로 성장했다. 2008년 소셜미디어가 얼마나 빨리 확대되고 사실적 근거가 없는 의견을 대중에게 얼마나 효과적으로 퍼뜨리는지를 예측했더라면 나는 머지않은 미래에 모습을 드러낼 트럼프, 혹은 그와 흡사한 인물을 알아보았을지도 모른다.

2008년 대선 선거운동 내내, 트럼프의 진정한 전임자는 상원의원 존 매케인과 동반 출마한 부통령 후보 세라 페일린이었다. 페일린은 호프스태터가 두려워한 외골수형 인물의 전형이었다(그의 세대의 남성 학자들은 여성이 대통령이나 부통령 후보로 진지하게 취급되는 것을 상상도 할 수 없었다). 러닝메이트 선택에서 알래스카 주지사보다 더 극단적인 선택지는 없었을 것이다. 그녀는 총기 휴대를 찬성하고 낙태와 진화론을 반대하며 근본주의적 태도로 성경을 강권하는 인물이었고, 2009년에는 임기 중간에 주지사직을 사임하고 부통령 후보 출마로 얻은 명성에 편승한다. 선거운동 기간에 페일린은 1968년 리처드 닉슨의 러닝메이트였던 스피로 T. 애그뉴 이래 가장 사나운 반지성주의적 맹견의 면모를 드러냈다(언론인을 "부정적 말들을 지껄이는, 돈 많고 권세 있는 한량"으로 묘사한 불후의 명언을 남긴 사람이 바로 애그뉴다. 이 구절은 공화당 연설문 작성자 윌리엄 J. 새파이어가 썼다). 사실 페일린의 불운(상대 후보들 중 오바마가 있었다는 것 외에도)은 트위터의 이점을 충분히 이용하기엔 너무 이른 시기에 대선에 나갔다는 것이다. 2008년 전국적으로 무명이었던 페일린은 여전히 주류(페일린의 경멸적 표현으로는 "한물간lamestream"●) 언론과의 인터뷰에 응해야 한다고 느꼈다. 하지만 (당시 CBS 앵커) 케이티 커릭이 어떤 잡지와 신문을 보느냐고 질문했을 때 페일린은 단 한 곳도 대지 못했다. 9년 전만 해도 이런 종류의 무지는 여전히 문제가 되었다.

2016년 트럼프의 승리는 그 홍정꾼의 호소력을 무시하고 결국 틀린 것으로 드러난 여론조사를 과신한, 그런 수치스러운 일을 씻으려는 저널리스트들에 의해 이미 지나치게 많이 분석되었다(여기서 마땅히 반박할 필요가 있다. 클린턴이 일반 선거(선거인단 선거 전에 일반 유권자들이 대통령 후보를 뽑는 선거)에서 승리했다는 점(트럼프 46.2%, 클린턴 48.3%. 표차는 역대 최대인 약 283만 표)에서 전국 여론조사는 틀리지 않았다. 여론조사가 틀린 것은 대통령 선거인단 선거에서 트럼프에게 승리를 안긴 몇몇 핵심 주의 백인 육체노동자 유권자에 관한 것이었다). 선거 이후 트럼프와 그의 홍보팀(선거인단 투표에서 공짜로 얻은 선물에 트집을 멈출 수 없었던)의 맞대응●●이 야기한 유감스러운 결과 하나는 '틀린'과

● '절름발이의, 변변찮은'을 의미하는 'lame'과 'mainstream'의 합성어. 가치와 영향력을 상실한 매체.
●● 트럼프는 두 주에 중복해서 유권자 등록을 한 사람들, 이미 사망했는데도 유권자 등록이 된 사람들이 있다면서 그렇게 불법적으로 투표한 수백만 명을 빼면 선거인단 선거뿐 아니라 일반 선거도 승리했을 것이라고 주장했다. 그러나 하원의장인 공화당의 폴 라이언은 불법 투표의 증거가 없다며 트럼프의 주장을 일축했다. 트럼프는 선거 전에도 선거 결과가 부정직하게 조작될 가능성이 있다고 주장한 바 있다.

'부정직한' 사이의 구별을 흐릿하게 만들었다는 것이다. 얄궂게도 트럼프 대통령 임기의 사회적 결과들은 분명 제45대 대통령이 몹시 싫어하는 지식인 계층의 일원인 역사학자들에게 대대로 연구 소재가 될 것이다. 내 추측으로는 트럼프주의의 장기적 결과들이 광범위한 영향을 미칠 터인데, 그것은 이 책의 범위를 넘어선다.

한 가지 잠재적 결과(지적 노력, 예술, 과학, 그리고 전문 지식 일반에 관한 사회 전반적인 폄하와는 별도로)는 트럼프가 취임하기도 전에 분명해졌다. 트럼프의 인수위원회가 취임식 전날 발표한 첫 번째 예산 관련 계획 중에는 국립인문기금과 국립예술기금을 없애는 계획(짐작건대 '엘리트'에 대한 트럼프 식 천대를 반영하는 조치)이 있었다. 여기서 '엘리트'에는 공립학교에서 음악과 미술을 배우는 아이와 전국 지역사회에서 공공도서관을 이용하는 시민도 포함된다. 트럼프와 우파 측근들이 사용하는 '엘리트'라는 용어는 경제적 의미에는(즉 미국인의 99.99퍼센트보다 돈을 많이 버는 이들을 묘사하는 데는) 결코 쓰이지 않는다. 주로 학자와 저널리스트(특히 동부와 태평양 연안에 사는)를 묘사하는 데 쓰인다.

많은 자유주의자들처럼 나도 어떤 면에서는 오바마의 승리가 많은 백인(특히 교육을 거의 받지 못한) 집단들에 불러일으킨 분노에 무지했다. 아무튼 그는 누가 봐도 이성적인 인물(미국 최초 아프리카계 미국인 대통령일 뿐 아니라 미국사에서 지적 수준이 가장 높은 대통령 중 하나)이었다. 오바마의 집권은 인종 분리 해소에 일조할 뿐 아니라, 케네디의 짧은 임기가 그랬듯이, 사려 깊음과 행동에 관한 반지성적 관념에 불가분의 동맹으로서가 아니라 적수로서 일격을 가할 것 같았다. 오바마의 집권 초, 흑인과 지성주의의 조합이 두 번의 임기 동안 오바마를 싫어하는 이들의 반감에서 중대한 역할을 할지는 아직 불분명했다.

(대안적 사실이 아니라) 논란의 여지가 없는 사실은 미국이 미국사에서 가장 사려 깊은 대통령 중 하나를, 학식과 전문 지식을 경멸한다고 자랑스레 떠벌리는 사람으로 이제 막 교체했다는 것이다. 취임 전 정치 웹사이트 악시오스Axios와 가진 인터뷰에서 트럼프는 "세계나 국가의 사정"에 관한 고문들의 장황한 설명에 관심이 없다고 강조하며 이렇게 말했다. "핵심 항목, 표제가 좋습니다. 최대한 짧은 거요. 알다시피, 한 쪽이면 될 걸 200페이지로 낸 보고서는 필요 없습니다." 물론 아니다. 200쪽의 보고서는 트럼프 자신이 이미 알고 있다고 생각하는 것에 반하는 정보를 제공할지도 모른다. 인터뷰에서 트럼프는 커릭이 페일린에게 잡지, 신문에 대해 물은 것과 의도가 거의 같은 책에 관한 질문을 받았는데, 그의 대답은 그녀의 무응답보다 훨씬 종잡을 수 없는 것이었다. "나는 많은 책을 좋아합니다. 독서를 좋아하죠. 요즘은 책을 많이 읽을 시간이 없지만 독서를 좋아합니다." 백악관을 떠나기 직전, 오바마는 《뉴욕타임스》의 요청으로 당시 그 신문의 서평 담당 수석 평론가 미치코 카쿠타니와 긴 인터뷰를 했다. 그는 청년 시절 혹은 대통령 재직 중에 영향을 준 작가들(셰익스피어, 바버라 킹솔버, 제이디 스미스, 메릴린 로빈슨, 토니 모리슨, 콜슨 화이트헤드, 필립 로스, 솔 벨로를 포함해)을 논했고 그들에 대한 애정과 지식을 분명히 드러냈다. 임기 중에 어떤 책들이 가장 중요했느냐고 묻자 오바마는 이렇게 답했다. "시금석은 늘 셰익스피어였다고 말씀드리고 싶습니다. 고등학생이 다들 그렇듯 과제로 나온 〈템페스트〉나 뭐 그런 거를 몰랐죠. '정말 지루하다'고 생각했어요. 그러다 대학교 때 셰익스피어에 관한 훌륭한 강의를 수강했고 거기서 4대 비극을 파고들게 되었죠. 인간이란 존재 사이에서

발생하고 거듭되는 어떤 패턴을 이해하는 데는 그 책들이 기본이라 생각합니다." 밤에 자기 전 오바마는 트윗을 하는 게 아니라 조용히 독서를 했다. 오바마가 누가 봐도 지식인, 독자, 저자(독학으로 공부했고 지적이었던 에이브러햄 링컨 이래 최고의 저자인 대통령)라는 것이 언론이나 다른 정치인들에게 늘 이점으로 작용하지는 않았다. 임기 내내 그는 일상의 정치활동에 몰두하기에는 너무 말을 아끼고 내향적인, 고고하고 냉정한 인물로 묘사되곤 했다. 외부자가 보기에 그런 비판이 얼마나 현실에 기초한 것이었는지, 오바마의 너무나 당당한 태도와 학문적 소양에 대한 반감 때문이었는지는 판단하기 어렵다. 대통령의 이런 성격은 적들이 보기에 일종의 오만한 무심함이었다. 물론 공정성과, 쟁점들의 모든 면을 고집스레 탐구하는 성격으로도 해석할 수 있지만 말이다.

지식인 오바마에 대한 비판에서 의문의 여지 없는 또 다른 요소는 흑인 지식인이라는 특별한 조건이었다. 지식과 책에 대한 애착을 숨기지 않는 백인 대통령이었다면 백인들이 그렇게 빨리 "도도한", "냉정한"이란 수식어를 썼을까? 오바마는 코넬 웨스트 같은 일부 흑인 지식인에게서도 공격을 받았는데, 코넬은 대통령의 말을 아끼는 태도를 두고 "음유시인"이란 꼬리표를 붙이기도 했다. 아프리카계 미국인인 내 친구는 오바마가 《뉴욕타임스》와 논한 좋아하는 작가 목록을 두고 평생의 친구들(마찬가지로 흑인)과 열렬한 논쟁을 벌였다. 내 친구의 친구는 이렇게 말했다. "백인 지식인들에게 먹히기에 딱 좋은 목록이야. 유대인 몇 명, 깜둥이 몇 명, 와스프 WASP 몇 명. 물론 셰익스피어도 있고. 그가 어떻게 이런 가장 유명한 백인 작가들을 목록에서 다 뺄 수 있겠어?" 오바마가 셰익스피어를 거론한 것에 대해 나는 고등학교에서 물리학을 가르치는 백인 지인에게서도 거의 같은 분석을 들었다. 이런 평들은 두 가지를 입증한 다. 첫째, 사고와 행동 사이의 틈을 메우려 힘쓰는 흑인 지식인 및 정치 지도자가 되기란 같은 위치에서 지적인 백인 정치인이 되는 것보다 훨씬 어렵다. 둘째, 유급으로 대학생이나 고등학생을 가르치 는 누군가가(그가 흑인이든 백인이든) 대통령이 셰익스피어를 좋아한 다고 말할 때 그것을 백인들의 저속한 욕망에 영합하거나 거짓말하 는 행동으로 생각한다면 그 사회는 깊은 지적 곤란에 빠져 있는 것 이다. 하지만 오바마와 트럼프의 개인적 차이에 초점을 맞추는 것 은 2016년 대선 선거운동에서 작용한 대중의 일반적 무지, 반지성 주의, 편협성의 역할을 분석하는 데서 트럼프의 성격에 초점을 맞 추는 것만큼이나 큰 실수다. 이 주제에 관해 가장 날카로운 발언 중 하나를 한 사람은 교수나 방송 매체의 권위자가 아니라 배우 비올 라 데이비스였다. 그녀는 〔2017년〕 골든글로브 시상식에서 영화 〈펜 스Fences〉로 여우조연상을 받은 뒤 〔기자회견에서 트럼프 당선 이후 아메 리칸드림과 미국의 사회적 진보 등과 관련해〕 트럼프를 암시하는 질문에 이렇게 답했다. "믿기 힘들겠지만 이 문제에서 트럼프를 빼려 합니 다. 그건 트럼프를 넘어서는 더 큰 문제 같아요. …… 제 생각엔 〔나 라 혹은 일종의 가치 체계로서〕 미국 자체는 사람들이 이미 확인, 동의 해온 것이지만 〔미국인 혹은 인간으로서〕 우리는 그에 한참 못 미칩니 다. **왜냐면 본디 우리의 신념 체계에서 벗어난 사람이 집권하게 해 서는 결코 안 되는 법이니까요.** 그러면 그건 무슨 의미일까요?"

소셜미디어에서 보고 듣는 것에 진실과 논리의 엄격한 기준을 적용하거나, 전쟁과 평화에 관한 결정들을 다룬 과학적 연구 조사 에 기초한 전문 지식에 의도적으로 눈감을 때 생기는 문제를 고려 하는 데서 미국인들이 이성을 미덕으로 간주하는 데 점점 더 크게 주저해왔다는 상당한 증거가 있다.

한 가지 예를 들자면, 선진국 가운데 자연선택에 의한 진화를 확립된 주류 과학이 아니라 '논쟁적인' 것으로 보는 사람은 미국인뿐이다. 미국에서 계속적으로 힘을 발휘하는 종교적 근본주의(마찬가지로 선진국 가운데 유일한)는 진화론 반대가 기이하게 지속되는 유일한 이유로 보통 거론된다. 하지만 그런 단순한 답만으로는 왜 그토록 많은, 근본주의자가 아닌 미국인도 과학적 합의를 쉽게 일축해버리는가라는 더 큰 문제를 해결할 수 없다. 현실적이고 더 복잡한 설명은 종교적 근본주의만으로는, 혹은 그것을 중심으로 해서도 찾을 수 없고, 과학 일반과 특히 진화에 관한 대중의 낮은 지식수준에서 찾아야 한다. 국립과학재단이 지난 20년간 수행한 설문조사들에 따르면, 미국인의 3분의 2 이상이 DNA가 유전을 밝히는 열쇠임을 알지 못한다. 열에 아홉은 방사선과 그것이 인체에 무엇을 할 수 있는지를 이해하지 못한다. 성인 다섯에 하나는 태양이 지구 주위를 돈다고 확신한다. 이런 응답들은 초·중등학교의 공교육이 놀랄만큼 실패했음을 가리키고, 따라서 대중이 왜 진화론이나 기후변화에 대한 과학자의 경고를 이해하지 못하거나 이해하려 하지 않는가를 이해하기란 어렵지 않다. 태양이 지구를 중심으로 돌지 않는다는 것, 혹은 DNA에 우리 개개인을 인간 종의 고유한 성원으로 만드는 생물학적 지시 사항이 들어 있다는 것을 이해하기 위해 꼭 지식인이 되어야 하거나 학사 학위가 필요한 것은 아니다. 문제는 이런 수준의 과학 문맹이 더없는 무지에 기초한 정치적 호소가 자라기에 비옥한 토양이 된다는 것이다. 이는 지구온난화를 거짓말이라고 일축해버린 트럼프를 유권자들이 심판하지 않은 이유도 설명해준다. 전문가를 조롱할수록 트럼프는 지지자들의 사랑을 더 받을 뿐이었다. 2017년 8월 21일, 대통령으로서 일식을 관측할 때 트럼프는 눈 보호를 위해 NASA가 권장한 특수 안경을 착용해야 한다는 강권을 무시했다. 진짜 사나이는 태양으로부터 망막을 숨기지 않는다!

같은 맥락에서 트럼프가 아무렇지도 않게 '책'을 무시하는 것은 그런 문화를 반영한다. 현재 읽기와 쓰기에서 미국인의 모습을 가장 잘 묘사하는 표현은 문맹이 아니라 활자를 싫어하는 사람이다. 2002년 국립예술기금이 발표한 설문조사에 따르면, 2001년 미국 성인 가운데 소설이나 시집을 한 권이라도 읽은 이는 절반이 안 되었다. 탐정소설, 로맨스소설, 요한계시록에 기초한 '휴거' 소설도 포함해서 말이다(새 행정부가 마음대로 국립예술기금을 없앤다면 그런 설문 조사도 더는 보기 힘들 것이다). 논픽션을 한 권이라도 읽은 미국인은 57퍼센트뿐이었는데, DNA가 무엇인지 모르는 이가 많은 이유일 수 있을 것이다.

미국인이 점점 더 활자를 싫어하면서 독서의 즐거움뿐 아니라 비판적 사고도 위기에 처해 있다. 미국인이 40년 전에 비해 사색과 판단력이 부족해진 사회에 살고 있다는 사실은 모든 것의 디지털화, 비디오화에서 이익을 얻을, 날로 커가는 집단인 인포테인먼트 Infotainment° 판매자나 현실을 부정하는 이에게만 논쟁의 소지가 있는 것이다. 컴퓨터와 인터넷 서비스를 통한 정보 접근성이 커지면서, 클릭 한 번으로 단어와 숫자를 검색하는 능력이 그 단어와 숫자가 진실, 거짓, 혹은 그 사이의 무엇에 해당하는지를 판단하는 능력

● 정보(information)와 오락(entertainment)의 합성어. 방송, 출판 등 다양한 문화 분야에서 정보와 오락의 특성들이 뒤섞이는 현상과, 정보와 오락 기능 모두를 포함하는 기술 및 매체가 발달하는 현상.

을 길러준다는 착각도 커지고 있다. 이런 착각은 물론 미국에만 국한되지 않지만 (프랑스나 일본 문화권과는 다르게) 지적 엘리트주의의 기미가 보이기만 하면 고질적으로 의심하는 문화권에서는 특히 유해하다. 지난 10년간 우리는 모든 학생, 모든 학교에 컴퓨터와 웹에 대한 완벽한 접근성을 보장해야 한다는 말을 귀에 못이 박히도록 들었다. 반면 그런 신기술의 도구를 제공하는 동시에, 1학년 때부터 아이들이 화면에서 보는 정보와 이미지가 신뢰할 만한지 판단하는 지적 도구를 얻을 수 있도록 진지하게 지도해야 한다는 주장은 거의 듣지 못했다.

미국인의 삶에서 다시 기승을 부리는 반지성주의의 중요 요소 하나는 대중이 지성주의를, 전통적인 미국의 가치와 불화한다고 가정되는 자유주의와 동일시한다는 점이다. 이런 생각 전반은 우파가 만든 기준인 '엘리트'로 요약된다. 부유하고 정치적으로 유력한 엘리트인 저명한 우파 지식인들은 특권층으로서 자신들의 지위는 숨기고 자유주의자들에게만 '엘리트'라는 딱지를 잘도 붙여왔다. 신보수주의의 대부 어빙 크리스톨은 《한 신보수주의자의 성찰Reflections of a Neoconservative》(1983)에서 "지식인들"은 "미국의 생활양식"에서 소외되어 있지만 대중은 그렇지 않다고 말하고는 이어 이렇게 설명했다. "미국 대중에게 그들이 왜 옳은지를, 그리고 지식인들에게 그들이 왜 틀린지를 설명하는 것은 신보수주의가 자진하여 맡은 임무다." 사람들은 이 구절로부터, 크리스톨 자신이 뼛속까지 뉴욕의 유대계 지식인이고 그가 미국의 생활양식과 매우 불화하는 그런 외골수 지식인들과 구별되는 점은 그가 공화당을 받아들였다는 사실뿐이라는 것을 결코 짐작도 하지 못할 것이다. 이 선택적 정의에 따르면 '지식인'이란 신보수주의에 동의하지 않은 모든 지식인이다. 우파 지식인들은 자유주의 계란머리들보다는 보수주의자들에게 더 쓸모가 없어진 트럼프가 공화당 대통령 후보 지명을 받지 못하도록 힘썼지만 실패하고 말았다. 자기 꾀에 자기가 넘어간 셈이다. (신보수주의가 존중받던) 2000년 이전 시기를 기억하는 자유주의자들에게 2016년 대선에서 짓궂게도 즐거웠던 일은 어빙 크리스톨의 아들이자 보수 주간지 《위클리스탠더드》의 편집장 빌 크리스톨의 잦은 텔레비전 출연이었다. **아들** 크리스톨은 전통적 보수주의 원리를 존중하지 않는 트럼프의 태도에 충격을 받았다. 충격을! 이전 세대의 신보수주의자들은 한때 명예로웠던 말 '지식인'을 정치적으로 경멸하는 말로 바꾸는 데 능숙했기에, 빌 크리스톨은 트럼프가 저버린 보수적 가치들을 이야기할 때 지성주의라는 말을 쓰지 않으려고 갖은 애를 썼다. 그리고 마침내 온갖 정치 신념을 가진 지식인들을 비웃는 국민 후보가 나타났다.

우파 지식인들(우파 종교 근본주의자와 악덕 자본가와 구별되는)은 모든 지식인을 좌파로 공격하는 음험한 논리를 오랫동안 교묘히 피할 수 있었는데, 글을 읽지 않는 미국인이 자국의 지적 역사에 점점 더 무지해졌기 때문이다. 원인이자 결과인 이런 무지의 가장 분명하고 불길한 징후는 (자신의 견해와) 다른 관점에 호기심이 없다는 것이다. 2004년 《자유사상가들: 미국 세속주의의 역사Freethinkers: A History of American Secularism》를 출간한 뒤 나는 전국 각지에서 강연 초청을 받았고, 폭넓고 다양한 청중에게 미국의 세속적 전통에 대해 교육할 수 있는 기회를 반겼다. 하지만 강연장에서의 내 모습은 마치 이미 개종한 이들에게 전도하는 모양새였다. 학점을 받으려면 강연 출석이 의무인 특정 대학교를 제외하면 청중은 나와 생각이 같은 이가 거의 전부였다. 순회강연을 하는 진지한 보수주의자들이 만나는 청중도 마찬가지다.

모순되는 견해들을 들어보려 하지 않거나, 이념 혹은 문화에서 생각이 다른 상대에게서 무언가를 배울 수 있다는 생각을 거부하는 현상은 미국이 과거 대중 및 엘리트의 지적 전통들 가운데 최상의 전통에서 벗어났음을 보여준다. 19세기 마지막 사반세기 내내, 수백만의 미국인(그중 다수가 독실한 종교인인)이 '위대한 불가지론자'로 알려진 로버트 그린 잉거솔이 전통적인 종교와, 교회와 국가 사이의 관련을 통박하는 것을 들으려고 전국 각지의 강당을 가득 메웠다. 영국의 박물학자이자 다윈 진화론의 대중화에 크게 기여한 토머스 헨리 헉슬리가 1876년 미국을 처음 방문했을 때에도 강연장에는 그의 강연을 들으려는 군중으로 가득했다. 청중 가운데 다수가 인간의 계통에 관한 그의 견해에 충격을 받긴 했지만 말이다. 1800년대에는 미국인이 정규교육 수준과 상관없이 잉거솔, 헉슬리 같은 이들의 말을 듣고 기꺼이 자기 생각을 정하려 했다. 악마에게 뿔이 있다면 직접 만져봐야 알겠다는 그런 종류의 호기심은 모든 사회의 지적·정치적 건강에 필수적이다. 오늘날 미국에서는 지식인과 비지식인 모두가 똑같이, 좌파건 우파건, 자신의 주장에 공명하지 않는 목소리는 모조리 듣지 않으려는 경향이 있다. 이런 외고집은 게으른 정신과 반지성주의의 본질을 드러내는 징후다. 1800년대 말, 사람들은 청중이 가장 아끼는 신념들을 공격하는 잉거솔과 헉슬리 같은 이들의 의견을 개인적으로 듣고자 마차를 타고 대초원을 가로질러 수백 마일을 갔다. 하지만 오늘날 미국인 다수는 어떤 정치적 견해와 관점에 이미 동의하지 않는 경우 굳이 관련 페이스북 페이지에 방문하려 하지 않는다.

미국은 지금 무지, 반합리주의, 반지성주의가 뒤섞인 것이 과학

기술과 더불어 전보다 훨씬 위험한 것으로 돌연변이를 일으킨 질병을 앓고 있다. 이렇게 발병한 질병은 역설적으로 공격적이면서 수동적이기도 한, [이견에] 개의치 않는 태도, 무관심과 불가분의 관계다. 이런 상태는 인상적인 한마디sound bite °와 블로그에서 의견을 구하는 국민에게 밥벌이가 달린 정치인부터 미디어 경영진에 이르는 모든 이가 공격적으로 조장하고, 또한 트위터 나무의 열매를 따 먹으면 힘들이지 않고 인포테인먼트를 만끽할 수 있다고 약속하는 뱀에게 사로잡힌 국민이 수동적으로 수용하고 있다. 그 독이 든 사과의 퇴폐적 영향을 개선할 시간이 아직도 남아 있을까? 또 문화 보호주의자들에게 그런 의지가 있을까? 그런 의지를 역사의 심판대에 올려고 노력을 계속하는 한, 사람들은 그렇게 되리라는 불굴의 희망을 품으며 살아갈 것이다.

● 정치인, 유명인 같은 화제의 인물의 발언에서 뽑은 짧은 구절.

1장

오늘날 우리는 어떻게 살아가고 있는가

바로 우리 서민들 이야기

이 단어는 어디에서나 쓰인다. 미국 대통령, 텔레비전 앵커, 라디오 토크쇼 진행자, 초대형교회 목사, 자기계발 전문가, 그리고 자신이 보통 사람임을, 그러니까 건전하다고들 하는 미국적 가치를 지니고 있음을 입증하고자 애쓰는 그 밖의 모든 사람들이 퍼뜨린 전염병 같은 말이다. 수십 년 전만 해도 미국인들은 국민people으로, 아주 오래전에는 신사 숙녀 여러분으로 불렸다. 지금은 서민folks이다. 자신을 성직자로 혼동하는 듯 보이는 텔레비전 실황방송 아나운서들은 툭하면 "이 서민들을 위해 기도합니다"라고 말한다(이 서민들이 가뭄, 홍수, 범죄, 테러 공격 중 어떤 것의 피해를 입었든 간에). 반어법 하면 소설이다. 필립 로스는《미국을 노린 음모The Plot Against America》(1940년 대통령 선거에서 찰스 린드버그°가 프랭클린 루스벨트를 이기는 어두운 역사를 상상해본)에서 도시의 젊은 유대인들을 탈유대화하는 린드버그 프로그램, 즉 여름 동안 그들을 건전하고 기독교적인 분위기의 시골에서 보내게 하는 계획에 "보통 사람들Just Folks"이란 이름을 붙였다.

'서민'이란 말은 한때 정치적 의미가 없는 구어적 표현이었지만 21세기 미국에서 공직자들이 정중히 사용할 때는 정치적 의미를 피할 도리가 없다. 2005년 7월 7일, 런던 폭탄 테러가 발생한 뒤 부시 대통령은 국민을 안심시키며 이렇게 말했다. "우리 국토안보부 사람들folks과 연락을 계속 취하고 있습니다. 또한 그들에게 여기 본토, 또 런던에서 발생한 일과 관련한 사실들을 지역, 주 공무원들과 계

● 찰스 린드버그는 1927년 뉴욕과 파리 간 대서양 무착륙 단독 비행에 최초로 성공하여 국민 영웅으로 떠올랐다. 그러나 독일 공군을 방문한 후 그 군사력과 기술력에 감탄하여 나치를 숭배하는 행태를 보였고 히틀러의 훈장을 받기도 했다.

속 주고받고 우리 서민들이 일터로 향하는 동안 특별히 경계를 늦추지 말라고 지시했습니다." 부시는 이어 말했다. "인권과 인간의 자유를 크게 신경 쓰는 이들의 목적과 무고한 서민들의 목숨을 앗아갈 정도로 마음이 악한 이들의 목적은 뚜렷이 대비됩니다." 저 악한 테러리스트들. 우리의 무고한 서민들. 고도의 훈련을 받은 전문가라고들 하는(사람들의 희망 사항에 따르면) 국토안보부 공무원들조차 서민이라는 지칭을 피할 순 없다. 대통령 후보들은 한결같이 연설에서 서민에 대한 호소를 빠뜨리지 않지만 그들 입에서 나오는 그 말의 어색함은 꼭 중상층의 어린 시절은 아닐지라도 엘리트적 고등교육을 드러내곤 한다. 시카고의 보수적인 공화당 가문에서 자랐고 웰슬리대학을 나온 힐러리 클린턴이 2008년, 2016년 대선 선거운동에서 매번 '서민들'이란 단어를 입 밖에 낼 때마다 마치 십대 은어를 써서 자녀 친구들의 환심을 사려고 애쓰는 부모 같았다. 인도네시아와 하와이에서 자랐고 상류층이 다니는 호놀룰루의 푸나호우스쿨과 하버드 로스쿨을 졸업한 버락 오바마는 2008년 대선에 출마했을 때는 서민들이란 단어가 진짜 서민적으로 들리도록 억양을 잘 살리지 못했지만 첫 번째 임기 말엽에는 그 의무적 단어를, 하대하는 투나 우스꽝스러운 느낌 없이 들리도록 발음하는 법을 배웠다. 물론 오바마는 뛰어난 연설가다. 하지만 뛰어난 연설가들조차 (19세기 대통령들과는 다르게) 국민을 위해 조금은 말을 단순화하고 지적인 표현은 피해야 한다고 느낀다. 도널드 트럼프 대통령은 트위터처럼 제한된 어휘를 자랑스러워한다. "나도 말들을 압니다." 그는 사우스캐롤라이나주 힐튼헤드 유세 현장에서 이렇게 분명히 말했다. "나는 최고의 말들을 알고 있어요. 하지만 '멍청한stupid'보다 더 좋은 단어는 없어요. 그렇지요?"

반지성주의 시대

이런 유형의 화법에 어리석게 반응하지는 말자. 일상어는 사람들에게 자신들의 대표가 젠체하는 인물이 아님을 확신시킬 뿐 아니라, 토론 주제가 무엇이든 진지한 태도는 암묵적으로 거부한다는 것을 시사하기도 한다. 전쟁터에 나가는 서민들에 대해 이야기할 때 강간 피해자를 매춘부로 치부해버리듯이(피해자가 어린 소녀가 아닌 한) 다루는 것이다. 1980년 이전, 미국사에서 중요한 대통령 연설을 전부 찾아보라. 서민들에게 호소하는 연설은 찾지 못할 것이다. 〔링컨의 게티즈버그 연설문 가운데 인민people이 서민으로 바뀌었다고〕 상상해보라. 우리는 이 서민들의 죽음을 헛되게 하지 않겠다고 굳게 다짐합니다. …… 그리고 서민의 정부, 서민에 의한 정부, 서민을 위한 정부가 지구상에서 사라지지 않게 하겠다고 다짐합니다. 20세기 중반, 정치판에 링컨 같은 명연설가는 한 사람도 없었지만 유권자들은 지도자들에게서 꼭 박식은 아닐지라도 기품 있는 연설을 듣기를 여전히 바랐다. 애들레이 스티븐슨의 연설이 평균적인 미국인의 귀에는 과하게 지적으로 들렸을 테지만, 고위 관직을 추구하는 이라면 적절한 문법과 정중한 형식의 연설 자세를 의무적으로 갖추어야 했다. 최고의 대중 연설 사례를 찾기 위해 굳이 링컨까지 거슬러 올라갈 필요는 없다. 예를 들어 마틴 루서 킹은 1963년 〈나에게는 꿈이 있습니다〉 연설에서 '서민들'이란 단어를 전혀 사용하지 않았다. 그런 어구를 썼다면 그 주제와 행사의 진지함이 손상되었을 것이다. 킹은 링컨기념관에 모인 시민들을 '사내들, 아가씨들guys and chicks' 이라 부르지 않았듯 '서민들'이라고 부르지도 않았다.

1950~1960년대에 성인 미국인에게 대통령 연설의 기준은 여전히 루스벨트였다(존 F. 케네디의 취임 연설도 감동적인 최고의 웅변으로 꼽히긴 하지만). 루스벨트의 재주는 귀족적인 말씨를 유지하면서도 보

통 사람들과 직접적으로 소통하는 능력이었다. 루스벨트의 유명한 노변담화fireside chat° 녹취록을 읽어보면, 누구나 이해할 수 있는 것을 좇지 말고 지식과 이해를 확장하라는 호소가 통했던 시민 문화가 이제 사라졌음을 애도하지 않을 수 없다. 위험에 처한 시대에 희생과 이타주의를 요청한 루스벨트는 라디오에서 외설적인 말을 입에 담지 않았듯 시민 여러분fellow citizens을 서민들로 부르지 않았다. 1940년 말, 다가오는 전쟁에 동포들을 준비시키고자 애쓰던 대통령은 특유의 용어들을 쓰며 대국민 연설을 했다.

오늘 밤, 세계의 위기 앞에서 저는 8년 전 국내 위기가 한창이던 어느 밤을 되돌아봅니다. ⋯⋯ 눈에 선합니다. 백악관 서재에 앉아 대국민 담화를 준비할 때 제 앞에는 연설을 들을 그 모든 국민들의 사진이 있었습니다. 방직공장, 광산, 기타 공장의 노동자들, 계산대의 여성 점원, 작은 상점의 주인, 봄갈이하는 농민, 평생 저축한 돈이 어떻게 될까 염려하는 미망인과 노인. 저는 금융 위기가 국민 대다수의 일상에 의미하는 바가 무엇인지를 전하려 했습니다.
오늘 밤에도 저는 미국이 직면한 이 새로운 위기 앞에서 같은 분들과 더불어 같은 일을 해내고 싶습니다. ⋯⋯
우리는 민주주의의 거대한 무기고가 되어야 합니다. 우리에게 이것은 전쟁 자체만큼이나 심각하고 긴급한 일입니다. 전시에 우리가 보여줄 그런 결의, 절박감, 애국심과 희생정신을 가지

● 대통령 재임 당시 루스벨트가 마치 벽난로 옆에서 편하게 이야기하는 듯한 형식으로 30여 회 애용한 대국민 라디오 연설.

반지성주의 시대

고 우리의 임무에 전념해야 합니다. ……

미국의 대통령으로서 저는 그런 국가적 노력을 요청합니다. 우리가 사랑하고 명예롭게 여기는, 복무하는 것이 특권이자 자랑인 이 나라의 이름으로 요청합니다. 우리 공동의 대의가 위대한 승리를 거두리라는 절대적 신뢰를 품고 우리 국민들께 부탁드립니다.[1]

국민, 농민, 노인, 미망인을 서민으로 바꿔보면, 품위 있는 대중연설을 포기하면 정치 과정도 질적으로 저하된다는 것이 분명하게 드러난다. 결의, 애국심, 희생정신을 요청하는 것은 국민에게 평상시의 모습을 넘어 참된 시민으로서 처신하기를 청하는 것이다. 국민에게 그들은 그저 서민이라고 거듭 이야기하는 것은 그들에 대한 특별한 기대가 없다는 뜻이다. 어느 시대에서건 그런 평범함을 나타내는 표현을 공인하고, 승격하는 것은 반지성주의를 드러내는 특징적 표시다.

국민의 말하기 능력과 화법의 질적 저하는 사실상 모든 라디오, 텔레비전, 인터넷방송과 팟캐스트에서 자명하다. 모두를 아우르는 이 공론장에서 균질화된 언어와 균질화된 사고는 영향을 주고받으며 서로를 강화한다. 1964년 조지 오웰은 이렇게 썼다. "사람은 자신을 실패자로 여기기에 술을 마시고, 술을 마시기에 그만큼 더 철저히 실패한 존재로 전락한다. 영어에서 일어나는 일도 마찬가지다. 영어는 우리의 사고가 어리석기에 추잡하고 부정확해지고 우리의 언어가 거칠어지면 사고도 어리석어진다."[2] 이렇게 명료성과 지적인 식별이 지속적으로 흐릿해지는 현상에서 정치 연설은 늘 앞서 있다. 특히 오늘날의 미디어는 오웰조차 깜짝 놀랄 정도로 효율적으로 오류를 확대하고 확산하는 힘이 있기 때문이다. 언론과 정치인들이 거의 대부분 '병사soldier'와 '병사들'을 '부대troop'와 '부대들'로 바꿔 쓴다고 생각해보라. 모든 사전에서 명시하듯 '부대'는 늘 집합명사다. '들'이 붙을 때는 특히 대규모의 군대를 가리킬 때다. 그럼에도 미국 병사들이 군사 충돌에 휘말릴 때마다 특파원들은 일상적으로 '모 부대들이 살해되었다'고 보도한다. 이는 문법적 오류 그 이상이다. 병사(사람들이 동일시하는 개인)를 익명으로 들리는 부대로 바꿔버리면 국민은 전쟁과 그 사상자들을 더 추상적으로 생각하게 되기 때문이다. 누가 익명의 부대의 묘에 헌화하겠는가? 이런 어법이 정확히 어떻게, 왜, 또 언제 공통어에 들어오기 시작했는지 판단하기란 쉽지 않다. 제2차 세계대전 동안 대규모 군사작전(노르망디상륙작전 같은)을 논할 때를 제외하면 병사들이 부대들로 묘사된 적은 거의 없다. 그 용어가 베트남전쟁 동안 더 흔해지긴 했지만 일상적으로 '병사들'을 대신하지는 않았다. 내 추측에 따르면 군과 언론(아마도 군 언론)의 어떤 얼간이들이 1980년대의 어느 시점에, '병사'가 남성을 뜻한다고 판단하고 또 군대 내에 증가하는 여성의 존재를 고려하여 모든 병사들을 앞으로 '부대들'로 불러야 한다고 결정한 것 같다. 서민들에 대한 끊임없는 호소와 마찬가지로, 병사에 대한 부대의 승리도 일상어의 질적 저하와 흐릿한 사고 사이의 관계를 보여주는 인상적인 실례다.

말의 질적 저하를 거론할 때 나는 틀린 어법이나 만연한 저속어를 이야기하는 게 아니다. 물론 거리 곳곳에서도 토크쇼에서도 그런 어법은 흔하고, 저속어는 너무 만연한 나머지 그런 어휘들만 난무하는 드문 경우에서는 그 힘도 의미도 무색해질 지경이긴 하지만 말이다. 문화적 보수주의자의 주된 표적인 스페인 식 영어와 소위 흑인 영어를 말하려는 것도 아니다. 공립학교가 표준 영어를 가르치는 데 집중해야 한다는 신념에 나도 동의하지만 말이다. 요컨대 문제는 표준 미국 영어의 수준, 그리고 현재 전자 매체 및 디지털 매체에서 나오는 공적인 말이 사적인 말에 그대로 반영되고 있다는 것이다.

질적으로 저하된 공론장(현재 모든 유형의 소셜미디어를 포함한)의 말은 일종의 약한 독소로 기능한다. 무엇이 수용 가능한 것인지에 관한 우리의 개념을 어느 사이엔가 흐리게 해, 상상력이 부족한 말부터 공격적인 말까지 그런 언어에 더는 무관심해선 안 된다고 누가 일러주기 전까지 자각할 수 없게 하는 것이다. 트럼프 대통령의 취임식 이튿날 여성행진Women's March에서 마돈나가 한 기억할 만한 연설이 바로 그런 것이다. 그녀는 이렇게 주장했다. "이 행진이 결국 아무 의미도 없을 거라고 주장하는 비방자들은 들어라. 엿이나 먹어. 엿 먹으라고! 이건 몹시 필요한 변화의 시작이라고."(문법에 대해 이야기하자면 "비방자들" 뒤에는 that이 아니라 who를 써야 옳다.) 주제에서 벗어난 이야기인데, 자신과 생각이 다른 사람들에게 "엿 먹이"라고 말하는 이라면 좋은 문법 표현에 관심을 기울일 리 없다. 마돈나의 "엿 먹어" 발언이 불쾌한 이유는 저속한 말이어서가 아니라 상대를 설득하지 못하고 맹목적 지지자만 기쁘게 하는 표현이기 때문이다. 사적으로든 공적으로든 "엿 먹어"에 대꾸할 수 있는 말은 "너도 엿 먹어"뿐이다. 나는 마돈나의 연설을 MSNBC에서 보고 있었는데, 그 케이블 채널이 대여섯 살 된 국민조차 익숙한 표현이 방송에 나가지 못하도록 음성을 차단하는 게 재밌었다. MSNBC의 당황한 반응에도 불구하고 이런 저속한 표현은 실제적 힘이 전혀 없다. 비일비재하게 사용되기 때문이다. 의도적인 저속한 표현에는 때와 장소가 있는 법인데, 열렬한 지지자와 상대 모두에게 자신이 진지한 사람임을 보여줘야 하는 연설은 그런 때와 장소에 부합하지 않는다. 이것은 좌파 정치 대 우파 정치의 문제가 아니라 언어의 일반적 황폐화에 관한 것이다. 마돈나가 보인 교양, 세련의 수준은 2004년 상원에서 딕 체니 부통령이 버몬트주 상원의원 패트릭 J. 리히에게 자신에게 해부학적으로 불가능한 행동을 하라˚고 말했을 때와 흡사하다(체니는 이라크에서 민간 군사기업과 관련한 관행을 묻는 질문에 화가 났었다).[3] 유머 넘치는 러셀 베이커(《뉴욕타임스》 칼럼니스트이자 퓰리처상 수상자)가 말했듯, 과거 세대의 정치인들이라면 자신의 부족한 말재간을 부끄러워했을 것이다. 1890년대, 하원 의장 토머스 리드는 이렇게 말하며 적수를 상대했다. "뇌가 몇 개 더 있으면 반편이는 될 수 있을 텐데." 또 다른 정치인에 대해 리드는 이렇게 말했다. "그가 입을 열면 늘 인간의 지적 능력은 총량이 줄어들고 만다."[4] 한때 미국인은 그런 참 재치 있는 말들을 들었고(정확히 말하면 읽었고) 그런 말을 따라 하려고 애썼다. 오늘날 우리는 정치인과 라디오의 막말쟁이 디제이가 똑같이, 남자와 여자가 똑같이, 그리고 온갖 인종, 민족 출신의 코미디언들이 사용하는 재치 없고 얼빠진 말을 앵무새처럼 흉내 낸다.

그렇게 말이 전파되는 과정은 늘 구어체와 일정한 거리를 두고 존재해온 정치 언어 너머까지 영향을 미친다. 현재 우리가 우스꽝스러운 것부터 숭고한 것에 이르기까지 모든 것에 대해 생각하고 묘사하는 데 사용하는 말과 이미지에는 상업적으로 표준화된 독

˚ 원래 발언 "go fuck yourself"의 완곡한 표현. 직역하면 '너 자신과 섹스해라', '자위나 해라'로 옮길 수 있다.

소 같은 말도 있다. 이를테면 텔레비전 프로그램에서 가장 자주 난도질하는 문장 가운데 하나는 비할 자 없는 리버라치(유명 피아니스트이자 가수, 방송인)의 냉소적인 말 "은행으로 가는 길 내내 울었어요"(키치 예술로서 나뭇가지 모양의 촛대에 불을 켜고 연주하는 것을 진지한 비평가들이 혹평할 때마다 그가 내뱉은 말)이다.■ 이 재치 있는 발언은 무의미한 유행어 "은행으로 가는 길 내내 웃었어요"(복권 당첨자에 관한 기사가 나간 뒤 사람들이 흔히 쓰는, 원래의 의미와는 상관없는 말)로 바뀌어왔다. 공용어를 만들어내는 한편 미국인 다수가 일상생활에서 이미 사용하는 그 언어를 증폭하고, 확산하는 이중의 역할을 통해 언론은 **영구기관**, 즉 원인과 결과가 결코 나뉠 수 없는 기계의 완벽한 예가 된다. 스포츠 방송인은 수백만 달러 연봉의 다년 계약을 막 마친 운동선수가 있으면 "은행으로 가는 길 내내 웃었겠군요"라고 말한다. 컴퓨터로 비디오게임을 하고 있던 아이가 그런 무의미한 말을 들으면 별 생각 없이 받아들이고 따라 말하며 다른 사람에게도 퍼뜨리게 된다. 그리고 그들은 언젠가 텔레비전 방송에서 인터뷰를 할 기회가 생기면 "은행으로 가는 길 내내 웃었어요"라는 표현을 쓸지 모르고, 그에 따라 이 바이러스는 새로운 청취자들에게 전염된다. 이는《이상한 나라의 앨리스》에서 앨리스, 삼월이, 이상한 모자의 대화를 상기시킨다. "그렇담 얘기해봐." 삼월이가 말했다. "말한

■ 리버라치는 1957년 자신을 "치명적이고, 윙크를 하며, 킬킬거리고, 들이대고, 허례허식하며, 향수를 가득 뿌리며, 번쩍이는 옷을 입고, 키득거리고, 프루트(fruit. 남성 동성애자를 비하하는 속어) 냄새가 물씬 나며, 점잔 빼며 걷고, 얼음이 뒤덮인 듯한 옷을 입는 마마보이"로 부른 칼럼을 실은 영국의 타블로이드신문《데일리미러》을 상대로 한 명예훼손 소송에서 승소했을 때 이 말(명예를 훼손당했지만 승소로 보상금을 받게 된 얄궂은 상황을 재치 있게 표현한 말)을 처음 썼다.

다구." 앨리스는 허둥거렸다. "그러니까 …… 난 적어도 생각을 말한다구 …… 같은 거니까." 이상한 모자가 말을 받았다. "'보이는 것을 먹는다'가 '먹은 것을 봤다'와 같다고 얘기하는 게 차라리 나을 듯한데!" 무지하고 반지성주의적인 문화에서 사람들은 보는 것을 주로 먹는다.

반지성주의를 역사적 힘 혹은 지속적인 미국의 현실로, 그러니까 노예제 폐지론이나 페미니즘에 대한 정의처럼 정확한 혹은 유용한 형식으로 규정하는 것은 불가능하다. 호프스태터의 견해에서 반지성주의는 독립적인 역사 혹은 사회 현상이 아니라 어떤 다른 목적(더 많은 사람에게로 교육 기회를 확대하려는, 혹은 교회의 지배층으로부터 종교 생활에 대한 통제권을 회복하려는 바람 같은)의 결과다. 호프스태터는 이렇게 썼다. "누구나 자신이 사상과 문화를 거스른다고는 생각하지 않는다. 아침에 일어나 거울을 보고 웃으면서 '그래, 오늘은 지식인을 고문하고 이념의 목을 졸라야지!' 따위로 말하는 사람은 없다."[5] 내가 보기엔 반지성주의를 너무 너그럽게 묘사한 것 같다. 그때나 지금이나 자신을 사상과 문화의(혹은 그들 자신이 정의하는 사상과 문화의) 적으로 여기는 이는 극소수라 하더라도 말이다. 하지만 공인들이 문화와 관련해 하는 실제 행동은 그들이 거울 앞에서 하는 말보다 훨씬 중요하다. 트위터계의 우두머리조차 "문화가 너무 싫다"거나 "책이 너무 싫다"고 자랑스럽게 공언했다는 말은 들어본 적이 없다. 대신 그는 대다수 경제적·사회적 계급들이 완벽히 받아들일 수 있는 것을 말한다. 즉 책을 읽을 시간이 없다는 것이다. 그런데 그가 대선 선거운동 중에 발표한 국립인문기금 및 국립예술기금 폐지 계획은 문학과 공연예술에 관한 그의 실제 생각을 어떤 성명보다도 잘 드러낸다(두 재단이 법적으로 유지된다 할지라도 대폭적인 예산 삭감으로 제대로 기능하지 못하게 될 것이다).

검열, 협박, 재정 지원 중단 같은 직접적인 시도 외에도 사상의 목을 조르는 방법은 매우 많다. 사상, 이성, 논리, 증거, 정확한 언어에 대한 강한 전념에는 사악한, 심지어 반미국적인 무언가가 있다는 암시가 그중 하나다. 2004년 대선 직전, 저널리스트 론 서스킨드는 부시의 선임 보좌관과 냉기가 흐르는 대화를 나누었는데, 보좌관은 서스킨드에게, 언론인들은 부시 행정부가 생각하는 "현실에 기초한 집단"("해결책은 분별 가능한 현실에 대한 신중한 연구에서 나온다고 믿는" 이들)에 속한다고 말했다. 하지만 보좌관은 이렇게 역설했다. "실제 세계는 더는 그렇게 돌아가지 않습니다. 우리는 현재 제국이고, 우리가 행동을 취할 때 직접 현실을 창조하고 있는 겁니다. 그리고 당신들이 신중하게 현실을 연구하는 동안 우리가 다시 행동을 취해 다른 새로운 현실을 창조하면 당신들은 또 연구하겠지요. …… 우리는 역사의 배우입니다. …… 당신들은 모두 남아서 우리가 하는 것을 연구만 하겠지요."[6] 이처럼 연구에 적합한 사람과 역사의 배우인 사람을 극명히 대조하는 발언에는 지식인에 대한 경멸이 드러날 뿐 아니라, 공공 정책의 타당한 근거로 권력과 감정이 아니라 증거를 요구하는 이들에 대한 폄하도 나타난다. 부시의 보좌관이 서스킨드의 글에서 익명을 고집한 것은 트럼프의 고문 켈리앤 콘웨이가 단호히 실명으로, 염치없이 상관의 "대안적 사실"을 변호한 것과 유익한 대조를 이룬다. 콘웨이와 부시 보좌관은 같은 것(대중의 귀에 들어갈 현실을 바꾸는 것)을 말했다. 차이는 12년 전, 부시 백악관의, 현실을 바꾸는 자는 공공연하게 스스로를 정치적 거짓말에 해당하는 것(이라크전쟁)과 동일시하는 것을 사실 매우 부끄러워했다는 점이다. 부끄러움이 꼭 미덕은 아니지만 (부끄러움을 느끼는 것이 당연할 때) 부끄러움이 없는 것은 늘 악덕이다.

　어느 시대건 반지성주의는 원인이 복합적인 복잡한 증상으로 볼 때 가장 잘 이해할 수 있다. 증상들이 지속되면 견딜 만하거나 치료할 수 있는 상태에서 정치체 전체에 영향을 미치는 끔찍한 질병으로 바뀔 가능성이 커진다. 트럼프의 승리에서 중요한 역할을 한, 다시 기승을 부리는 미국의 반지성주의에 대해 다양한 원인(오래된 원인들과 새로운 원인들)을 지적하는 것은 분명 쉽다. 현재의 관점에서 되돌아보면, 우리의 문화가 인포테인먼트와 디지털 매체에(소셜미디어에도) 침윤된 현상을, 텔레비전의 초창기 시절부터 진행되어온 불가피한 과정으로 보고 싶은 생각이 든다. 많은 사람이 텔레비전 시청은 순전히 수동적 행위인 반면 소셜미디어에서 타인과 대화하는 것은 적극적이고 상호작용적인 행동이기에 텔레비전과 소셜미디어가 반대되는 것이라고 주장할 것이다. 나는 동의하지 않는다. 텔레비전과 라디오는 초창기 유형의 소셜미디어인데, 사람들이 가족과 친구들과 함께 시청, 청취하고 또 그것들에 관해 이야기를 나누곤 했기 때문이다. 차이가 있다면 분명 아주 먼 거리의 사람과는 대화를 나눌 수 없었다는 것이다. 나는 친할머니가 일화를 들려주며 웃던 모습을 잊지 못하는데, 당시 할머니는 버스에서 두 여성이 막 남편을 떠난 또 다른 여성에 관해 격렬한 논쟁을 벌이는 것을 우연히 듣고 크게 웃었다고 한다. "둘은 몹시 화가 나서 정말 누가 한 대 칠 거 같았단다. 그러다 서서히 둘이 연속극에 나오는 이혼에 대해 이야기하고 있단 걸 깨달았지. 어찌 그렇게 TV 등장인물에 빠져 있냐고 물으니까 한 사람이 이렇게 말하더라. '난 우리 가족 대부분보다 그들을 훨씬 잘 알아요.'" 나는 많은 사람이 페이스북에서만 만나는 이들에 대해서도 같은 이야기를 하는 것을 줄곧 들어왔다.

　1950년대(미국인 다수가 연속극과 버라이어티쇼에만 관심을 갖고 있긴
했지만)에 지식인들은 텔레비전이 교육 매체와, 선을 위한 보편적
인 동력으로 기능하리라는 원대한 희망을 품었다. ABC가 188시간
을 할애해 '육군-매카시 청문회'를 생중계했을 때, 텔레비전 방송
은 결국 조지프 R. 매카시 상원의원의 최후의 시작을 의미했다. 사
람들이 말단 폭력배 같은 인상의 매카시를 시청하면서, 여론은 활
자 매체에서 보도했을 때는 그리 심각해 보이지 않던 권력 남용에
반대하는 쪽으로 돌아섰다. 청문회에서는 눈썹이 짙은 매카시와 그
의 수석 자문위원인 여우 같은 로이 콘이 육군 법률 고문인 예의 바
른 조지프 웰치와 맞붙었다. 청문회에서 가장 유명한 인상적인 발
언은 매카시가 초기 합의를 어기고 웰치 법률회사의 젊은 변호사
에게 공산주의 동조자라는 혐의를 제기하면서 나왔다. 이내 친절한
삼촌에서 복수의 화신으로 변한 웰치는 매카시에게 우레 같은 목소
리로 소리쳤다. "의원님, 지금껏 몰랐습니다. 당신이 얼마나 잔인하
고 무모한 사람인지를요. …… 어찌 그리 예의도 없으십니까?" 매카
시와 웰치의 대립이 절정에 이를 때까지 수백만 명의 미국인이 생
방송 청문회를 시청하여 전후 사정을 알게 되었다. 애초에 사소한
드라마인데도 이미 편성되어 있다는 이유로 (또 당시 낮 시간 연속극은
수익이 막대해서) 청문회를 생방송으로 보도하지 않기로 결정한 CBS
와 NBC는 체면을 구기고 말았다.

　시민교육에서 텔레비전의 가치에 관한 낙관주의(적어도 케네디의
당선을 바라는 이들 가운데 퍼져 있던)는 1960년 가을, 첫 번째 대선 토
론회 방송으로 한층 강화되었다. 그런데 케네디가 첫 토론에서 거

둔 승리는 언변이나 정책보다는 외모에 기초한 것이었다. 창백한 얼굴에 수염이 거뭇거뭇 자란 닉슨은 이미지가 매카시와 별반 다르지 않았지만, 햇볕에 그을린 듯한 구릿빛 피부에 숱이 많고 머리가 부스스한 케네디는 젊음, 에너지, 정력의 정수 자체로 보였다. 텔레비전에 맞는 외모가 대선의 향방을 가를 잠재적 위험은 당시 대개 무시되었다. 나중에 실시된 여론조사들에 따르면, 그 토론회를 라디오로 청취한 이들은 닉슨이 이겼다고 생각했고 텔레비전으로 시청한 이들은 케네디를 승자로 판단했다. 이 결과는 지식인 사회에서 선견지명이 있는 이들에게 경고 신호가 되었을지 모르지만 대개는 무시되었다. 트럼프 이전에 닉슨보다 많이 지식인들의 경멸을 받은 정치인은 없었기 때문일 것이다(지식인들은 조지 W. 부시를 경시했지만 혐오하지는 않았다. 온화한 성격, 9·11 테러 이후 반무슬림 편견에 대한 규탄, 아프리카의 에이즈 퇴치 같은 대의들에 대한 진지한 관심 때문에 그를 몹시 미워하기란 어려웠다. 이 덕분에 사악한 우파의 면모를 지닌 딕 체니 부통령 또한 경멸을 피할 수 있었다).

공적인 일에 대한 텔레비전의 영향력이 증가했음에도 불구하고, 1950년대와 1960년대 전반 내내 텔레비전의 힘과 존재감은 1970년대 초에 비하면 아직 사회 전반에 스며들지 못한 상태였다(케이블 방송은 1980년대에야 부상했다). 텔레비전이 있는 가구가 1950년 9퍼센트에서 1960년 약 90퍼센트로 급증할 만큼 텔레비전이 1950년대 중반 무렵에는 더는 진기한 물품이 아니었지만, 여전히 방송 프로그램 수는 제한적이었고 24시간 내내 방송하지도 않았다. 더욱이 1950년대 초반, 가정에 TV 수상기가 상대적으로 적었다는 사실이 시사하는 바에 따르면 베이비붐 세대 가운데 비교적 나이가 많은, 그러니까 1950년 전에 태어난 이들에게 텔레비전이란 일상적인 물건이 아니라 특별한 것이었다(적어도 초등학교에 들어가기 전까지는). 베이비붐 세대 가운데 1940년대 말에 태어난 이들은 더 늦게 태어난 이들과 문화적으로 다른 세대로 보는 게 마땅할 터인데, 대다수는 아닐지라도 그중 다수가 텔레비전이 가정에 보급되기 전에 읽기를 배웠기 때문이다. 현재 70대인, 비교적 나이 많은 베이비부머들은 태어나서 5년에서 7년간 부모와 대체로 똑같은 방식의 삶을 살았다. 밖에서 놀았고, 좋아하는 라디오 방송을 들었으며, 〈세서미 스트리트Sesame Street〉가 아니라 부모와 책을 통해 알파벳을 배웠다. 하지만 현재 50대 초반인 이들(베이비붐 세대 가운데 가장 젊은)은 학교에 들어가기 전에 TV 앞에서 교육을 받았다. 이 베이비부머들은 오늘날 자신의 자녀들과 마찬가지로 유아기 때부터 텔레비전에 노출되었다. 물론 1960년대에는 TV를 유아용 침대 앞에 둘 만큼 어리석은 부모가 드물었지만 말이다.

1955년 전에 태어난 베이비부머(정치인들을 포함해)가 은퇴 생활에 접어들면서 향후 10년 내에 나라의 정치적·문화적 지도력이 생후 첫날부터 텔레비전으로 양육된 첫 세대에게로 불가피하게 넘어가리라는 것을 곰곰이 생각해보면 정신이 번쩍 든다. 첫날부터 컴퓨터로 양육된 첫 세대가 이미 그들과 합류하고 있다. 오래된 텔레비전이나 새로운 디지털 매체나 지적으로 부정적인 영향을 미치는 프로그램이 너무 많지만 '양질의' 방송을 편성하면 그런 점들을 벌충할 수 있다는 생각을 의심스러워하는 우리로서는 이 전망에 불안해진다. 이런 견해는 닐 포스트먼이 선견지명과 한탄이 담긴 《죽도록 즐기기Amusing Ourselves to Death》(1985)에서 처음 제시했다. "그렇기에 텔레비전이 배출하는 쓰레기 정보에 대해선 별 이의가 없다." 포스트먼은 분명하게 선언했다. "무가치한 정보야말로 텔레비전에서 볼 수 있는 최선의 것이고, 누구도 그 어떤 것도 이 때문에 심각하게 위협받지 않는다. 더욱이 우리가 문화를 평가할 때는, 문화적으로 중요하다고 여길 만한 것으로 잣대를 삼지 시시하고 뻔한 것들 따위는 거들떠보지도 않는다. 그런데 바로 여기에 문제가 있다. 텔레비전은 기껏해야 하찮을 뿐인데, 주제넘게 과대 포장되어 스스로 중요한 문화적 의사소통의 전달자로 자처할 때가 가장 위험하기 때문이다."[7]

포스트먼은 컴퓨터 시대의 여명기에, 그리고 비디오 기기VCR를 비롯해 각종 테이프 기기가 가정의 붙박이 세간이 되어 집에서 편하게 영상물을 사실상 무제한으로 볼 수 있게 되기 바로 직전에 글을 쓰고 있었다. 활자문화에서 비디오문화로의 변동이 지닌 함의에 관해 그가 말한 모든 것은 오늘날에도 유효하다. 아니, 더 유효하다. 시청의 양이 질보다 중요하다는 포스트먼의 주장은, 다양한 용도에서 모바일 기기를 선호하기는 하지만 마찬가지로 각종 화면으로 수많은 텔레비전 프로그램들을 시청하는 밀레니얼 세대millennial °에게도 해당된다. 이 이슈와 관련해 나는 포스트먼의 주장에 전적으로 동의한다. 1950년대, 내가 어렸을 때 어머니와 아버지는 부모가 자녀를 통제하던 그 시절에 다소 특이한 규칙을 두었다. 남동생과 나는 보고 싶은 프로그램을 무엇이든 볼 수 있었다. 단, 주중에는 (숙제를 마치고) 하루에 한 시간, 주말에는 두 시간씩. 예외는 내가 열렬한 야구팬이 되었을 때 생겼고 덕분에 경기를 끝까지 볼 수 있었다.

° 1980년대 초반에서 2000년대 초반 사이에 태어난 세대. 미국의 세대 전문가 닐 하우와 윌리엄 스트라우스가 처음 언급한 표현으로, X세대의 다음 세대라고 해서 Y세대, IT에 친숙하다고 해서 테크세대라고도 불린다.

또한 가족이 함께 저녁 뉴스를 시청하고 그날 일어난 일들을 토의하기도 했다. 내가 십대가 되어서는 그 모든 규칙이 없어졌다. 하지만 정말 보고 싶은 프로그램이 있을 경우에만 텔레비전을 보는 습관이 이미 생긴 터였다.

상당수 지식인을 포함해 유복한 전문가들은 (영상물이 '교육용'인 한) 일상에서 영상물을 소비하는 것은 무해하고 큰 유익이 될 수도 있다는 생각에 특히 쉽게 물들어왔다. 하지만 의학 연구는 영상물을(교육용이든 아니든) 일상적으로 시청하는 것이 영아와 걸음마를 배우는 아이의 뇌 발달에 좋다는, 위안을 주는 생각을 지지하지 않는다. 점점 더 많은 소아과 연구 조사들이 생후 몇 년간 어떤 유형이든 영상물에 자주 노출되면 주의 집중 시간이 짧은 어린이가 됨을 보여준다. 영상물의 출처가 텔레비전 방송국, 영화 촬영소, 컴퓨터 소프트웨어 회사 중 어디인가는 중요하지 않다. 중요한 것은 아이들이 화면을 보는 시간이다. 미국소아과학회가 2세 미만의 아이에게 안전한 수준의 시청이란 없다고 최종 판단을 내렸지만, 그 학회의 권고 사항이 무엇일지라도 유아 영상물 시청과의 전쟁에서 이미 패배한 상태다.

과도한 시청이 아이들에게 나쁘지 않을까 염려하지만 전자 베이비시터가 제공하는 편리함을 열망하는 부모들은 블로그에 흔히 이런 글을 쓴다. "우린 아이한테 TV는 절대 보여주지 않아요. 비디오만 보여주죠." 이런 만연한 자기합리화의 웃긴 예는 야심만만하지만 시간에 쫓기는 중상층 부모들이 〈베이비 아인슈타인〉에 열광하는 것인데, 이 시리즈는 걸음마 하는 아이들에게 모네의 수련부터 윌리엄 워즈워스의 시에 이르기까지 온갖 교육 영상들을 강제 주입한다. 다음 차례는 영아들이다. 2005년 봄에 처음 방송된 홈박스 오피스HBO의 〈클래시컬 베이비〉는 이 분야의 완벽한 실례다. 반 시간 가량의 영상물에는 차이콥스키와 바흐부터 듀크 엘링턴과 어빙 벌린에 이르기까지 음악이 발췌되어 있고 어릿광대, 요정, 동물의 동영상과 더불어 잭슨 폴록, 빈센트 반 고흐, 클로드 모네 같은 이들의 유명한 그림이 거슬리게 휙휙 나왔다 사라지곤 한다. 유아용 텔레비전 프로그램 공급에 반대하는 집단들이 비판하자 하버드 의과대학 소아정신과 의사이자 HBO의 자문위원인 유진 버레신은 이렇게 언명했다. "이런 종류의 TV가 나쁘다고 말하는 건 예술은 나쁘다고 말하는 것과 다를 바 없습니다."[8] 이 발언은 영상물의 위력이 죄 없는 아기뿐 아니라 고등교육을 받은 전문가의 재치도 둔하게 하는 유력한 증거로 간주해야 한다. 현재 그런 상품이 아이들에게 음악을 알려주는 방법을 알지 못하는 거대 시장의 사람들에게 관심을 끈다니 얼마나 안타까운 일인가. 자녀에게 음악을 알려주는 방법은 가정에서 어릿광대 영상에 방해받지 않게 좋은 음악을 들려주는 것이다. 시를 알려주는 방법은 잠자리에서 시를 암송하거나 읽어주는 것이다. 걸음마 하는 아이에게 미적 감상력을 불어넣는 방법은 모네의 정원 그림들을 도배한 화면을 보여주는 게 아니라 정원에서 실제로 보고 향기도 맡도록 하는 것이다. 피곤한 부모가 아이들에게 넋을 빼놓는 영상물을 틀어주어 한 시간을 버는 것은 괜찮은 일이지만(어느 누가 차이콥스키 음악에 맞춰 춤추는 동물 영상을 이따금 한 시간 보는 게 아기에게 해가 될 수 있다고 말할 만큼 고루하겠는가?) 그게 교육이라고 스스로 기만하지는 말자. 아니, 정확히 말하자면 교육이 이루어지고 있다. 하지만 그것은 사전에 포장된 시각 자극과 상당한 양의 소음에 집중하도록 어린 뇌를 배선하는 교육이다.

오직 러다이트 지지자만이 텔레비전이나 컴퓨터 화면의 영상문

반지성주의 시대

화가 개인의 지적 발달이나 사회의 지적 생활에 아무런 기여도 못한다고 주장할 것이다. 분명 반지성주의의 조장이 결과적으로 중상층에 경쟁 불안과 지적 허세를 주도록 설계된 〈베이비 아인슈타인〉의 의도는 아니다. 그럼에도 영상물이 전례 없이 어린 나이 때부터 미국인의 정신에 침투함으로써 어린아이들이 스스로 즐거운 시간을 보낼 필요가 없어졌을 뿐 아니라 비유적 의미의 틀box에서, 문자적 의미의 텔레비전box에서 벗어난 사고와 상상을 하기 힘들어졌다는 데는 의문의 여지가 없다. 예상대로 영상문화는 미국인이 요람에서 무덤까지 영상물이란 젖을 빤다는 비판에 의구심을 갖고 있는 학자들과 저자들이 전자오두막electronic cottage°에서 수십 억 달러의 자산가인 재벌들과 젠체하는 지식인들(심술궂은 구두쇠로도 알려진)을 변호하는 산업을 낳았다. 《바보상자의 역습: 대중문화가 어떻게 우리를 더 똑똑하게 만들었나?Everything Bad is Good for you: How Today's Popular Culture Is Actually Making Us Smarter》라는 제목의 책이 정중한 서평을 받을 수 있는 곳은 오늘날의 미국뿐이다. 저자 스티븐 존슨은 비디오게임을 하는 데 상당한 시간을 쓴다는 것을 인정한다. "부모들은 종종 TV 앞에서 최면에 걸린 듯 앉아 있는 아이를 보고 경악한다. …… 보통 때라면 활발하게 온 집을 헤집고 다니던 아이가 입을 헤벌리고 TV를 주시하는 걸 보면 부모는 최악의 상황을 예시한다. 'TV가 우리 아이를 바보로 만들고 있구나.'" 걱정하지 마시라. 존슨은 이렇게 안심시킨다. 멍하니 텔레비전을(나중에는 비디오게임 화면을) 주시하는 것은 "정신적 퇴화의 조짐이 아니다. 오히려 집중하고 있다는 표시"다.[9] 어떤 성인이 비디오게임을 하는 데 많은 시간을 쓴다면 마땅히

° 앨빈 토플러가 예견한, 인터넷을 통한 원격 근무(지).

그는 '나쁜 모든 것이 실은 좋다'는 이론을 세우리라.

핵심은 아이들이 무엇에 집중하는가가 아니라 무엇을 걸러내는 가, 멀리하는가다. 그들의 관심은 필시 이미 여러 차례 본 영상으로 향한다. 존슨은 이어서 읽기와 쓰기 기술이 쇠퇴했음을 입증하는 연구들에 큰 결함이 있다고 주장하는데, "인터넷을 통한 읽기(글쓰기는 물론이고)를 배제했다"는 것이다. 존슨은 이메일을 주고받는 것이나 온라인상의 〈어프렌티스The Apprentice〉 분석이 문학작품과 동등하지는 않음을 수긍하지만 둘 다 "똑같이 문자에 기반을 뒀다"고 말한다.[10] (존슨은 〈어프렌티스〉를 만든 이[트럼프가 이 방송의 진행자이자 공동 프로듀서였다]가 미국 정부의 고위 관리들에게 [방송 말미에 그가 늘 외쳤듯이] "당신, 해고야!"라고 말할 수 있는 지위에 오르리라는 것을 누구도 상상하지 못했을 때 그 책을 썼다.) 존슨의 자기 참조적인 터무니없는 말은 자기 참조적인 디지털/영상문화에서나 기대할 수 있는 것이다. 아동 포르노와 티치아노의 누드화가 "똑같이 이미지에 기반을 뒀다"는 말도 가능할 것이다. 소유욕이 강하고 기술 의존적인 사회에서 그런 합리화의 매력은 분명하다. 즉 부모는 다음과 같이 확신할 수 있다. 전자 매체 완구는 하나같이 교육적 가치가 있기에 헛돈을 쓰는 게 아니다. 지난 6개월 동안 책 한 권 읽지 않았지만 아무런 문제 될 게 없다. 각종 화면에서 액션물을 보는 동안 아이들은 더 똑똑해질 것이다.

인터넷에서 어떤 종류의 읽기가 폭발적으로 증가했는가? 확실히 소설이든 논픽션이든 진지한 책 읽기는 아니다. 전자책이 틈새시장을 넘어 그 밖에서 관심을 끄는 데 실패했다는 것은 출판계의 공공연한 비밀이다. 물론 출판사들이 구체적인 매출액을 마지못해 발표하긴 하지만 말이다. 전자책이 점점 늘어나는 시장의 수요를 충족하리라는 예측이 한때 있었지만 2010년대 중반인 현재, 전자책 판매는 저조한 상태다. 모두가 전자책을 원하는 것은 아니라는 전조는 세기의 전환기에 이미 있었다. 인기 있는 소설가로서 대량 판매용 염가 문고판도 많이 내는 스티븐 킹조차 웹에서 완전히 실패한 바 있다. 2001년 킹은 초자연 스릴러를 온라인에 연재하려 했는데, 조건은 독자가 처음 3회분에 대해서는 1달러, 이후에는 각각 2달러를 지불하는 것이었다. 연재물을 내려받은 이들은 자율 결제 방식에 따라 지불했고, 킹은 독자 중 75퍼센트 이상이 돈을 지불하는 한 연재를 계속하겠다고 약속했다. 하지만 4회분이 연재될 때까지 값을 치른 독자 비중은 46퍼센트까지 떨어졌고 킹은 그해 말 연재를 취소했다. 킹의 연재 구상은 물론 과거에도 시도된 바 있는데, 그때는(19세기에) 큰 성공을 거두었다. 런던의 독자들은 찰스 디킨스 소설의 최신 연재물을 사려고 아침 일찍 일어나 줄을 서서 기다리곤 했다. 뉴욕의 디킨스 팬들은 감질나게 하는 장들이 담긴 인쇄물을 수송하는 배를 마중 나가곤 했다. 그러나 웹에서는 최대한 빨리 만족을 주는 게 전부다. 온라인에서 읽을 의향이 큰 이들은 좋아하는 작가의 새로운 장을 보고자 장시간 기다릴 의향은 적을 것이다.

전자책의 무한한 미래를 예측한 첨단 산업 관련 주株 분석가들은 첨단기술의 현 상태에 관한 오판을 해명하고자 애써왔다. 〔그들에 따르면〕 눈부신 미래가 실현되는 데 부족한 것은 오직 내려받기와 읽기가 더 편리한 도구뿐이다. 작고 가벼운, 그리고 버스에서나 샌드위치를 먹을 때나 베개에 기대어 있을 때나 쉽게 읽을 수 있는 것. 뭐랄까…… 페이퍼백 같은 것? 하지만 전자책 부진에 대한 훨씬 그럴듯한 설명은 즐거움을 위한 독서(필수적인, 흔히 일과 관련된 정보를 얻기 위한 독서와 별개인)는 컴퓨터와 휴대용 디지털 기기로 하는 독서 경험 전체와 어떤 면에서 상반된다는 것이다. 인터넷은 처음부터 끝까지 읽도록 만들어진 게 아닌, 참고 도서와 교과서를 전하는 완벽한 매체다. 그런데 시간 절약을 위해 협소한 것에만 집중하는 것은 즐거움을 위한 독서뿐 아니라 지식을 쌓는, 기억하는 독서에도 반한다. 상세한 설명을 읽고 사상과 정보를 받아들이고 새로운 정보를 기성 지식 체계에 연결하는 역량에 달린 기억력은 영상문화의 첫 희생물 중 하나다. 기억이 없으면 불건전한 토대에 기초해, 최근에 얻은 소량의 정보조차 제대로 소화하지 못한 채 판단을 내리게 된다. 모든 엔터테인먼트 대중매체, 그리고 그런 엔터테인먼트 모델에 기초해 확장 중인 교육매체들은 사전 지식이 필요 없는 '독립적' 프로그램 편성을 강조한다. 이런 매체들은 다른 사회 세력 및 기관들과 결합되면, 공론장 곳곳에 극복할 수 없는 무지가 퍼지기에 비옥한 문화를 조성한다.

지난 40년간 반지성주의의 두 번째 주요 원동력은 근본주의적 종교의 부활이다. 이성보다 감정에 공공연히, 또 은밀히 호소하는 현대의 미디어는 계몽주의의 시작 이래 서구 문명을 바꿔온 위대한 합리주의적 통찰 대부분에 반대하는 일종의 신앙을 전파하는 데서 조력자의 역할에 딱 맞는다. 승리주의적 기독교 근본주의는, 개신교 전부가 그렇지는 않을지라도, 성경의 단어 하나하나가 문자적으로 참이고 하느님이 내려주신 것이라는 확신에 기초한다. 지난 4년간 수행된 여론조사들의 일관된 결과에 따르면, 미국인의 3분의 1 이상이 성서문자주의를 믿고 열에 여섯이 요한계시록의 피비린내 나는 예언들(예수를 메시아로 받아들이지 않는 모든 이가 살육된다는 것을 포함해)의 실현을 믿는다.[11]

1920년대에 라디오로 복음을 전한 빌리 선데이를 비롯해 모든 사안을 흑백논리로 보는 미국의 근본주의자들은 새로운 대중매체가 나타날 때마다 그것을 효율적으로 이용해왔다. 반면 회색의 견해도 갖고 있고 믿음의 집에 세속의 지식을 위한 자리도 기꺼이 내어주는 자유주의적 종교는 (미리 정해진 형식과 내용에 따라 제작해놓는) 기성 일괄 방송 프로그램에 선뜻 가담하지 않았고, 오늘날 시각 매체 시대에서 라디오 시절에 비해 훨씬 불리한 입장에 처해 있다. 〈700인 클럽700 Club〉에서 고래고래 악을 쓰는 팻 로버트슨°부터 멜 깁슨의 영화 〈패션 오브 크라이스트〉(2004)까지 종교는 세속의 사상과 학습에 의해 수정되지 않고 오직 감정에만 호소하며 의심의 여지를 남기지 않을 때 영상에서 가장 강력한 인상을 준다. 이를테면 멜 깁슨의 〈패션 오브 크라이스트〉는 마태복음을 문자적으로 받아들여 예수를 십자가에 못 박은 유대인들을 비난하는, 교황청이 오랫동안 거부한 근본주의적 로마가톨릭의 한 계열에 뿌리박고 있다. 미국에서 엄청나게 인기를 누린 이 영화의 핵심 관객은 성서문자주의에 기초하지 않는 주류 가톨릭 신도들이 아니라 우파 개신교인들이었다.

엔터테인먼트 매체는 특정한 종교를 홍보하지 않을 때조차 미국인 가운데 만연한 초자연현상에 대한 경신輕信을 고무하고 자본화한다. 최근 몇 년간 텔레비전은 유령, 천사, 악마를 믿는 막대한 시장의 시청자에게 호소하는 프로그램들을 쉼 없이 방영해왔다. 성인 절반 이상이 유령을 믿고 3분의 1이 점성술을 믿고 4분의 3이 천사

° 우파 기독교 목사이자 방송 설교가인 로버트슨은 자신이 설립한 기독교방송국 CBN 의 간판 와이드프로 〈700인 클럽〉을 진행하고 있다.

를 믿고 5분의 4가 기적을 믿는다.[12]

세상의 종말의 상품화 및 마케팅은 근본주의와 편집증적 미신을 이용하는 멀티미디어가 만들어낸 것이다. 주류 교파들은 요한계시록의 예언들을 오랫동안 경시해왔는데, 현대 성서학자들에 따르면 요한계시록은 예수의 사후 적어도 60년이 지나 쓰였고 복음서와의 관계도 가장 미약할 따름이다. 근본주의가 거부하는 다수의 합리적 전개 중 하나는 19세기 중반 이래의 성서 연구다. 하지만 젠체하는 지식인이 성경의 다양한 부분들이 실제로 언제 쓰였고, 또 성경과 실제 역사가 어떤 관계인가에 대해 이야기한들 누가 신경이나 쓰겠는가? 미국인이 종말론적 환상에 열광하는 이유는 성경 자체보다는 〈엑소시스트〉와 〈오멘〉 같은 영화들 때문일 것이다.

지난 20년간, 특히 2001년 세계무역센터와 펜타곤 테러 공격이 온갖 편집증의 재료를 제공한 이래, '최후의 날' 시나리오 이면의 추동력은 우파 기독교 서점과 근본주의 웹사이트에서 판매하는 일련의 책들이었다. 《레프트 비하인드Left Behind》(심판의 날 예수가 재림한 뒤 불신으로 인해 살육될 남겨진 사람들을 뜻한다) 시리즈로 알려진 성인용 종교 공포물에 이어 청소년용 시리즈 《레프트 비하인드: 더 키즈》도 출간되었다. 이 책들은 전에 주로 스포츠 스타의 책을 대필했던 제리 B. 젠킨스가 썼고, 근본주의 목사이자 모럴 머조러티Moral Majority•의 창립 일원인 팀 라헤이◪의 성서 해석에 기초한다. 이 책들은 미국에서 지금껏 1억 부 이상 판매되었는데, 그리스도와 공중에서 만나는 황홀한 휴거 체험을 애호하는 것으로 알려져 있다.

● '도덕적 다수'라는 뜻으로 낙태, 동성애 등을 반대하는 보수적 기독교 정치단체.
◪ 라헤이는 2016년 7월에 사망했다.

휴거Rapture는 동사이기도 하다. '황홀해지다to rapture'는 하느님이 지구상의 모든 회의론자를 신속히 처리하고 그에 따라 "눈으로 보지 못하고 귀로 듣지 못한 것들, 사람의 마음에 떠오르지 않은 것들을, 하느님께서는 자기를 사랑하는 사람들에게 마련해주셨다"(고린도전서 2장 9절)는 성경의 예언이 실현되어 천국에서 즐겁게 뛰노는 것을 의미한다. 그분을 의심하는 자들에 대해 말하자면, 가학적 아마겟돈 시나리오는 그들의 부럽지 않은 숙명에 대해 자세히 설명한다. "그리고 그 연기 속에서 메뚜기들이 나와 땅에 퍼졌다. 그것들은, 땅에 있는 전갈이 가진 것과 같은 권세를 받아 가지고 있었다. 그것들은, 땅에 있는 풀이나 푸성귀나 나무는 하나도 해하지 말고, 이마에 하느님의 도장이 찍히지 않은 사람만을 해하라는 명령을 받았다. …… 그 기간에는 그 사람들이 죽으려고 애써도 죽지 못하고, 죽기를 원해도 죽음이 그들을 피하여 달아나리라."(요한계시록 9장 3, 4, 6절) 네브래스카주 벨뷰의 한 공군 정비공이 운영하는 또 다른 근본주의 웹사이트는 일간 '휴거 지수'를 발행하는데, 웹사이트를 만든 이는 그것을 "최후의 날 활동의 나우존스 지수"로 묘사한다. 이 랩처레디닷컴raptureready.com의 휴거 지수는 2001년 9월 24일에 최고점을 찍었는데, 그날은 아마겟돈에 열광하는 이들이 9·11 테러 공격이 세상의 종말이 임박했음을 의미한다고 결론지은 날이었다.

수백만의 미국인이 이미 임박한 종말을 믿는다는 사실을 제외하면, 가장 심란한 것은 주류 언론이 이 기이한 환상들을 진지하게 다루어 존중하는 태도를 보인다는 것이다. 2002년 주간지 《타임》은 성경과 요한계시록에 관한 표지 기사에서 진지하게 선언했다. "9월 11일 이후, 기독교에 냉담하던 사람들이 성경이 세상의 끝에 관해 어떻게 이야기하는지 묻기 시작했고, 설교자들은 1년 전만 해도 상상 못 했을 설교를 통해 그 질문에 대답했다."[13] 이 기사에는 어떤 세속적 혹은 합리주의적 분석이 전혀 없다. 잡지는 종말 시나리오를 순전히 미신에 기초한 집단 망상으로 일축하는 이들, 그리고 광신 집단의 관심사로 일축해야 할 생각을 정상적으로 취급하는 데 내재한 위험을 이해하는 이들에게 지면을 할애하지 않았다. 아마겟돈을 마치 지구 자체만큼이나 현실적인 것으로 논의한《타임》기사는 어떤 면에서 대중의 두려움을 자본화하여 잡지를 팔기 위한 노력이었다. 더 깊이 보면, 그 기사는 '논쟁적인' 것은 무엇이든 보도할 가치가 있고 쟁점의 양측에(한 측이 비정상적인 심리 작용에 기초한 글일지라도) 늘 동일한 지면을 할애해야 한다는 저널리즘적 신념의 전형적인 예다. 많은 돈이 얽혀 있고 많은 사람이 2 더하기 2가 5라고 믿으면 언론은 시치미를 떼고 기사를 보도하고는 '그런데 수학자들은 2 더하기 2는 여전히 4라고 말한다'라는 한정적 구절을 덧붙일 것이다. 왜곡된 객관성으로 터무니없는 말에 신빙성을 부여하는 일부 주류 뉴스 매체들은 랩처레디닷컴보다도 논리와 이성을 더 약화시켜왔다.

그릇된 객관성은, 특히 종교와 관련해, 근본주의를 규정하는 특징인 자발적 무지를 무시한다. 미국인의 삶에서 가장 강력한 터부 중 하나(종교의 자유와, 다른 사회제도들에 적용되는 철저한 비판적 조사를 종교에는 면제해주는 것의 차이를 혼동하여 생긴)는 타인의 신앙에 대해 나쁘게 말하는 것이다. 헌법, 그리고 다원주의 사회를 살아가는 데서 실용적인 현실들은 무엇이든 원하는 것을 믿을 수 있는 동료 시민의 권리를 존중하라고(그들의 믿음이 토머스 제퍼슨의 표현에 따르면 "내 호주머니를 털거나 내 다리를 부러뜨리지 않는 한") 우리에게 명한다. 그런데 미국인 다수는 믿음 자체도 그런 존중을 받아야 마땅하다고, 이 분별 있는 불간섭주의 원칙을 잘못 해석해왔다. 증거에 의거하는 식별 가능한 과학적 사실을, 실증할 수 없는 초자연적 환상과 같은 수준에 놓는 이 지각없는 관용은 반지성주의와 반합리주의가 부활하는 데 주요한 역할을 해왔다. 수백만의 미국인은 언젠가 만군의 주가 자신을 메시아로 여기지 않는 다른 수백만의 사람을 죽이기 위해 재림하리라고 전적으로 자유롭게 믿을 수 있지만, 다른 미국인은 그런 믿음을 실제로 호주머니를 털고 다리를 부러뜨리는 위험한 오류로 여길 자유를 행사해야만 한다.

현대 미국의 근본주의(이 용어는 1920년대까지는 널리 사용되지 않았다)는 제1차 세계대전 이후 쉽게 알아볼 수 있는 종교적·문화적 운동으로 출현했는데, 그 본질적인 쟁점은 다윈의 자연선택에 따른 진화론을 공립학교에서 가르치는 것에 대한 반대였다. 세속주의자뿐 아니라 비근본주의적 종교인을 포함해 당시 지식인들은 진화론 반대자와 근본주의자가 1925년 테네시주 데이턴에서 열린 스콥스의 '원숭이 재판'으로 일격을 당했다는 오판을 내렸다. 공립학교에서 진화론 수업을 금지하는 테네시주법을 위반한 혐의로 기소된 고등학교 교사 존 T. 스콥스의 변호는 전국적인 일류 변호사, 민권운동가, 불가지론자인 클래런스 대로가 맡았다. 상대는 민주당 대선 후보로 세 차례 지명된 바 있는 근본주의의 영웅 윌리엄 제닝스 브라이언이었는데, 그는 "암석의 연대the ages of rocks보다는 영원한 반석the Rock of Ages에 관심 있다"라는 유명한 말을 남기기도 했다. 브라이언은 성경에 관한 전문가로 증인석에 앉는 실수를 범했고, 반대심문 기술로 유명한 대로는 한때의 친구가, 여호수아의 군대를 위해 멈춘 태양 같은 많은 성경 이야기를 현대 과학 지식에 비추어 문자 그대로 받아들일 수 없음을 어쩔 수 없이 인정하도록 만들었다.

근본주의적 배심원단이 스콥스에게 내린 유죄 선고가 이미 예정된 판결이긴 했지만 북부의 저널리스트, 과학자, 지식인들은 브라이언이 법정에서 당한 굴욕으로 근본주의에 대한 신뢰가 영원히 땅에 떨어졌다고 믿었다. 1931년 문화사학자 프레더릭 루이스 앨런은 이렇게 말했다. "입법자들은 계속해서 반진화론 법들을 통과시키고 내륙의 독실한 이들은 마음속 과학을 거부하는 부분에 여전히 종교를 가둬둘 것이다. 하지만 문명화된 이들은 …… 재판을 놀라움과 재미를 느끼며 지켜봤고 근본주의에서 서서히 이탈하는 현상은 분명 계속되었다."[14] 20세기 초반에 성년이 된 앨런 같은 지식인들은 19세기 말에 논쟁적이었던 진화론이 21세기의 여명기에도 여전히 논쟁을 일으키리라는 예측을 들었다면 분명 못 믿겠다는 반응을 보였을 것이다.

진화론이 처한 최악의 상황은 새로운 반지성주의가 작동하고 있음을 보여주는 완벽한 예인데, 이런 상황을 야기한 것은 재개된 종교적 근본주의뿐 아니라 공교육의 전국적 실패와 많은 매체의 과학 문맹 때문이기도 하다. 일반적으로 신앙과 과학 사이의 갈등으로만 묘사되는 진화론 분쟁은 사실 오늘날 미국 사회에 널리 퍼진 비이성에 책임이 있는 모든 문화 세력의 축소판이다. 진화론 반대가 지속되어 지난 20년간 하나의 운동으로 부활함으로써 미국은 다른 선진국들과 구별되는 나라가 되었다. 2005년 8월 30일 [여론조사 및 연구 기관인 퓨리서치센터Pew Research Center에서 실시하는] '종교와 대중의 삶에 관한 퓨포럼'이 여론조사 결과를 발표했는데, 허리케인 카트리나가 전날 멕시코만 연안을 강타한 터라 거의 주목을 받지 못했다. 하지만 그 결과는 그것을 읽으려 하지도 않는 이들에게, 지적인 재난이 뉴올리언스에서 벌어진 인적·자연적 재난만큼이나 심각함을 보여주었다. 그 결과에 따르면 미국인 중 3분의 2가 창세기 이야기에 기초한 강경한 근본주의 교리로 보통 이해되는 창조론도 진화론과 더불어 공립학교에서 가르치길 원한다. 어떤 유형(하느님이 진화를 이끈다는 유형도 포함한)이든 진화론을 받아들이는 미국인은 절반에 못 미치고(48퍼센트) 다윈의 자연선택에 의한 진화론을 받아들이는 이는 26퍼센트뿐이다. 무려 42퍼센트가 인간을 포함해 모든 생물이 태초부터 현재의 모습으로 생존해왔다고 말한다.[15]

이처럼 무지한 과학 지식수준은 종교적 근본주의만 탓할 수 없는데, 어떤 유형이든 진화론을 거부하는 미국인 비율이 성경의 문자적 해석을 믿는 비율보다 (15퍼센트포인트가량) 높기 때문이다. 분명 다른 무언가가 작용하고 있는데, 그것은 바로 초·중·고등학교, 그리고 지역 사회 대학의 낮은 수준의 과학 교육이다. 진화론에 관한 여론조사 결과를 보면 초등학교부터 고등학교까지의 형편없는 과학 공교육이 교육 격차 문제임을 쉽게 추론할 수 있다. 대졸자는 27퍼센트만이 생물이 지금까지 원래의 모습으로 생존해왔다고 믿지만(물론 이조차 놀라울 정도로 높은 수치다), 대학 교육을 부분적으로 받은 이들의 42퍼센트와 고졸자의 절반은 생물이 대대로 변함없는 모습으로 존재해왔다는 창조론적 관점을 고수한다. 그리고 미국인의 3분의 1은 과학자들 사이에 진화에 관한 의견 충돌이 상당하다는 잘못된 믿음(진화론은 '하나의 이론에 불과'하고 모든 터무니없는 사상만큼이나 과학적 타당성이 없다는 우파 종교의 주문呪文을 반영하고 강화하는 확신)을 갖고 있다. 진화론 반대자는 진화론이 하나의 이론에 불과하기에 절대로 과학적 진실로 간주해서는 안 된다고 주장한다.

물론 진화의 구체적인 부분에서는 의견 충돌이 많지만 자연선택에 의한 진화론 일반은 주류 과학계에서 확립된 주제다. '하나의 이론에 불과'하다는 일반적 주장은 종교적 신앙뿐 아니라 말이 특정 맥락에서 갖는 특정한 의미에 대한 국민적 무관심에도 기대고 있다. 미국인 다수는 일상에서 쓰는 이론의 정의와 과학에서 쓰는 이론의 정의 사이의 차이를 그야말로 이해하지 못한다. 과학자에게 이론이란 자연현상을 설명하기 위해 고안한 원리 집합으로, 관측 결과로 뒷받침되어야 하고 증명 및 동료들의 검토를 거쳐야 한다. 또한 과학 이론은 고정되어 있지 않고 새로운 측정 수단과 연구 조사 결과가 나오면 수정된다. 하지만 일상적 의미에서 이론은 제한된 정보나 잘못된 정보에 기초한 추측에 지나지 않는다. 그리고 정확히 그것이 미국인이 과학 이론을 보는 방식이다. 이론과, 충분한 지식에 근거하지 않은 추측을 동일시하는 이들에겐 아인슈타인의 상대성이론과 다윈의 진화론의 타당성이 "나의 이론에 따르면 세상의 끝은 테러 공격이 한 번 더 있은 뒤 온다"고 주장하는,《레프트 비하인드》에 열광하는 이들의 확신과 다를 바 없다. 세상의 끝에 대한 예언은 비과학적 이론의 완벽한 예다. 예언이 실현되지 않을 때마다 예언자들은 그저 예언이 실현될 날을 새로 정할 뿐이다. 구체적으로 추산한 날이 틀릴지라도 그 예언은 영원하고 증명할 수 없는 초자연적 진실의 지위를 잃지 않는다. 아무튼 세상의 끝이 단순히 또 하나의 재난이 **아님**을 누가 증명할 수 있겠는가? 과학에서는 새로운 정보가, 코페르니쿠스 및 갈릴레이의 관측이 태양이 지구 주위를 돈다는 오랫동안 유지된 믿음을 약화시켰듯이, 거짓을 밝히거나 덜 완전한 정보에 기초한 기존 이론을 뒷받침한다.

진화론 대소동을 야기한 가장 중요한 원인 중 하나는 초·중등 교육에서 지역의 자율권, 즉 교육의 질에서 방대하고 지속적인 지역 격차에 책임이 있는 미국의 전통이다. 유럽에서는 전국적인 표

반지성주의 시대

준 교육과정이 보편화되어 있다. 예컨대 시칠리아 주민들은 피에몬테 주민들과 문화적 가치가 다를지라도 고등학교를 졸업할 때까지 동일한 과학적 사실을 배운다. 반면 미국에서는 지역 간 문화 전쟁이 벌어지고 있고 남부와 중서부 일부에서 근본주의가 위세를 떨치고 있어서 그 지역의 교사는 자신은 진화를 믿을지라도 생물학 수업에서 그 주제를 다루는 것을 조심하게 된다. 교육 연구 조사기관인 토머스 B. 포덤 재단이 세기의 전환기에 실시한 조사에 따르면, 전국 모든 주의 3분의 1(주로 남부와 중서부)에서 학생들에게 진화의 기초 사실뿐 아니라 현대의 모든 과학적 사고에서 다윈의 이론이 갖는 중요성도 가르치지 않고 있다.[16]

진화론 반대자에게 굽실거리는 학교에서 가장 흔히 쓰이는 전략 중 하나는 '진'으로 시작하는 단어(진화론)를 피하고 대신 '시간이 흐르면서 변한다' 같은 평범하고 무의미한 표현을 쓰는 것이다. 생물학적 진화는 태양계의 지질학적 역사, 즉 근본주의자에게 인간의 유래보다 덜 심란한 현상을 위해 곧잘 무시된다. 오하이오주(포덤 보고서에서 낮은 등급을 받은 주들 중 하나인) 오벌린의 생물학 교사 론 비어는 《뉴욕타임스》에 자신의 교수 전략을 요약해 보고한 바 있다. 그는 진화론 교육을 해야 한다고 믿지만 근본주의적 학부모들의 저항을 피하고자 그 주제를 하나의 '단원'으로 가르치지 않고 "넣을 수 있는 곳마다 쪼개서 조금씩" 제시한다. 비어는 이렇게 덧붙였다. "강요하지 않습니다. 그걸 두고 학생들과 언쟁을 벌이지 않아요."[17] 혹자는 무지를 지식으로 바꾸지 못한다면 대체 교육의 핵심은 무엇인가, 라고 물을지도 모르겠다(교육은 일반적으로 상당히 많은 언쟁을 포함하는 과정이다). 그런데 수동적인 분위기와 교사가 논란과 논쟁을 피하려는 태도가 가장 심각한 문제는 아니다. 무엇보다 교사 다수(마찬가지로 불충분한 공교육의 산물인)가 진화론 자체를 이해하지 못하고 있다. 1998년 텍사스대학 연구 조사원들이 행한 설문조사에 따르면 공립학교 생물학 교사 넷 중 하나가 인간과 공룡이 동시대에 살았다고 믿었다.[18] 이런 오인들을 통해 그 교사들의 종교적 믿음이 어떠한지를 확실히 알 수는 없을지라도 미국 교사들 상당수가 얼마나 형편없는 교육을 받았는지는 확인할 수 있다. 호모사피엔스가 나타나기 오래전에 공룡이 멸종했음을 알지 못하는 교사는 19세기 말 생물학을 가르치기에 부적합하다. 하물며 현대 생물학 교습은 말할 것도 없다(비교할 만한 최근 연구가 없기 때문에, 오늘날 고등학교 생물학 교사가 20년 전 교사보다 더 많은 과학 지식을 알고 있다고 판단할 방법이 전혀 없다. 아무튼 근본주의적 학부모의 반대를 두려워하는 당국의 압력 때문에 교사 다수는 수업 중에 '진화'라는 말을 피하게 된다. 이는 지난 10년간 내가 인터뷰한 많은 고등학교 교사에게 민감한 사안이다).

더 혼란스럽게도 미국인은 과학뿐 아니라 종교의 구체적인 내용에 대해서도 그만큼 무지하고 교육도 제대로 받지 못했다. 선진국 가운데 가장 종교적이라고 하는 국가의 성인 대다수가 4대 복음서를 대지 못하거나 창세기가 성경의 첫 번째 저작이라는 것을 모른다.[19] 창조 이야기의 정확한 출처도 밝히지 못한다면 창조론이 무엇을 의미하는지 어떻게 이해할 수 있겠는가? 수업 시간에 창조론을 가르치는 게 맞는지에 관해 정보에 근거한 판단을 어떻게 내릴 수 있겠는가? 그들도 한때 '진화'라는 말을 금기시하고 교사가 공룡과 인간이 함께 땅 위를 돌아다녔다고 시사하는 수업을 들은 수백만의 아이들 중 하나였다면, 그들이 진화의 정의를 이해하리라고 어떻게 기대할 수 있겠는가?

인포테인먼트 문화는 과학과 종교 모두에 관한 대중의 무지를 강화한다. 경향적으로 뉴스 매체는 아마겟돈 시나리오 같은 다른 '논란거리'에 적용하는 가짜 객관성을 진화 관련 보도에서도 적용한다. 자연 다큐멘터리에서조차 진화를 언급하는 것을 찾기 어렵다. 의외로 흥행에 성공한 다큐멘터리 영화 〈펭귄-위대한 모험March of the Penguins〉(2005)은 황제펭귄의 기이한 번식 주기를 절묘한 솜씨로 담아내 시간 순으로 보여주면서도 용케도 진화에 대해서는 일언반구도 하지 않았다. 공교롭게도 황제펭귄은 대학 수준의 생물학 강의에서 인용되는, 자연선택과 무작위적 돌연변이에 관한 그야말로 진화의 교과서적 예다. 황제펭귄들은 평소에 먹이를 먹는 바닷가를 떠나, 맹렬한 남극의 겨울을 피할 수 있는 장소에서 짝짓기하기 위해 110여 킬로미터를 이동한다. 펭귄들이 짝을 지을 무렵 암컷은 굶주린 상태여서 알을 낳은 뒤 수컷이 품도록 맡긴다. 암컷은 뒤뚱뒤뚱 바다로 가 물고기를 잔뜩 잡아먹고는 늦지 않게 다시 110여 킬로미터를 되돌아와 새끼를 먹이고, 그즈음 굶주려 바다로 가야 하는 수컷과 자리를 바꾼다.

과학자는 황제펭귄을 관찰하고 무작위적 돌연변이, 자연선택, 그리고 지구상에서 가장 혹독한 기후에 대한 적응의 고전적 예로 간주한다. 반면 창조론 혹은 지적 설계론 신봉자는 동일한 사실을 관찰하면서 비효율적 측면이 아니라 그 종의 '기적적' 생존에 주목한다. 하지만 '지적 설계자'는 왜 번식지를, 먹이를 먹는 장소에서 110여 킬로미터 떨어진 곳에 두는가? 왜 어떤 종들을 이토록 서식하기에 힘든 기후의 땅에 살도록 하는가? 이는 하느님이 세상을 다스리는 손길에 주목하는 이들은 결코 묻지 않는 질문들이다. 종교적 보수주의자들은 그 영화가 자연 속에 존재하는 하느님을 증명해줄 뿐만 아니라 "일부일처제, 희생, 양육 같은 전통 규범"을 확인해주는 것이라며 지지해왔다.[20] 하지만 이 펭귄 가족의 일부일처는 오직 생식 주기에서만 유효하다. 즉 새끼가 스스로 생존할 정도로 자라면 엄마 펭귄, 아빠 펭귄은 바다로 풍덩 뛰어들어 서로, 또 자식을 다시 볼 일이 없다. 다음 짝짓기 주기에 그들은 새로운 파트너를 택한다. 그런데 왜 그렇게 얼버무리고 둘러댈까? 하느님이 정해주신 것이라면 황제펭귄 방식의 연속적 일부일처도 분명 충분히 좋은 것일 텐데 말이다.

만약 영화 제작사(내셔널 지오그래픽)와 배급사(워너 인디펜던트)가 '진'으로 시작하는 단어를 사용했다면 미국 관객 수가 어떻게 됐을지는 깊게 생각해볼 필요도 없다. 2001년 공영방송사 PBS가 8부작 다큐멘터리를 제작하고 이어서 학교에 보급할 목적으로 대담하게도 《진화Evolution》라는 제목의 교재 시리즈를 만들었다. 기독교 우파는 광분하여 그 시리즈에 반종교적·반과학적 선전물이라는 딱지를 붙이고 대다수 학교에서 사용하지 못하도록 하는 데 성공했다. 더욱이 그 진화 시리즈는 모든 PBS 제작물에서 "자유주의적 선입관"을 조사하는 부시 행정부의 감시를 촉발했고, 이미 기독교 우파의 공격 대상에 포함됐던 정부 지원 프로그램의 예산을 추가로 삭감하는 근거가 되었다. PBS는 예상대로 트럼프 정권에서 정부 보조 기관 중 예산을 대폭 삭감할 대상에 올라 있다. 만약 문예 진흥 감축안 같은 것들이 의회에서 통과되면 전국에 남아 있는 PBS 지국을 통해 영국에서 수입한 방송들만 보게 될지도 모른다. 미국이, 교육을 목표로 하는 유일한 텔레비전 방송에 공적 자금을 지원하는 것이 여전히 '논쟁이 되는' 유일한 선진국이라는 점은 미국에서 반지성주의의 지속을 보여주는 또 다른 증거다. 진화론 전쟁에서 지적 설계론을 대표하는 캠페인을 특별히 언급할 필요가 있는데, 그 운동이 종교 단체들의 주장을 거부하는 '엘리트주의적' 과학자들을 공격하는 데 똑똑하게도 지적·과학적 어휘들을 사용해 많은 지역 사회에서 성공을 거두었기 때문이다. 지적 설계 운동은 디스커버리 재단, 즉 시애틀에 근거지를 두고 극우 보수들이 돈을 대는 싱크탱크가 선봉에 서 있다. 미디어를 능수능란하게 다루는 디스커버리재단의 우익 분자들은 다윈주의를 반대하는 소수의 과학계 이단아들, 즉 대부분 종교적 우파와 연결된 이들을 중요시한다. 그 지적 설계 옹호 집단은 자신들의 견해가 존경받는 주류 과학자들에게서 일반적으로 거부되는 것을, 자유주의 기득권 세력이 자신들의 영향력 아래 있는 다윈주의 분야를 보호하려는 음모의 증거로 본다. 그 재단의 대변인들은 재단에 소속된 신앙에 기초한 연구 조사원들, 과학계 이단아들을 코페르니쿠스와 갈릴레이처럼 한때 경멸을 받던 천재들에 계속 견준다(과학적 진실을 추구하던 다른 이들이 아니라 바로 로마가톨릭교회가 지동설 반대의 근원이었음을 편리하게도 무시하는 주장이다). 지적 설계론에서는 7일간의 창조를 주장하지 않지만 생명의 복잡성이 설계자의 존재를 증명한다는 비과학적 가설에 기댄다. "설계자인 하느님을 부르고 싶다면 그건 전적으로 자신에게 달렸다"가 ("논쟁적인 것을 가르쳐라teach the controversy"●와 더불어) 지적 설계론의 선전 내용이다. 펭귄들이 번식을 위해 꽁꽁 언 불모지를 가로지르다 죽을 수도 있다는 비효율성, 혹은 인간이 과다 출혈로 죽지 않

● 디스커버리재단에서 행하는 캠페인으로, 여기서 '논쟁적인 것'은 지적 설계론과 진화론에서 논쟁이 되는 쟁점을 의미한다. 진화론의 세부 내용이 아니라 일반적 주장이 여전히 논쟁 중에 있고 또 지적 설계론이 유사 과학이 아니라 과학임을 주장하기 위한 전략이다. 2005년 지적 설계론을 과학 교과서에 넣을 수 없다는 판결이 나오면서 시작되었다.

기 위해서는 응고를 위한 단백질이 매우 많이 필요하다는 비효율성이 자연의 우연이 아니라 의도적 경이로 간주된다. 세상을 인도하는 지적인 존재가 자신의 피조물들이 살아가는 데 그토록 어렵게 만물을 만들었는가, 라는 노골적인 질문은 결코 제기하지 않는데, 그 까닭은 답을 할 수 없기 때문이다. 교육자들에게 진화와 관련해 "논쟁적인 것을 가르쳐라"라고 말하는 것은 역사학자들에게 홀로코스트와 관련해 "논쟁적인 것을 가르쳐라"라고 말하는 것과 다를 바 없다.

2005년 말 지적 설계론 지지자들은 주요한 일격을 당했는데, 연방 지방법원 판사 존 E. 존스 3세가 펜실베이니아주 도버카운티의 공립학교에서 진화론 대신 지적 설계론을 가르치는 것을 금하는 결정을 내린 것이다. 존스는 직설적으로 의견을 피력했다. 지적 설계론은 과학 이론이 아닌 종교 이론이고, 따라서 학교에서 이를 가르치는 것은 수정헌법 제1조 국교 설립 금지 조항을 위반하는 것이라는 언명이었다. "확실히 다윈의 진화론은 불완전하다." 존스는 이렇게 결론지었다. "하지만 과학 이론이 아직 모든 점을 설명할 수 없다는 사실이 종교에 토대를 둔 검증할 수 없는 대안적 가설을 과학 수업에 억지로 넣기 위한, 혹은 확립된 과학 명제들을 잘못 전달하는 구실로 이용되어서는 안 된다."[21] 물론, 과학에 근거를 둔 존슨의 견해가 그 주제에 관한 최종적인 정치 발언이 되지는 못할 것이다.

학교에서 지적 설계론을 가르치는 것을 지지했을 때 부시는 예상대로 종교적 우파에게서 환호를 받았고 세속의 좌파, 종교적 좌파에게서 맹비난을 받았는데, 미국 대통령이 동시대의 과학적 사고에 직접적으로 반대하는 게 얼마나 드문 일인지를 지적하는 이는 하나도 없었다. 철학, 역사, 정치사상의 새로운 사조에 동조하지 않을 때조차 미국 대통령들은 늘 과학계와 좋은 관계를 유지하고자 했고, 과학에 대해 알고 있는 게 전무했지만 현명해서 잠자코 있었다. 캘빈 쿨리지가 아인슈타인의 상대성이론이나 진화론을 대체하는 설명들을 가르치는 게 바람직하다는 성명을 발표하는 것은 상상도 할 수 없다(심지어 쿨리지가 백악관에 있던 시기, 스콥스 재판이 논란을 일으키고 매스컴의 주목을 받는 주요 주제가 되었을 때조차).

트럼프는 학교의 진화론 교육에 관한 어떤 논쟁에도 아직 휘말린 적이 없지만, 로마가톨릭교(주류 개신교와 마찬가지로 결국 신앙과 진화의 타협을 추구한)에서 철저히 보수적인 복음주의 개신교로 전향한 펜스 부통령은 진화론이 확립된 과학이라는 생각을 자주 맹비난해왔다. 많은 정치평론가들은 종교에 별다른 관심을 내보인 적이 없으나 우파 복음주의자들의 압도적인 지지를 받은 트럼프가 종교적 쟁점들을 펜스에게 '위탁'해왔다고 믿고 있다. 만약 그렇다면 진화론은(그리고 성서문자주의와 충돌하는 것이라면 그 어떤 과학 쟁점도) 앞으로 몇 년 안 되어 공립학교에서 더 어려운 상황에 처하게 될 것이다. 이런 예측이 특히 설득력 있는 까닭은 강한 칼뱅주의적 믿음으로 양육된 교육부 장관 벳시 디보스가 종교에 기초한 차터스쿨charter school°에 대한 공적 자금 투입에 헌신적이기 때문이다.

1920년대와 달리 현재의 반합리주의 운동은 아래에서 위로, 위에서 아래로, 작은 마을의 교육위원회부터 워싱턴 권력의 중심까지 정치화되었다. 공영방송에서 프로그램들을 진행하면서 과학과 합

° 기존 공립학교에 불만을 품은 교사, 부모, 지역 단체가 공적 자금을 지원받아 설립한 자율형 학교. 등록금이 비싸고 입학 시 일정 이상의 학력을 요구해서 문턱이 높은 편이다.

리주의를 지지하고 근본주의에 반대하는 내용으로 종교적·정치적 우파로부터 오랫동안 공격받은 바 있는 빌 모이어스(저널리스트이자 린든 존슨 행정부를 시작으로 장기간 정치 고문으로 활동해온)는 종말 시나리오를 준열히 비판하는 연설에서 그 과정을 이렇게 묘사했다. "평생을 살아오면서 정치에서 벌어진 가장 큰 변화 중 하나는 그런 망상이 더는 주변적이지 않다는 것입니다. 그것은 비주류에서 주류가 되었고, 대통령 집무실과 의회의 권좌를 차지했습니다. 우리 역사상 처음으로 이데올로기와 신학이 워싱턴의 권력을 독차지하고 있습니다. 신학은 사실로 판명될 수 없는 명제들을 단언합니다. 이데올로기는 일반적으로 사실로 수용되는 것들과 모순되는 세계관을 결연히 고수합니다. 이데올로기와 신학의 소산은 늘 나쁘지는 않지만 늘 맹목적입니다. 바로 그것이 위험한 것입니다. 그리고 유권자와 정치인 모두 하나같이 그 사실들을 의식하지 못하고 있습니다."[22] 정치화된 반합리주의의 영토에서 사실이란 사람들folks이 믿기로 택한, 그게 무엇이든, 모든 것이다.

문제는 이것이다. 왜 지금인가? 1920년대에 다시 기승을 부린 종교적 근본주의를 이해하기가, 지난 25년간 정치화된 반합리주의를 이해하기보다 훨씬 쉽다. 20세기 초 근본주의와 19세기 말 반합리주의 모두, 종교적 우파를 넘어서 영향력을 미치고 미국의 반지성주의에서 늘 중요한 요소로 기능해온, 근대주의에 대한 광범위한 두려움과 세속주의에 대한 증오를 이용했다. 그런데 1920년대 반동적 근본주의는 조금 더 단순했던 시절에 대한 향수(그 유일한 구성 요소는 전통 종교였다)에 깊게 뿌리박고 있었다. 당대의 선도적인 포퓰리즘·근본주의 정치인 브라이언은 자신들만이 하느님의 축복을 받았고 외부 전문가의 계몽이 더는 필요 없다고 본 19세기 말, 타락

이전 소박한 미국의 산물이었다. 근본주의와 반합리주의가 제1차 세계대전 이전의 덜 위험한 세계로 돌아가길 갈망하는 다수에게 호소력을 발휘했으리라는 것은 어렵지 않게 이해할 수 있다.

에덴동산 같았던 과거는 전문가, 과학자, 지적 '엘리트'를 맹렬히 비난하는 오늘날 우리들에게 무엇을 외치고 있는가? 대다수 미국인은 분명 9·11 이전의 안전한(혹은 안전하다고 생각하는) 세계로 돌아가고 싶어 할 테지만, 미국인의 삶에서 반합리주의 이데올로기의 부상은 지난 수십 년간의 테러 공격에 선행한다. 우리는 물리적 안전이 아니라 디지털 혁명 이전의 세계, 그러니까 중년과 노인이 기술 장벽에 의해 젊은이와 분리되지 않았던 때를 갈망하고 있지 않은가? 그런데 트럼프의 부상으로 또 다른 유형의 향수가 반합리주의적 이데올로기 덩어리에 들어왔다. 그것은 덜 도시적이고 더 백인적이며 판이한 문화의 이민자가 더 적고 기독교적(나중에는 유대교-기독교적) 정체성에 늘 입에 발린 말을 해주던 나라에 대한 이상화다. 물론 트럼프는 자신이 극찬하는 더 단순하고 더 시골적인 사회, 미국이 늘 전쟁에서 승리했고 피부색이 하얀 경우에만 이민자를 환영했던 사회의 산물이 아니다. 잘 알려져 있듯이 트럼프 대통령은 대도시 사람이다. 그의 친할아버지는 독일에서 온 이민자였고 어머니는 스코틀랜드에서 온 이민자였다(그들의 피부색이 사람들이 선호하는 하얀색이긴 했지만). 그의 이민자 할아버지는 손자가 (커서 대통령이 되든 그렇지 않든) 학식과 전문 지식에 공개적으로 경멸을 드러낼 것이라고는 예상하지 못했을 것이다. 교육을 제대로 받지 못한 이들에 대한 열정을 표하면서 트럼프가 내뱉는 반지성주의적 발언 중 다수는 현재는 말할 것도 없고 한 세기 전인 1917년에도 나라를 세우는 자의 입에서 나오는 말로는 부적절했을 것이다. 트럼프의 개인사는 그의 당선에 유리한 조건들을 마련한 반지성주의적 향수의 물결에 대한 진정한 답이 되지 못한다.

지적인 근대주의 및 과학뿐 아니라 이 나라의 건국에 그토록 필수적 기여를 한 오래된 계몽주의적 합리주의와도 크게 불화하는 듯 보이는 가치들이 미국인을 강력히 끄는 것은 무엇으로 설명할 수 있는가? 이 질문에 답하고자 하는 모든 시도는 미국이란 국가가 존재하기 전부터 미국의 예외주의라는 사상을 만들고 신생 공화국의 형성기 수십 년 동안의 실험에서 필수 요소가 된 자기모순적인 문화적·정치적 세력들을 유념하면서 시작해야만 한다. 이 세력들 다수는 학식을 깊이 숭배하면서도 지나친 학식에는 깊은 의심을 품었고, 1세대 미국인은 상상도 못했을 경제 변화, 인구 변화를 통해 반이성적인 현세대로 돌연변이 되었다.

2장

그때는
어떻게
살았나

신생 국가의 지성과 무지

1837년 8월 31일 정오, 랠프 월도 에머슨, 즉 올드노스교회Old North Church 목사 출신으로 우상 파괴적 인물이자 보스턴 밖에서는 아직 무명이던 작가가 파이베타카파회(대학 우등생들의 모임)의 날에 연설하는 것을 들으려고 하버드대학의 학생, 교수, 그리고 최근 학위를 받은 졸업생들이 줄지어 작은 강당으로 들어갔다. 헌법이 제정된 지 50년이 지난 미국에는 이미 지적 엘리트의 중추가 있었고, 그중 가장 인상적인 동시대의, 또 미래의 일부 성원들이 그날 하버드 광장에 있었다. 그들이 모인 곳은 케임브리지의 제1연합교구교회 예배당, 그러니까 앤 허친슨이 1637년 재판에서 "목사들을 비방했다"는 이유로 매사추세츠만식민지에서 추방당하는 판결을 받은 바로 그 장소였다. 비방을 당한 신권정치가들은 종교의 자유를 얻고자 잉글랜드에서 신세계로 떠나오긴 했지만 그런 특권이 타인들에게 확대되는 것은 바라지 않은 청교도들이었다. 200년 뒤 서른다섯 살의 에머슨은 당대의 기득권층에게, 비방과 욕설까지는 아니더라도, 강력한 충격을 주고자 했다. 미국 학계의 화제에 관한 그의 연설은 다름 아닌 지적 독립을 선언하자는 것이었다. 유럽 문화 자체로부터의 독립이 아니라 유럽 대륙 및 영국 문화에 대한 열등감으로부터의 독립 말이다. 에머슨이 윌리엄 워즈워스, 토머스 칼라일, 새뮤얼 테일러 콜리지 같은 영국의 위대한 권위자들의 숭배자이자 친구라는 점에서 그의 연설은 더 충격적이었다.

전날에는 긴 졸업식 행사가 이어졌다. 그리고 6월이 아닌 8월은 그해 학년이 끝나고 새로운 학년으로 넘어가는 시기였다. 분명 에머슨의 연설 초반부터 참석자들은 졸음을 참기 어려웠을 터인데, 졸업생 다수가 전날 밤늦게까지, 청교도 선조들이 그다지 좋아하지는 않았을 방식으로 자축 행사를 가졌기 때문이다. 하지만 청중 속에는 기꺼이 에머슨의 메시지를 듣고 자신의 지적 노력에 참고하려는 청년들(물론 거기 모인 하버드 학생 및 교수는 전부 남자였다)이 적잖았다. 졸업자 중에는 리처드 헨리 데이너가 있었는데, 그는 1831년에 입학해 1833년에 중퇴하고 일반 선원으로 2년간 대서양 연안에서 혼곳을 거쳐 캘리포니아까지 항해했다. 1935년 하버드로 돌아온 뒤 데이너는 그 여정을 연대순으로 기록하여 당시 미국의 모든 선원이 처한 사실상 농노와 다를 바 없는 삶을 폭로했다. 그가 1840년에 출간한 《2년간의 선원 생활Two Years Before the Mast》은 미국 폭로문학의 고전이 된다. 1837년 졸업생 중 또 다른 대표적 인물은 헨리 데이비드 소로로, 그는 이미 에머슨을 멘토로 여기고 있었고 소규모 독서 모임을 통해 그의 초기 저작을 접한 터였다(에머슨의 첫 번째 에세이《자연Nature》은 1836년에 익명으로 출간되었고 많이 팔리지 않았다). 또한 참석자 중에는 제임스 러셀 로웰(1838년 졸업생)과 올리버 웬들 홈스(1929년 졸업생)도 있었다. 또 다른 청중인, 유명한 교육개혁가 호러스 맨은 전에 에머슨에게서 특별한 인상을 받지 못했지만 에머슨이 학습에 대한 미국의 태도에 다름 아닌 혁명이 필요하다고 역설하자 마음을 바꾸게 되었다. 그는 새로 설립된 매사추세츠 교육위원회의 서기장으로서 교육을 개선하길 바라고 있었고, 이는 에머슨의 취지와 흡사했다.[1]

"우리는 유럽의 공손한 뮤즈들의 노래를 너무도 오랫동안 들어왔습니다"라는 대담한 주장으로, 에머슨은 미국의 정치적 독립성이 당연시되던 분위기에서 양육된 1세대 미국인들(1812년 미영전쟁이 끝난 후에 태어난)에게 지적 도전장을 건넸다. 그런데 그는 당대 미국 문화가 품은 낮은 포부들에 대해 준열하게 서술하는 동안, 자기 앞에 있는 특권층 학자들뿐 아니라 광범위한 대중에게도 말을 걸고 있었다. 그는 이렇게 외쳤다. "낮은 목표를 추구하라고 배운 이 나라의 지성인들은 스스로를 갉아먹고 있습니다."

체면치레와 순종을 위한 일 외에는 하는 일이 없습니다. 전도 유망한 젊은이들은 산바람에 가슴이 부풀어 오르고, 하느님의 모든 별들이 비추는 빛을 받은 채 우리의 해안 위에서 삶을 시작하지만, 아래에 놓여 있는 땅은 산바람과 별빛과는 조화를 이루지 못한다는 사실을 알게 됩니다. 그럼에도 그들은 기업 운영의 원칙들이 주입하는 혐오감 때문에 제대로 행동하지 못한 채 노예와 같은 단순 노동자로 변하거나, 혐오감에 희생되거나 …… 그렇다면, 치료법은 무엇일까요? 그들은 아직 깨닫지 못하고 있습니다. 희망에 부풀어 미래의 꿈을 위해 장벽으로 모여들고 있는 수많은 젊은이들은 아직 깨닫지 못하고 있습니다. 그 무엇에도 굴하지 않고 각자가 자신의 본능 위에 뿌리를 내리고서 그곳에 버티고 서 있으면, 어느 순간 거대한 세계가 자신을 찾아올 것이라는 사실을 말입니다. …… 독립된 개인이 되지 못하는 것, 개성을 가진 존재로 인정받지 못하는 것, 모두가 각기 맺을 수 있도록 창조되었음에도 자기만의 열매를 맺지 못하는 것, 그러면서 전체 안에서만, 즉 우리가 속한 정당이나 분파의 수백, 수천의 사람들 속에서만 존재를 인정받는 것, 북쪽인지 남쪽인지 지형적 기준에 따라 우리의 견해가 예측되는 것, 이런 것들은 세상에서 가장 수치스러운 불명예가 아닐까요? 형제들이여, 친구들이여. 그런 식으로는 하느님을 기쁘게 할 수 없고, 우리의 기쁨도 없습니다. 우리는 우리 자신의 두 발로 걸어야 합니다. 우리 자신의 두 손으로 일해야 합니다. 우리는 우리 자신의 생각을 말해야 합니다. 문학의 연구는 더 이상 동정과 의심, 관능적 탐닉을 뜻하는 말이 아닐 것입니다. 인간의 두려움과 인간의 사랑은 모두를 감싸는 방어의 장벽이자 기쁨의 화환이 될 것입니다. 최초로 인간들의 나라가 존재할 것입니다. 왜냐하면 각자가 신성한 영혼에 의해 영감을 받고 있으며, 그 신성한 영혼이 모든 인간들에게 영감을 주고 있음을 믿기 때문입니다.[2]

얼핏 보면 에머슨의 주장은 미국인이 문화적으로 자립해야 할 때가 되었다는 자신의 단언과 충돌하는 듯 보인다. 지성인들이 "낮은 목표를 추구하라고 배웠다"면 그 나라의 국민 문화는 더 뛰어난 이들의 지도 없이 어떻게 존재할 수 있겠는가? 하지만 에머슨은 다음 세대들에게 반향을 일으키는 대답을 제시한다. 변화하십시오. 자신의 본능 위에 뿌리를 내리십시오. 그러면 어느 순간 "거대한 세계가 자신을 찾아올 것입니다". 그러면, 오직 그럴 때에만 미국에서 지식인들의 삶은 비정통 종교, 게으름, 유럽의 방식들("동정과 의심, 관능적 탐닉을 뜻하는 말")이 혼합된 비실용적이고 사치스러운 것이라는 공격을 더는 받지 않을 것이다.

청중 가운데 젊은이들은 에머슨의 말에서 느낀 흥분을 평생 동안 잊지 못할 터였다. "고결하고 용감한 동포로부터 받은 …… 정신적·도덕적 **권유**를 잊을 수 있다거나 그런 권유에 대한 감사한 마음이 언젠가 사라질 거라고 느낄 정도로 어린 이는 한 사람도 없었다"고 로웰은 1868년에 회상했다. "청중이 통로까지 빼곡히 차서 숨 쉬기도 힘들 지경이었고, 창문으로 머리를 들이밀고 듣는 열의를 보이는 사람들도 있었다. 이전의 반대는 감쪽같이 사라졌고 찬성과 열광의 도가니가 되었다! …… 마치 아벨라르(중세 프랑스의 철학자, 신학자)가 살아나 강연하는 듯했다."[3] 에머슨의 청중은 "미국 문화"라는 바로 그 구절이 많이 배운 다수 유럽인에게 모순으로 간주된다는 것을 잘 알았다. 신생 국가에 가장 동조적인 견해를 보인 유럽인 중 하나인 알렉시스 드 토크빌은 1831~1832년 미국 방문을 마친 뒤 이렇게 결론지었다. "현대의 문명국가들 중에서 합중국만큼 고등 과학을 발전시키지 못했으며 위대한 예술가도 탁월한 시인도 저명한 작가도 찾아보기 힘든 나라는 없을 것이라는 점을 인정해야 할 것이다."[4] 그러나 토크빌은 미국의 문화적 결핍에 대한 책임이 민주주의 자체에 있다는, 당시 귀족적 유럽인들이 견지하던 견해에 반대했다. 대신 그는 영국과의 긴밀한 관계 덕분에 미국인들이 북미 대륙을 개발하는 데 집중할 수 있었고 그동안 모국의 "저명한 학자, 탁월한 예술가, 위대한 작가들"에게 의지할 수 있었다고 주장했다. 이런 독특한 환경 덕택에 식민지 미국의 주민들은 "지식을 축적하려 애쓸 필요 없이 지식의 보고를 마음대로 활용할 수 있었고" 지적 추구를 무시하면서도 "야만에 빠지지 않을" 수 있었다.[5] 이것이 바로 에머슨이 미국의 지적 여정 첫출발의 마지막 단계를 특징지은 연설에서 공격한 유사 식민지적 종속성이었다.

독립혁명을 이룬 이들에게 문화적·지적 쟁점은 상당한 역경에서도 구축해낸 정치 연합과 불가분의 관계였다. 헨리 애덤스는 유아기에 있던 19세기 미국의 마지막 10년을 돌아보면서, 한 정당에서 또 다른 정당으로의 첫 번째 평화로운 정권 교체(1800년 그의 증조부 존 애덤스의 뒤를 이어 토머스 제퍼슨이 대통령이 된 것)를 설명하기 시작했다. 제퍼슨은 "아직 강보에 싸인 국가, 즉 문학, 예술, 과학, 역사도 없는, 심지어 확실히 국가라고 말할 수 있을 정도의 충분한 국민성도 없는 국가"의 대통령에 당선되었다. 애덤스는 신생 공화국 앞에 놓였던 가공할 만한 지적·문화적·교육적 질문들을 간단명료하게 요약했다.

> 미국은 사회의 권력을 고등한 사상으로 변화시킬 수 있었는가? 인류의 도덕적·지적 필요를 채울 수 있었는가? …… 종교와 예술에 새 생명을 줄 수 있었는가? 지금껏 과학자들의 전유물이었던 이성적 사고방식을 많은 사람이 익히고 유지하게 할 수 있었는가? 더 고등한 인류로의 분화를 이루어낼 수 있었는가, 혹은 그런 인류와 화합할 수 있었는가? 이는 철저한 성공을 이루는 데 필수적이었다.[6]

애덤스는 독립혁명과 미국 헌법을 낳은 포괄적인 계몽주의적 비전을 서술하고 있었다. 그 비전은 장엄함과 웅장함에 물든 것으로, 깊은 경외감을 불러일으키긴 했지만 오늘날만큼이나 1890년대에도 미국인 대다수가 제대로 이해하지 못한 것이었다. 계몽주의 사상가들에게 '과학자들'이란 학습 기회가 있는 극소수를 의미했다. 소수 엘리트의 전유물이었던 이성적 사고방식을 많은 사람들이 익히기 위해서는 학습을 보통의 시민들에게, 지식인 계급이 아니라 가문 계급의 원리에 기초한 사회에서는 꿈에도 생각지 못할 규모로 확대해야 했다. 이런 비전은 반지성주의가 결코 아니었다. 18세기 말과 19세기 초, 최상의 교육을 받은 미국인들(계몽주의적 구상들에 푹 빠진 이들)은 각 주의 뛰어난 학자들을 위한 국립대학의 창립뿐 아니라 일반 과세를 통한 학교 재정 지원도 필시 찬성할 터였다. 하지만 보통 사람과 비범한 사람의 교육을 장려하는 데 정부가 맡아야 하는 역할에 관해서는 의견이 크게 갈렸다. 그리고 독립혁명 세대 가운데 연방정부가 아무것도 하지 않길 바란 이들의 승리는 미국의 지적 생활에 큰 영향을 미쳤고, 또한 지금까지 미국 문화에 가공할 반지성주의적 영향을 끼치는 지역 교육 격차를 야기하게 된다.

건국자들은 물론 보통 사람이 아니었다. 헌법제정회의의 대표 쉰다섯 명 가운데 과반수가 미국 혹은 유럽(주로 잉글랜드)의 대학에서 수학했다.[7] 다른 이들, 그중에서 특히 벤저민 프랭클린은 국제적 명성이 있는 독학한 학자였다. 제임스 매디슨은 과거 연방 연합체들에서 행한 실험들과 관련해 동료 대표들을 깨우치고 싶어서, 고대와 최근 시대 모두의 도시 및 주 연합체들을 스스로 공부해 광범위한 자료를 제시했다. 그 연구 자료는 매디슨의 요청에 따라 〔당시 프랑스 공사로 있던〕 토머스 제퍼슨이 프랑스에서 갓 보내준 많은 책을 참조한 것이었다. 스스로 설명했듯 매디슨은 헌법제정회의의 매 회의를 상세한 기록으로 남겨야 한다고 느꼈는데, 고대 정치인들에게 동기부여가 된 "그 과정, 원리, 이유, 예상"에 관한 기록들이 개략적으로만 남아 있었기 때문이다. 매디슨이 말하길, 그런 역사적 문서가 없어서 "나는 제정회의에서 무엇을 작성하고 무엇이 통과될지를, 또 내가 깊은 인상을 받은 그것들이 얼마나 중요한지를 되도록 꼼꼼히 기록하기로 마음먹었다. 목적, 의견, 추론들은 새로운 정부 체제에 고유한 구조와 조직을 형성할 테고, 미래 세대는 이런 과정이 실현, 공인된 것에 대한 궁금증을 풀 수 있을 것이다".[8]

오직 지식인만이 명확한 정치적 목적이 있는 입법 회의가 어떤 것인지를 정확하게 기록해야 할 필요를 서술했을 것이다. 모든 분야의 인간의 지식과 경험을 이해하는 것이 여전히 가능하고 또 필

요하다고 간주되던 시기, 가장 영향력 있고 존경받는 사람들(몇 명
만 언급하자면 매디슨, 프랭클린, 제퍼슨, 존 애덤스, 알렉산더 해밀턴, 벤저민
러시) 또한 박식한 인물이었다. 함께 헌법의 틀을 세운 다른 많은 이
에 견줘 부족한 교육을 받은 조지 워싱턴은 고등교육을 매우 존경
하는 태도를 보였는데, 국립대학에 적절한 자금을 지원하도록 의회
를 설득하기 위한 노력의 일환으로 유서에 수천 달러 가치의 유가
증권을 유산으로 남긴다는 내용을 담을 정도였다. 하지만 그의 유
산은 정치적 분쟁 가운데 청구되지 않았고, 이는 연방정부가 교육
에 관여하는 문제와 관련한 논란들이 향후 많이 발생하게 되는 분
위기를 조성했다. 워싱턴의 유산을 사용해 국립대학을 설립하는 것
이 종교 기관이 설립한 대학에 대한 공격으로 비칠까 두려워한 의
회는 그 기획과 관련해 아무것도 하고 싶어 하지 않았다.[9]

　아무리 지금껏 역사의 심판을 받아왔다 할지라도, 미국의 계몽
주의자들은 에머슨이 자신의 가장 유명한 연설에서 묘사한, 퇴락
한 상태의 학자인 "단순히 생각하는 사람"("단순한" 기술자, 농부, 사업
가, 변호사, 의사보다 조금도 우월할 것 없는 불완전한 전문가)과 반대되는
존재로서, **"사고하는 인간"**의 이상을 체현했다. 생활 일반, 특히 지
적 생활에서 전문화가 인간의 존엄성에 미치는 영향에 관해 경고한
에머슨의 혜안은 아무리 과장해도 지나치지 않다. 에머슨의 관점에
서 볼 때 사고와 행동의 일치라는 계몽주의적 이상이 이미 사라지
고 있는 사회에서는 아무도 온전한 인간 혹은 온전히 사려 깊은 존
재가 될 수 없었다.

　　농부, 즉 식량을 경작하고 수확하도록 밭에 내보내진 인간은
　　자신의 직분이 갖는 진정한 존엄성에 좀처럼 기뻐하지 못합니

다. 자신의 망태, 자신의 수레만 볼 뿐, 그 외에는 아무것도 보지 못합니다. 농장의 인간이 되지 못한 채, 그냥 농부로 주저앉고 마는 것이지요. 자신의 일에 이상적인 가치를 부여하는 상인도 극히 드뭅니다. 장사 수완을 발휘하는 일상에 매몰된 채, 영혼은 돈의 노예가 되고 맙니다. 성직자는 하나의 의식이 되어버리고, 변호사는 법령집이, 기계공은 기계가, 선원은 배의 밧줄이 되어버립니다.

이런 기능의 분배에서, 학자는 지성을 대표하는 인간입니다. 올바른 상태라면 그는 '사고하는 인간'입니다. 그러나 사회의 희생물이 되어 퇴락한 상태에 빠지면 학자는 단순히 생각하는 사람, 혹은 더 나쁘게는 다른 사람들의 생각을 흉내 내어 말하는 앵무새가 되기 쉽습니다.[10]

위대한 열정을 품은 사고하는 인간들이 경향적으로 그렇듯, 에머슨도 자신이 서술하는 현상의 만연 정도를 과장했다. 하지만 그는 미국인이 학습과 지성에 대해 영구적으로 조현병적 태도를 갖게 되는 토대인 중요한 지적·사회적 경향을 알아보았다. 그 전문화 경향(19세기 초에는 희미한 조짐에 불과했던)은 교육은 직접적인 실용적 이익의 제공에 맞춰져야 한다는 미국의 고집과 밀접한 관련이 있었다. 건국자 대다수가 선언했듯이 민주주의의 건전성은 교육받은 시민들에 달려 있었지만, 미국인 다수는 과도한 학습이 한 시민을 또 다른 시민보다 높은 자리에 올려놓고, 교육이 촉진하기로 한 민주주의적 이상들을 위반할 것이라고 믿었다. 보통의 미국인이 가장 가치 있게 여긴 교육 유형은 업무에 즉시 사용할 수 있도록 실용적인 훈련을 시키는 것이지, **사고하는 인간**으로 변화시키는 게 아니었다. "난 **기냥**jist 글만 읽을 줄 아는 사람이 좋습니다." 이는 프린스턴대학에서 수학한 목사로 1823년 인디애나대학의 전신인 국립대학 설립에 일조하고자 새로운 영토로 여행을 다녀온 바 있는 베이너드 러시 홀의 저작에 등장하는 인디애나주 농부의 말로, 〔고등교육에 대한 당대의 태도를〕 신랄하게 보여주는 발언이었다. 〔인디애나주〕 블루밍턴, 홀이 머물던 집에 찾아온 주민들은 그를 이렇게 대우했다. "그러니까 여기가, 라틴어와 뭐 거시기 대단한 것들을 가르친다는 작자가 산다는 곳이로군. 우리가 이제 쫓아내야겠구먼."[11] 그런 태도는 많은 미국인, 특히 변경 지역 주민들과, 에머슨의 연설을 듣고자 하버드광장에 모인 양질의 교육을 받은 사람들을 이미 갈라놓았다.

1800년대 초에 모습을 분명히 드러낸 모든 반지성주의 세력들과 관련해 가장 중요한 것은 2차 대각성운동으로 불리는 시기에 부상한 종교적 근본주의fundamentalism▪였다. 세속의 신지식에 부응한 자유주의적 종교와, 성경에 기초한 확신으로 회귀한 엄격한 신앙 사이에서는 이미 투쟁이 벌어지고 있었다. 어떤 교파든 종교든 근본주의에 대한 지금까지의 일반적 정의는 자신에게 계시된 종교적 진실과 충돌하는 세속의 지식에 대한 적응 거부다. 그리고 과학과 인문학에서 그런 거부는 미국의 반지성주의에서 가장 오래 지속되어온 강력한 요소다. 1963년 미국에서 가장 유명한 개신교사학자 중

▪ '근본주의'라는 단어가 20세기 이후에야 미국의 어휘에 들어오긴 했지만, 나는 이 책 곳곳에서 종교 문서의 문자적 해석에 기초한 미국의 종교 및 교파들을 서술하는 데 이 용어를 사용한다.

하나인 시드니 미드는 독립혁명기 말, 복음주의적 근본주의가 부상한 이래 분명히 "'종교'와 '지적 능력' 사이에 골이 점점 더 깊어져"왔다고 주장했다. 미드의 견해에 따르면, 1800년 이후 미국 종교사에서 미국인은 "지적 요람에서 우세한 기준에 따라 지적인 존재가 되어야 하는가, 아니면 교파에서 우세한 기준에 따라 종교적 존재가 되어야 하는가라는 힘든 선택"에 직면해왔다.[12] 그런데 이 주장에는 단서가 필요하다. 즉 '힘든 선택'을 경험한 것은 모든 미국인이 아니라 **특정** 교파에 소속된 **다수**였다. 19세기 초 수십 년간, 유니테리언파는 지구 나이가 4000년이라는 성경의 관념에 도전하는 새로운 지질학적 발견들에 그다지 혼란스러워하지 않았다. 하지만 신생 국가 곳곳의 영혼들을 구하기 위해 애쓰던, 셀 수 없이 많은 반反문맹의 근본주의적 복음주의 추종자들은 암석과 화석이 성경 연대표보다 선행한다는 뉴스에 분명 충격을 받았을 것이다.██ 어쨌든 미드의 주장대로 공화국 초기에 개신교에서 보다 자유주의적 교파들은 전투적 근본주의에 비해 토대를 많이 상실했다. 그 상실한 토대는 결코 회복되지 못할 터였다.

일련의 주기로 나타난 종교 부흥운동의 하나로 반합리주의적 근

██ 1795년 스코틀랜드 지질학자이자 박물학자인 제임스 허턴은 《지구 이론(The Theory of the Earth)》에서 스코틀랜드 해안의 퇴적암들이 단 한 번의 홍수로 만들어진 게 아니라 세월에 따라 여러 차례 발생한 홍수들에 의해 형성됐다고 강하게 주장했다. 그 결론은 지구상의 모든 지층들이 창세기에서 서술하는 홍수로 형성되었다는 관념에 대한 암묵적 도전이었다. 허턴의 이론(지구가 아주 먼 옛날부터 존재해온 지질학적 힘들에 의해 여전히 형성 중에 있다는)은 동일과정설로 알려져 있었다. 1830년대 초 영국의 지질학자 찰스 라이엘 경은 《지질학의 원리(Principles of Geology)》에서 허턴의 이론을 부연하여 설명했고 그것을 대중화했다. 이런 지질학 이론들은 찰스 다윈이 1859년에 야기한 것만큼의 큰 논란은 야기하지 못했지만 다윈의 연구 조사와 사상에 강한 영향력을 미치게 된다.

본주의 신앙의 부활이 그 특징인 2차 대각성운동은 건국자 다수가 나타낸 세속의 계몽주의적 가치들뿐 아니라 독립전쟁과 관련해 사람들을 불안하게 한 불확실한 사회 조건들에 대한 반응이기도 했다. 독립전쟁이 끝날 무렵 미국의 종교 지형은 다원적이고 다소 혼란스럽기도 했다. 즉 오늘날 종교적 우파가 즐겨 묘사하는, 많은 이들이 독실한 신앙인으로서 교회에 출석하는 미국의 초상과는 거의 닮지 않았다. 모든 전쟁과 마찬가지로 독립전쟁도 종교 제도를 포함해 기성 관습 및 제도를 무너뜨렸다. 19세기 코네티컷주 윈덤카운티 정사正史는 종교적 정통주의 세력들이 독립전쟁 이후의 도덕적 혼돈으로 간주한 것을 정확하게 묘사했다.

> 그 소도시에서 세속의 일들은 융성했지만 종교는 슬프게도 쇠퇴했다. 과도기였다. 격변, 전복, 근절의 시기. 불신앙과 보편구원론이 독립혁명과 더불어 들어왔고 그것들은 많은 사람에게서 선조들의 신앙을 빼앗아갔다. 자유사상과 자유로운 음주가 똑같이 유행했다. 오래된 청교도적 엄격함은 매우 느슨해진 예의와 도덕에 자리를 내주었다. …… 이제 명예로운 선조들의 자녀들은 …… 회의론자와 비웃는 자가 되었고, 주민 회의나 세속의 일이 아닌 이상 교회당에 결코 가지 않는 이들이 공직을 차지했다.[13]

대체적인 추산에 따르면, 1790년에 미국인 중 10퍼센트만이 공인된 교파의 일원이었다.[14] 교회 성도 수가 가장 많은 곳은 뉴잉글랜드의 소도시들이었고 가장 적은 곳은 남부 및 그 변경의 시골 지역이었다. 그런데 윈덤의 역사가 시사하듯 교회 성도들조차 꼭 정기적으로 교회에 출석한 것은 아니었다. 1780년 이전 세대들에서 유명한 청교도 목사 인크리스 매더와 코튼 매더를 배출한 매더 가문의 일원인 새뮤얼 매더는 보스턴의 지인들 가운데 여섯에 하나만이 정기적으로 예배에 참석한다고 안타까워했다. 하지만 이런 무종교적 현상에 대한 불만들은 의심의 여지 없이 과장되었다. 즉 독립혁명 이후 미국에서 신은 200년 뒤, 그러니까 '신의 죽음'이란 예견이 유행하게 되는 시기에 견줘도 죽은 존재로 취급되지 않았다. 18세기, 공식적인 교회 신도들 중에는 신자들 외에도 실용적인 목적, 마땅한 의무감로 출석하는 이들이 매우 많았다. 물론 엄격한 근본주의적 교파들은 예외였고 오늘날도 마찬가지다. 그러니까 교회의 가족석에 대한 헌금을 내지 않는다고 해서 신앙이 없다고 간주하는 건 시대착오적이다. 그럼에도 자유사상과 이신론(종교적 보수주의자들이 '불신앙'이라고 부른)의 영향은 확실히 계몽주의 시대에 미국인 상당수가 선조들의 신앙을 저버리게 된 한 요인이었다.

18세기의 마지막 사반세기, 또 19세기의 마지막 사반세기에도 미국의 자유사상 운동은 비록 다수의 운동은 아니었지만 상당한 대중적 영향력을 행사했다. 첫 번째로 위세를 떨쳤을 때 자유사상은 헌법 제정에 직접 영향을 미쳤다. 신에 대한 전적인 불신으로 흔히 잘못 정의되는 자유사상은 종교 반대자뿐 아니라 모종의 신 혹은 섭리(18세기 자유사상가들이 선호한 용어)를 숭배하지만 정통적인 종교 권위와는 불화하는, 인습에 얽매이지 않는 개인적 신앙을 고수하는 이까지 아우르는 폭넓은 세계관으로 봐야 더 잘 이해할 수 있다. 이신론理神論, 즉 우주가 운행하도록 만들고는 인간사에 아무런 적극적 역할을 하지 않는 "시계공으로서의 신"에 대한 믿음은 특히 건국자들 가운데 만연한 일종의 자유사상이었다. 종교적 보수주의자들이 토머스 제퍼슨과 토머스 페인 같은 자유사상가들에게 끊임없이 무신론자라는 딱지를 붙이긴 했지만 철저한 무신론자는 아마도 없었을 것이다.

정치 영역으로 들어온 자유사상은 신적 권위가 아닌 인권과 인간 이성에 기초한 정부(달리 말해 세속 정부)를 요구했다. 명백하게, 또 의식적으로 신에 대한 어떤 언급도 제외되어 있을 뿐 아니라 공직에 대한 모든 종교적 검증을 금하는 조항을 담은 헌법은 종교적 간섭에서 자유로운 자유사상적 이상의 정부를 공식화, 합법화했다. "연방의회는 국교를 정하거나 또는 자유로운 신앙 행위를 금지하는 법률을 제정할 수 없다"라는 익숙한 선언이 포함된 수정헌법 제1조는 종교도 정부의 간섭으로부터 보호되어야 한다는, 동일하게 중요한 자유사상의 원리를 구현했다. 헌법의 세속적 조항들은 자유사상가들과, 종교에 대한 국가의 어떤 개입도 종교의 자유에 대한 위협이자 신에 대한 모욕이라고 믿은 독실한 복음주의자들의 연합의 지지를 받아 탄생했다.[15](여기서 지적해야 하는 것은 '복음주의자'라는 단어가 근본주의자의 동의어로 흔히 오용되어왔고, 특히 최근 몇 년 동안 언론에 의해 더욱 그렇게 되었다는 점이다. 미국의 복음주의자들은 항상 사람들을 개종시키려 하고 또한 하느님과 인간 사이의 매개자 없는 관계를 믿어온 사람들이지만, 반드시 성경에 대한 근본주의적인 문자적 해석을 고수해온 것은 아니다. 오늘날 모든 기독교 근본주의자는 복음주의자이지만 모든 복음주의자가 근본주의인 것은 아니다).

공화국 초기의 종교적 논란들은 신앙을 중심으로 미국을 영구적으로 갈라놓았다. 흔히 종교적 관용이라는 시민 이데올로기가 은폐하는 그 틈은 그럼에도 주기적으로 벌어져 양립할 수 없는 날것의 종교적 열정을 드러낸다(최근의 예로는 1970년대 중반부터 시작된 문화

전쟁들이 있다). 18세기 미국의 자유사상이 최상의 교육을 받은 이들, 즉 극소수의 대졸자뿐 아니라 상당수의 독학자를 포함하는 이들에게 가장 강한 호소력을 발휘한 반면, 정서적인 복음주의 부흥운동은 교육을 못 받은 이들과 빈민들에게 훨씬 강력한 호소력을 발휘했다. 18세기 말, 세속화 세력들이 끼친 가장 강력한 영향은 본디 학식 있는 성직자들을 배출할 목적으로 설립된 고등교육기관에서 감지되었다. 1650년, 즉 하버드대학의 개교 14주년에는 졸업생 중 무려 70퍼센트가 성직자가 되었다. 하지만 100년 뒤에는 45퍼센트 뿐이었다. 1790년대 무렵에는 3분의 2가 법률, 의료, 교육, 사업 같은 세속 분야에서 직업을 택했다.[16]

장차 남북전쟁 후 가장 영향력 있고 보수적인 성직자 중 하나가 될 운명인 라이먼 비처는 1793년 예일대학에 들어가 그 대학이 "가장 불경건한 상태"에 있음을 알게 되었고, 자유사상의 위세가 동료 학생들의 개인적 악덕 탓이라고 보았다. 나중에 그는 이렇게 회상했다. "그때는 토머스 페인을 추종하는 신앙 없는 학생들의 시대였다. 나도 그랬는데, 헛간에서 아마포를 입은 학생들이 토머스 페인의 글을 읽고 그의 주장을 믿었다. …… 내가 보기에 학생들 대부분은 신앙이 없었고, 서로를 볼테르, 루소, 달랑베르 어쩌고저쩌고, 그렇게 불렀다."[17] 자유사상과, 당시 혁명기의 프랑스에서 나온 생경한, 미국적이지 않은 철학들 사이의 연관성은 종교에 관한 미국인들의 사고를 형성하는 영구적인 형판의 일부가 되기도 했다.

세속적인 18세기 자유사상과 정서적인 근본주의 부흥운동 사이에 끼인 것은 청교도의 계승자 중 하나인 회중교회와 독립혁명 전에는 스스로를 영국국교회인 성공회의 일부로 여긴 감독교회 지배층을 포함하는, 역사가 오래된 개신교 교파들이었다. 1790년에서

1830년 사이, 청교도의 후손인 매사추세츠의 회중교회들은 느슨한 위계와 유연한 성경 해석이 특징인 훨씬 자유주의적인 유니테리언파로 바뀌었다.[18] 그중 하나가 에머슨이 1829년에서 1832년 사이에 목사로 봉직한 바 있는 보스턴의 역사적인 올드노스교회였다. 그런데 유니테리언파조차 에머슨에겐 너무 제한적이었다. 그는 교구민들과 신학 논쟁을 여러 차례 벌이다 목사직을 그만두었는데, 그런 논쟁 중 가장 현저한 것은 예수가 최후의 만찬에서 성체를 나눈 것이 자신이 영원한 성체가 되기 위해 그런 것은 아니라는 에머슨의 주장에서 기인한 듯하다.

미국의 학자에 관한 연설을 한 지 1년 뒤 에머슨은 하버드 신학대학 교수들을 대상으로 한 연설에서 인간은 교회의 가르침이 아니라 개인적·정신적 진리 추구를 통해서만 구원받을 수 있다고 말했고, 이로써 종교 단체와의 연이 끊어지게 되었다. 기독교에 대한 거부로 간주된 그 연설 이후 에머슨과 하버드의 관계는 끝이 났다. 〔명예 법학박사 학위를 받게 되는〕 1866년까지 다시는 연사로 초청받지 못한다. 문화사가들은 일반적으로 계몽주의적 합리주의와 에머슨의 초월주의의 차이를 마땅히 강조해왔지만 에머슨의 종교관은 "나의 정신과 마음이 곧 나의 교회"라는 유명한 선언을 남긴 토머스 페인의 종교관과 사실상 구별되지 않았다.

한때 사랑받았던 뛰어난 혁명 전도자 페인은 《이성의 시대The Age of Reason》(1794)에서 정통 종교를 공격한 탓에, 그러니까 성서문자주의를 조롱하고 모든 종교는 하느님이 아닌 인간의 창조물이라는 경악스러운 전제를 제시한 탓에 1790년대 중반에 이미 매도를 당하고 있었다. 20세기 역사학자 대다수는 《이성의 시대》를 과소평가해왔는데, 그 책이 보통 사람들이 읽은 것에 비해 더 빈번하게 분노한 목사들에게서 맹비난을 받았다고 주장한다. 하지만 이 걸작은 1794년에서 1796년 사이 미국의 도시 다섯 곳에서 18쇄, 총 2만 5000부를 찍었다. 그리고 분명 인쇄, 판매된 것보다 훨씬 많이 읽혔을 것이다. 1790년 미국의 인구가 400만 명에 못 미치고 나라의 가장 큰 도시인 뉴욕 시민이 3만 3000명을 갓 넘은 수준이라는 점을 고려하면 초대형 베스트셀러였다. 오늘날로 치면 하드커버로 된 책이 2년 사이에 150만 부나 팔린 셈이다.

복음주의자와 전통 개신교인 모두 페인이 지지하는 모든 것을 몹시 싫어했다. 페인을 인정한 극소수의 목사들은 지식인과 유니테리언파였다. 1809년 페인이 죽자 매사추세츠주 세일럼의 유니테리언파 목사 윌리엄 벤틀리는 그 매도된 자유사상가를 이렇게 칭송했다. "그는 어떤 면에서 모든 체제에서 가장 취약한 부분을 처음으로 알아본 이였다. 기독교를 공격할 때조차 자신은 의식하지 못했지만 합리적 기독교인들이 느끼는 가장 큰 어려움들을 느꼈다. 편견 없이 그는 하느님을 숭배하고 마음의 평화를 얻는 단순하고 강력하며 직접적인 것을 발견했고, 또 도덕을 훼손하지 않으면서도 그런 길에 이르기 위해 무엇을 포기해야 하는지도 발견했다."[19]

그런데 계몽주의가 만들어낸 "합리적 기독교인"(그들이 종교 단체의 형태를 완전히 버렸건, 아니면 좀 더 자유주의적인 개신교 교파에서 자리를 잡았건)은 미국 종교 시장에서 다수가 아니었다. 19세기 초 미국 개신교도들은 전례 없이 수많은 교파로 분열했다. 그처럼 신에 이르는 길이 갈라지면서 신생국의 지적 행로도 분기했다. 합리적 기독교의 길은 합리주의와 기독교 신앙을 조화시키면서 어느 것에 중점을 두었든, 지적이고 고등한 학습을 꾀하고 수용했다. 반면 근본주의의 길은 성경과 모순되고 그에 따라 개인의 구원에 장애물이 될지 모르는 모든 유형의 학습을 외면했다. 미국사의 아주 이른 단계에서 너무도 많은 미국인이 정서적·반합리적 근본주의의 길을 밟았고 이에 따라 신앙심이 있는 기독교인 중 상당수는 교회의 감독을 받지 않는 모든 학습과 학습 기관에 깊은 의심을 품게 된다.

근본주의의 길을 반합리적이고 반지성주의적이라고 묘사할 때 나는 지성주의와 합리성을 같은 의미로 사용하지 않는다. 상이한 세대의 많은 지식인의 명백히 비합리적이고 반합리적인 생각들, 그리고 다양한 정치적·사회적 확신들에 담긴 그런 생각들을 보면 그 둘이 다름을 쉽게 알 수 있다. 지식인들이 반합리적인 확신에 대한 증거를 제시하기 위해 논리와 합리성의 도구를 사용할 수 있다는 것도 사실이다. [대표적인 인물로] 토마스 아퀴나스와 프로이트가 떠오른다. 그런데 모든 지식인이 합리주의자인 것은 아니지만 반지성주의자는 거의 모두 반합리주의자다. 초자연주의자의 근본주의는 정의상 반합리적인데, 자연계에서 그것에 대한 어떤 반대 증거를 제시해 이의를 제기하는 것이, 검증하는 것이 가능하지 않기 때문이다. 종교에 합리성을 도입하려는 시도를 거부한 이들에겐 바로 그 신앙의 비합리성 자체가 정서, 영성이 더 우월한 증거로 간주된다. "나를 보지 않고도 믿는 자는 복되도다."[요한복음 20장 29절] 더욱이 합리적 기독교는 정서적 만족을 주지 못할 뿐 아니라 전통 도덕에 대한 위협으로 간주되기도 했다.

정교분리로 모든 교파가 시민들의 영혼을 얻기 위한 자유 경쟁 상태에 빠지면서 모든 정서적·사회적 필요를 채우려는 교회와 목사가 생겨났다. 또한 어떤 필요가 여전히 충족되지 않았을 경우에는 소비자들을 만족시키려는 전적으로 새로운 종교들이 나타났다. 자신의 신자들이 [초기 교회의 조직과 이상을 현대인 후기에 회복하는]

"후기 성도"라는 확신에 기초해 1830년 설립된 모르몬교가 초기의 예다. 그런데 이보다 더 이른 시기의 미국 기독교의 교의와 아무리 교리적으로 다를지라도 모르몬교는 2차 대각성운동기에 드러난 갈래들 중 개종을 강권하는 근본주의 편에 정확히 속했다.■ 역사학자들은 정서적인 복음주의 종교가 감독교회나 회중교회 같은 더 보수적인 교파나 유니테리언파 같은 세속화된 교파보다 미국인에게 더 큰 호소력을 발휘한 이유들에 대해 끊임없이 주장을 펼쳐왔다. "평등의 시대에는 형식에 순응한다는 관념만큼 인간 정신을 성가시게 만드는 것도 달리 없을 것"이라고 말한 바 있는 토크빌은, 복잡한 종교 의례는 특히 미국의 민주주의에 적합하지 않기에 미국인 다수가 하느님과의 직접적인 정서적 관계를 강조하는 종교를 선호할 것임을 시사했다.[20] 그는 이어 이렇게 말했다. "이 시대에 사는 사람들은 형상形象을 좋아하지 않는다. 상징물이란 이들이 보기에 자연스럽게 낱낱이 밝혀져야 할 진실들을 은폐하거나 외면하게 만드는 데 사용되는 부질없는 고안품에 지나지 않는다. 이들은 종교 의례에 별로 관심이 없으며, 예배 행사에도 부차적 중요성밖에 두지 않는다."[21]

그럴지도 모르지만 토크빌의 주장으로는 퀘이커파와 유니테리

■ 모르몬교가 근본주의적 복음주의 전통에 속한다는 것은 명백한 사실인데, 그 때문에 초기 모르몬교인은 같은 부류의 복음주의자들에게서 증오를 받았고 또 비기독교인으로 간주되었다. 모르몬교인은 경전이 두 권이라는 점에서 다른 근본주의자들 못지 않은 근본주의자다. 성경 외에도 조지프 스미스가 뉴욕주 북부에서 금속판을 발견하여 번역했다고 하는 19세기 모르몬경도 있다. 사실 구약에서 확실히 인정하는 일부다처제 관습 때문에 모르몬교가 다른 기독교 근본주의자보다 더한 근본주의자가 되었다고 말할 수도 있을 것이다. 모르몬교회는 일부다처제의 공식적인 유지를 포기했고 그에 따라 1896년 유타주가 미합중국에 가입하게 되었다.

언파의 예배 형식이 훨씬 단순한데도 미국인이 이들보다 침례교와 감리교를 선호한 이유를 설명하지 못한다. 그럴듯한 설명은 교육을 거의 받지 못한 변경 정착민들이, 오래되고 지적으로 엄격한 개신교 교파들의 지적인 요구 없이 정서적 위안을 주는 종교 교리와 목사들(자유주의적 퀘이커파와 유니테리언파든, 보수적인 감독교회와 회중교회든)에게 끌렸다는 것이다. 일상의 환경이 고될수록 근본주의적 복음주의의 핵심을 이루는 분투, 죄, 회개, 용서, 구원이라는 단순하고 보편적인 정서적 주제가 더 강력한 힘을 발휘한다. 정서적 위안의 필요는 근본주의가 변경 정착민들뿐 아니라 남부의 흑인 노예들에게도 발휘한 호소력을 잘 설명해준다. 폭풍우가 대초원에서 맹위를 떨치고 있을 때 성찬식이나 성 삼위일체의 본질에 관한 논쟁에서 무슨 위안을 찾을 수 있겠는가? 주인이 당신의 아이들을 학대할 때, 예수는 모든 눈물을 닦아줄 가장 자비로운 구세주가 아니라 선한 예언자에 지나지 않는다고 이야기하는 목사에게 귀 기울이고 싶겠는가?

아무튼 미국의 종교 시장에서 근본주의가 '합리적' 종교를 이긴 이유들은, 에머슨 같은 지식인들이 유니테리언파조차 너무 엄격하다고 보던 바로 그 시기에 근본주의가 대다수 미국인의 마음을 사로잡았다는 사실보다 덜 중요하다. 만약 자유사상과, 계몽주의의 영향을 받은 자유주의적 개신교가 연합하여 그 격동의 신생국의 정서적 필요를 충족할 수 있었다면 미국의 지성사, 종교사 과정은 근본적으로 달라졌을 터이다.

완벽한 종교 자유라는 미국의 실험에서 결국 대다수 미국인이 반합리적·반지성주의적 유형의 신앙을 수용했다는 점은 가장 큰 아이러니이자 법이 의도하지 않은 결과를 낳을 수 있음을 잘 보여주는 실례다. 유럽에서는 교회와 국가의 일반적인 결합이 (또 다른 종교가 아니라) 일종의 합리주의를 낳았는데, 이는 종교에 대한 신앙이든 정부에 대한 믿음이든 그 신앙을 잃은 이들의 가장 흔한 반응이었다. 19세기 초 국가에 대한 교회의 권력에 반대한 유럽인들은 테베레강, 아르노강, 센강 강둑에서 부흥 집회를 열어 위안을 찾지 않았다. 대신 유럽 대륙 곳곳에서 연속적으로 세속 정신의 계몽주의, 민주화 투쟁, 정치 개혁으로 지적 토대를 쌓았다. 반면 미국에서는 국가가 설립한 강압적 교회가 없어서 시민들이 정치제도를 바꾸기 위해 기성 종교 제도를 뿌리 뽑을 필요가 없었고 그 역도 마찬가지였다. 교회에 불만족한 미국인들은 단순히 또 다른 교회를 찾아 옮겼고, 이웃들이 자신의 믿음에 반대하는 경우에는 모르몬교인들이 그랬듯이 필사적으로 도망치곤 했다.

북부와 변경 지역에서는 새로운 비전을 선포하며 산림 지역에 새로운 교회를 세우려는 부단한 경향이 자유주의적 종파도, 보수주의적 종파도 만들어냈다. 종교적 활기는 또한 이교적인, 초창기 모르몬교같이 분류할 수 없는 교파들을, 몇 십 년 뒤에는 크리스천사이언스와 여호와의증인을 산출했다. 하지만 남부에서는 종교적 정서가 거의 근본주의로만 쏠렸다. 19세기 초 교회가 노예제의 기둥이 되고 역으로 노예제가 교회의 기둥이 되면서 매디슨과 제퍼슨이 대표하는 양심의 자유에 대한 헌신은 사회질서 유지에 헌신하는 극단적으로 보수적인 종교에 대한 고수로 대체되었다. W. J. 캐시가 《남부의 정신The Mind of the South》(1941)에서 말했듯이 남부는 뉴잉글랜드와 종교의 자유에 관한 입장을 바꿨다. 근본주의와 노예제의 조합은 "청교도적 이상의 확립과 관련되었고" 그에 따라 "남부의 공식 도덕철학이 …… 〔엄격한 청교도 중심의 신정정치가 행해진〕 매사추세츠

만식민지의 (공식 도덕철학에 관한) 이전의 입장으로 향하도록 꾸준히 이끌었다".[22]

　북부와 남부 모두에서, 초반의 프랑스혁명에 뒤이은 폭력은 미국인들이 일반적으로 종교를 존중하는 태도를 강화할 따름이었다 (그 종교가 정부의 지시를 받지 않는 한). 다수가 가톨릭에 강한 반감을 품고 있던 미국 개신교인들은 프랑스 혁명정부가 교회의 토지를 몰수한 것에 처음에는 개의치 않았다. 결국 프랑스는 신세계의 대다수에게서 경멸받던 '교황 짓거리popery'●를 공격하고 있었기 때문이다. 그러나 1790년대 말에서 1800년대 초, 자코뱅파의 공포정치와 루이 16세의 처형은 미국인 다수의 마음을 바꾸었고 보수적인 성직자들의 지위를 강화하는 데 큰 몫을 했다. 노예 봉기에 대한 두려움이 만연했던 남부에서 특히 그랬다(인근의 프랑스 식민지 아이티에서 노예 및 노예 출신이 반란을 주동하고 결국 독립을 쟁취하면서, 남부의 보수주의자들은 무종교가 하느님이 정하셨다고 하는 노예제에 대한 위협이라는 견해를 강화하게 되었다). '교황파'가 많은 미국인에게서 경멸을 받은 만큼이나, 어떤 종교도 무종교보다 나은 것으로 간주되었다.

　신생 공화국에서 종교적 영향력과 세속적 영향력이 동시에, 또 흔히 역설적으로 확장되었듯이 미국 교육의 발전도 그 특징이 모순적 충동들이었다. 교육을 받은 시민의 중요성에 대한 깊은 신념은 교육이 교육을 받은 이들의 손에 맡겨두기에는 너무나 중요한 사안이라는, 동일하게 강한 확신과 얽혀 있었다. 고등교육을 받은 이들이 제정한 헌법에는 교육에 관한 일언반구도 없다. 공교육 체계

● 가톨릭의 교리나 전례를 경멸적으로 이르는 표현.

를 선호한 소수 지식인들(벤저민 러시, 노아 웹스터, 제임스 매디슨을 포함한 집단)은 수학자 콩도르세 같은 자유주의 지식인들이 프랑스혁명 초반 공교육에 관해 제시한 이상주의적 제안들의 영향을 받았다. 1791년 말 프랑스 입법의회에 보낸 보고서(유사한 견해를 가진 미국 정치 지도자들 사이에 널리 회람된)에서 콩도르세는 공교육과 정치적 평등의 연관성에 관해 호소력 있게 확언했다.

> 모든 인류에게 필요를 채우고 복지를 보장하며 의무를 인식, 이행하는 수단을 제공하는 것. 모든 이에게 기술을 숙달하고 권리로서의 사회적 의무를 다할 수 있도록 기회를 보장하는 것. 태생적으로 부여받은 재능을 최대한으로 개발시키는 것, 그로써 모든 시민 가운데 진정한 평등을 세우고 이에 따라 정치적 평등을 법으로 실현하는 것—이것들은 공교육 체계의 주요 목적이 되어야 하고, 이런 관점에서 볼 때 그 체계의 설립은 정부 당국이 마땅히 수행해야 하는 정당한 의무다.[23]

그런 이상들, 그리고 그것들을 시행하기 위한 현실적 안들은 자코뱅파의 피의 숙청을 피하지 못했다. 콩도르세 자신도 그런 폭력에 반대해 유죄 판결을 받고 옥중에서 사망했다. 많은 미국인에게 자코뱅파 집권기는 콩도르세 같은 자유주의 지식인들과 로베스피에르같이 혁명기에 폭력을 휘두른 이들 사이의 차이를 흐릿하게 만들었다. 혁명 초기의 이상들, 그러니까 정부에 시민을 교육할 도덕적 의무가 있다는, 그들이 공유한 관념이 공포정치 자체와 혼동되었기 때문이다.

생경하고 미국의 사회 조건과 맞지 않아 보이는 사상과 지적 제안들에 관한 혐오는 미국에서 지역 학교가 성공적으로 자율권을 획득할 수 있었던 유일한 요인이다. 미국 대륙의 광대한 땅덩이, 각 주의 권리에 대한 헌법의 존중, 그리고 주 내에서 지역 특권들을 고수하는 태도를 고려하면 전국적인 공교육 체계를 선호하는 계몽주의 지식인들을 지지하는 현실적 정치 세력이 출현하는 것은 불가능했을 것이다. 건국 세대의 대다수 정치인은 국세와 지역 세금을 포함한, 교육에 관한 모든 일반 과세를 반대했다. 정부가 재정 지원을 하는 학교에 대한 과세 원칙이 제대로 뿌리내린 것은 1830년대 이후였다(대체로 메이슨-딕슨 선 위 북부에서). 1790년대에 학교를 위한 일반 과세를 지지한 이는 매디슨과 제퍼슨 외엔 거의 없었다. 그들은 그것이, 자녀를 위한 교육을 원하고 기꺼이 그것에 값을 지불하려 하고 또 지불할 수 있는 부모의 책무라고 생각했다.

1786년 파리에서 친구이자 스승인 조지 위스에게 보낸 서신에서 제퍼슨은 버지니아주의회에서 검토 중인 법안 중 가장 중요한 것은 "국민 가운데 지식을 전파하기 위한" 자신의 안이라는, 그리고 무지가 공익의 가장 큰 적이라는 확신을 피력했다. 공공 비용으로 학식을 전파하는 것에 관한 제퍼슨의 관심은 물론 노예나 여성으로까지 확대되진 않았다. 그는 가문 계급에 종속되지 않는 백인 남성 지식인 계급을 신뢰했다. 그가 제안한 제한적인 민주주의적·엘리트주의적 이상들을 서로 결합한 법안의 특징 중 하나는 가난한 부모의 가장 유망한 아들을 선별해 공공 비용으로 대학 교육까지 마치게 하는 조항이었다. 교육사가 아돌프 마이어는 이렇게 말했다. "제퍼슨이, 현재 미국에서는 미심쩍은 대상으로 간주되곤 하는, 뛰어난 두뇌의 엘리트에 마음이 기울긴 했지만, 적어도 그는 보통 사람들은 교양 있는 집단 내부에 들어올 자격이 없다는 당대 거의 모든 사람들의 생각을 받아들이지 않았다."[24] 제퍼슨이 제안한 법안은 결국 제정되지 않았다. 버지니아주의 대농장주들은 남의 아이의 교육에 세금을 내는 데 관심이 없었다.

종교도 교육 기금 마련을 위한 싸움에서 중요한 요인이었다. 합중국 초기, 보통학교(오늘날에는 공립학교로 불리는)를 위한 일반 과세 운동은 종교 교육을 위한 공적 자금 모금을 허가하는 과도한 주법들에 의해 방해를 받았다. 헌법이 제정될 당시 버지니아는 학교에서의 종교 교육을 지원하기 위한 공적 자금 모금을 금하는 유일한 주였다. 1786년 매디슨이 종교 교육을 위한 과세에 주도적으로 반대한 바 있는 격렬한 정치 논쟁 이후, 버지니아주의회는 버지니아주 종교의 자유 법령을 통과시켰다. 종교적 보수주의자들에겐 실망스럽게도 버지니아주의 그 법령은 1787년 헌법의 세속적 조항들과 이후 권리장전의 본보기로 기능하게 된다. 하지만 헌법에서 교육에 관한 연방정부의 권한을 전혀 주장하지 않아서 각 주들은 주의 세수로 공립학교에 종파적 교과서를 공급하는 데 완전히 자유로웠고 1800년대 초 많은 주가 정확히 그렇게 실행했다.

그러나 같은 시기 북부에서는 여론의 흐름이 지역사회학교에서의 종파적 교육에 등을 돌리고 있었다. 그 학교들 다수가 본래 교회의 후원으로 설립되었는데도 말이다. 얄궂게도 2차 대각성운동 동안 종교적 열정의 고조와 종파들의 확산은 종교 교육 보조금에 결정타를 날리게 된다. 침례교도, 회중교도, 유니테리언파가 자녀를 같은 학교에 보내면서, 한 가지 종교를 고집하는 것이 경솔하고 분열을 야기하는 행동으로 보이기 시작했다. 매사추세츠주는 1827년 초등학교에서 종파적 교과서를 구입하는 데 세금을 사용하는 것을 중단했다. 10년 뒤 많은 교회의 맹렬한 반대를 넘어 매사추세츠주는 개혁 성향의 호러스 맨을 초대 위원장으로 하여 교육위원회를 설립했다. 오늘날 종교계 학교에 대한 세제 혜택을 찬성하는 이들은 대다수 인구가 개신교도였던 공화국 초반 몇 십 년 동안 공립학교에서 종교가 당연하게 받아들여졌다고 곧잘 말하곤 한다. 사실 공립 초등학교의 세속화는 본래 개신교 가운데 증가하던 종교적 다원성에 대한 반향이었고, 개신교도가 아닌 이주민들이 처음으로 대규모로 이주해 온 사건(1840년대에 아일랜드계 가톨릭교도들이 기근을 피해 이주한 일)에 선행했다.

많은 정통 교회 지도자들은 맨을 적그리스도로 보았지만 그는 일반적인 성서 읽기를 포함한, 공립학교에서의 도덕 교육을 결코 반대하지 않았다. 그러나 그는 공립학교에서 교사가 성서에 대한 해설, 논의를 덧붙이는 것은 반대해 결국 금지했고, 확실히 그의 임기 동안, 한때 청교도 중심이던 매사추세츠주의 공립학교 교육과정에 세속적 내용이 늘고 종교적 내용은 줄었다. 이 모든 것은 1838년(매사추세츠주에서 종파적 교과서에 세금을 사용하는 것을 금한 지 10년이 조금 지난 시점), 전미주일학교협회의 기록 담당자인 프레더릭 A. 패커드 목사가 《가정의 아이들Child at Home》의 구매 허가를 위해 맨을 설득하려고 시도하면서 정점에 이르렀다(1824년 필라델피아에 설립된 전미주일학교협회는 아동 서적을 내는 주요 출판사였고 출판물들을 도서관과 개인뿐 아니라 늘어나는 중이던 초등학교에도 공급하고자 했다. 19세기 동안, 협회는 도덕주의적이고 훈계조의 아동 문헌 다수를 제작했다).

패커드 목사가 매사추세츠주에서 품은 야심 때문에 《가정의 아이들》이 하마터면 칼뱅주의적 예정설을 설파할 뻔했다. 부모님께 말대꾸하거나 맡은 집안일을 하지 않는 것처럼 작은 죄를 저질러도 아이들이 지옥에 떨어질지 모른다는 주장으로 말이다. 맨은 그런 책은 "매사추세츠주에서 용인될 수 없을 것"이라고 패커드에게 지체 없이 알렸는데, 유니테리언파와 보편구원론을 믿는 이들은 칼뱅주의 신학을 주입하는 학교에 자녀를 보내지 않으리라는 게 그 이유였다.[25]

패커드는 쉽게 포기하지 않았다. 맨의 집무실에 나타난 그는 학교에는 모든 악행을, 그것이 크든 작든, 벌하는 하느님에 관해 가르쳐야 할 의무가 있다는 자신의 믿음을 격렬하게 변호했다. 맨은 또 다른 서신에서 이렇게 되쏘았다. "친애하는 선생님, 그런 견해를 받아들이지 않는 이는 모두 경건하다고 할 수 없다는 말씀입니까? 보편구원론을 믿는 이들은 하나같이 경건하지 않은 건가요?"[26]▪ 여기서 지적해야 할 것은 맨도, 더 정통적인 패커드도 학교에서 하느님을 언급하는 것의 타당성에 대해서는 이의를 전혀 제기하지 않았다는 것이다. 그럼에도 어떤 교파를 불쾌하게 하지 않으려고 신성을 모호하게 남긴 것이 필연적으로, 즉시는 아니더라도, 공립학교의 세속적 교육과정으로 이어졌다는 것에는 의심의 여지가 없다. 미국 가톨릭 주교들에 뒤이어 정통 칼뱅주의자들이 세금으로 하는 교육을 본질적으로 세속적인 사업으로 본 것은 옳았다. 비록 균질화한

▪ 죄의 상대적 무게를 두고 벌어진 종교적 보수주의자와 종교적 자유주의자 사이의 이 논쟁은 추상적인 사안이 결코 아니었다. 정확히 같은 시기에, '노예제는 악인가'라는 쟁점으로 정통파 목사들과 급진적 폐지론자들 사이에서 논쟁이 벌어지고 있었기 때문이다. 1836년 라이먼 비처 목사는 설교에서 안식일을 "도덕 세계의 날"로, 해이한 안식일 준수를 미국 사회의 주요한 도덕 문제로 묘사했다. 노예제 폐지론자이자 신문 편집자인 윌리엄 로이드 개리슨은 《해방자(The Liberator)》의 1836년 7, 8월호에서 비처가 안식일 준수를 숙고하면서 동시에 "노예제를 지키려고 영향력을 행사한다"며 비처를 조롱했다. 개리슨에 따르면 그런 태도는 "네 번째 계명[안식일을 거룩히 지키라]뿐 아니라 십계명 전부를 무효화하고, 또한 같은 동포 250만 명을 안식일의 혜택에서 실질적으로 배제하는 것!!"이었다.

종교적 내용이 많은 학교에서 19세기 내내, 일부 사례에서는 (특히 남부와 시골 지역에서) 20세기까지도 살아남긴 했지만 말이다.

　1830년대 말까지, 초등학교에 쓰기 위한 일반 과세 투쟁이 더 교육 수준이 높고 번창한 지역에서 적어도 원칙상으로는 승리로 이어지긴 했지만, 전국적인 과세 혹은 전국적인 학업 수준을 위한 제안들은 독립혁명 이후 때보다도 훨씬 상상조차 할 수 없는 것이었다. 일부 주와 소도시가 초등교육 확대에 이바지했음에도 불구하고 지역의 자율성을 인정하고 학교의 재정 지원에서 지방 재산세에 의존한 까닭에 공교육에서 심각한 불평등이 지속되었고, 이는 지금까지도 계속 교육에 악영향을 미치고 있다. 1830년대 무렵, 도시의 학교가 시골보다 낫고, 부유한 지역사회 및 주의 학교가 가난한 곳보다 낫고, 가장 박식하고 최상의 교육을 받은 시민이 그 반대의 시민보다 자녀를 위해 더 나은 학교에 재정을 지원하리라는 것은 분명했다. 무엇보다 북부의 학교가 남부보다 나았는데, 북부에서도 뉴잉글랜드(특히 매사추세츠주)가 그 선두에 있었다. 1840년 인구조사에서 당시 상황을 가장 효과적으로 보여주는 통계 하나는 상이한 지역들의 재학 중인 어린이 비율 비교다. 1840년 뉴잉글랜드에서 학교에 등록한 어린이 비율은 동부 연안 주들의 두 배, 남부의 여섯 배였다. 동부 연안 주들, 중서부, 태평양 지역이 19세기 말에는 뉴잉글랜드를 따라잡았지만, 남부의 그 외 지역과의 심각한 격차는 제2차 세계대전이 끝날 때까지 지속되었다. 그리고 그 격차는 오늘날까지도 완전히 없어지지 않았다.[27]

　미국인이 지성과 학습에 대한 태도를 형성해온 과정에서 지역 격차의 중요성은 아무리 강조해도 지나치지 않다. 첫 번째 원인이 노예제, 그다음이 인종 분리 정책에 있는 남부의 교육 낙후성은 오늘날 소위 (공화당을 지지하는) 적색 주와 (민주당을 지지하는) 청색 주 사이의 문화적 분열을 고려할 때 특별히 언급할 필요가 있다. 선도적으로 비종파적 모델을 보여줌으로써 결과적으로 북부 주들의 교육 확산에 이바지한 바 있는 버지니아주조차 다른 남부 주들과 마찬가지로 노예제에 기초한 계급 체제의 영향을 받아, 부유층을 제외한 나머지가 교육에 무관심한 지적 무기력에 빠졌다. 재건 시대 이후의 일부 남부 신화에서는 19세기와 20세기 초 남부 교육에서 잘못된 모든 것이, 남북전쟁이 초래한 파괴와 전후 복수심을 품은 북부 사람들의 남부 백인에 대한 잔인한 취급 때문이라고 주장한다. 그런데 사실 남북전쟁 직전, 노스캐롤라이나주만이 매사추세츠주와 나머지 뉴잉글랜드 주들에 견줄 만한 공립학교 체제를 마련했다(노스캐롤라이나의 예외성은 한 사람, 남부의 호러스 맨으로 알려진 캘빈 헨더슨 와일리의 노력이 주된 원인이었다).[28]

남부와 다른 지역의 공교육 차이의 전 역사를 탐구하는 것은 이 책의 범위를 넘어선다. 따라서 대농장주 귀족계급 우월주의와 흑인은 선천적으로 열등하다는 믿음에 오랫동안 기초해온 사회에서는 흑인은 말할 것도 없고 가난한 백인에게 양질의 공교육을 제공해야 할 이유가 거의 없었다는 것만 말해둔다. 남부에서는 백인이란 것만으로도(심지어 문맹일지라도) 그 어떤 흑인보다 우월했는데, 애써 그럴 필요가 있었겠는가? 흑인에 대해 말하자면 남부의 공교육 체제에서는 20세기까지도 (미국 초등학교의 마지막 학년인) 8학년이 끝나면 이후로는 어떤 교육도 거의 제공하지 않았다. 다른 지역에 비해 점점 더 뒤처지던 남부를 구할 수 있었을 유일한 것은 연방정부의 막대한 보조금이었다. 하지만 연방정부가 선례를 깨고 극빈한 노예 출신과 백인 소작인들에게 기꺼이 보조금을 지원했을지라도 남부 사람들은 자신들의 생활양식을 바꾸기 위한 음모로 의심했을 게 분명하다. 1870년대와 1880년대, 뉴잉글랜드 출신의 여러 의원들은 연방정부가 극빈한 주들에 보조금을 지급하여 전국적으로 결정한 최저 수준을 유지하도록 하는 법안을 제출했다. 하지만 그 안들은 1790년대에 조지 워싱턴이 국립대학을 설립하려 했을 때에 견주어보면 의회에서 전혀 진전이 없었다.

학교에 대한 자율권이 지역에 있다는 것은 극빈한 지역의 아이들이 최악의 학교 시설에서 최악의 훈련을 받은 교사에게서 교육을 받는다는 것뿐 아니라, 가장 낙후된 지역의 교육 내용이 낙후된 사고를 가진 사람들에 의해 결정된다는 것도 의미했다. 유럽에서 공적 지원을 받는 모든 학교에서 가르치는 과학과 역사 수업의 주제는 중앙의 교육부에 소속된 고등교육을 받은 이들이 항상 결정해왔다. 하지만 미국에서는 학교에 관한 전국 지침을 하달하는 고학력 엘리트의 이미지가, 지역의 교육 자율권을 헌법에 열거된 모든 권리만큼이나 신성한 권리로 간주하는 이들에게 혐오의 대상이었고 지금도 그렇다. 대대로 앨라배마, 미시시피, 루이지애나의 소도시들에서 교육하는 과학과 역사는, 흑인이 선천적으로 열등하다고 믿고 또한 세속의 과학 지식과 불화하는 근본주의 신조를 지지하는 성인들에게 심사를 받았다. 요컨대 최상의 교육을 받는 지역들은 더 나은 교육을 받게 되었고, 지적으로 후진적인 지역들은 더 후퇴하게 되었다.

에머슨이 미국의 학자에 관해 강연하기 전 10년 동안, 지역주의와 종파적 근본주의 또한 고등교육에, 특히 남부에서, 큰 악영향을 미쳤다. 제퍼슨의 버지니아대학과 마찬가지로 남부의 다른 주립대학들도 계몽주의적 합리주의자들이 설립했다. 비록 그들의 계몽주의가 노예제 반대를 포괄하지는 못했지만 말이다. 1820년대에 〔주도〕 컬럼비아시의 사우스캐롤라이나대학은 하버드, 예일, 다트머스, 프린스턴, 버지니아와 더불어 재학생 수, 학교 시설의 규모와 질, 도서관 장서 규모 면에서 상위 10위 안에 들어가는 고등교육기관에 속했다. 총장은 영국에서 태어나 옥스퍼드에서 수학한 토머스 쿠퍼로 신생국의 가장 쟁쟁한 문인 중 하나였다. 쿠퍼는 1794년 영국에서 이주해 왔는데, 페인과 마찬가지로 프랑스혁명의 폭력에도, 영국우파의 반동적 경향에도 혐오감을 느꼈기 때문이다. 그런 경향은, 여러 가지 결과들 가운데서도, 페인이 《인권The Rights of Man》에서 군주제에 반대하는 견해를 나타냈다는 이유로 결석재판에서 유죄판결 〔반란죄〕 선고를 낳기도 했다.

쿠퍼는 성직을 강렬히 반대하는 이신론자였고 노골적으로 칼뱅주의를 반대했으며 최신 지질학적 발견을 근거로 창세기의 문자적 해석 또한 확고히 반대했다. 이 때문에 그는 사우스캐롤라이나주에서 논쟁적 인물이 되었다. 쿠퍼는 주의회의 공격을 받자 그 대응으로 자신이 미국에 온 이유를 역설했는데, 새로운 미국 헌법은 다른 국가들에서 필연적으로 자유로운 탐구를 억압하는 정교 연합을 해체하기 위한 역사상 최초의 시도라는 것이었다. 쿠퍼는 의회 의원들에게 주립대학은 복음을 위해 목사들을 훈련하는 신학대학으로 설립한 게 아님을 상기시켰다. "학생들은 종파적 신학이 아니라 유용한 지식을 배우기 위해 여기 온 것입니다."[29] 1832년 쿠퍼는 자신이 고용한 교수진과 더불어 사임을 강요받았고 이단이라는 이유로 면직되었다.

같은 시기에 북부, 특히 뉴잉글랜드에서는 세속화 교육 세력들이 학령기의 아이뿐 아니라 성인에게도 새로운 학습 기회를 확대하고 있었다. 미국 본토에서의 학문을 존중하자는 에머슨의 요청뿐 아니라 1820년대 말과 1830년대(잭슨의 시대)에 신장 중이던 민주주의와도 조화를 이룬 문화적 발전 하나는 라이시엄lyceum° 운동이었다. 1826년 매사추세츠주 밀버리에서 설립된 첫 번째 지역사회 기반 라이시엄은 그 목적이 방직공장들과 뉴잉글랜드 전역에서 우후죽순으로 생겨나던 다른 신생 산업체들에 일찍이 고용된 젊은이들의 지식, 특히 과학 지식을 넓히는 것이었다. 일과 후 저녁 시간에 열리는 일련의 강의를 통해 노동자들은 어린 시절에 받은 엉성한 교육 수준을 개선할 터였다. 그러니까 배움에 너무 늦은 때란 없다는 것이었다. 밀버리 라이시엄은 1824년에 설립된 영국 라이시엄을 모델로 했지만, 미국의 라이시엄 운동은 이내 고유의 성격을 띠게 되었고 여성을 포함해 지역사회의 모든 성원에게 손을 뻗기 시작했다. 1831년 무렵에는 소도시의 라이시엄이 800~1000곳 정도 되었다.[30] 더 작은 소도시에서 실시된 강의는 아주 적었을지라도 당시 1300만 인구의 나라에서 그런 운동 규모는 인상적이었다.

미국 라이시엄의 아버지는 1788년 코네티컷주의 부농 집안에서 태어나 예일대학에서 수학한 조사이어 홀브룩이었다. 홀브룩은 1806년 예일대학에 입학해 뉴헤이번에서 3, 4학년 동안 벤저민 실리먼, 즉 예일의 저명한 화학 및 광물학 교수이자 프랭클린 이후 미국에서 과학 대중화에 가장 앞장선 인물의 연구 조교로 일했다. 홀브룩이 지역사회 라이시엄을 젊은 노동자의 과학기술 지식 증진에 초점을 맞춘 제도로 구상하긴 했지만, 1830년대 이후 전형적인 강

● 고대 그리스 시대에 아리스토텔레스가 설립한 아테네의 학원에서 유래한 말로 강당, 공회당, 학원 등을 의미한다.

의 프로그램들은 그 운동이 얼마나 빠른 속도로 퍼져나갔는지를 보여준다. 그렇게 빠른 전파 속도로 라이시엄들은 관심을 확대하여, 한 세기 뒤에 미들브라우 대중middlebrow public °°으로 불리게 되는 이들에게로 손을 뻗었다. 1838~1839년 매사추세츠주 세일럼에서(당시 세일럼은 마녀재판으로 악명 높은 17세기 모습과 유사한 것은 어떤 것도 더는 용납하지 않는 세계적인 도시가 되어 있었다) 행해진 일련의 강의 프로그램은 라이시엄 강사들이 얼마나 보편적이고 다양한 주제를 다루었는지를 보여준다. 세일럼 강연의 첫 번째는 초상화가이자 선구적 인류학자인 조지 캐틀린이 행한 〈북아메리카 인디언의 특징, 관습, 의복〉이었다. 이후의 강의들은 다음과 같은 주제들을 다루었다. 미국독립혁명의 원인, 태양, 꿀벌, 지질학, 여성의 법적 권리, 마호메트의 생애, 올리버 크롬웰, 바이킹의 아메리카 발견, 아동 교육(도처에서 활동한 호러스 맨이 한 강연).[31]

뉴잉글랜드에서는 저명한 학자나 관리 가운데 라이시엄 강연을 하지 않은 이가 드물었다. 가장 유명한 연사들로는 대니얼 웹스터, 에머슨, 소로, 스위스 태생의 박물학자이자 하버드대학 교수 루이 아가시, 여성 교육에 앞장선 선구적 교육가 에마 윌러드, 그리고 나중에 세일럼 라이시엄의 연락 담당자로 일하게 되는 너새니얼 호손이 있었다. 그때껏 여성 강연자가 없었다는 것은 여성의 공적 연설

°° 하이브라우(highbrow)는 지식인, 로우브라우(lowbrow)는 지식과 교양 수준이 낮은 사람, 미들브라우는 보통의 지식, 교양을 갖춘 사람을 의미한다. 독일의 의사 프란츠 요제프 갈이 창시한 골상학에서 유래한 말로, 그는 이마가 넓은(highbrow) 사람은 머리가 좋다고 주장했다. 결국 이마 넓이와 지적 능력은 아무런 관계가 없다는 게 밝혀졌지만 이 단어들은 지식수준을 나타내는, 종종 비꼬는 의미의 표현으로 자리 잡았다(강준만,《교양영어사전 1》, 2012, 인물과사상사, 259쪽).

에 대한 사회적 금기를 증언하는 것이었다. 1830년대 말 노예제 폐지 운동이 힘을 얻으면서 그제야 여성들이 공적 연단에 서기 시작했는데, 영향력 있는 노예제 폐지 운동가인 루크리셔 모트, 세라 그림키, 앤젤리나 그림키는 얌전해야 하는 성별에 어울리지 않는 행동을 했다는 이유로 자주 비난받곤 했다.[32] 그렇지만 라이시엄이 꽃핀 모든 지역사회에서 그들은 남녀 모두에게, 주민 대부분에게 광범위한 지지를 얻었다. 교수와 작가들은 무료 강연을 했고, 이른 가을부터 봄까지 매주 1회 하는 강의의 비용은 대다수 노동자가 감당할 수 있을 만큼 저렴했다. 보스턴에서는 수강료가 성인은 2달러, 미성년자는 1달러였다. 1828년에서 1829년 사이 진행된 첫 번째 연속 강좌에는 너무 많은 사람이 신청해서, 강사들은 수요를 충족하기 위해 매주 야간에 이틀 연속으로 같은 강의를 하는 데 합의했다.

정부 지원 교육을 지지하는, 성장 중이던 운동과 마찬가지로 라이시엄 운동도 대체로 북부의 현상이었고 주로 중산층(지속적인 교육을 경제적 사다리를 오르는 수단으로 간주한)에 호소했다. 남부는 정규 강의에 돈을 낼 중산층이 충분히 많지는 않았다(뉴올리언스, 리치먼드, 찰스턴은 예외였다). 그리고 부유한 뉴잉글랜드 주민들은 지역사회 라이시엄에 재정적·도덕적 지지를 보냈지만 남부 대농장주 대다수는 그런 활동에 관심이 전혀 없었다. 다수가 라이시엄 설립에 적극 반대했는데, 그 운동이 뉴잉글랜드에서 기원했다는 점에서 혐오스러운 노예제 폐지론자들과 연관해 생각한 것이다. 하지만 그들이 염려한 것은 대개 찾을 수 없었는데, 대다수 라이시엄 프로그램이 논쟁적인 정치, 종교 이슈는 피했기 때문이다. 요컨대 그들이 그 운동을 거부한 것은 지질학이나 여성의 법적 권리에 관한 강연이 종교와 계급에 관한 남부의 견해에 위협적이었기 때문이라는 견해가 타당하다.

마지막으로 제퍼슨, 매디슨, 워싱턴을 낳은 계몽주의 문화가 남부에서는 더는 존재하지 않았다. 토머스 쿠퍼처럼 학식과 과학 지식을 지닌 사람들이 지역 교육기관 설립을 위해 채용되기는커녕 외려 추방되고 있었다. 이 모든 것은 가장 부유하고 가장 영향력 있는 성원들, 즉 대농장주들이 소문날 정도로 지적 추구에 무관심하고 그런 무관심을 자랑스러워하는 문화로 수렴되었다. 칼 보드[미국 문학 및 문화의 권위자]는 이렇게 말했다. "보스턴 사람들이라면 도서관에서 책을 읽었을 테지만 남부에서는 말을 타고 사냥을 했다. 어느 모로 보나 사고 활동보다는 신체 활동에 훨씬 관심이 큰 그들은 라이시엄에 거의 경멸에 가까울 정도로 무관심했다."[33]

이와 같이 반세기의 정치 실험은 연방의 보다 완벽한 연합을 추구했지만 신생국의 지적 생활은 극히 분열되었다. 북동부의 오래된 도심들에서는 지식이 확산될 뿐 아니라 지적인 계층이 출현하는 징후들이 뚜렷했다. 반면 남부에서는 지적 봉쇄라고밖에 할 수 없는 것이, 사회질서를 위협할 수 있는 모든 생각을 배제하려는 노력에 이용되었다. 정착민들이 서부로 이주하면서 변경 지역에서는 지적 풍경이 뒤섞여 있었다. 즉 사회 조건이 개발되지 않은 상태에서는 학습이 최우선이 될 수 없었지만, 그럼에도 책과 학습에 대한 열정이 에머슨의 청중의 특권을 물려받은 이들을 부끄럽게 할 정도로 문명에 굶주린 이들이 있었다.

변경 지역의 열정적 애독자 중 하나는 에이브러햄 링컨으로, 그가 정규교육을 받은 기간은 그가 나중에 기록했듯이, "다 합쳐 1년이 못 되었다."[34] 링컨은 미국에서 독학자로 대통령이 된 마지막 인

물일 터이고, 그의 독학은 자신이 천명했듯 선택이라기보다는 불가
피한 필요의 문제였다. 1803년 그러니까 링컨보다 6년 일찍 태어
난 에머슨이 책의 세계에서 문필가와 철학자로서의 경력을 시작하
고 있을 때 링컨은 영문법 원리를 완전히 익히기 위해 분투하고 있
었고, 1831년에는 스물다섯 가구밖에 살지 않던 일리노이주 뉴세일
럼에서 잡화점 직원으로 생계를 꾸리고 있었다. 이웃들은 책에 파
묻혀 사는 링컨을 그저 재밌는 사람으로 여겼지만, 그는 어디를 가
나 늘 다 해진 셰익스피어 희곡집을 들고 다니고, 마을의 배운 사람
에게 빌린 블랙스톤의 〔영국법〕《주해Commentaries》를 공부하면서 변호
사가 되고자 준비했다. 젊은 시절에 대한 링컨의 설명에서 되풀이
되는 주제는 책을 얻기 위한, 보통은 빌리기 위한 분투다. 정직하게
고된 하루를 마치고 통나무집에서 가물거리는 불빛 아래 책을 읽었
다는 젊은 링컨의 이야기를, 전기의 비밀을 탐구하기 위해 뇌우가
쏟아질 때 광활한 대지에서 연을 날렸다는 벤저민 프랭클린의 이야
기를 못 들어본 학생이 어디 있겠는가?

독학의 경건한 이미지들은 식민지 시기부터 미국의 정신에 깊
이 박혔고, 에머슨은 상상도 못했겠지만 교육 전문 자격증에 대한
열광이 시대의 특징이 된 오늘날에도 지속되고 있다. 그런데 이 이
미지들은 지성과 교육에 관한 미국인의 태도 형성에서 양면적 역
할을 해왔다. 그것들은 학식 자체에 대한 존중을, 공적 교육이 부재
한 상황에서 얻은 학식에는 특별히 고결한 무언가가 있다는 메시지
와 결합한다. 결국 프랭클린은 정부의 지원 없이 피뢰침과 이중 초
점 렌즈를 개발해냈고 링컨은 대학에 다니지 않고도 대통령이 되
었다. 하지만 프랭클린이 천재였다는 것, 링컨이 체계적인 공식 교
육을 받지 못한 것을 몹시 애석하게 여겼다는 것은 미국의 자기만

족적인 독학 신화에서 빠져 있는 부분이다. 도덕주의적 낭만주의를 띠는 독학자 찬양은 단호한 개인주의를 상징하는 관념과 연결되어 있고, 교육이 정부의 마땅한 의무라는 생각을 공박하는 데 흔히 사용되어왔다. 이런 판본의 미국사에서 링컨은 당면한 환경에 굴하지 않고 학식을 얻는 데 분투했기에 더 나은 인물, 더 나은 미국인이었다. 비범한 독학자의 승리는 다음과 같은 도덕적·사회적 교훈으로 변형된다. 배우고 싶은 마음이 간절하다면 누구도 막을 수 없고, 따라서 지역사회에는 구성원의 지적 발달을 위한 조건을 마련하고 지원할 특별한 의무가 전혀 없다. 지식인들도 공적·체계적 학습과 독학의 관계에서 갈등을 겪었다. (프랭클린 이후) 미국의 두 번째 유명 지식인이 되는 에머슨은 미국의 학자에 관한 연설에서 가장 바람직한 학습 방법과 사회가 지식에 두는 가치에 관해 견해를 피력했고, 이는 미국에서 이 주제에 관한 보편적인 견해로 자리 잡게 된다. 그는 젊은이들의 순종적 태도를 경고했다.

순종적인 젊은이들이 도서관에서 자라나고 있습니다. 이 젊은이들은 키케로, 로크, 베이컨이 전해준 견해들을 그대로 받아들이는 것이 자신들의 의무라고 믿고 있습니다. 키케로, 로크, 베이컨이 그 책들을 쓸 당시 그들 역시 도서관에 앉아 있는 학생에 불과했다는 사실을 까맣게 잊고 있습니다.

바로 그렇기 때문에 우리에게 사고하는 인간은 없고 책벌레만 있는 것입니다. 바로 그렇기 때문에 그런 책을 가치 있다고 여기며, 자연과 인간의 본질을 책과 관련짓지 못한 채 세상과 영혼으로 일종의 '제3의 자산'을 만들고 있는 책으로만 학식을 쌓은 계층이 존재하는 것입니다. 바로 그렇기 때문에 온갖 문헌 복원가, 교정자, 서적 수집광이 생겨나는 것입니다. ……

분명 올바른 독서 방식이 있으며, 그 방식은 엄격히 지켜져야 합니다. 사고하는 인간은 자신의 도구들에 종속되어서는 안 됩니다. 책은 학자의 한가한 시간을 위한 도구입니다. 학자가 하느님을 직접 읽을 수 있게 될 때, 그 시간은 너무도 귀중하기 때문에 다른 사람들이 읽고서 옮겨 쓴 글에 시간을 낭비할 수는 없습니다. 그러나 반드시 올 수밖에 없는 암흑의 시기가 도래해 태양이 가려지고 별들이 그 빛을 거둬들일 때, 우리는 책의 빛살로 불붙인 램프를 찾아 들고서 그 빛에 의지해 다시 새벽이 있는 동쪽으로 발걸음을 옮기게 됩니다. 우리는 말을 들어야 말을 할 수 있습니다. '무화과나무는 다른 무화과나무를 바라보며 열매를 맺는다'는 아라비아의 속담처럼 말이지요.[35]

대단히 책을 좋아한 에머슨은 19세기 말과 20세기, 그를 자기들 부류로 주장하고 싶어 하는 반합리주의자들에 의해 전후 맥락에 관계없이 자주 인용되어왔다. 그러나 에머슨을 낳은 것은 19세기 초 낭만주의였지만 그의 부모 세대의 계몽주의적 합리주의도 그만큼 영향을 끼쳤고, 그의 초월주의 철학은 두 측면 모두를 띠었다. 미국의 학자 연설은 미국의 지적 독립 선언일 뿐 아니라 본국의 반지성주의 세력들 중 많은 이들("낮은 목표를 추구하라고 배운" 이 나라의 지성인들)에 대한 대응이기도 했다. 에머슨이 미국인에게 보낸 메시지는 그들이 과거로부터 배울 게 하나도 없다는 것이 아니라 문화 지식의 총량에 각자 기여할 준비를 하라는 것이었다. 이런 기여는 미국인의 삶의 특정한 사회·정치 환경에서 이루어지고 또한 개인이 자신의 능력을 최대한 계발할 권리와 책임을 갖는 민주적 개성이라는 폭넓은 개념에 뿌리박을 터였다.

미국인은 독창적인 국민 문학 및 철학이 처음으로 나타나는 것을 오래 기다릴 필요가 없었다. 에머슨의 첫 에세이 선집이 1841년에 출간되었다. 소로의 《콩코드와 메리맥강에서의 일주일》(월든 일기의 일부인)과 유명한 논문 〈시민 불복종〉은 1849년에, 호손의 《주홍 글씨》는 1850년에, 멜빌의 《모비딕》은 1851년에, 휘트먼의 《풀잎》 초판은 1855년에 출간되었다. 대중이 이 저작 모두를 열렬히 환영한 것은 아니었지만 그럼에도 그 본질이 달라지는 것은 결코 아니었다. 이 저작들은 공화국 초기 미국 문화의 낮은 수준이 민주주의 자체 때문이라고 비판한 바 있는 많은 유럽 지식인의 주장을 강력하게 반박하는 진정한 미국 문학의 토대가 되었다.

그러나 더 많은 시민이 더 풍요로운 문화생활을 누릴 수 있게 되었는데도 나라의 역사만큼이나 오래된 종교적·교육적 균열의 틈에 뿌리박은 반지성주의 세력들은 그런 생활에 포섭되지 못했다. 에머슨이 진정한 미국 문학이 처음으로 꽃피기 직전에 말했듯이, 미국 지성의 전당은 이미 분열된 상태였다.

3장

미국의 문화 전쟁 초기에 발생한 사회적 사이비과학

19세기 전반에 발생한 지적 균열은 남북전쟁 후 몇 십 년간 새로운 중요한 차원을 획득했다. 많은 미국인이 도금시대Gilded Age의 과도한 부와 빈곤의 합리화가 목적인, 이데올로기로 추동된 일종의 사이비과학을 받아들인 것이다. 점성술과 연금술같이 아주 오래된 사이비과학과 마찬가지로 사회다윈주의라는 새로운 사이비과학은 본질적으로 비과학적인 정수를 감추고자 과학 용어를 사용했다.■ 오래된 사이비과학들이 자연의 법칙에 도전한 반면 새로운 사회적 사이비과학들(사회다윈주의는 그런 과학의 시작에 불과했다)은 문명의 제도를 정당화하거나 공격하는 데 자연의 법칙을 전용했다. 미국에서 사회다윈주의를 제시한 이들은 무지렁이가 아니라 전국에서 선도적인 재계 거물과 지식인이었고 거기에는 앤드루 카네기, 존 D. 록펠러, 그리고 예일대학의 정치학자이자 '대중지식인public intellectual'의 원조라 할 수 있는 윌리엄 그레이엄 섬너가 있었다. 사회다윈주의는 미국사에서 사이비과학 가운데 처음으로 대중적으로 소비된 조류, 즉 오늘날에는 정크과학junk science으로 불리는 것이 되었다. 도금시대에 나른 점에서 보면 지적 능력이 출중한 이들이 그렇게 이데올로기에 집착한 현상은 오늘날 반이성의 시대의 많은 이데올로기에 침투해 있는, 증거에 귀 기울이지 않는 태도의 명백한 전조였다.

섬너의 글들은 오늘날 학계 밖에서는 거의 알려져 있지 않지만

■ 19세기 미국과 영국에서 아무도 사용하지 않았지만 나는 '사회다윈주의'라는 용어를 사용한다. 이 용어는 19세기 프랑스와 독일의 극히 드문 지식인 집단에서는 알려져 있었지만 1944년 리처드 호프스태터의 《미국 사상 속의 사회다윈주의(Social Darwinism in American Thought)》가 출간되기 전까지 미국에서는 흔히 사용되는 용어가 아니었고 학계에서조차 그랬다. 본래 컬럼비아대학에서 박사논문으로 쓴 그 책은 이후의 판들에서 20만 부 이상 팔렸다.

그는 19세기에서 20세기로 전환하는 시기, 미국에서 가장 영향력 있는 사회다윈주의자로 간주되었다. 그는 1872년에서 1910년 사이, 나라의 지도자가 될 예일대학생 수천 명의 지적 스승이었고 자신의 사상을 대중잡지용 읽기 쉬운 글로 옮기는 재주도 있었다.[1] 당대의 혁신적 과학 통찰, 즉 자연선택에 의한 진화라는 다윈의 이론은 섬너와 추종자들에 의해 왜곡되어, 경쟁을 신주 모시듯 우선시하고 누구든 무엇이든 승자, 일등의 가치를 인정하는 사회철학('과학적'인 것으로 늘 묘사된)에 이용되었다. 섬너는 도금시대의 거물 사업가들이 "위대한 정치인, 과학자, 군인과 마찬가지로 …… 자연선택의 산물이었다"고 힘주어 외쳤다. 〔그에 따르면〕 백만장자들은 과학적인 시장 법칙에 좌우되는 공정한 경쟁에서 출현했기에 "이런 기능을 잘 수행할 능력이 있는 이들은 누구나 시장에서 고용될 터이다".[2] 그러나 당시 학자들은 현재 우리가 알고 있는 것을 알지 못했다. 즉 인간은, 부유하든 가난하든, 네안데르탈인에서 나온 유전적 유산에서 기인하고, 천사보다 조금 낮은 종과는 아무 관련 없는, 유인원에 가깝다고 흔히 놀림도 받는 존재라는 것을 말이다. 때때로 인간 유전체의 본질로 밝혀지는 것은 우리를 얼마나 당혹스럽게 하는가.

섬너 같은 학자들이 그 이론을 젊은 엘리트들이 구속받지 않는 자본주의 숭배를 주입하는 교실에서만 전했다면 그들이 미친 해악은 그런저런 수준이었겠지만, 그들은 수많은 중산층 독자를 겨냥해 《콜리어스Collier's》 같은 전국 잡지들에 글을 실어서, 전에는 상상도 할 수 없는 규모로 영향력을 확대했다. 지금과 마찬가지로 그때도 대중은 신기술을 통해 전해지는 정보와 잘못된 정보에 압도되었다. 많은 미국인은 교육 수준이 19세기 말 진보한 과학과 기술에 매료될 만큼은 됐지만 진정한 과학자와, 과학을 가장한 사회 이론을 퍼뜨리는 사람을 구별하기엔 부족했다.

19세기 말 미국에서 펼쳐진, 다윈 이후의 진화와 관련한 문화 전쟁은 오늘날과 마찬가지로 보통 과학과 종교 사이의 투쟁으로만 간주된다. 하지만 당시 진화에 관한 문화 전쟁은 사실 두 가지였다. 첫째는 다윈의 참된 과학이 전통 종교에 제기한 도전을 중심으로 한 것이었고, 둘째는 자연 상태의 인간에 관한 다윈의 관찰을, 문명 상태의 인간이 서로를 어떻게 대해야 하는지에 관한 처방으로 바꾸려 한 사이비과학적 사회 이론에 뿌리박은 것이었다. 첫 번째 문화 전쟁에서는 거의 모든 지식인이 과학의 편이었다. 두 번째에서는 다수가(전부는 아닐지라도) 섬너가 언명한 사이비과학에 굴복했다. "이빨과 발톱이 지배하는 무자비한" 자연의 생존 법칙이 사회에 적절하고 불가피하다고 주장하는 이론에 상류층 지식인들이 끌리면서, 성서문자주의에 대한 진화론의 도전으로 이미 야기된 종교 기반의 반지성주의가 더욱 강화되었다.

1890년대부터 1925년에 죽기까지 활동한, 민주당 대선 후보에 세 차례 지명된 인물이자 경제적 포퓰리스드이며 근본주의자들의 영웅인 윌리엄 제닝스 브라이언은 두 문화 전쟁을 혼동했다. 브라이언은 과학적 진화론과 사이비과학적 사회다윈주의 모두와 싸웠다. 전자는 자신의 종교에 위협이 되고, 후자는 이 세상의 사회정의에 관한 자신의 비전에 어긋나는 것이기 때문이었다. 이 국면의 미국 지성사에서 가장 큰 아이러니 하나는 지적인 사회다윈주의자들과 근본주의자들이 똑같이 과학과 사회적 사이비과학을 구별하지 못했고 또한 그 혼동한 생각을, 과학의 열매를 흠모하지만 과학적 방법에는 근본적으로 무지한 대중에게 전달했다는 것이다.

남북전쟁이 끝나고 제1차 세계대전이 시작되기까지의 반세기에 미국 사회는 강력한 경제적·인구통계적 집단들에 의해 변형되었는데, 1837년 미국의 지적 독립에 대한 에머슨의 선언을 듣고자 케임브리지에 모였던 특권층은 상상도 못한 것이었다. 1860년에서 1910년 사이, 남북전쟁으로 60만 명 이상이 사망했는데도 남유럽과 동유럽 사람들이 이주해 와서 미국 인구는 거의 세 배가 되었다. 약 3100만에서 9200만 명 이상으로. 이는 익숙하지만 그럼에도 경외감을 불러일으키는 인구통계인데, 성공적인 동화 혹은 흡수가 절대 불가능해 보이는 수치이기 때문이다. 우리가 그런 과업이 실제로 성취되었다는 것을 모른다면 말이다. 1880년대와 1890년대에는 공립 초등학교, 중학교, 대학, 도서관의 연계망이 비영어권 이주민들을 흡수하고 미국인 전체의 교육 수준을 올린다는 도전적 과제를 해결하기 위해 출현했다.

　새로운 이주민들이 엄청나게 많이 유입된 도시들은 초·중등학교 수준의 공교육을 가장 크게 확대할 책임이 있었다. 공립학교는 여전히 대다수의 도시를 지배하던 와스프 기득권층에게도, 이주민들(특히 교육에 대한 억눌린 욕망의 배출구를, 반유대주의적 법 규제가 전혀 없는 사회에서 발견한 동유럽 출신 유대인들)에게도 동화의 필수적 도구로 간주되었다. 1878년 미국의 공립 고등학교는 800곳이 안 되었는데, 제1차 세계대전 직전에는 1만 7000곳을 넘었다. 1880년과 1900년 사이의 인구조사에서 공식 문맹률은 17퍼센트에서 11퍼센트로 떨어졌다. 인구조사원들이 빠뜨린 이들을 감안하더라도, 새로운 이주민들 가운데 미국 땅에 발을 디디기 전에 영어에 대한 지식이 조금이라도 있는 이가 거의 없었다는 점에서 놀라운 성취였다.[3] 많은 주에서 의무교육 법이 통과되면서 1880년에서 1914년 사이, 미국인이 학교교육을 받은 평균 기간도 4년에서 6년으로 증가했다. 이 또한 교육 경험이 전무한 이주민들의 유입을 고려할 때 놀라운 성취였다.[4]

중등교육의 확대는 보통 시민들에게 활짝 열린 성인교육 프로그램의 증가 및 공립 도서관 체제의 설립과 병행되는데, 이에 전국적으로 박차를 가한 것은 자수성가한 카네기(정부의 지원금이란 구상을 몹시 싫어한 것만큼이나 사적인 자선사업을 몹시 신뢰한)의 자금과 지도력이었다. 대도시에서는 지역의 일반 도서관들뿐 아니라 중앙 학술 도서관들(향후 세계에서 연구 조사 자료를 가장 많이 소장하게 되는)도 도서관 회원증이 있는 누구에게나 개방되었다. 42번가의 웅장한 뉴욕공립도서관 본부가 1911년 5월 24일 처음으로 대중에게 문을 개방했을 때 약 5만 명의 뉴욕 주민이 경이로운 것들을 보기 위해 (이내 도시의 유명한 랜드마크가 되는 돌사자의 안내를 받아) 5번가 쪽 출입구를 통과했다.[5] 첫 번째로 대출된 책은 러시아어로 된 철학책▪이었는데, 이는 전에는 사회에서 가장 부유한 특권층에게만 허락됐던 문화적·지적 자원에 대한 접근권을 보통 시민들이 획득하는 시민 문화의 진화를 증언하는 사건이었다.

도금시대는 엔터테인먼트이자 배움이기도 한 강의의 황금시대이기도 했다. 오래된 지역사회 기반 라이시엄들은, 유명 강사들에게 높은 강의료를 지불하지만 대중의 수요가 막대해서 수강료를 계속 저렴하게 받을 수 있었던 전국적인 강의 단체들로 대체되었다. 에머슨, 당대의 선도적 성직자이자 연설가인 헨리 워드 비처, 영국

▪ 그 책은 N. Y. 그로트의《우리 시대의 도덕 사상들: 프리드리히 니체와 레프 톨스토이(Nravstvenniye Ideali Nashevo Vremeni)》였고, 6분 만에 대출되었다.

의 박물학자이자 진화론 옹호자인 토머스 헉슬리, 여성 권리 운동의 창시자인 엘리자베스 케이디 스탠턴, 그리고 정통 종교에 맞서는 지칠 줄 모르는 적수 로버트 잉거솔 같은 저명인사들이 강사로 나올 때면 강당은 청중으로 가득했다. 1869년 호러스 그릴리가 창간한 《뉴욕트리뷴》의 한 사설은 이렇게 말했다. "후대의 역사학자가 현대 사회의 지적 선조들을 찾아 나선다면 그는 사상이 발흥하고 진보하던 흥미로운 시기, 공공 강의 기관에서 그 실례를 찾아볼 수 있는 시기에 몰두하게 될 것이다. 또한 그는 한때 에머슨, 브론슨 올컷, 웬들 필립스, 비처, 윌리엄 로이드 개리슨같이 미국의 지성을 일깨운 위대한 인물 다수가 강연자였고 철학자와 과학자들이 서재와 실험실 밖으로 나와 강단에 섰으며, 요컨대 강의실이 플라톤의 아카데메이아와 아르키메데스의 연구실처럼 되었다고 기록할 것이다."[6] 《뉴욕트리뷴》이 여성 강연자를 한 명도 언급하지 않은 것은 지적 사안에서 누가 중요하고, 누구는 그렇지 않은지에 관한 당대의 남성적 견해를 반영한다. 사실 스탠턴, 수전 B. 앤서니, 루시 스톤 같은 논쟁적 페미니스트들은 여성 복음주의자들, 금주운동의 여성 지도자들, 그리고 헨리 워드 비처보다 훨씬 유명한 비처의 누이이자 《톰 아저씨의 오두막》 저자인 해리엇 비처 스토와 마찬가지로 엄청나게 많은 청중을 끌어 모았다.

식자율 증가와 성인교육 프로그램, 도서관, 박물관, 강연 시리즈의 확산은 온갖 지적 즐거움과 정보에 대한 대중의 욕구를 강화했다. 출판사들은 모험담과 살림 지침서부터 모든 나라의 19세기 문학 명작까지 온갖 책을 염가판으로 대량으로 찍어냈다. 출판사들은 몰염치하게도 유럽과 영국의 위대한 문학작품들 일부의 '복제본'을 만들어 저작권을 침해했는데, 미국은 한 나라 이상에서 출판된 저작물의 최초 저작권을 보호하기로 합의한 1886년 베른협약에 서명하지 않았기 때문이다. 본래 영어로 출판된 저작물도 미국에서는 그 책이 실제로 미국에서 제작되지 않은 한 저작권 보호를 받지 못했다. 1880년에서 1900년 사이, 미국 출판사들이 출판한 책의 종수는 3배가 되었다. 싸구려 통속소설이 전문인 일반 대중잡지부터 식자층을 위한 간행물과 전문 과학 저널까지 망라한 정기간행물들은 글을 읽을 줄 아는 모든 이에게 무언가를 제공했다. 1885년에서 1905년 사이, 약 7000종의 정기간행물이 발간되었다. 다수는 오늘날 성공하지 못한 블로그만큼이나 단명했지만 말이다.[7] 한 문학사가는 1865년에서 1905년 사이, 인구 대비 월간지 발행 부수가 700퍼센트 증가한 것으로 추산했다.[8]

정보 자원의 확산은 미국인의 문화생활에 다방면에서 영향을 미쳤고, 출판산업 및 순회강연(지금과 마찬가지로 그때도 출판업의 짝꿍 격이던)의 성장은 다윈의 진화론을 알리는 데 필수적 역할을 했다. 종교와 과학 모두 화두였고 진화론은 그 두 화두를 연결했다. 1872년 진화론을 지지하는《월간 대중과학》을 창간한 바 있는 에드워드 리빙스턴 유맨스는 가장 대중적인 불굴의 강연자 중 하나였다. 안타깝게도 그는 다윈의 진화론 대중화에 힘쓴 인물이자 헌신적인 사회다윈주의자이기도 했다. 그는 세계 유수의 과학자들(다윈을 포함해)의 저작을 미국 대중에게 소개하는, (뉴욕의 명문 기업 D. 애플턴 사에서 출간한) 당시 유명한 국제 과학 시리즈를 담당하고 있었다.

1876년 토머스 헉슬리가 일련의 강의를 하기 위해 미국에 처음 방문했을 때 미국 언론은 그를, 결과적으로 훗날 그의 동포 두 사람(윈스턴 처칠과 다이애나 왕세자빈)에 못지않은 수준으로 보도했다.《뉴욕타임스》는 맨해튼의 치커링홀에서 예정된 헉슬리의 강연들이 매진된 것과 관련한 기사를 1면에 실었고《뉴욕트리뷴》은 그 강연들을 전부 별도로 발간했다. 뉴스 보도는 헉슬리를 극찬했고, 이를 계기로 보다 보수적인《뉴욕타임스》는 사설란에서 이렇게 표명하기도 했다. "코페르니쿠스 이론에 맞먹는 진화론의 증거에 관한 헉슬리 씨의 강의는 먼(못된 길에 빠진 - 원주) 이론이 명석한 머리를 낳을 뿐이라는 것을 보여준다."[9] 우호적이든 그렇지 않든, 언론 보도 때문에 19세기 말 대중의 대다수가 진화론에 대해 적어도 들어보게는 되었다. 이는 19세기 초 지리학적 발견에 관한 대중의 지식을 훨씬 뛰어넘는 것이었고 또한 성경의 창조 이야기에 도전하는 것이기도 했다. 사실 독서를 하고 강의에 참석하는 대중이 늘면서 진화에 관한 문화 전쟁은 고등교육을 받은 엘리트 집단에만 국한되지 않게 되었다.

생물학적 진화와 종교의 관계에 대한 논쟁은 대개 상이한 종류의 개신교파들의 집안싸움으로 확대되었다. 근본주의적 개신교 교파들과 마찬가지로 로마가톨릭교회도 진화론에 반대했는데, 이는 모든 유형의 세속주의에 대한 일반적 적의에서 비롯된 것이었다. 미국 내에서 처음으로 교구학교 체제를 설립하게 된 주된 원인은 이주민 아동들에게서 세속의 과학과 역사를 감추고픈 가톨릭 지배층의 욕망이었다. 당시 미국에는 자신의 신앙에 세속의 신지식을 위한 자리를 마련하기로 결정한 (꽤 많은 숫자의) 자유주의적 개신교인에 맞먹는 가톨릭교도들이 없었다. 지도자는 배타적이고 평신도는 대다수가 교육을 받지 못한 이민자여서 미국 가톨릭의 교리는 19세기의 가장 수준 높은 지적 담론과 거리가 멀었다.

진정한 토론은 또한 대개 북부에서만 이루어졌다. 본디 노예제를 유지하기 위한 전쟁이 고무하고, 남북전쟁 이후 불만을 품은 남부가 전쟁 이전의 상태에 관해 지어낸 신화가 유지한 남부의 지적 고립의 또 다른 결과였다. 남부의 군건한 근본주의가 고등교육에, 특히 과학 교육에 미친 부정적 영향은 토머스 쿠퍼가 암석의 연대에 대한 이단적 견해를 드러내 결국 1832년 사우스캐롤라이나대학 총장직에서 해임된 일만 보아도 분명했다. 다윈 이후, 당대 과학 지식과 남부 종교 사이에 벌어진 틈은 훨씬 넓어졌다. 1873년 선박과 철도계의 거물 코닐리어스 밴더빌트는 테네시주 내슈빌의 센트럴대학(감리교 목사들을 교육하기 위해 설립된)이 진정한 대학교로 발전하도록 100만 달러를 기부했다. 문제는 밴더빌트와 한 감리교 감독이 개인적으로 긴밀한 사이여서 감리교회가 이사회에 대한 통제권을 쥐게 된다는 것이었다. 그 감독은 밴더빌트가 기부할 무렵 이사회의 종신 의장으로 임명되었다.

그런데 그 가장 종교적인 이사들조차 학교의 명성을 올리는 데 밴더빌트의 돈을 쓰고자 했고, 진화론자인 알렉산더 윈첼을 교수로 초빙하기에 힘썼다. 다윈의 자연선택 이론이 흑인종의 열등함을 실증했다는 윈첼의 믿음을 고려할 때, 분명 그는 위대한 명성을 열망하는 남부의 대학교에 더없는 선택지였을 것이다. 그 근거는 무엇일까? 1878년 윈첼이 《아담의 자손과 아담 이전의 자손들Adamites and Preadamites》에서 장광설로 늘어놓은 주장에 따르면, 니그로는 아담(모두가 백인으로 알고 있던)의 자손이라고 하기에는 생물학적으로 너무 열등했다. 따라서 인류는 분명 성서의 아담보다 나이가 많고, 흑인은 더 이른 시기의 진화 단계를 나타내는 증거였다. 윈첼이 진화론을 백인 우월주의(인종 분리 및 차별에 대한 백인들의 합리화와 관련해 다른 많은 면에서도 다시 모습을 드러내게 되는 주제)를 강화하는 데 사용하고 있었는데도, 남부 감리교도들은 인간의 생명이 아무리 열등한 형태일지라도 아담 이전에 존재했다는 그의 입장에 여전히 심란했다. 그래서 19세기 말 무렵, 그들은 자신들이 초빙한 교수를 해고했다. 윈첼은 북부로 돌아가 미시간대학의 고생물학 및 지질학 교수라는 특출한 직업(당시에 진화론, 우생학, 성경을 혼합한 괴짜 같은 이론을 펼쳐도 구속받지 않은)을 얻었다. 남부에서는 이런 일이 반복되었고 성서문자주의를 따르지 않는 과학자들은 다른 곳에서 일자리를 구해야 했다.

윈첼이 학계에서 우생학자 및 진화론자로서 성공한 점, 그리고 과학계의 대다수에게 수용되었다는 점은 진짜 과학과 사이비과학의 구별을 흐릿하게 하는 데 사회다윈주의가 사용되었음을 분명히 보여준다. 우생학과 사회다윈주의가 결합되면서 그 지지자들은 사회에서 승리한 개인의 가치뿐 아니라 그런 집단(앵글로·색슨의 유산을 물려받은 미국 태생 코카서스인종을 비롯한)의 가치도 확인할 수 있었다. 우생학에 대한 관심이 미국에만 국한된 것은 분명 아니었다. 하지만 오랫동안 많은 인구를 차지하는 다른 인종을 노예로 삼아왔고 노예제 폐지 이후 그들이 받았던 피해를 보상하고, 개선하는 데 거의 아무것도 하지 않은 나라에서는 인종차별에 대한 생물학적 정당화가 특정한 호소력을 발휘했다. 우생학은 유럽 국가들과 달리, 기존 주민들과 문화 배경이 현저히 다른 이민자들(유대인, 슬라브족, 이탈리아인을 포함한)이 물밀듯 들어오던 사회의 두려움을 이용하기도 했다.

19세기 말 미국에서 선도적 사회다윈주의자들은 거의 예외 없이 상층 와스프였다(그중 일부는 자유주의적 개신교와 불가지론 사이의 경계선을 넘기도 했다). 자신의 철학적 견해와 충돌하는 어떤 증거도 거

반지성주의 시대

부하는 선도적 사회다윈주의자들의 계층 기반 편향은 깜짝 놀랄 만한데, 그들이 지적인 측면에서 합리성을 숭배하는 이들이었기 때문이다. 그리고 여전히 다수는 지적 각성을 개종을 표현할 때의 언어로 묘사했다. "비로소 빛이 홍수처럼 쏟아져 들어오면서 모든 것이 선명해지던 기억이 난다." 카네기는 나중에 자서전에서 이렇게 설명했다. "나는 초자연적인 신비와 신학 이론에 대한 고민에서 벗어났을 뿐만 아니라 진화의 진리를 발견했다. '모든 것은 있는 그대로 괜찮다. 왜냐하면 부단히 나아지고 있기 때문이다.' 이것이 나의 신조가 되었다." 사후에 출간된 자서전이 제1차 세계대전이라는 무의미한 대학살 중에 쓰였다는 것을 고려해볼 때 믿기 힘들게도 카네기는 이어서 이렇게 단언했다. 인간은 "천성적으로 해로운 것, 즉 옳지 않은 모든 것을 거부하고, 시련을 거쳐 유익한 것, 즉 옳은 것을 흡수하는 유기체"다.[10]

'사회다윈주의'라는 말은 미국에서 알려지긴 했지만 유행하지는 못했는데, 그 이유는 섬너 같은 19세기 학자들이 자신들의 사회 이론이 객관적 과학의 한 분야라고 주장한 1세대 미국 지식인 및 교육자에 속했기 때문이다. 생물학적 진화와 사회 진보가 하나(다윈은 결코 품은 바 없는 견해인)라고 선언한 재계의 거물들에게 합류한 학계의 사회다윈주의자들은 자신들의 견해에 반대하는 것은 과학 자체에 반대하는 것이라고 주장했다. 사회과학이 자연과학만큼이나 객관적 관찰과 실험의 원리에 확고히 토대를 두었다는 새로운 사고는 사람들이 우생학과 사회다윈주의가 지적으로 존중할 만하다는 믿음을 갖는 데 이바지했다. 다윈의 자연선택에 의한 진화론을 온전히 받아들였지만 그것을 사회 영역으로 확장하는 것은 거부한 지식인은 극소수였으며, 시대에 역행하고 반과학적인 태도라고 자주 조롱당하고 비난받았다. 이 소수 엘리트 집단에 랠프 월도 에머슨과 윌리엄 제임스가 있었고, 두 사람 모두 사회과학이라는 새로운 세계가 아니라 인문학과 자연과학을 폭넓게 배우는 오랜 미국 전통에 속했다는 것은 특별한 의미가 있다.

사회다윈주의가 미국에서, 특히 지식인들에게 영향력을 미칠 수 있었던 대체적인 원인은 영국에서 태어난 철학자로 오늘날에는 거의 읽히지 않지만 19세기에는 지명도가 엄청났던 허버트 스펜서의 저작들 때문이다. '적자생존'이란 말을 만들어낸 사람은 다윈이 아니라 스펜서였다. 호프스태터가 "검소한 지식인이자 형이상학자, 스스럼없는 불가지론자이자 예언자"로 간명하게 묘사한 스펜서는 비근본주의적 신자들에게 호소력을 발휘하기도 했는데, 과학이 자연세계에 관해 아무리 많은 것을 드러낼지라도 과학자들은 "알 수 없는 것"(달리 말해 신)을 결코 이해할 수 없다고 단언했기 때문이다.[11] 이는 하느님도 다윈도 포기하고 싶지 않은, 신학적으로 자유주의적인 수백만 명의 신자들에게 더없는 탈출구였지만, 성경을 한낱 은유로 받아들일 수 없는 근본주의자들에겐 충분치 못했다. 스펜서가 총 6000여 쪽에 달하고 여러 권으로 된 《종합 철학 체계System of Synthetic Philosophy》를 출간할 수 있었던 것은 미국인들 덕분이었다. 카네기, 록펠러, 토머스 에디슨은 직접적으로 재정 후원을 했고, 수십 명의 저명한 뉴잉글랜드 지식인들은 그 두꺼운 책의 새로운 권이 나올 때마다 사전에 지지를 표했다. 오늘날로 치면 책 표지에 호의적인 평을 다는 것과 같은 마케팅 방식이었다. 일찍이 그런 지지를 보낸 이들 중 가장 유명한 이로는 역사학자 조지 밴크로프트, 식물학자 아사 그레이, 전 하버드대학 총장 재러드 스파크스, 시인 제임

반지성주의 시대

스 러셀 로웰(출판사라면 하나같이 찾고 싶을 지적 후원자들)이 있었다.

스펜서는 자유방임 경제학의 복음을, 사회에서 적자가 다윈의 자연선택과 같은 '사회적 선택' 과정을 통해 성공할 수 있도록 보장하는 유일한 길로 설파했고, 스펜서의 복음은 영국보다 미국에서 훨씬 더 수용적인 청중을 만났다. 사회적 선택의 보편 법칙에 관한 스펜서의 평범한 사색을 담은 첫 번째 책은 1858년, 즉 다윈의《종의 기원On the Origin of Species》보다 1년 일찍 출간되었다. 스펜서는 이 출간 순서를 끝도 없이 강조했다. 그렇지만 이 검소한 지식인이자 형이상학자는 즉시 다윈의 과학적 연구 조사를 자기 것으로 만들어 무제한적인 산업자본주의를 철학적으로 합리화하는 데 이용했다. 그는 자신이 보기에 사회적 선택의 장애물인 모든 정부 프로그램(공교육, 보건 법규, 관세, 심지어 우편제도까지)을 광적으로 반대했다. 이런 면에서 그는 자신을 숭배한 재계 거물들보다 일관적이었는데, 그 거대 기업가들은 대외 경쟁에서 자신의 제품을 보호해주는 관세의 혜택에 그저 흡족해할 뿐이었다. 도서관을 위해 낸 기부금으로 정부와 민간 자선사업 사이의 동반자 관계 모델을 만들어낸 카네기 같은 이들은 더는 성경을 문자적으로 받아들이듯이 스펜서의 주장을 받아들이지 않았다. 하지만 학계의 사회과학자들은 근본주의적 스펜서주의자가 되는 경향을 보였다.

감독교회에서 목사직을 받은 바 있는 윌리엄 섬너는 스펜서의 이론에도, 성서의 인간 저자들을 강조하는 새로운 성서 비평에도 영향을 받아 불가지론자로 진화했다. [역사학자] 찰스 비어드와 메리 비어드 부부에 따르면, 섬너는 수천 명의 예일대학생에게 "개인주의를 마치 정밀과학인 것처럼 가르쳤고, 젊은 공화당 지지자들에게조차 보호관세가 [사회다윈주의적 개인주의에서 - 원주] 결코 허용될 수 없는, 벗어난 것임을 확신시키고자 애썼다".[12] 섬너는 과학적 권위와 합리성의 아우라를 풍기며 사이비과학 이론들을 대중적인 출판물과 학술잡지에 실을 수 있었고, 그에 따라 당대의 가장 영향력 있는 학자 중 하나일 뿐 아니라 1980년대 초 이래 미국 사회에서 그와 유사한 영향력을 행사해온 우파 대중지식인들의 철학적 선조가 된다. 섬너의 신념은 오늘날 헤리티지재단과 전미기업연구소의 성명서에 딱 들어맞는다. 부자 증세를 반대하는 주장을 거듭 펼치며 섬너는 오늘날 낙수 효과로 불리는 것을 지지했다. "수백만의 사람들이 자신들의 작은 재산을 늘리도록 돕지 않는다면 누구도 백만장자가 될 수 없다." 그에 따르면 진보시대Progressive Era°의 개혁 법안들뿐 아니라 사회주의도 정치적 논쟁이 필요한 중요한 주제가 아니라 과학이 밝힌 생존의 자연 질서를 무너뜨리려는 시도에 불과했다.

섬너는 1904년 《콜리어스》에 실은 〈사회주의자에게 답하다〉에서 이런 철학을 상술하고 능력 이상으로 계몽주의를 비판했는데, 이 글은 사회 부조리를 폭로하는 소설가 업튼 싱클레어가 의류 공장의 노동 관행을 규제하는 법을 요구한 데 대한 대답이었다.

> 모두가 행복해야 하고, 남들만큼 똑같이 행복해야 한다는 관념은 200년간 인기를 누려온 철학이다. 자연권, 자유, 평등 등에 대한 옹졸한 요구들은 하나같이 이런 철학으로 가는 디딤돌일 뿐인데, 이는 사실 사람들이 바라는 바다. 인류사에서 줄곧 일부는 운이 좋았고 일부는 운이 나빴다. 일부는 생의 불운으로

° 1890년대에서 1920년대 사이, 자본주의의 병폐와 정치 부패를 해결하기 위해 민주주의, 공공성, 복지, 규제 등의 강화를 시도한 시기.

기쁨과 힘을 빼앗겼지만 운 좋은 이들은 생이 얼마나 찬란한지 보여주고 더없는 행복의 꿈 같은 본보기가 되어 실패하고 힘들게 사는 이들의 부러움을 샀다. 그래서 사람들은 보편적 지복에 관한 철학 이론을 만들었다. 그들이 우리에게 이야기하는 바에 따르면 만인에겐 행복하고, 편안하고, 건강하고, 성공하며, 지식, 가족, 정치권력, 그리고 누구든지 가질 수 있는 최상의 것들 전부를 가질 자연권이 있다. …… 그러니 우리는 모두 똑같아야 한다고 그들은 말한다. 그런 주장은 행운을 없앤다. …… 불운한 사람들은 운 좋은 사람들을 무너뜨릴 것이다. 바로 그것이 평등이 의미하는 바의 전부다.[13]

(이것은 독립선언문 저자들을 오도한 주장이다!)

스펜서는 "알 수 없는 것"을 믿을 여지를 남겨두어서 신학적으로 자유주의적인 이들에게 열렬히 받아들여졌지만 경제적으로 보수적인 개신교 지식인들에겐 불가지론자로 간주되었다. 브루클린의 영향력 있는 플리머스회중교회 목사이자 전국에서 가장 유명한 성직자였던 헨리 워드 비처는 도금시대의 심각한 경제 불평등이 자연선택뿐 아니라 성경의 명령에 따른 것이라고 주장했다. 창조 이야기와 관련해서는 성경을 은유적으로 봐야 한다고 주장한 신학자로서는 이상한 입장 전환이었다. 그에 따르면 가난한 사람이 가난한 이유는 하느님이 미리 정했기 때문이고, 자연계의 생존경쟁에 관한 다윈의 연구 결과들은 인간은 사회에서 생존을 위해 경쟁하는 게 마땅하다는 하느님 뜻의 과학적 "증거"였다. 빈민은 무능하고, 또 노조와 사회주의, 공산주의는 유럽에서 자란 악으로서 미국적이지 않다는 비처의 설교들을 읽어보면 깜짝 놀랄 정도다. 1877년 비처는 한 설교에서 《뉴욕타임스》에 쓴 글 그대로 이렇게 읊조리듯 말했다. "위대한 자는 위대해지고, 하찮은 자는 하찮게 되는 것은 하느님의 뜻입니다. …… 일하는 사람에게 하루 1달러 주는 게 충분하다고 말하는 게 결코 아닙니다. 한 사람이 살아가는 데 그거면 충분하다는 거지요!" "정부가 가부장으로서 국민의 복지를 돌보고 일자리를 제공해야 한다는" 유럽식 관념들은 "미국적이지 않습니다". 장황한 설교의 마지막 부분에서 비처는 외쳤다. "풍요에서 빈곤으로 추락한 이들은 투덜대지 말고 현재 상태에 굴하지 말고 견뎌내야 합니다. 그리고 자신이 인간임을 결코 잊어서는 안 됩니다. 굶어 죽더라도 말입니다. 인디언은 비록 미개하지만 불에 몸이 닿아도 움찔도 하지 않았습니다. 불운과 대결하는 남자다운 방법은 용감하게 가난의 바닥으로 내려가는 것입니다."[14]

가난은 불운이었지만, 비처로서는 용감한 자세로든 그렇지 않은 자세로든 해결할 필요가 없는 불운이었다. 1875년 한때 친구였던 교구민 시어도어 틸턴이 그를 아내와의 간통 혐의로 고소했다. 하지만 재판은 (의견이 엇갈려 판결을 못 내리는) 불일치 배심으로 끝났고, 비처는 브루클린에서 설교단을 잃지 않았을뿐더러 스캔들에 뒤따른 명성 덕분에 순회강연에서 훨씬 많은 강연료를 받게 되었다. 이후 10년간 비처는 신학적으로 자유주의적인 개신교도들에게 제일원인으로서의 하느님에 대한 믿음이 진화의 구체적 내용과 조화할 수 있음을 다른 어떤 성직자보다도 잘 설득시켰고, 또한 자연계에서 특정 종들의 생존이 그들의 적응도를 입증하듯이 부의 축적도 사회에서 부자의 훨씬 큰 '적응도'를(그리고 세계 질서에서 부유한 사회의 훨씬 큰 적응도) 입증한다고 강하게 주장했다.

다윈은 결코 그런 말을 하지 않았다. 그는 《인간의 유래The Descent

of Man》에서 인간이 자연 상태에서 문명 상태로 바뀌면 환경요인과 도덕적 사안이 자연선택에 우선하게 된다고 분명하게 말했다. "의지할 데 없는 사람에게 제공해야 된다고 생각되는 도움은 주로 본능적인 동정심의 부수적 결과다. 그것은 원래 사회적 본능의 일부로 획득되었다. 그러나 앞에서 지적한 대로 더욱 섬세해지고 더욱 널리 퍼지게 되었다. 확실한 이유가 있을 때에도, 우리 본성의 고결한 부분이 악화되지 않는 한 동정심은 저지되지 않았다. …… 그러나 만약 우리가 약하고 의지할 데 없는 사람을 의도적으로 무시한다면 어느 정도의 이익이 있을지 몰라도 극도의 죄악도 함께 존재할 것이다."[15]

또한 사회다윈주의적 사이비과학의 발흥과, 에머슨의 이상이었던 민주적 개성이 의기양양한 "단호한 개인주의"(21세기까지 버텨온 또 하나의 주문)로 대체된 것 사이에 밀접한 관련이 있었다. 건국 세대에 관해 말하자면 에머슨에겐 정치적 평등과 개성 사이에 갈등이 없었다. 즉 인간은 인류이자 시민으로서 평등한데 "개인은 대표자를 통해 자기 고유의 자리를 갖고 있고, 그의 자연권은 자신의 특정한 잠재력을 온전히 계발할 기회를 가질 권리이기 때문이다. …… 만인의 평등은 모두가 똑같다거나 이해와 능력이 동일하다는 의미가 아니라 모두가 세계에서 동일하게 중요하다는 의미다."[16] 그러나 흔히 형용사 '단호한rugged'과 함께 쓰인 개인주의라는 도금시대의 관념은 의미가 전혀 달랐다. 즉 그것이 시사하는 바에 따르면 개인들은 상이한 능력을 타고나는데 그런 상이한 능력은 사회적 세계에서 타인보다 훨씬 가치 있는 인간들이 존재함을 증명한다.

자연선택과 사회적 선택의 동일시는 세기의 전환기 무렵 진보시대가 시작될 때까지 사실상 저명한 지식인들의 도전을 받지 않았다. 가장 주목할 만한 예외적 인물은 윌리엄 제임스로, 그는 당대의 대다수 학자와 달리 스펜서 식 사회다원주의의 핵심이 정크과학임을 간파했다. 철학자이자 자연주의자이며 의학을 전공하기도 한 제임스는 과학적 관점과 형이상학적 관점에서 자연선택과 사회적 선택 사이의 혼란을 다루었다. 1842년에 태어난 그는 《종의 기원》 출간 이후 첫 세대였고, 그의 지적 영향력이 정점에 이르렀을 때 스펜서를 향한 미국인의 열광 또한 극에 달해 있었다. 사회다원주의가 단호한 개인주의에 대한 당대인들의 숭배에는 딱 들어맞지만 그 철학은 **개인들**에는 전혀 관심이 없다고 주장한 이가 바로 제임스였다. 훨씬 중요한 것은 제임스가 사회다원주의를 부실한 과학이 아니라 비과학으로 규정했다는 것이다.

1880년 하버드대학 자연사협회 강연에서, 제임스는 스펜서가 자연의 변화에 관한 다윈의 탁월한 통찰을 사회의 모든 변화를 설명하는 핵심 원인으로 전용했다는 점에서 사실 점쟁이만큼이나 비논리적이라고 주장했다. 제임스는 이렇게 역설했다. "우리가 이 방식을 따른다면, 현관 계단 빙판에서 미끄러져 두개골에 금이 간 친구가 자신을 포함해 〔불길한 숫자인〕 열세 사람과 저녁 식사 자리를 가지고 몇 달 뒤에 죽었는데, 그 원인을 불길한 만찬 때문으로 보는 게 더없이 타당할 것입니다." 그는 이어 말했다. 빙판에 미끄러진 것은 미리 결정된 것이라고 주장해도 "논리적으로 더없이 타당할" 것이다.

저는 이렇게 말하겠습니다. "과학에 우연이란 없습니다. 세계의 전체 역사가 수렴되어 그 미끄러짐을 낳은 것입니다. 뭐가 하나 빠졌다면 그때 그곳에서 그는 결코 미끄러지지 않았을 겁니다. 이를 부정하는 것은 우주 전체의 인과관계를 부정하는 겁니다. 죽음의 진짜 원인은 미끄러짐이 아니라, 그리고 여섯 달 전에 자신을 포함해 열세 명이 식사를 한 일도 아니라, **그 미끄러짐을 유발한 조건들**입니다. **그것이** 그가 그해에 죽은 진정한 원인입니다."

증명할 수 없는 이론, 일원론, 형이상학적 이론, 사회 이론에서 증거에 기초한 진정한 과학을 전용하는 것을 반박하는 주장 가운데 이보다 설득력 있는 주장은 전무후무하다. 강연의 훌륭한 결론 부분에서 제임스는 사회 이론과 과학 이론을 분명히 구별했다.

명백한 사실은 "진화 철학"이 (구체적인 변화 사례에 관한 우리의 특별한 정보와 구별되는) 형이상학적 신조일 뿐이라는 것입니다. 그것은 체계적 사상이 아니라 사색적 풍조, 정서적 태도입니다. 그것은 세계만큼이나 오래됐고, 그 풍조가 구체적으로 드러난 것(스펜서 식 철학 같은)을 반박하는 어떤 주장으로도 결코 불식할 수 없을 풍조이고, 또한 모든 사람을 직관하는 숙명론적 범신론의 풍조로 과거에도 있었고 현재도 있으며 앞으로도 있을, 그 자궁으로부터 모든 것 하나하나가 발생하는 풍조입니다. 여기서 이처럼 너무도 진부하고 거창한 세계관에 대해 경멸할 생각은 조금도 없습니다. 우리가 현재 과학적 발견이라고 부르는 것은 그런 풍조를 낳은 것과 아무런 관련이 없지만, 사람들이 그런 풍조를 단념할 거라고 쉽게 예측할 수도 없습니다. …… 하지만 그 형이상학적 신조의 진실이 틀렸음을 입증할 수 없는 평자는 적어도 그것이 "과학적" 깃털로 변장하는 데 반대하는 목소리를 높일 수 있습니다. …… 사회 진보와 지적 진보에 관한 스펜서 식 "철학"은 다윈 이전의 사고방식으로 되돌아가는 시대착오적 태도입니다. 그러니까 "힘"에 관한 스펜서 식 철학이, 물리학자들이 고뇌로 알아낸 에너지와 위치에너지, 가속도, 일, 힘, 질량 등의 구별들을 없애서 우리를 갈릴레이 이전 시대로 데려가듯이 말입니다.[17]

자연과학자 훈련과 철학자 훈련 둘 다를 받은 사람만이 그 같은 진화를 둘러싼 문화 전쟁의 초기 단계에서, 새로운 사실이 발견되면 수정되는 과학 이론과는 전혀 다른, 불편한 사실을 무시하는 형이상학적 이론들의 장광설의 오만을 알아챌 수 있었을 것이다. 사회다윈주의를 비판한 제임스의 핵심 주장은 그것이 당대 사회정책에 미친 영향보다는 그 비논리에 중점을 두었기에(물론 전자도 문제가 심각했지만) 그의 주장에는 시대를 초월하는 특성이 있다. 스펜서의 주장은 20세기 초 '과학적 공산주의'에 대한 환상이나 미국에서 1950년대에 정점에 이른 프로이트 정신분석의 과학적 기초에 대한 종교에 가까운 믿음과 똑같이 관련이 있었을 것이다.■ 또한 그것은 오늘날의 지적 설계론이나, 현대의 후기산업자본주의를 (옛 사회다윈주의자들이 산업자본주의를 치켜세웠듯이) 불변의 자연법칙에 좌우되는 체계로 치켜세우는 재포장된 사회다윈주의에도 쓰일 수 있을 것이다.

■ 미국에서는 프로이트의 연구가 사실상 알려져 있지 않을 때 그것에 매우 큰 관심이 있었던 제임스는 1909년 클라크대학에서 강연을 하기 위해 온 프로이트와 카를 융을 환영했다. 그러나 그때 제임스는 두 사람의 이데올로기적 경직성에 대해 평했고 그 경직성을 "고정관념에 사로잡혀" 있는 경향으로 묘사했다.

제임스가 스펜서 식 사고의 비과학적인 심리학적·정서적 토대들을 드러냈듯이, 소스타인 베블런(예일대학의 섬너 밑에서 공부했지만 스승이 설파한 것과는 판이한 결론에 도달한)도 사회다윈주의가 과학이라는 주장의 경제적 근거를 무너뜨렸다. 그는《유한계급론The Theory of the Leisure Class》(1899)에서 미래 세대에 "과시적 소비conspicuous consumption"라는 예리한 어구뿐 아니라 부와 소득의 거대한 격차가 자연에서의 힘과 비슷한 힘의 결과라는 관념에 대한 통렬한 비판도 남겼다. 베블런에게 사회에서 가장 혜택받은 이들(과시적 소비로 자신의 성공을 지속적으로 알리는 유한계급이 될 정도로 충분히 부유한 이들)이란 사실 자연선택의 적인데, 그 계급은 "본성상 사회의 진보 혹은 발전이라 할 수 있는 환경 변화에의 적응을 되도록 지연시키려고 한다". 유한계급은 카네기의 선언대로 "현재 존재하는 것은 무엇이 되었든 옳은 것이다"라고 추측하지만, 〔인간이 만든 제도에 적용되는〕 자연선택의 법칙은 그와 정반대의 격언("현재 존재하는 것은 무엇이 되었든 그른 것이다.")을 내놓는다고 베블런은 주장했다. 베블런의 관점에서 제도의 운영은 어느 시대에서긴 늘 사회적 긴급 상황에 뒤처진다. 그리고 19세기처럼 급변하는 시기에는 사회적 필요와 그 필요를 채울 제도적 역량 사이의 격차가 커진다.

> 그런 측면은 과거 발전의 어떤 시점에서 주도적 상황에 적응하여 재조정된 생활양식이 부적절했음을 보여주는 것이다. …… 따라서 그런 잘못된 측면은 과거의 상황과 현재의 상황 사이에는 그저 시간만 무심하게 흘러간 것이 아니라 시간의 구체적 작용이 있었음을 보여준다. …… 유한계급이라는 제도는 계급의 이해관계와 본능, 그 원칙과 규범적 모범 등으로 인해 현

재 잘 진행되지 않는 사회제도의 개선을 항구적 현상으로 만들기를 원하며, 심지어 다소 태곳적인 생활양식으로 회귀하는 것을 선호하기까지 한다. 그 태곳적 생활양식은 현대 생활의 요구 상황에 적응할 수 있는 잠재력이 별로 없다. 유한계급의 그런 생활양식은, 현재 우리가 직접 세대로부터 물려받았으나 시대에 뒤떨어진 생활양식보다 훨씬 더 낙후된 양식이다.[18]

윌리엄 섬너와 달리 베블런은《콜리어스》로부터 원고 청탁을 받지 못했다.

세기의 전환기에서 미국이 제1차 세계대전에 참전하기까지 일부 지식인은 진정한 사회과학(직접 관찰과 대규모 통계 연구에 기초한)에 의지해 사이비 사회과학에 도전했다. 이들 중 하나는 부당하게도 잊힌 혁신적 사회주의 사상가 윌리엄 잉글리시 월링으로, 그는 시카고대학과 하버드대학에서 수학한 뒤 시카고의 제인 애덤스 헐하우스°에서 일하고 일리노이주의 근로감독관으로 근무한 바 있다. 《사회주의의 광범위한 양상들The Larger Aspects of Socialism》(1913)에서 월링은 우생학의 전제에 도전하는 새로운 인류학 증거를 특별히 강조했다. 컬럼비아대학의 선구적 인류학자 프랜츠 보애스의 동시대 연구를 언급하면서 월링은 미국에 갓 이주해 온 모든 이(동유럽 유대인, 시칠리아인, 보헤미아인, 헝가리인, 스코틀랜드인을 포함해)가 양질의 식사 덕분에 한 세대 만에 신장과 몸무게가 증가했다고 지적했다. 또한 "보애스의 이런 획기적인 보고는 이 나라에 온 이민자들이 몇 년 사

° 사회복지의 어머니로 불리는 미국의 사회운동가 제인 애덤스가 세운, 사회복지관의 효시에 해당하는 기관.

이에 낳은 아이들조차 조상들과 본질적으로 다름을 보여준다"고 말했다.

월링은 좌파 지식인들을 제외한 누군가의 주목을 받았더라면 적어도 일부 반지성주의적 근본주의자들이 진화에 관한 견해를 누그러뜨리도록 설득할 수도 있었을 주장에 전념했다. 월링은 이렇게 주장했다. "인간의 의무는 진화가 무언가를 어떻게 만들어내는가를 연구하는 것이 아니라 진화를 이루어내는 것이다." 스펜서가 자연선택을 효율적 기제로 칭송한 반면, 월링은 그것을 (오늘날 진화학자들이 말하듯) 매우 비효율적인 것으로 묘사했다. 월링은 독자들에게 상기시켰다. "다윈에 따르면 자연은 모든 가능한 실험을 종이 멸종할 때까지, 가능한 한 길게 하려 한다. …… 과학 실험은 다윈의 우연적 변이처럼 우연의 법칙에 좌우되는 게 아니라, 우연의 요소를 최소한으로 줄인다. 인간은 자연이 1만 년 동안 우연히 하는 많은 중대한 실험을 단 1년 동안 1만 번 한다."[19]

사회다윈주의에 대한 그런 지적인 비판들이 세기의 전환기 무렵에 미국 중산층에게 영향을 미쳤다는 증거는 전혀 없다. 문화 전쟁 초반에 진화론에 반대하는 편에 선 미국인에게 다윈의 진화론은 보수적인 사회과학자들이 왜곡한 진화론과 구별하기 어려운 것이었고, 그들에게 종교(근본주의와 사회복음이 결합된)는 신을 믿지 않는 과학과 신을 믿지 않는 사이비과학과 맞서 싸우는 전쟁에서 사용하는 무기였다. 진화론 반대와 경제적 포퓰리즘의 투사 브라이언은 스펜서의 글 혹은 스펜서에 대한 지적 비판의 글을 전혀 읽지 않은 것 같다. 다윈의 책조차 읽지 않은 게 분명해 보인다. 1925년 스콥스 재판에서 브라이언은 다윈이 아니라, 각 종의 개체 수를 추산하고자 만든 '계통수'가 들어간, 완성도가 떨어지는 1914년 고등학교 생물학 교과서(조지 헌터가 쓴 《시민의 생물학Civic Biology》)를 인용했다. 그 교과서는 또한 사회다윈주의적 우생학으로 가득 차 있었지만 브라이언은 그것을 전혀 언급하지 않았다. 심지어 저자가 정신질환자를 "전적으로 기생충 같은 인간"으로 묘사하고 "그런 사람들이 열등한 동물이라면 우리는 그들이 확산되지 못하도록 죽여야 할 것이다"라고 덧붙였는데도 말이다. 이런 생각은 교실에서 금지되어야 했지만, 대중이 부른 별칭이 시사하듯 '원숭이 재판'은 문자적 성경 해석과 인간이 열등한 생명에서 유래했다는 생각 사이의 충돌 위주로만 돌아갔다.

역사학자 마이클 케이진이 시사하듯, 단순히 브라이언은 부적응자들이 자식을 낳지 못하도록 사회가 조치를 취해야 한다는 도발적 내용이 담긴 쪽들을 읽지 못했을 것이다. 또 다른 그럴듯한 설명은 브라이언이 사회다윈주의와 다윈의 진화론을 너무 혼동한 나머지 둘을 전혀 구별하지 못했고 배심원단 및 방청객들이 자신의 가정들을 당연히 공유하리라고 생각했다는 것이다.[20] 섬너 같은 보수 지식인들은 다윈의 사상을, 모든 사회 개혁에 반대하는 주장으로 왜곡했다. 즉 잔혹한 생존 투쟁이 자연 상태뿐 아니라 문명 상태의 인간 생활도 특징짓는다면, 그런 잔혹한 투쟁에서 (다른 이들과 마찬가지로 자기 생존을 위해 사력을 다하는) 동일한 인간 행위자가 착수하는 어떤 개혁 시도도 반드시 망한다는 것이었다. 하지만 그런 주장에 브라이언 같은 기독교 포퓰리스트는 '아니요'라고만 답할 수 있었다. 그는 적자생존(그는 이 말이 문명화된 인간의 마땅한 행위에 관한 다윈의 견해와 아무런 관련이 없음을 전혀 몰랐던 것 같다)을 "강한 무리가 약한 무리를 추방하고 대대적으로 학살하는 무자비한 법칙"으로 묘사했다.[21]

브라이언처럼 편협한 교육을 받은 누군가가 다윈의 자연선택 이

론과 사회적 선택에 관한 스펜서의 생각을 혼동하는 것은 놀랄 일
이 아닌데, 스펜서의 사이비과학의 영향력이 고등교육을 받은 이들
(사회다윈주의를 거부한 이들 일부를 포함해)조차 같은 실수를 저지를 정
도로 대단했기 때문이다. 다윈, 헉슬리, 스펜서의 저작들에 매우 정
통한 시어도어 루스벨트는 1912년 전미역사학회 강연에서 대중이
"진화론"과 "자연선택론"을 혼동하는 것에 유감을 드러냈다.[22] 루스
벨트가 진짜로 말하려 했던 것은 대중이 다윈의 이론과 스펜서의
사회적 선택을 혼동한다는 것이었다. 정부 활동과 진보시대의 개혁
을 강력하게 지지한 루스벨트는 자연의 진화는 수용했지만 '적자생
존'을 사회에 적용하는 것은 거부했다. 그런데 유명한 자연주의자
이자 역사 전공자인 루스벨트가 역사학 교수들 앞에서 그렇게 부정
확하게 말했다는 것은 사회다윈주의를 반대하는 이들 가운데서조
차 스펜서 식 개념이 만연했음을 증명한다.

　미국의 사이비과학, 반합리주의, 반지성주의의 역사에서 사회다
윈주의의 중요성은 여러 이유 때문에 과소평가되어왔는데, 특히 사
회다윈주의라는 상층에 만연한 지적 이데올로기가 미국에서 한창
인기 있을 때 결코 그 이름으로 불리지 않았기 때문이다. 가령 이름
도 있고, 볼셰비키혁명 이후 모스크바에 본거지도 두게 된 공산주
의와 달리 사회다윈주의는 윌리엄 제임스가 시사했듯(그도 그 용어를
결코 쓰지 않았지만) 과학의 깃털로 변장한 형이상학적 신조였다. 무
정형의 과학적 아우라에 둘러싸인 이름 없는 철학은 상이한 시대에
새로운 청중을 위해 재포장하는 데, 명확하게 정의된 이데올로기보
다 훨씬 적합하다.
　사이비과학적인 생각들은 본래의 유형은 잊혔지만 사라지지는

않았는데, 19세기 말에 최악의 유형이 나타나 현재까지도 미국에서 새로운 이름들로 시장에 나오고 있다. 사회다윈주의는 결코 죽지 않았다. 즉 제2차 세계대전까지는 우생학의 보루로, 또 진력나는 20세기 중반에는 에인 랜드의 '객관주의objectivist' 철학으로, 그리고 최근에는 정치적 견해가 아니라 객관적 사실의 종합으로서 제시되는 시장경제 숭배로 모습을 드러냈다. 사회다윈주의라는 일반 범주에 포함되는 모든 이론은 랜드의 《파운틴헤드The Fountainhead》(1943)의 주인공이 한 불멸의 발언으로 요약될 것이다. "인간이 서로에게 할 수 있는 유일하게 좋은 것, 그리고 적절한 관계에 대한 유일한 표현은 이렇다—'간섭하지 마!'" 랜드는 무신론자였지만 미국인은 그녀의 사회다윈주의를 신앙의 언어로 바꿔냈다. 즉 최근 여론조사에 따르면 대다수가 "하늘God은 스스로 돕는 자를 돕는다"를 성경 구절로 오인하고 있다.[23]

미국인의 사고에서 지성주의가 자유주의, 특히 경제적 자유주의와 항상 같은 의미를 지닌 것은 아니었음을 상기할 필요가 있다. 진화론과 성서문자주의 사이의 화해할 수 없는 갈등은 창세기의 창조 이야기의 모든 부분에 이의를 제기하는 지식인과 과학자를 향해 근본주의자들이 영원한 적의를 품도록 하기에 충분했을 것이다. 그런데 너무도 많은 저명한 지식인들이 다윈의 진화론을 모든 사회 개혁에 반대하는 주장으로 사용한 적이 있다는 사실은 포퓰리즘적 근본주의자들이 진화론뿐 아니라 그것의 가장 열렬한 지지자로 보이는 부유한 지식인들도 거부하는 또 다른 이유가 되었다. 브라이언이 1896년 '황금 십자가' 연설°을 했을 때, 20세기에는 그와 종교적 믿음이 같은 미국인 다수가 부자들의 이익을 지키는 정당을 지지하게 된다는 것을, 그리고 기독교인들이 기꺼이 이웃을 돕도록 고무한 사회복음이, 주님은 스스로 돕는 자를 돕는다는 확신(그리고 성경도 그렇게 이야기한다는 확신)으로 바뀌게 된다는 것을 미리 알았다면, 그는 분명 깜짝 놀랐을 것이다.

정치적 입장 전환과는 관계없이, 미국의 반지성주의와 반합리주의의 두 가지 중대한 구성 요소는 1890년대 이래 대체로 변하지 않았다. 하나는 지성주의와 세속의 고등교육이 신앙의 완강한 적이라는, 유의미한 소수집단에 대해 미국인이 갖고 있는 믿음이다. 다른 하나는 사이비과학이라는 독소로, 좌파건 우파건 미국인이 증거에 기초한 이의에 귀 기울이지 않고 자신의 사회 이론을 고수하는 수단으로서 계속 흡입하고 있다.

● 민주당 전당대회에서 그는 디플레이션으로 고통받던 농민과 채무자를 대변하며 인류를 황금 십자가에 못 박아서는 안 된다는 발언으로 금본위제를 비판했다.

4장

**빨갱이,
좌경분자,
동조자**

사회다원주의라는 사이비과학이 19세기 미국 지식인 다수를 사로잡았듯이 공산주의에 관한 사회적 사이비과학도 양차 대전 사이에 20세기 미국 지식인들을 강력하게 끌어당겼다.[■] 사회다원주의와 달리 공산주의는 대다수 보통 시민에게 반미 철학으로 간주되었는데, 주된 이유는 세계 최초의 표면적으로는 공산주의 국가인 소련이 초강대국이자 미국의 주요 경쟁자가 되었기 때문이다. 그런데 본래 구좌파가 마르크스 이데올로기에 끌리면서 생긴 지식인들에 대한 의심은 공산주의 자체보다도 오래 계속되어왔다. 오늘날조차, 공산주의 체제에 관한 **사상**이 (그 사상의 본국인 소련이 해체된 지 25년도 더 되었고 마르크스주의가 한때 서구에서 사람들을 전향시키는 매력을 발휘한 지도 훨씬 오래된 시점에서) 미국에서 다양한 종류의 자유주의와 자유주의적 지성주의를 때려잡는 곤봉으로 계속 사용되는 것은 기이하다. 1994년 중간선거 일주일 전, 빌 클린턴 대통령의 첫 번째 임기 동안 공화당의 역사적인 양원 장악을 기획한 바 있는 뉴트 깅그리치는 공화당 로비스트들에게, 이기는 방법은 민주당 후보들을

■ 허버트 스펜서처럼 카를 마르크스도 다윈의 자연선택 이론을 사회적·경제적 이데올로기에 전용했다. 마르크스에게 자연에서의 생존 투쟁은 사회에서의 생존을 위한 계급 간 투쟁과 유사했다. 소비에트 권력은 끝없는 경제 실험, 농업 실험 실패로 그 사회적 사이비과학이 마르크스주의의 가장 교조적인 해석의 중심에 있음을 드러냈다(그것은 마르크스의 실제 생각과는 거의 관련이 없었다). 스탈린이 성별한 생물학자 트로핌 D. 리센코의 지도하에 소련공산당의 하수인들은 종의 유전자 구성이 정치체제의 변화로 달라질 수 있다고 주장했다. 말하자면 정치적 우생학 이론이었다. "접합체는 바보가 아니다"라는 단호한 선언으로 리센코는 멘델의 유전학도 무시하는 이전제에 기초해 일련의 처참한 농업 정책을 개시했다. 리센코의 사이비과학을 공개적으로 반대한 소비에트 과학자들은 일터에서 쫓겨났고 다수가 강제수용소에서 죽었다. 물론 리센코 추종자들은 자신들의 이론이 순수하고 객관적인 과학이라고 늘 주장했다(일련의 실험, 즉 실험실이 아니라 실제 농장에서 실제 동물과 농작물을 가지고 한 실험을 통해 자신들의 이론이 틀렸음이 입증되었을 때조차 말이다).

"스탈린의" 정책을 지지하고 "보통의" 미국적 가치들을 반대하는 자로 묘사하는 것이라고 조언했다.[1] 물론 깅그리치가 이런 현명한 조언을 했을 때 스탈린은 죽은 지 40년도 더 되었다. 그럼에도 존재하지 않는 정당의 "정당 노선"에 대한 관념(우파 세계에서 거듭해서 모습을 드러내는 생각)은 진보시대 이래 자유주의자들의 애국심에 의문을 제기하고 중도좌파 정치운동들 내부의 차이를 모호하게 하는 망령으로 여전히 손쉽게 이용되고 있다.

미국 대중이 지식인의 애국심에 의심을 품게 된 주요 사건은 제1차 세계대전 후 외국인 혐오적인 적색 공포증Red Scare 시기에 일어났는데, 당시 전국적으로 가장 유명한 정치적 급진주의자들 중 일부가 외국 태생이었다. 1918년 11월 11일, 제1차 세계대전 종전 협정이 프랑스 콩피에뉴 숲의 한 객차에서 조인되었다. 일주일 뒤 뉴욕시장은 1년 된 볼셰비키 정권을 상징하는 적기를 공공장소에서 내거는 것을 금지했다. 같은 달 볼셰비키를 몹시 싫어하는 미국 사회주의자들이 매디슨스퀘어가든에서 평화로운 집회를 벌였는데, 제대한 육군·해군 출신의 수백 명(좌파 내 정치적 차이에 무관심하고 무지한)이 그 건물을 급습하고 이들을 진압하기 위해 기마경찰대가 출동하면서 아수라장으로 변해버렸다. 빨갱이 사냥이 벌어진 것이다.
그것은 긴 심리적 변화 과정이었다. 즉 제1차 세계대전에 뒤이은 고립주의(국민 다수가 미국이 다른 세계를 책임지지도 않고 관여하지도 않던 무고한 시대로 돌아가기를 여전히 열망했던)에서 제2차 세계대전에서 추축국들에 승리하고 근래의 동맹이자 주요 경쟁자인 스탈린의 소련에 과하게 동조하는 듯한 시민에게 미국인이 등을 돌리게 되는, 제국의 지위를 수락한 승리주의로의 변화 과정이었다. 그런데 고립주의 경향 및 이민 배척주의 경향과 볼셰비즘이라는 외국 이데올로기에 대한 두려움이 결합된 첫 번째 적색 공포증 사건은 자유주의 지식인들의 정치적 견해가 가장 관대하게는 미국 생활양식의 적들에 대한 순진함(계란머리의 잘 속는 일반적 속성을 나타내는 또 하나의 태도)을 드러낸 것으로, 가장 가혹하게는 일종의 반역으로 간주되는, 보다 영속적인 대중의 사고방식이 형성되는 길을 닦았다. 지식인들('엘리트'로도 알려진)에게 깊은 의심을 품은 미국인의 비율은 일정하지 않다. 그렇지만 최근에 트럼프를 당선시킨 운동에서 보았듯이, 지식인에 대한 무능한 좌경분자(혹은 단순히 무능한 인간)라는 부정적 이미지는 특수한 사회적 긴장의 시기에 언제든 이용될 수 있다.

제1차 세계대전 동안, 미국 정부는 "미국의 정부 형태에 대해 불충하거나 …… 악의적이거나 모욕적인 어떤 언사도" 금하는 선동죄로 2000건 이상의 공소를 제기했다. 1919년 근면하고 야심적인 젊은 직원 존 에드거 후버가 작성한 명단을 이용해 법무부는 외국 태생의 급진 지식인 및 정치운동가를 표적으로 삼기 시작했다. 12월 20일 다양한 유형의 좌파 정치에 연루된 이민자 249명(다수는 미국에서 수십 년간 살았고 공산주의가 아니라 반마르크스주의적 무정부주의를 천명했다)이 대중 언론이 "붉은 노아의 방주Red Ark"라는 별칭을 붙인 배에 실려 소련으로 강제 추방되었다. 추방자의 다수는 제정러시아 제국의 영토에서 태어난 유대인이었다. 붉은 노아의 방주에 탄 이들 중 가장 알려진 이는 열정적 무정부주의자이자 페미니스트인 에마 골드먼(언론이 "레드 에마"라는 별칭을 붙인)으로, 1885년 열여섯 살 때 러시아에서 미국으로 이주해 온 그녀는 유럽의 사회 이론가들뿐 아니라 토머스 페인, 월트 휘트먼, 에머슨, 소로에 대해서도 교육받은 인물이었다. 그녀는 노동자들에게 일자리를 구할 수 없으면 〔상점에서 그냥) 빵을 가져가라고 촉구하는 연설을 한 뒤 투옥되었고, 1893년 뉴욕시 교도소 도서관에서 처음으로 미국 작가들의 책을 읽었다. 자코뱅파 공포정치 시기에 파리에 있었던 페인처럼 골드먼도 그 책들을 읽으며 혁명의 이상이 배반되었음을 알게 되었다. 소련으로의 추방은 레닌 치하, 전체주의가 싹트던 소련 정부에 대한 가장 이르고 가장 강력한 좌파적 비판 중 하나인《러시아에 대한 나의 환멸My Disillusionment in Russia》(1923)을 낳게 된다. 좌파 집단에서 국제적 명성이 있었던 골드먼은 1919년 소련 관리들에게 따뜻한 환영을 받았지만 이내 다른 추방자들이 군인들의 감시를 받고 "정치적 견해 때문에 미국에서 쫓겨났다가 이제는 혁명 러시아에서 다시 죄수가 됐음"을 알게 되었다.[2]

다시 미국으로 돌아가면, 1920년 말까지 6000명 이상의 공산주의자와 그 동조자들이 집과 일터에서 색출, 체포되었다. "싸우는 퀘이커교도"를 자칭한 법무부 장관 A. 미첼 파머°는 약간 들뜬 상태에서, 충직한 당원들이 전통적으로 새해를 축하하기 위해 모이는 1월 1일에 정당 사무실들에 대한 조직적 급습을 개시했다. 전국에서 가장 유명한 피고 측 변호사 클래런스 대로는 후에 그 시기를 "적어도 일시적으로나마 우리 공화국의 토대를 침식한 폭정, 야만, 전제정치의 시대"로 묘사한다.[3] 1920년 1월 20일에 설립된 미국시민자유연맹은 파머의 급습의 직접적 결과로 탄생했다.

첫 번째 적색 공포증은 꽤 빨리 시들해졌는데, 나라가 유례없이

° 평화주의를 주창하는 퀘이커교도 집안에서 태어난 파머는 후에 공산주의를 강력하게 탄압하는 호전주의자로 바뀌었는데, 자택 현관에서 일어난 폭탄 테러가 하나의 계기였다.

번영을 누리는 10년이 시작되었고 또 미국인이 급진주의자 사냥에 흥미를 잃었기 때문이다. 1924년 남유럽과 동유럽 출신 이민자들의 황금의 문Golden Door°° 통과를 막고자 고안된 새로운 이민 할당제가 시행되면서(1880년대부터 시작된 이민 배척주의자들의 꿈이 실현되면서) 빨갱이 반대운동은 사실상 종료되었다. 급진적 노동운동과 생경한 지적 철학을 외국인이 만들어내는 것이라면 외국인을 추방하는 게 분명 그 해결책일 터였다. 인종적 편견과 반볼셰비즘은 주로 동유럽과 러시아의 유대인들, 이탈리아인들을 겨냥한 이민 제한을 뒷받침하는 데 동시에 작용했고 이런 결과는 1930년대 나치로부터 피신한 유대인들에게 비극적인 영향을 미치게 된다.

제한적 이민 정책은 적색 공포증의 직접적이고 명백한 결과였다. 그리고 이보다 미묘하지만 똑같이 중요한 결과는 전에는 전통 종교와 세속화 세력 간의 국내 전투로 간주되던 미국의 문화 갈등에 반공산주의가 끼어든 것이었다. 진화론과의 전투에서 전통 종교의 적은 이제 스펜서의 사회다원주의에서 볼셰비즘으로 바뀌었다. 성서문자주의의 변호뿐 아니라 경제적 포퓰리즘으로도 유명한 윌리엄 제닝스 브라이언조차 다윈의 진화론을 무제한적 자본주의가 아니라 볼셰비즘과 관련짓기 시작했다. 1924년 그러니까 스콥스 재판이 있기 딱 1년 전, 브라이언은 "우리 학교에서 무엇을 가르쳐야 하는지 지시하고 그렇게 이 나라의 종교를 좌지우지하려는" 도당을 묘사하는 데 "소비에트 과학"이란 표현을 사용했다.[4]

20세기 미국 반지성주의의 지속적 요소 세 가지는 근본주의적 신앙과, 세계 최초 공산주의 국가와 그 나라가 공인한 무신론에 대

°° 이민자가 미국에 들어올 때 통과해야 하는 엘리스 섬의 별칭.

한 반대를 결합한 브라이언의 수사에서 추론할 수 있을 것이다. 첫째는 전문가("소련 사람"만이 아니라 "소비에트 과학"도)를 미국 정치체 내부의 이질적 유기체로 묘사하는 것이다. 다음으로 브라이언은 다수에게 자신의 견해를 강요하는, 분리된 계층으로서의 교육받은 소수집단에 대한 분개를 드러낸다. 마지막으로 이 분리된 계층을 종교의 적으로 간주한다. 항상 반대자들에게서 과학적인 것이 아니라 이데올로기적이고 형이상학적인 것으로 간주되어온 다윈의 진화론은 대다수 사람이 의지는 하지만 그들의 일은 이해할 수 없는 전문가들을 향한 막연한 분노를 야기했다(오늘날 의사에 대한 대중의 양가적 태도를 생각해보라). 그런데 진화론 반대론자들 또한 보통 사람보다 책을 많이 읽었다는 이유로 사회에 가장 바람직한 게 무엇인지 안다고 자부하는 이데올로기적 지식인들에 대한 더 깊고 더 분명한 분노를 야기했다. 대다수 미국인에겐 20세기 초에 증대하던 전문가로서 지식인의 중요성(특히 물리학과 기술 분야에서)이 정치적·사회적, 혹은 종교적 질문에 대한 지적인 권위로 바뀌지 못했다.

20세기 지식인들이 공산주의에 끌린 것은, 대개 일시적 관심이었다 할지라도, 진화론을 널리 알린 지식인들에 대한 근본주의자들의 반응과 비슷한 분노를 유발했다. 진화론이 종교적 신앙의 토대에 도전했다면 소비에트 공산주의는 미국인의 신념 자체의 보다 광범위한 경제적·정치적 토대에 도전했다. 그 도전은 번영의 1920년대에는 잠재적 힘이 거의 없었지만 1929년 (마르크스주의 지식인들뿐 아니라 국민 다수도 그들처럼 자본주의 종말의 시작으로 본) 주식시장이 대폭락하고 대공황이 시작되면서 현실적 위협 가능성이 훨씬 강해 보였다.

양차 대전 사이에 성년이 되어 정치적 좌파에 이끌린 지식인들에게 선택지는 뉴딜의 자유주의((당시 좌파적이라고 매도했던 우파의 수사와는 달리) 실은 1930년대 미국의 정치 스펙트럼에서 왼쪽이 아니라 정중앙에 위치했던)부터 뿌리가 유럽에 있거나 국내에서 파생된 다양한 종류의 사회주의들, 그리고 극소수에겐 모스크바가 자금을 지원한 미국공산당에 이르기까지 다양했다. 그런데 미국공산당에 실제로 가입한 지식인들의 경우 공산주의, 특히 스탈린의 소련에 동조하는 이들이 훨씬 많다는 것에는 의문의 여지가 없었다. 그들은 "동조자fellow traveler"로 알려졌는데, 이 말은 냉전 전까지는 미국에서 널리 사용되지 않았고 본래 러시아에서 공산당에 가입하지는 않았지만 볼셰비키를 대신해 문학 프로파간다에 적극 개입한 작가를 묘사하는 데 사용된 용어였다.■

1930년대는 이민 제한이 미국인에게 외국 철학의 바이러스에 대한 면역성을 키워주리라고 믿은 이들의 희망을 무너뜨렸다. 1930년대 내내, 미국 좌파의 지성주의와 정치적 급진주의는, 독일에서 제때 탈출한 뛰어난 유대인들 덕분에 크게 증가하긴 했지만, 점점 더 자생적으로 변한다. 이보다 더 이른 세대에 속하는 노동계급 이주민의 아이들은 미국 지성계에 오를 준비가 되어 있었다(비록 그들의 존재감이 전후에 더 큰 문화계에서 충분히 감지되지 않았지만 말이다). 양차 대전 사이에 성년이 된 가장 저명한 지식인들은 미국 태생이었고, 자신의 책 표지에 "미국산"임을 밝혀야 했다. "나는 시카고 태생의 미국인이다." 솔 벨로의 《오기 마치의 모험The Adventures of Augie March》

■ '동조자'는 소비에트 초반에 러시아어(poputchik)로는 경멸적 의미가 아니었지만 제2차 세계대전 이후 미국에서는 항상 경멸적 의미로 사용되었다. 볼셰비키는 1920년대에는 동조자들이 필요했지만 숙청의 1930년대에는 전폭적으로 지지하는 동조자들을 제외하고 대다수를 제거했다.

(1953)의 유명한 첫 문장은 유대계 미국 지식인 세대 전체(정치적 견해와 상관없이)의 작품들을 위한 제사題詞였을 것이다.

상상력을 발휘해 과거를 되돌아보기 위해서는 1930년대에 그토록 많은 미국 지식인이 왜 스탈린의 소련의 본질뿐 아니라 마르크스주의 혁명이 미국에서 자본주의를 장악하고 일소할 가능성에도 그렇게 오래 망상을 품었는지를 이해해야 한다. 뉴딜이 미국인에게 자본주의가 스스로 개혁하리라는 희망을 불어넣기 전인 1930년대 초반의 공황 상태와 경제적 절박함을 고려해보면 공산주의에 대한 끌림은 분명 쉽게 이해가 간다. 하지만 지적 능력을 갖춘 시민들(지성인이든 아니든)이 왜 1936년 대선 이후에도 미국인이 정부 형태의 급진적 변화를 선뜻 받아들이리라고 계속 믿을 수 있었는지는 이해하기 쉽지 않다. 국가가 여전히 암울한 경제적 곤궁에 빠져 있던 1936년, 미국인은 프랭클린 D. 루스벨트를 압도적 지지로 재선시켰다. 아주 작은 미국공산당은 유권자에게서 받은 표가 0.3퍼센트에서 0.2퍼센트로 하락했고, 늘 미국공산당보다 훨씬 강했던 미국사회당은 2.2퍼센트에서 0.4퍼센트로 하락했다. 대다수 시민이 (정치 스펙트럼에서 극좌에 위치해 있든, 여전히 개인적으로 경제적 곤란에 처해 있든) 뉴딜에서 용기와 희망을 얻었다는 것은 분명해 보인다.

반면 지식인들은 대공황 초기 몇 년보다 1930년대 중반에 공산주의에 훨씬 매혹되었다. 이는 전적인 이유는 아니지만, 유럽에서 부상하는 파시즘에 대해 다른 미국인들보다 훨씬 염려했기 때문이다. 미국공산당 당원 수는 인민전선으로 알려진 시기인 1935년에서 1939년 사이 꾸준히 증가해 약 7만 5000명에 이르렀다. 그동안 소련은 표면상으로는 파시즘을 막자는 공동의 대의를 위해 비공산주의적 좌파 운동들에 대한 반대를 중단했고, 미국공산당은 지식인들뿐 아니라 특정 노조의 공산주의 동조자들도 끌어들였다. 미국인 다수가 나치즘의 위협을 과소평가하고 대다수가 열렬한 고립주의자였던 시기에 인민전선의 이상은 히틀러(스탈린은 아니었다)를 악한 피조물로 본 좌파 지식인들에게 엄청난 호소력을 발휘했다. 물론 압도적 다수는 미국공산당에 결코 가입하지 않았고, 조직 참여나 소비에트가 후원하는 대의(가장 긴급하고 주의를 끄는 사안인 나치즘 반대)에 동조하는 문학적 노력이 지식인들의 일반적인 동조 유형이었다.

이때는 공산주의자와 반공산주의 자유주의자가 뚜렷하게 분열하기 시작한 시기이기도 했는데, 후자 집단에는 진보적 교육학자 존 듀이와 한때 마르크스주의자였고 1932년 대선에서 미국공산당 후보를 지지한 바 있는 철학자 시드니 훅같이 매우 상이한 인물들이 있었다. 공산주의에 동조한 개인사에도 불구하고 듀이와 훅 같은 지식인들은 스탈린이 옛 볼셰비키들을 차례차례 배반자로 낙인찍고 1937년과 1938년 대숙청 재판에서 실세 적과 상상의 적 모두를 처리할 때 속지 않았다. 스탈린 식의 공산주의에 기웃거리지 않은 보다 젊은 좌파도 있었다. 반스탈린주의 좌파 햇병아리 병사의 모습을 가장 잘 묘사한 것은 1936년부터 1940년까지 뉴욕시립대학에서 이뤄진 감상적인 정치 교육에 대한 어빙 하우와 어빙 크리스톨의 회고록에서 찾아볼 수 있다.[5] 하우와 크리스톨은 당시에는 같은 편이었지만, 1970년대에 크리스톨은 가장 강경한 신보수주의자가 되고, 하우는 젊은 시절의 민주사회주의적 이상들을 순진한 비현실적 생각으로 치부하지 않고 상당 기간 충실히 유지한다.

반스탈린주의자들은 뉴욕시립대학 구내식당 1번 방에서 장시간

열변을 토했고 스탈린주의자들은 2번 방에서 의견을 발표했는데, 2번 방에 들락거리던 사람들 중에는 후에 원자폭탄 설계 기밀을 유출한 간첩 혐의로 사형당할 운명인 줄리어스 로젠버그도 있었다. 민주사회주의자에 적합해 보이는 하우의 묘사를 읽어보면 1번 방은 꽤 유쾌한 토론장으로 느껴진다.

> 암갈색의 어두운 1번 방에 낮이든 밤이든 아무 때나 들어가면 프랑스의 인민전선, 미국의 뉴딜, 스페인 내전, 소련의 5개년 계획, 영구혁명론, 그리고 "마르크스가 정말로 의도한 바"에 관한 편리한 주장을 만날 수 있었다. …… 이지 쿠글러는 방대한 지식을 갖고 있는 친구였다. 이지는 우리가 꾀어 1번 방으로 데려온 스탈린주의자 녀석과 영국 제국주의를 두고 언쟁을 벌였는데 그 자리에서 관련 수치들을 그에게 퍼부었다. 그 가련한 친구가 못 믿겠다고 하자 이지는 직접 "찾아보라"며 도서관을 가리켰다. 사실의 승리였다. 그런데 이지가 정말 사실로 공격했던 것일까? 내가 그 통계 수치들에 관해 묻자 그는 매력적인 미소를 지으며 좀(정확히 말하면 많이) 과장했다고 말했다. 그 게으른 스탈린주의자 녀석들이 책 좀 읽게 하려고 **무엇이라도** 해야 했다는 것이다![6]

많은 지식인들(미국공산당원이 아닐지라도)은 히틀러가 폴란드를 집어삼킬 수 있도록 허락하고 그에 따라 제2차 세계대전을 예고한 1939년 독소불가침조약이 체결되고 나서야 스탈린의 절대적 냉소주의를 절감했다. 그렇지만 히틀러가 러시아를 침공하고 미국이 소비에트와 영국의 편으로 참전하자 소비에트가 이끄는 공산주의는 많은 이들에게서 충성심을 다시 얻었다. 미국공산당은 독소불가침 조약 이후 당원의 거반을 잃었지만 1941년에서 1944년 사이에 당원이 두 배로 늘어나 약 8만 명으로 정점을 찍었다.[7] 로버트 레드퍼드가 연기한 정치에 관심 없는 와스프[허벨]와 바브라 스트라이샌드가 연기한 과거 공산주의자였던 유대인의 비운의 결혼을 연대순으로 보여주는 영화 〈추억The Way We Were〉(1973)을 보면 허벨의 분노에 쉽게 공감된다. "우린 참전해야 하는 거야? 참전해선 안 되는 거야?" 허벨은 좌경분자 연인에게 묻는다. "스탈린은 히틀러를 지지해, 반대해? 다 정치적으로 애매한 허튼소리인데, 당신은 그런 생각을 고수하고 있잖아. 어떻게 그러고 있는지 모르겠어."

1930년대에 소비에트 공산주의를 두고 벌어진 지식인들의 내부 투쟁과 1940년대 말에서 1950년대, 반공산주의 심문에 자유주의 지식인 사회가 보인 대체로 효과 없고 흔히 비겁했던 대응 사이의 복잡한 관계를 이해하기 위해서는 또다시 상상력의 도약이 필요하다. 미국 반지성주의의 대부분의 특징(종교적 근본주의와 과한 교육에 대한 의심을 포함해)은 지식인들의 실제 행위와 거의 혹은 아무런 연관이 없다. 그러나 지식인과 공산주의의 관계에 대한 대중의 견해는 예외적으로 다르고, 바로 그것은 1930년대에 지식인들이 스탈린주의를 두고 벌인 전쟁을 미국 지성사의 불가해한 장으로 일축해 버릴 수 없는 주요 이유다. 1930년대에 스탈린주의를 두고 서로 맹렬히 싸웠던 구좌파 지식인들은 1950년대에도 그 싸움을 그치지 않았다. 이번에는 '작은' 지식인 잡지뿐만 아니라 대중신문과 의회 위원회에서도 벌어졌다. 미국인은 동조자들과, 유행처럼 당을 거쳐 간 이들을 포함한 전前 당원들이 의회에서 서로 고발하는 볼썽사나운 광경에 익숙해졌다.■ 그들은 1960년대 말과 1970년대에 또다시 서로를 고발했는데, 크리스톨같이 공산주의에 반대하는 나이 든 자유주의자들 일부는 강성 보수자의자로 탈바꿈하고, 아니나 다를까 신좌파의 모태 빨갱이들(전 공산당원의 자녀들)을 [새로운 먹잇감으로] 삼았다.

사람들이 일부 지식인과 소비에트 공산주의의 아주 오래된 관계에 계속 매료되는 현상(우파든 좌파든 손쉽게 앨저 히스 사건°의 상처에서 〔아물 만하면〕 딱지를 떼어낸 것이 주요 사례다)에서 실제로 소련을 위해 간첩 활동을 한 한 줌의 미국 공산주의자들의 활동만을, 혹은 보다 광범위한 현상으로서의 동조 활동만을 탓할 수는 없다. 전후에 반공산주의와 반지성주의를 혼동하게 한 또 다른 주요 요인은 지식인들 스스로가 자신의 중요성을, 그리고 20대 시절의 정치적·개인적 불화들을 회고적으로 과장했기 때문이다.

1930년대 내내, 구좌파 지식인들은 1930년대 말까지 반공주의적 자유주의의 보루였던《파티잔리뷰·Partisan Review》, 그리고 편집 방침이 공산주의와 소련에 훨씬 동조적이었던《네이션》같은 간행물에서 주로 자기들끼리 자신의 생각을 고심하는 주변부 식자층 집단이었다. 1940년대 말과 1950년대, 그러니까 교육받은 대중의 상당수에게 다가간 문화 제도에서 식자층 문화의 요소들이 모습을 드러내기 시작했을 때에야 구좌파 작가, 예술가, 학자 다수(몇 명만 이름을 대

◼ 공산주의에 반대하는 자유주의자로서의 자격이 흠 잡을 데 없는 어빙 하우와 루이스 코저는 미국공산당 내부 문건에 기초해, 1930년대에 당이 가입 단계를 밟은 국민 중 대다수를 거부했다고 주장한다. 1931년 7월에서 1933년 12월 사이, 새로 가입한 당원 중 70퍼센트가 탈당했다. 다음을 보라.《미국공산당사(The American Communist Party: A Critical History)》, pp.528-529.

● 1950년 전후 국무부 고위 관리로 오랫동안 근무하며 미국의 대외 정책에 상당한 영향을 끼친 앨저 히스가 국가 기밀을 소련에 넘겨준 혐의로 기소되어 징역을 산 사건.

면 에드먼드 윌슨, 메리 매카시, 네이선 글레이저, 데이비드 리스먼, 대니얼 벨, 라이어널 트릴링, 시드니 훅)는 폭넓게 경력을 쌓았고, 대중소설, 문예 비평, 사회학, 즉 오늘날 그들의 이름을 널리 알린 분야 및 저작으로 교육받은 중산층 독자들에게 다가갔다. 이들은 정치 스펙트럼에서 판이한 지점에 위치했지만 공통으로 가지고 있던 것은 청년 시절을 규정한 정치 쟁점인 공산주의에 대한 기억이었다. 즉 많은 이가 의회 심문에 사로잡혀 있었던 것만큼이나 젊은 시절의 정치사상에 (아주 오래전에 그것을 수정하거나 버리긴 했지만) 여전히 사로잡혀 있었다.

나는 공산주의가 중요하지 않다고 말하려는 것이 아니라, 미국에서 문화적 힘으로서 공산주의(구체적으로 소비에트 공산주의)의 중요성이 매카시 같은 정치인들뿐 아니라 지식인들 스스로에 의해서도 과장되었다고 말하려는 것이다. 그런 과장은 공산주의에 동조했던 것을 후회하지 않는 이들뿐 아니라 후회하는 이들에 의해서도 확대되었다. 그리고 1950년대, 밀고의 압력을 거부한 이들과 거부하지 못한 이들, '자유주의자'에 방점을 둔 반공주의적 사유주의자로 남은 이들과 자유주의도 함께 버린 이들에 의해서도 말이다.

전형적인 과장은 동조자 이력과 마찬가지로 자유주의도 단념하지 않은, 공산주의에 반대하는 자유주의자 다이애나 트릴링의 1993년 회고록에서 찾아볼 수 있다. 그녀는 이렇게 주장했다. "스탈린주의가 2차 대전이 발발하기까지 수년 동안 미국 문화를 어느 정도로 지배했는지를 이해하고 있는 미국인은 거의 없다. 예술, 언론, 편집, 출판, 엔터테인먼트산업, 변호사업, 초·중·고 및 대학교, 교회 및 시민사회의 지도자, 우리 문화생활 도처에서 소련이 거의 절대적인 통제력을 행사했다."[8] 미국 지식인이 '스탈린주의'라는 단어를 사용한 것 자체가 1930년대를 작위적으로 서술한 것인데, 당시는 소수 집단인 미국공산당 당원들뿐 아니라 공산주의에 동조하거나 마르크스주의적 신념을 지닌 모든 이가 스탈린과 소련을 승인하는 게 당연시되던 시기였다. 이들이 자신들에겐 주로 지적이고 추상적인 관념으로 존재하던 체제의 현실을 좀 더 면밀히 살펴봐야 했다는 것에는 반론의 여지가 없지만, 그것은 소위 스탈린주의의 문화적 영향력의 범위와는 전적으로 다른 문제다.

오늘날 미국인이 1930년대에 스탈린주의가 미국 문화에 "거의 절대적인" 통제력을 행사했다는 트릴링의 생각을 받아들이지 않는다는 게 사실이라면, 그런 일차원적 분석을 거부하는 것은 기본적으로 많은 구좌파 지식인보다도 현실을 잘 이해하고 있기 때문이다. '스탈린주의'는 사실 대다수 미국인의 문화를 지배하지 않았다. 미국인은 미국공산당의 최신 노선 전환에 대한 심사숙고보다는 대공황과 제2차 세계대전 동안 해야 할 것이 많았다. 다이애나 트릴링처럼 중도 자유주의에 충실한 작가가 스탈린주의의 문화적 영향력을 그렇게 절대주의적인 용어로 묘사했다는 것은 소비에트 이데올로기가 미국 문화사의 특정 시점에 미친 범위보다도 그녀의 젊은 시절과 노년 시절 뉴욕 지식인 세계의 본성에 관해 더 많은 것을 드러낸다. 공산주의를 포함해 좌파에 크게 공감하는 지식인과 예술가들이 트릴링이 언급한 산업과 기업들 대부분에서 자주 등장한 것은 분명하다. 하지만 소련이 "거의 절대적인" 영향력을 행사하는 문화계로 바뀌었다고는 말할 수 없다. 뉴욕의 잡지사 사무실, 브로드웨이 극장의 무대, 할리우드 영화 촬영장이 "당원으로 가입한 정식" 공산주의자 몇몇과 동조자들로 가득 찼지만, 그렇다고 어떻게 소련이 지배했다고 할 수 있겠는가?

소련 정부가 옹호한 대외 정책 다수가 미국 좌파에게도, 그리고 미국이 참전한 후에는, 진주만이 공격당한 날부터 고립주의를 중단한 우파에게도 지지를 받았던 것은 사실이다. 반파시즘이 그중 하나였다. 점점 더 많은 영화, 연극, 소설이 (특히 1930년대 말에) 반공주의가 아니라 반파시즘 정서를 반영했던 것도 사실이다. 하지만 1930년대의 대부분 동안, 지식인들과는 달리 일반 대중은 히틀러와 스탈린을 무시하고 싶었다. 영국이 참전하고 런던이 독일의 대공습으로 계속 파괴되던 중에도, 국민에게 (연합국에 대한) 무기 대여 정책을 설득하고 그것을 의회에서 통과시키기 위해 루스벨트 대통령은 정치적 책략을 발휘해야 했다. 1941년 8월, 의회는 징병제의 징병 연령 및 대상을 확대하는 루스벨트 행정부의 법안을 딱 한 표 차로 통과시켰다. 나치 군이 유럽 대륙 대부분을 집어삼킨 상황에서도 고립주의가 여전히 힘을 발휘하고 있었음을 보여주는 예다.

그러면 동조자들이 만든 일부 반나치 영화와 소설이 강력한 고립주의 정서를 침식하는 데, 또 미국이 참전을 최종 결정하도록 여론을 조성하는 데 일조했다면 그것은 나쁜 일이었을까? 1939년 존 스타인벡의 《분노의 포도》에 열광적으로 반응한 독자들은 스탈린에 속은 이들이었을까? 스타인벡은 확실히 공산주의자 친구들이 있었으며, 많은 작가들과 마찬가지로 자신도 첫 번째 아내와 함께 소련을 방문하고 소련에 현혹되기도 했다. (스탈린주의의 영향력을 과대평가하는 논리에 따르면) 《분노의 포도》가 지금껏 가장 인기 있는 소설 중 하나라는 점에서, 스탈린은 현재 사람들의 주목을 끌지 못하는 무덤 밖에서도 미국 문화를 계속 지배하고 있다고 추정할 수 있을 것이다. 혹은 어쩌면 평생 동안 사회주의자였던 이프 하버그가 〈오버 더 레인보우Over the Rainbow〉를 작사한 것은 스탈린주의의 또 다른 승리였을까? 도로시뿐 아니라 양철 나무꾼, 허수아비, 겁쟁이 사자도 스탈린주의에 속은 게 분명하다. 1932년 대공황시대의 고전 〈여보게, 10센트만 주겠는가?Brother, Can You Spare A Dime?〉도 작사한 하버 그가 강경한 공산주의자는 경멸한 인도주의적 사회주의자의 전형일지라도 말이다. 아무튼 그는 1950년대에 블랙리스트에 올랐다. 빨갱이로 오인된 좌경분자로서.

1930년대 구좌파가 적색 공포증 세대로부터 배우지 못한 중요한 교훈은, 지식인이 아닌 미국인은 빨갱이Red와 좌경분자Pinko 사이의 미묘한 차이에 무관심했다는 것이다. 보통의 미국인이 보기에는 무정부주의자나 트로츠키주의자나 스탈린주의자나 사회주의자 모두, 자생적이든 외국에서 왔든, 한 배(대체로 러시아 행 배)를 탄 사람들이었다. 하지만 좌파 지식인들은 당파적 차이를 중대시하며 불일치하는 의견을 두고 서로를 맹공격했고 이런 점들로 인해, 제2차 세계대전 종전 후 대중이 다시 빨갱이들에게 신경 쓰기 시작했을 때 지식인 사회 전체가 정치적 공격에 취약하게 되었다.

매카시 시대 이후 반세기도 더 지난 시점에서, 양극화된 미국 정치는 제2차 세계대전 직후 시작된 국내 공산주의자 사냥에 대한 정당한 근거나 그것의 장기적인 문화적 영향에 대해 지금껏 어떤 합의도 보지 못했다. 우파 권위자와 정치인들은 오늘날 이라크전쟁을 반대한 이들과 매카시 시대에 탄로가 난, 스탈린주의를 지지한 "반역"자들을 연결하는 놀라운 주장을 자주 펼친다(구글에서 '스탈린'과 '사담 후세인'을 함께 검색하면 우파 블로그들이 많이 나온다). 좌파와 관련해, 일부 저널리스트와 역사학자들은 1940년대 말과 1950년대에 교수들이 해고되고 연예인과 시나리오 작가에 대한 블랙리스트가 작성된 것을 묘사하는 데 "숙청"처럼 숨은 뜻이 있는 단어들을 사용한다. 나는 이런 은유가 온갖 연쇄살인, 다수의 사망자가 발생한 살인 사건을 묘사하는 데 '홀로코스트'라는 단어를 마구잡이로 쓰는 것만큼이나 모욕적이고 부정확하다고 본다. 숙청은 정의상 영구적인 것이다. 1937~1938년 스탈린의 대숙청에서는 수백만 명이 죽음에 내몰렸다. 직접 처형을 당했든, 강제수용소에서 고된 노동과 기아에 허덕이다 죽었든 말이다. 아무튼 1948년부터 1960년대 초반까지 지속된 할리우드 블랙리스트는 정확히 숙청으로 간주하긴 어렵다. 강제수용소로 보내진 작가들은 편안한 생활을 유지하지 못했고 필명으로 글을 썼기 때문이다.

매카시 시대(초반에는 매카시가 중요 행위자는 아니었지만)로 약칭되는 그 시기는 윈스턴 처칠이 "철의 장막"이 유럽 대륙을 가로질러 내려져 있다는 인상적인 선언을 한 1946년 무렵부터, 중년의 남녀들이 불려 나와, 증인석에 출석한 이들 대부분만큼이나 생기 없고 지쳐 보이는 사상과 단체에 대해 해명하는 광경에 정치인과 유권자 모두 흥미를 잃은 듯한 1950년대 후반의 불특정한 시점까지였다. 사람들이 공산주의자 사냥꾼들의 목적과 방법을 어떻게 보는가와는 상관없이, 사실은 명백했다. 즉 수천 명이 직장을 잃었다. 수백 명은 감옥에 갔다. 두 사람(로젠버그 부부)은 원자폭탄 설계 기밀을 유출한 간첩 혐의가 유죄로 확정되어 전기의자에서 죽었다. 전후 반공운동에 대한 좌파의 전통적 의견을 피력한 책에서 역사학자 엘런 슈레커는 이렇게 단언했다. "매카시즘은 놀랍도록 효과적"이었고 "미국 역사상 가장 가혹한 정치적 억압 중 하나였다". 정부의 조사와 의회 청문회는 "매우 미국적인 억압 방식(비폭력적이고 합의적인)이었다. 오직 두 사람만이 목숨을 잃었다. 수백 명만이 투옥되었

다. 그런 관대함은 분명 효율적인 억압에 기여했을 것이다".[9]

비교적 소수만 체포되어도 두려움이 일반적으로 확산될 수 있음을 알지만 나는 매카시즘의 전반적인 효과에 대해 결코 확신하지 못한다. 지속 기간은 사상을 억압하고 반대자를 위협하는 노력의 성공을 판단하는 중대한 척도인데, 그 척도에 따르면 반공운동은 수많은 이에게서 일터를 빼앗고 개인적인 두려움을 야기했는데도 처참하게 실패했다. 적색 공포증이 약해지고 새로운 사회 저항들(민권운동이 첫 번째이자 가장 명백한 사례다)이 빠르게 출현한 속도는 전후 공산주의자 사냥이 문화 전반에 미친 영향을 과장하는 의견을 반박하는 가장 강력한 주장의 근거다.

매카시즘이 절정에 이른 시기에서 민권운동이 가장 위대한 승리를 거둔 시기로 이행하는 데는 10년도 채 안 걸렸다. 더는 젊지 않지만 여전히 막대한 권력을 쥐고 있던 존 에드거 후버가 국민에게 인종 정의 투쟁 배후에 공산주의자들이 있다고 최선을 다해 설득했지만 먹히지 않았다. 만약 매카시 추종자들의 정치적 협박이 지속적으로 효과를 냈다면 그들은 민권운동이 일반 대중에게 주장을 펼칠 기회를 얻기도 전에 그 싹을 잘라버릴 수 있었을 것이다.

매카시 시대가 미국 사회에서 개인의 성쇠와 지식인의 일반적 평판에 미친 영향력은 역사적으로도 논쟁의 여지가 있다. 당시 지식인의 평판은 두 측면에서 더럽혀졌다. 첫째, 지식인들(혹은 사람들이 으레 생각하는 지식인처럼 보이는 이들)의 평판은 하원 반미활동조사위원회와 매카시의 상원 조사분과위원회를 포함해 주 및 전국 조사기관에 출석해 증언한 이들의 발언이 지나치게 많이 반영되었다. 만약 그렇지 않았다면, 미국공산당의 발판이던 특정 노조들을 제외하면 지식인이 공산주의뿐 아니라 이보다 민주적인 다른 좌파 운동에도 가장 큰 영향을 받은 계급이었다는 사실을 고려할 때 지식인의 평판은 분명 달라졌을 것이다. 전후, 공산주의 이력 혹은 대개는 동조자 이력이 있는 지식인들은 자연스럽게 모든 수준의 교직, 예술계, 그리고 통계학자, 역사학자, 정치 분석가, 홍보 담당자가 필요한 정부 기관에 고용되는 경향을 보였다.

전국뿐 아니라 주 단위에서도 행해진 충성도 조사 청문회에서 '계란머리들'이 증인석에 자주 출석하면서, 지식인들이 실제 공산주의자는 아닐지라도 현재 미국의 적국에 동조한다는 일반적 인상이 강화되었다. 1948년 트루먼이 연방 공직자들에게 시행한 충성 서약을 본보기로 만든 많은 충성 서약들은 지식과 관련해 특별히 중요하다고 간주되는 직업(교직 같은)을 겨냥했고, 지식 자체가 위험한 것일 수 있다는 국민의 오래된 의심을 강화했다. (광고업계가 밀집해 있는) 매디슨가의 직원들 또한 1940~1950년대에 광고 협회들로부터 충성 조사를 받았다면 만성적인 반미 정서를 품고 있다는 의심을 국민에게서 받았을지도 모른다.

매카시 시대가 불어넣은 지식인에 대한 의심에서 또 다른 강력한 요인은 종교와 반공 애국주의가 정서적으로 혼합된 것이었다. 제1차 세계대전 후 적색 공포증 시기에도 두 가지가 연결되어 있었지만 이번에는 훨씬 강렬하게 조장되었다. 진화론을 "소비에트 과학"의 음모로 그린 브라이언의 묘사는 "공산주의가 죽든, 기독교가 죽든 사생결단을 해야 한다"는 1945년 빌리 그레이엄 목사의 선언에 견주면 온화한 편이었다. 그레이엄은 공산주의자들에 대해서는 "악마가 그들의 신입니다. 마르크스가 그들의 예언자입니다. 레닌이 그들의 성자입니다"라고 말했고, 마르크스에 대해서는 "세계 사회주의라는 이 불결하고 신을 부인하며 불경한 신조를 잘 속아 넘어가는 퇴폐적 유럽인들에게 토해냈습니다"라고 말했다. 전후 모든 맹렬한 반공운동가와 마찬가지로 그레이엄도 지식인들이 매우 중요시하는 사회주의와 공산주의의 차이를 전혀 인정하지 않았다.[10] 공산주의를 강렬히 반대하는 로마가톨릭교회의 영향력 또한 미국에서 1920년대보다 1950년대에 훨씬 컸고, 성직자들의 반공주의는 구좌파 지식인들의 보루인 뉴욕에서 특히 강했다. 1950년대에 주교 풀턴 J. 신(미국공산당 출신들을 가톨릭교로 전향시킨 것을 특히 자랑스러워한)은 텔레비전 프로그램 〈인생은 살 가치가 있다Life Is Worth Living〉를 진행해 미국에서 가장 유명한 가톨릭 성직자가 되었다. 그 무렵 무신론과 공산주의를 연결하는 것은 전국 방방곡곡의 반공운동가들이 사용하는 수사의 핵심이 되었다.

지식인 집단은 이런 점에 매우 취약했는데, 다수가, 태연한 무신론자는 아닐지라도, 전통 종교를 경시하는 세속적 인문주의자였기 때문이다. 공산주의 혐의를 입증할 수 없는 경우, 무신론은 손쉽게 사용할 수 있는 제2의 무기였는데, 1949년 웨스트버지니아주 페어몬트의 작은 마을에 위치한 페어몬트주립대학 미대 학과장에서 쫓겨난 루엘라 라브 먼델 사건이 그런 사례다. 먼델 사례는 잘 알려진 작가 윌리엄 맨체스터가 그 사건을 처음부터 끝까지 추적하여 1952년 전국 잡지인 《하퍼스Harper's》에서 상술하지 않았다면, 잘 알려져 있지 않은 작은 기관에서 교사들이 해고된 수많은 사례와 마찬가지로 폭넓은 관심을 받지 못했을 것이다. 먼델은 미국재향군인회가 후원한 세미나에 반대하고 자유주의자와 공산주의자가 똑같다는 견해에 도전해서 웨스트버지니아주 교육위원회의 한 중진 위원의 분노를 산 것으로 보인다.

그 위원은 총장에게 먼델에게 연방수사국 기록이 있는지 조사를 요구했고, 결국 관련 기록이 전혀 없다고 밝혀졌지만 아무튼 그녀는 "무신론자"라는 이유로 해고되었다. 먼델은 명예훼손 소송을 제기했는데, 재판에서 상대편 변호사는 그녀를 "무신론자, 공산주의자, 말 도둑, 살인자"로 묘사하더니 숨도 쉬지 않고 바로, 교육기관은 "신의 존재를 증명할 수 없다는 오만한 생각을 가지고 있지 않은" 교사만을 채용해야 한다고 주장했다.[11] 명예훼손 소송은 기각되었고, 주 교육위원회는 이어서 먼델의 주요 성격 증인이었던 총장도 해고했다. 무종교는 건국 초기부터 외세와 과한 교육과 관련되어왔고 그로 인해 대중이 지식인을 불경한 무신론자로 보는 이미지는 좌경분자라는 이미지보다 훨씬 오랫동안 지속되어왔다. 미국 지식인이 지식인이 아닌 다른 미국인과 마찬가지로 유럽 지식인보다 모종의 신을 믿을 공산이 더 크긴 하지만, 집단으로서의 지식인이 경향적으로 세속주의자인 것은 사실이다(특히 정부 운영과 관련해).

마지막으로, 1950년대 지식인의 이미지는 주의회 조사위원회들에서 스스로 밀고자로서 한 행동 때문에 손상되었다. 밀고자를 좋아하는 사람은 아무도 없다. 밀고자가 입법자와 대중이 알 권리가 있다고 믿는 것을 제공할 때조차 말이다. 하지만 이렇게 말한다고 해서, 운 좋게 늦게 태어나 모든 게 매우 자명한 입장에서, 그리고 도덕적·정치적 신념을 위해 더 중요한 것은 말할 것도 없고 중산층의 삶을 걸어야 할 필요도 없는 오늘날 우리의 입장에서 회고적으로 도덕적 판단을 하려는 것은 아니다. 1930년대와 1940년대에 좌파 무리에서 알던 이들의 이름을 댄 전前 공산주의자 혹은 한때 동조자였던 이들은 각자의 직업에서 생계를 유지할 수 있었지만, 다른 입장을 취한 동료들은 그들을 좋아하지도, 존경하지도, 용인하지도 않았다. 더욱이 그들은 많은 강성 반공주의자에게도 존중받지 못했다. 일부 증인은 단순히 흥미로 접해봤다 하더라도 공산주의와 관계한 모든 이는 미국에 위협이고 폭로되어야 마땅하다는 진심 어린 확신에서 이름을 대기도 했지만, 선의의 증인으로서 증언한 이들 대부분이 마피아 밀고자와 다를 바 없이 고상한 원칙 없이 행동했다는 것은 (공산주의자 사냥에 몰두한 이들에게조차) 매우 자명했다. 이름을 댄 지식인 및 예술가들은, 오랫동안 노골적이고 헌신적인 반공주의자로 활동해온 이가 아닌 한, 고분고분한 대답을 요구하는 의회 심문관들에게조차 나약한 밀고자로 보였다. 그러나 밀고자에 대한 사람들의 마땅한 경멸로는, 증인들이 자신의 과거를 사죄하고 타인의 삶을 파괴해야 했던 짧은 시기가 남긴 가장 파괴적 유산 중 하나인 근본적 반지성주의를 충분히 설명하지 못한다.

소련에 대한 망상을 결코 포기하지 못한 극소수를 예외로 하면 1940년대와 1950년대 지식인들은 칭찬받을 만한 것은 아니었을지라도, 1930년대 및 전시 동맹 시기의 사회적·국제적 맥락과 떼어놓을 수 없는, 또 그런 맥락에서 충분히 이해가 되는 견해를 한때나마 품었던 스스로를 비판했다. 국민도, 많은 지식인도 소련의 공산주의에 대해 잘못 알고 있었던 것을 단순한 실수가 아니라 죄(자신의 정부에 반하는 것일 뿐 아니라 역사의 심판대에 서야 할)에 가까운 것으로 보았다. 이런 상태는 아서 밀러가 능변으로 묘사했는데, 그는 1956년 그러니까 희곡 〈세일즈맨의 죽음〉으로 엄청난 성공을 거둔 지 7년이 지난 시점에서, 세일럼 마녀재판과 공산주의자 사냥을 암시적으로 비교한 〈도가니The Crucible〉가 브로드웨이에서 상연된 지 4년이 지난 시점에서 하원 반미활동조사위원회에 소환된 바 있다.

정당에 가입한 적은 없지만 당대 다른 작가들과 마찬가지로 공산주의자 출신 친구들이 많았던 밀러는 자신의 정치적 과거에 대한 질문에 답하는 데 동의했지만 다른 이들의 이름을 대는 것은 거부했다. 밀고에 반대하는 원칙적인 진술을 과장하고(정의로운 체한 릴리언 헬먼°이 떠오른다) 감옥에 가지 않기 위해 [자신에게 불리한 증언의 거부, 즉 묵비권을 보장하는] 수정헌법 제5조를 주장한 많은 작가와 달리, 밀러는 제5조를 주장하지 않았고 1957년에 의회 모욕죄로 유죄 선고를 받았다. 반공주의 열정이 수그러들고 있던 시점에 내려진 판결이어서 그의 유죄 선고는 항소에서 뒤집혔다. 밀러가 자서전 《시간의 굴곡Timebends》에서 썼듯이, 세일럼 마녀재판과 반공 히스테리의 유사점은 죄책감이었다.

> 사회에서 인정받지 못하는 억압된 소외감과 사회의 가장 정통적인 지지자들에 의해 규정되는 표준적인, 낮의 사회를 향한 적개심과 관련한 죄책감이었다.
> 죄책감이 없었다면 1950년대 빨갱이 사냥은 그런 권력을 만들어내지 못했을 것이다. 마르크스주의적 입장과 조금이라도 비슷한 모든 생각은 정치적으로뿐 아니라 도덕적으로도 사회에서 결코 인정할 수 없다는 생각이 받아들여지자마자, 마르크스주의적 이론과 태도를 관례적으로 수용한 자유주의자들은 사실상 마비 상태가 되었다. 공산주의자 출신들은 소련이 인간을 착취하지 않고 비합리적 낭비가 없는 미래의 체제를 발전시키고 있다고 믿었던 것에 죄책감을 느꼈다. 순진하게도 소련을

● 극작가 헬먼은 하원 반미활동조사위원회에서 밀고 행위를 비판하며 공산주의자들의 이름을 대지 않은 것으로 알려져 있다. 하지만 스탈린이 정적들을 숙청한 모스크바 재판을 지지했고, 트로츠키의 미국 망명을 반대하는 등의 행적은 비판을 받고 있다.

세속적인 제국이 아니라 일종의 영적인 상태로 본 것이 이제는 죄책감과 수치심의 근원이었다.

…… 세일럼에서처럼 어느 시점에 이르자, 그러니까 1940년대 말에도 사회적 교류의 규칙이 갑자기 변화했고, 혹은 (강제로) 변화되었고, 단순히 자본주의와 기득권층에 반대하는 태도가 이제는 불경하고 도덕적으로 혐오스러운 태도가 되었으며, 실제적인 반역이 아닌 경우에는 암암리의 반역으로 간주되었다. 미국은 과거에도, 지금도 항상 종교적 국가다.[12]

비이데올로기적 부문의 지적이지 않은 광범위한 대중(다시 말해 미국인 대다수)은 밀러처럼 대응한, 즉 밀고하지 않고 자신에 대해서만 이야기한 지식인 및 예술가들에게 지속적인 불이익을 가하지 않았다. 게다가 역사적 시운은 급변했다. 1960년대 초반 무렵, 〈도가니〉는 대학 영문학 수업뿐 아니라 많은 고등학교에서 사용될 정도로 이미 명작으로 간주되었다. 나는 미시간주 오키모스(좌파 정치의 중심과는 거리가 먼)에서 고등학교를 다녔는데 1961년 2학년 영문학 수업에서 〈도가니〉를 공부했다. 선생님이 현대 미국 정치의 맥락을 논의하는 것은 피하셨지만 말이다.

물론 사람들의 이름을 댄 이들 중 다수 또한 스스로 선택한 직업에서 명성과 성공, 혹은 전보다 더한 성공을 이루었다. 엘리아 카잔 감독의 〈워터프론트〉(그의 가장 유명한 영화이자 상업적으로도, 평론에서도 성공을 거둔)는 1954년, 그러니까 그가 자신의 짧은 공산주의 이력에 대해 증언하고 1930년대 미국공산당원이던 영화계 친구들의 이름을 댄 지 2년 후에 개봉했다. 여든아홉 살의 카잔이 1999년 오스카상 시상식에 공로상을 받기 위해 참석했을 때, 그가 하원 반미활동조사위원회에서 증언한 일을 결코 용서할 수 없는 이들이 격렬히 저항했다. 1950년대에 블랙리스트에 올랐던 시나리오 작가 에이브러햄 폴론스키는 이렇게 말했다. "누가 저자를 총으로 쐈으면 좋겠습니다. 따분할 저녁이 될지 아닐지를 결정할 흥미로운 시간이 되겠군요."[13] 많은 이들에게 놀랍고 불쾌하게도 밀러는 카잔의 수상을 변호했다. 두 사람은, 카잔이 하원 반미활동조사위원회의 요구를 받아들여 공산주의자 출신들을 밀고하기 전까지 한때 친한 친구였다. 밀러는 밀고자로서 카잔의 역할에 대한 부정적 견해는 바꾸지 않았지만, 연극 및 영화계에서 그의 성취는 그 상을 받아 마땅하고 또 정치적 이유로 그런 인정을 빼앗는 것은 역사를 다시 쓰려는 행태로 귀결된다는 입장을 취했다. 물론 밀러와 카잔은 의회 심문관들에게 어떻게 대응해야 하는지 결정해야 했을 때 이미 유명 인사였는데, 명성은 사람을 취약하게 하기도 하지만 보호해주기도 하는 법이다.

같은 선택에 직면한(5000달러에서 1만 달러에 이르는 연봉이 위태위태한), 루엘라 먼델처럼 유명하지 않은 대학교수들은 취약하기만 했다. 보통의 수단과 담력을 지닌 남녀들이 상당한 자원, 특별히 큰 재능, 일류 변호사들이 있는 이들이 겪은 것과 동일한 선택에 직면했을 때 정부의 심문으로 그들이 얼마나 많은 것을 빼앗겼을지를 평가하기란 불가능하다. 누가 누구 앞에서 정확히 무엇을 인정했는지에 관한 기억은 미국사의 쓰레기통으로 내던져졌지만, 남은 것은 유명한 영화감독, 극작가, 하버드 교수뿐 아니라 부유한 특권층을 포함해 모든 아이들이 다니는 지역 고등학교의 역사 교사나 인근 주립대학의 교수도 반미 사상을 품고 퍼뜨렸으리라는 의심이었다.

그런데 지식인 계급이 정부 내 반공 운동가들의 표적이 되던 바로 그 시기에 지식인들의 운이 나아졌다는 것은 전후 시기의 가장 큰 문화적 아이러니 중 하나다. 제대군인원호법GI Bill°이 한 원인이었던 고등교육의 확대는 대학교수에 대한 수요를 점점 더 증가시켰고, 한때 빈곤선에 가까운 급여를 받던 교수들이 1950년대 말엽에는 중산층 수준의 봉급을 집에 가져갔다. 하원 반미활동조사위원회와 이에 상응하는 각 주의 기관들이 고등교육에서 좌파의 영향력을 예의 주시하고 있었음에도 대학들은 앞다퉈 지식인을 채용했는데, 1930년대 지식인들에게 자신의 지식으로 생활임금을 번다는 것은 꿈도 꾸지 못한 것이었다. "1950년대 초엽이 되자 일자리를 구할 수 있을지도 모른다는 말이 뉴욕에 돌기 시작했다. 내가 알던 이들 중 누구도 그것을 직업으로 생각해보지 못했다. 대학교에서 가르치는 일 말이다." 어빙 하우는 이렇게 회상했다. 체제 전복적 조직에 관한 법무부 명단에 오른 사회주의 집단에 소속되어 있었는데도 하우는 1953년 브랜다이스대학에 채용되어 영문학부에서 가르쳤다.

1948년에 설립됐고 교수진과 학생 거의 대부분이 유대인인 브랜다이스대학은 상이한 종류의 많은 유대인 좌파들에 대해 다른 대학교들보다 수용적이었다. 하지만 이런 수용적 태도 탓에 반공 심문에 특히 취약했다. 여하튼 하우의 경험은 결코 비범한 것이 아니었다. 즉 전후 미국에서 반공주의가 절정일 때조차 교사에 대한 필요는 매우 커서 그 필요가 정치적 순수성을 바라는 어떤 욕망도 능가했다. 1950년대에 늘어나던 대학교 교수진의 핵심을 이룬, 당시

● 제2차 세계대전 후 돌아온 퇴역 군인에게 교육, 주택, 보험, 의료, 직업 훈련의 기회를 제공하기 위해 1944년에 개시된 제반 법률과 프로그램에 대한 통칭.

삼사십대 신임 교수들은 1930년대의 정치에 의해 형성되었다. 한때 공산주의에 끌렸던 모든 교수를 없애는 것은 자녀를 대학에 보낼 의사도, 돈도 있는 미국인이 늘어나고 있는데 교실 문을 쾅 닫아버리는 셈이었다. 번영과 인구 변동은 문화기관과 교육기관에서 좌파를 몰아내고 싶은 이들의 편이 아니었다.

따라서 20세기 마지막 적색 공포증을 야기한 1950년대는 지식인(혹은 적어도 지성주의와 옳게든, 그릇되게든 연관된 교육 자격증이 있는 사람)만이 공급할 수 있는 용역과 생산물에 대한 미국인의 필요에서 전환점이기도 했다. 비지식인들에게 지식인들이 의심스럽지만 필요하기도 한 상황은 때때로 의식하지 못하지만 대개는 명백한, 지금도 미결 상태로 남은 난제로 이어졌다. 만약 지식인들을 정치적으로 신뢰할 수 없다면 어떻게 나라의 젊은이들의 교육만큼 중요한 것을 믿고 맡길 수 있겠는가? 그런데 다음 세대에 지식을 가르치고, 또 부모의 성취를 능가하도록 자녀를 양육하려는 열망, 즉 새로운 아메리칸드림에 필수적인 열망을 충족시켜줄 자격이 (기질과 교육 훈련 면에서) 있는 이들이 또 누가 있겠는가? 20세기 중반, 미들브라우 문화의 성인에게 가장 간절한 희망이란 자녀에게 고등교육을 시키는 것이었다. 베이비부머의 부모는 아들이 육체노동이 아닌 정신노동을 하도록, 딸이 육체노동이 아닌 정신노동으로 돈을 버는 남자와 결혼하도록 교육시키기를 꿈꾸었다. 그것 또한 자신의 희망을 이루는 데 지식인이 필요한 미국인에게 문제가 되었다. 미국인 다수는 지식인들이 좌경분자가 아닌지 계속 의심했듯이, 젠체하는 지식인들이 그들의 서비스에 기꺼이 돈을 내려는 사람들의 미들브라우적 염원을 얕잡아보는 건 아닌지도 의심했던 것이다. 그리고 후자의 의심은 그 근거가 유력했다.

5장

미들브라우 문화, 전성기에서 쇠퇴기까지

미들브라우 문화는 조직적인 방식으로 시작된 19세기 초 라이시엄 운동(그때는 누구도 문화를 '지성 수준brows'과 관련지어 생각하지 않았다)과 '이달의 책 클럽Book-of-the-Month Club'●의 황금기를 통해 1950년대와 1960년대 초까지 확대되었다. 그 중심은 염원의 문화였다. 그 목적은 밑바닥 문화를 물리치는 것이라기보다는(물론 그런 생각도 없는 것은 아니었지만) 더 고상한 것에 다가가는 문이 되려는 것이었다.

나는 미들브라우 가치가 스며든, 또 그런 가치에 헌신적인 집안에서 자랐다. 대학에 들어가 미국 지성사에 관한 강의들을 듣기 전까지 내가 '미들브라우'라는 말을 한 번도 들어보지 못했다는 것은 우리의 지성 수준이 중간이었음을 보여주는 가장 확실한 표지다. 버지니아 울프가 미들브라우를 (1942년경에) "온정적 태도와 감상주의를 〔대개 가난한 이들이 먹는〕 족편의 끈적끈적한 점액을 발라 섞은 것"으로 묘사한 것을 읽지 못했다면, 나는 그것이 바로 우리 집 같은 가정에 대한 비열한 풍자였음을 깨닫지 못했을 것이다.[1] 그때껏 나는 하이브라우인 버지니아 울프의 이름을 들어보지 못했고, 에드워드 앨비의 희곡 〈누가 버지니아 울프를 두려워하랴?〉를 스크린으로 옮긴, 엘리자베스 테일러와 리처드 버튼 주연의 영화(1966)를 보고서야 그녀를 알게 되었다.■ 울프가 영국 미들브라우 집단의 고상한 체하는 태도를 묘사한 것 가운데 일부는 1950년대 말 미시간주 오키모스의 제이코비 가정에 확실히 들어맞았다. 울프가 혐오스럽다는 듯 말했듯이 우리는 사실 "고인이 된 화가의 그림들, 즉 복제

● 미국 최대의 회원제 도서 통신판매 조직.
■ 유감스럽게도 버지니아 울프는 앨비의 희곡에서뿐 아니라, 인기 영화배우 니콜 키드먼이 가짜 큰 코로 변장해 울프를 연기한 영화 〈디 아워스(The Hours)〉(2002)에서도 자신의 하이브라우 이미지와 이름을 함부로 다룬 것에 대해 평하기 전 죽었다.

화들을" 벽에 붙여두었다. 엄마는 반 고흐, 르누아르, 드가까지 관심을 가졌다. 내 침실 벽에는 여전히 드가의 발레리나 그림이 걸려 있고, 일찍부터 미들브라우 집단의 복제화에 노출된 것이 이십대 중반 이후 나타난 예술에 대한 나의 열정과 관련 있다는 것은 당연한 일이리라.

20세기 초 미들브라우적 야심이 있는 미국인이 하이브라우(이미 널리 또 흔히, 1950년대 '계란머리'와 같은 경멸적 의미로 쓰인)를 목표로 하고 있었다는 것은 아니다. 1915년 문학평론가 반 위크 브룩스는 20세기 초까지는 사람들이 "미국 사회의 유일한 희망은 사회의 '로우브라우' 요소들을 '하이브라우' 요소들의 수준으로 어떻게든 끌어올리는 것"이라고 믿었다고 말했다. 그에 반해 브룩스는 미국인에게 필요한 것은 "꿈 같은 이상주의와 사익을 추구하는 현실성"의 중간에서 자신의 의견을 표하는 것임을 시사했다.[2] 이렇게 "꿈 같은 이상주의"의 하이브라우 문화를 "사익을 추구하는 현실성"의 로우브라우 문화와 관련지은 것은 정신세계에 대한 헌신은 일상의 긴요한 일들에 대한 온당한 관심에 왠지 분명 반하리라는, 비지식인뿐 아니라 지식인도 폭넓게 수용한 생각의 전형적인 예였다.

미국 미들브라우 문화의 변별적 특징은 누구라도 독학에 시간과 에너지를 투자할 뜻이 있으면 출세할 수 있다는 오래된 시민의 신조를 구현했다는 것이다. 교육을 받지 못한 많은 로우브라우들, 특히 이주민들은 미들브라우의 가치를 소중히 여겼다. 1920~1950년대 집집마다 구비된 수백만 권의 백과사전 전집은 대개 책을 한 번도 가져본 적 없지만 자신이 자랄 때 없었던 세계에 관한 정보를 기꺼이 자녀에게 마련해주고자 부모들이 할부로 구매한 것이었다. 미들브라우의 성실과 분투라는 유물은 오늘날 다양한 이민자 집단 가운데 잔존해 있지만, 한때 다양한 민족적·인종적 배경을 가진 미국 인뿐 아니라 많은 사회 계급들도 아울렀던 미들브라우 문화의 거대한 체계는 붕괴했다. 미들브라우의 해체와 폄하는 정치적·계급적 양극화와 밀접한 관련이 있는데, 이 양극화는 오늘날 반지성주의 시류의 원인이고, 이 점에서 이 시류는 정도의 차이는 있지만 항상 미국 대중이 마음속에 품어온 하이브라우와 계란머리에 대한 의심과 구별된다. 사라진 것은 영상물과 (트위터처럼) 몹시 생략한 글을 포함하는 디지털 매체를 통해 삼투된 대중문화에 대한 대안이다. 사라진 것은 노력의 문화다.

제2차 세계대전 종전 이후 15년은 노먼 록웰이 그린 《새터데이 이브닝 포스트》 표지들과 리처드 닉슨의 체커스 연설Checkers speech[●]에만 기억이 국한된 듯 보이는 이들에 의해 자주, 또 그릇되게 문화적 불모의 시기로 묘사되어왔다. 하지만 통계 자료는 다른 이야기를 한다. 1960년 교향악단이 1949년의 두 배(1100개)로 늘었다. 지역사회의 미술관은 1930년 이래 네 배로 늘었다. 클래식 음악은 1950년대 말 전체 음반 판매량의 25퍼센트를 차지했는데, 오늘날은 4퍼센트에 못 미친다(이 수치는 1960년 음반 판매량과 2000년대 초 CD 판매량을 비교한 것이고 아이튠즈를 통한 내려받기는 계산에 넣지 않았다. 하지만 클래식 음악이 CD를 구매하는 이들보다 음원을 내려받는 이들 가운데 더 인

[●] 1952년 공화당 부통령 후보 닉슨은 부정 선거자금을 받은 혐의로 곤란에 처하자 자신이 범한 부정은 체커스라는 개를 선물받은 것이 전부이며, 아이들이 너무 좋아하는 바람에 차마 개와 이별할 수 없었다는 매우 감성적인 어법으로 텔레비전 연설을 했다. 한 편의 드라마 같은 연설로 닉슨은 부통령 후보 자리를 지켰고, 같은 해 대선에서도 아이젠하워의 승리에 일조했다(강준만, 《교양영어사전 2》, 2013, 인물과사상사, 120쪽).

기 있을 것이라고 생각할 이유는 거의 없다). '예술'영화관 또한 1950년대에 급증했다. 1945년에는 열두 곳뿐이었는데 1962년에는 600곳이 넘었다.[3] 세련된 사람이 되다 만 우리 세대는 중서부 작은 대학촌의 예술영화관에서 처음으로 외국 영화를 봤을 때의 전율을 지금도 잊지 못한다. 마지막으로, 이때는 염가판 책의 혁명, 즉 미들브라우들에게 근본적으로 중요한 발전의 시기였는데, 미들브라우주의는 무엇보다 **독서** 문화였기 때문이다.

1950년대 미들브라우 가정에서 자란다는 것은 집에 책, 잡지, 신문이 있고 또 책을 읽을 연령이 된 모든 성원이 도서관 회원증을 갖고 있음을 의미했다. 읽을거리의 대부분이 하이브라우 지식인들이 경멸하는 것이었을지라도 그 책들은 분명 성장에 충분한 자양분이 되었다. 어린 시절 우리 집 곳곳에 있었던, 일부는 '이달의 책 클럽'을 통해 받았지만 대개는 공공도서관에서 빌린 인기 있는 현대 소설 혹은 현대에 가까운 시기에 쓰인 소설이 얼마나 다양했는지 상기해보면 그야말로 깜짝 놀란다. 열다섯 살이었을 때 너무도 좋아한 나머지 책이 해지도록 읽은 소설들은 이렇다. 제임스 미치너의 《사요나라》《남태평양 이야기》《하와이》, 하워드 패스트의 《스파르타쿠스》, 로이드 C. 더글라스의 《성의聖衣》, 어빙 스톤의 《고통과 환희》, 존 허시의 《벽》, 제임스 존스의 《지상에서 영원으로》, 에드윈 오코너의 《마지막 노력》, J. D. 샐린저의 《호밀밭의 파수꾼》, 네빌 슈트의 《해변에서》, 허먼 오크의 《마저리 모닝스타》, 필립 로스의 (이후 작품들의 전조가 되는) 《굿바이, 콜럼버스》.

필립 로스의 단편 〈신앙의 수호자〉는 미들브라우와 하이브라우의 간극을 메운, 또 세련되고 흥분되는 일이 많은 도시에서 매주 보내오는 밀사로서 우리 집에서 숭배된 잡지 《뉴요커》에 1959년 실렸다. 하지만 내게 고전이 주식이라면 잡다한 현대 소설들은 후식일 뿐이었다. 부모님은 그 주식을 결코 강요하지 않았지만 아무튼 내가 그것들을 읽고 있으리라고 생각했다. 맞다. 나는 고등학교에 입학할 무렵까지 셰익스피어, 마크 트웨인, 찰스 디킨스(내가 정말 좋아하는 '옛' 소설가)뿐만 아니라 18세기와 19세기 최고의 시들도 많이 읽었다. 버지니아 울프의 정의에 따르면 진짜 미들브라우인 나는 20세기 초반에 쓰인 시나 소설은 별로 읽지 않았다.

고인이 된 화가들에 관한 글을 읽고 그들의 복제화를 걸어두는 것 외에도 미들브라우 부모는 역사와 시사에 관한 관심도 고무했다. 여름휴가를 갈 때면 그들은 늘 (미국독립전쟁의 첫 전장들인) 렉싱턴과 콩코드, 게티즈버그, 하이드파크, (남북전쟁에서 남부군 총사령관이 항복한 곳인) 애퍼매톡스 같은 역사 유적지도 여행지 목록에 넣었다(1954년《이달의 책 클럽 뉴스》가 브루스 캐턴의《애퍼매톡스의 고요》를 알려주었다). 에드워드 R. 머로의 〈아이 캔 히어 잇 나우-I Can Hear It Now〉•가 1분당 33번 회전하는 새로운 장시간 방식의 엘피로 출시되자마자 부모님은 우리에게 윈스턴 처칠, 프랭클린 루스벨트, 아놀프 히틀러의 유명한 연설을(또 제2차 세계대전 동안 런던에서 한 머로의 방송도) 들려주고자 바로 구입했다. (마찬가지로 '이달의 책 클럽'에서 선정한) 윌리엄 샤이러의《제삼제국의 흥망》이 1960년에 출간되었을 때 나는 빨리 읽고 싶었다. 그 시기의 기념비적인 역사 인물들의 육성을 이미 들어보았기 때문이다. 부모님 또한 텔레비전의 교육적 가치를 크게 믿었다. 그래서 생방송으로 방영한 CBS 드라마 〈플레이하우스 90〉이 방송 편성표에 올랐을 때는 평일 밤이어도 늦게까지

• CBS 앵커이자 저널리스트인 머로가 역사적인 연설들에 해설을 단 다큐멘터리 음반.

텔레비전을 보는 것을 허락했다.

물론 미들브라우 문화에는 개인, 민족, 지역의 차이가 많았다. 우리 아버지는 월 듀런트의 《문명 이야기The Story of Civilization》처럼 많은 미들브라우 가정에서 필수로 여겼지만 지식인들은 크게 경시한, 역사와 철학의 핵심들을 개괄적으로 기술한 책은 구입할 필요가 없다고 봤다. 아버지의 견해에 따르면 《문명 이야기》는 이미 도서관에 있으니 읽고 싶으면 누구나 (좀 상업적인 출판사의 책을 굳이 돈 내고 살 필요 없이) 읽을 수 있는 소설가와 시인들의 책에 속한다는 것이었는데, 자신이 계란머리라고 부른 사람들도 그런 생각을 견지했다는 것을 알았다면 아버지는 깜짝 놀랐을 것이다. 미들브라우들이 열광하는 것이었지만 우리 집에는 들어오지 못한 또 다른 것은 클래식 음악이었다. 그 시대에 유대인 및 이탈리아계 가정에서 자란 이들은 토요일 오후면 메트로폴리탄 오페라 방송의 선율이 집 안에 퍼졌던 것을 기억한다. 나는 오페라를 듣지 못했고, 교향곡 연주회가 미들브라우 양육 방식에 포함됐던 가정에서 자란, 대학 졸업 후 첫번째 남자친구가 소개해주기 전까지 차이콥스키 발레 작품 외에는 어떤 클래식 작품도 듣지 못했다.

내 어린 시절의 이런저런 미들브라우 문화가 위대하다고 주장하는 것은 아니다. 자녀를 지도하려는 중산층, 중하층 미국인에게 팔아먹으려고 문화 경험 하나하나에 "위대한" 것이라는 딱지를 붙이는 것은 당연히 웃음거리였다. 그리고 문화를 좌우하는 권위자들에 대한 우리 아버지의 불신이 보여주듯 하이브라우 지식인들이 만든 문화 역시 마찬가지였다. 나는 미들브라우 문화를 겸양하듯 젠체하려는 마음이 아니라 애정, 감사, 미련의 마음으로 되돌아보는데, 그건 '이달의 책 클럽'이 내 삶에 천재적인 작품들을 가져다줘서가 아니라 매달 실린 서평들이 내가 세계를 더 넓게 볼 수 있도록 고무해 준 많은 원천 가운데 하나였기 때문이다. 모든 소비자의 의견이 비평가의 견해만큼이나 좋은 것으로 간주되는 현재 우리의 인포테인먼트 문화에서는 어떤 상업 조직이 무언가를 판매하는 데 기본 전략으로 위대함을 강조한다는 것은 상상도 할 수 없다. 하지만 사람들이 위대한 책을 읽고 생각하는 것을 열망해야 한다는 것이, 혹은 위대한 책을 읽는 부류로 간주되는 것을 열망해야 한다는 것조차 사회에 유해한 것은 아니다.

더욱이 미국에서 하이브라우 및 미들브라우 문화는 각 집단의 구성원들(특히 하이브라우들)이 기꺼이 인정하는 것보다 항상 더 밀접하고 생산적으로 뒤얽혀 있었다. 20세기 첫 30년 동안 지식과 교육에서 빈곤한 로우브라우 배경에서 지식인이 나오는 것은 가능했지만, 그렇게 큰 문화적 도약을 이루는 것은 일반 현상이라기보다 예외였다. 점점 지식이 전문화되고 공식 학위에 대한 수요도 늘어나면서 다양한 직업에 이르는 길인, 또 눈에 덜 띄지만 훨씬 더 중요한 문화적 열정에 이르는 길인 독학이 차단되었나. 새로운 세기의 미국에서는 19세기 독학의 경이로운 인물들(클래런스 대로, 프레더릭 더글러스, 토머스 에디슨, 로버트 잉거솔, 에이브러햄 링컨, 마크 트웨인, 월트 휘트먼을 포함해)이 출현할 공산은 거의 혹은 전혀 없을 터였다.

20세기 초의 몇 십 년, 그러니까 제1차 세계대전 전, 또 〔전후〕 1920~1930년대에 성년이 된 미국 태생의 저명한 지식인 대부분은 공교육(부모의 경제적 지위, 민족적 배경, 혹은 훨씬 강력한 요소인 인종과 상관없는)에 높은 가치를 두는 확고한 미들브라우 가정의 자녀였다. 1915년에 태어난 위대한 아프리카계 미국인 역사학자 존 호프 프랭클린이 오클라호마주에서 가난하지만 문화적 소양이 있고 자랑스러운 가정에서 자란 것에 관한 회고록이나 다이애나 트릴링 (1905~1996)이 뉴욕시 브루클린 및 교외 지역들에서 동화된 유대인 이민자의 딸로서 유복하게 보낸 어린 시절에 대한 글을 읽어보면 미들브라우들이 지역, 계급, 인종을 초월해 광범위한 염원들을 품었다는 생각이 든다. 어린 시절 다이애나는 바이올린과 성악 교육을 받았고 막연하게 가수의 꿈을 꾸기도 했다. 열여섯 살 때 프랭클린은 직접 오페라 공연을 보고 싶은 나머지 부모의 반대에도 불구하고 털사에서 인종 분리 좌석까지 받아들이며 시카고시립오페라단의 〈라 트라비아타〉와 〈라 보엠〉 방문 공연을 관람하기도 했다. 프랭클린의 부모는 니그로들은 인종 분리 정책에 굴복하기보다는 오페라 같은 "선택적인" 공적 활동을 포기해야 한다고 믿었다. 프랭클린은 이렇게 썼다. "나는 관람하기로 선택했고, 이후 지금까지도 자책한다. 〈라 트라비아타〉와 〈라 보엠〉을 들을 때마다 여전히, 70년이 지났는데도 그 위대한 걸작들을 감상하기 위해 감수한 굴욕적인 조건들이 생각난다."[4] 그러나 프랭클린은 그 걸작들을 감상했고 그 진가를 알게 되었다. 그리고 그의 미들브라우 부모와 인종 분리 학교의 미들브라우 교사들은 백인의 미국이 그의 정신을 분리하지 못하도록 했다.

미래의 지식인의 가계도에 미들브라우 문화가 전혀 없을 때에도, 일반적으로 외부에 길을 밝혀주는 미들브라우 스승이 있었다. 《코멘터리》 편집장 출신의 노먼 포드호레츠는 《성공을 이루다》(1967)에서 1940년대 브루클린의 하층계급이 모여 사는 거친 구역 브라운스빌에서 고등학교 영어 교사의 도움으로 벗어나게 된 과정을 이렇게 묘사했다.

당시에는 일과 후에 공립학교 교사가 학생들과 어울리는 일이 매우 드물었다. 아마 규정에도 위반되는 일이었을 것이다. 그럼에도 여성인 K선생님은 이따금 나를 집에, 그러니까 브루클린에서 유일하게 주눅이 들 정도로 부유한 구역에 위치한 아름답고 고풍스러운 브라운스톤으로 지은 집에 초대하곤 하셨다. 나는 선생님께 내 시들을 낭독해드렸고 선생님은 가족, 전에 다녔던 학교들, 배서대학, 만나본 작가들에 대해 이야기해주셨다. 그동안 선생님의 남편은, 나는 그분이 죽도록 무서웠는데 놀랍게도 알고 보니 유대인이었다(선생님은 필요 이상으로 서둘러 **나** 같은 유대인은 아니라고 일러주셨다), 방 저쪽에서 안락의자에 말없이 뻣뻣하게 앉아 영화에서밖에 본 적 없는 코안경으로 신문을 읽고 있었다. 그런데 선생님은 나를 집에만 데려가신 게 아니었다. 훨씬 더 드문 일이긴 했지만, 몇 번 프릭미술관과 메트로폴리탄미술관에도 데려가셨고 한 번은 극장에도 데려가셨는데 우리는《고故 조지 애플리》를 극화한 것을 보았다. 내 추측에는 그 연극이 내게 보스턴의 귀족적이고 찬란한 생활에 대해 깊은 인상을 남기리라는 생각에서 선생님이 신중히 고르신 것 같은데 전적으로 틀린 생각은 아니었다.[5]

미들브라우 문화가 가족과 개인적 스승에 의해 전파되었을 때, 그런 전파는 늘 대중 시장이라는 더 큰 맥락에서 일어났다. 1820년대 초, 네이피어 스팀 프레스the Napier Steam Press가 시간당 2000권을 찍을 수 있는 전례 없는 발명을 하면서 미들브라우 문화는 늘 출판계의 기술 변화와 밀접하게 연결되었다. 20세기, 특히 양차 대전에 뒤이어 호황을 이룬 몇 십 년 동안, 광고의 영향력은 미들브라우 출판물의 독자들을 확대했다. 조앤 셸리 루빈이 생생하고 공평한《미들 브라우의 형성The Making of Middlebrow》(1992)에서 지적했듯이, 오랫동안 와스프 신사의 클럽이었던 출판산업은 잠재적인 책 시장이 전통적인 예상보다 훨씬 크다고 믿고, 또 더 공격적인 광고 전략으로 시장을 확대하려는 의지가 확고한 젊은 유대인들이 1920년대에 경영진으로 들어오면서 상당히 달라졌다.[6]

급격히 늘어나는 전문 지식을 이해하게 해줄 책에 대한 대중의 엄청난 수요가 처음으로 드러난 것은 윌 듀런트의 초베스트셀러 시리즈를 포함한 많은 개괄서들의 전형인 허버트 조지 웰스의《세계사 대계The Outline of History》가 1920년에 성공을 거둔 것이었고 이 책은 1960년대까지도 많이 팔린다. 웰스는《타임머신》,《모로 박사의 섬》,《우주 전쟁》으로 이미 유명했다(화성인이 지구를 침공하는 내용의《우주 전쟁》을 오손 웰스가 1938년 (CBS에서 핼러윈 특집으로 각색해) 라디오 방송을 하면서 청취자들을 공포로 몰아넣은 사건 이후 훨씬 더 유명해졌다). 하지만 웰스의 명성은《세계사 대계》가 성공하는 데 하나의 요인일 뿐이었다. 대중이 문명의 기원과, 인류가 쌓아온 것에 대한 잠재적 위협을 깊이 이해하고 싶게 된 결정적 자극제는 제1차 세계대전이었다. 즉 문명국이라고 하는 나라들이 서로, 또 국내적으로도 아귀다툼을 벌일 수 있는 능력과 의지는 미국인 및 유럽인의 사고 방식에서 새로운 것이었다.

1926년 발간된《세계사 대계》2판 서문에서 웰스는 1918년에 그 책을 집필해야겠다고 마음먹게 한 정서들을 감동적으로 서술했다. "지칠 대로 지치고 가장 큰 환멸을 느낀, 1차 대전의 마지막 해였다. 좀처럼 없던 궁핍함이 도처에 만연했다. 도처에서 애도했다. 죽거나 불구가 된 이들의 이야기가 산처럼 쌓였다. 사람들은 국제 정세가 위기에 이르렀다고 느꼈다. 또 문명의 재난에 직면한 것인지, 인간 군집의 새로운 단계가 개시된 것인지 확신할 수 없었다. …… 세계의 민주 국가들에게 급격히, 또 비극적으로 내던져진 거대한 문제들의 본질을 충분히 이해하지 못했다는 자각이 널리 퍼졌다." 사람들이 "짧은 학창 시절에서 받은 협소한 역사 수업을 상기하려 해봐야 시시하고 일부는 생각 안 나는 왕과 대통령 이름만 떠올랐다"고 웰스는 말했다. 대중은 역사를 "자국을 제외한 모든 나라를 무시하는 국수주의적 시각에서" 배운 것이다.

편협한 구식 역사관에 대한 답은 물론 유럽, 중동, 아시아 문화와 더불어 인류의 생물학적 기원을 망라하려는 광범위한 시도를 한 웰스 자신의 책이었다. "지적 능력이 있는 세계의 모든 사람이 (사실 특별히 교육을 받지 않았지만) 세계의 문제 전체를 '이해'하기 위한 노력을 거의 의식적으로 추구하고 있는 시기에 왜 박학다식한 사람이 세계의 전 역사와 씨름을 하면 안 된단 말인가? 사람들은 사실 개인적으로 '역사의 대계'를 마음속에 임시방편으로 쓰고 있었다."[7] 초판, 즉 2년 동안 논픽션 분야에서 1위를 한 최고의 베스트셀러는 22쇄를 찍었다.

80여 년이 지난 현재, 웰스의 《세계사 대계》는 여전히 명성을 유지하고 있고, 또한 매력적인 삽화가 가득한 이 책을 사람들이 과시용으로 샀을 뿐 아니라 실제로도 많이 읽은 듯 보인다. 이 대량 판매용 기획물의 가장 눈에 띄는 측면 하나는 저자가 당당하게 다윈의 진화론을 받아들이고 그것을 사람들에게 전하려 했다는 것이다. 웰스는 토머스 헉슬리의 제자였다. 스콥스의 '원숭이 재판'이 있은 지 딱 1년 후 출간된 1926년 판은 "인류의 도래 전에 살았던 동물들"이란 제목에 공룡 세 마리가 들어간 전면 컬러 권두 삽화로 명랑하게 시작한다. 텍사스대학 연구 조사원들에게 인간과 공룡이 동시대에 살았다고 답한, 전체 고등학교 생물학 교사 중 25퍼센트가 부디 이 책을 읽기 바랄 뿐이다.

우주, 그리고 인간을 포함한 모든 동물의 기원들을 다루는 《세계사 대계》의 1장에서 9장까지는 창세기에 대한 박물학적·과학적 대응이다. 조지 버나드 쇼는 《세계사 대계》의 초반 장들이 창세기를 완전히 대체한다고 반조롱조로 말한 바 있다. 그런 책을 흔히 도서관, 그리고 학령기 자녀가 최고의 현대사상을 접하기를 바라는 부모가 구매했다는 것은 당시 미들브라우 문화의 세속적 특징에 관해 많은 것을 말해준다. 웰스는 이렇게 문을 연다.

생명의 역사를 시작하기 전에 먼저 우리의 드라마가 펼쳐지는 무대에 관해, 그리고 그 배경에 대해 이야기해보자. ……
최근 몇 백 년간, 우리가 살고 있는 가시적 세계에 관한 인간의 사상은 이례적으로 확대되었다. 동시에 개별 인간의 중요성은 어느 정도 축소된 듯하다. 사람들은 자신들이, 조상이 꿈꾸거나 추측했던 것보다 훨씬 방대하고 더 오래되었으며 더 대단한 전체의 세부 항목임을 배우게 되었다. ……
별의 거리라는 불가해한 심원을 가렸던 장막이 최근 300년 만에 걷혔다. 더 최근에는 우리 우주가 지속해온 어마어마한 기간을 마침내 알게 되었다. 고대인 가운데서는 인도 철학자들만이 살아 있는 존재가 거쳐온 어마어마한 시간들에 어떤 인식을 갖고 있었던 것으로 보인다. 유럽 세계에서는 한 세기 반 전까지만 해도 생물이 지속해온 시간을 놀랍게도 짧게 보았다. 1779년 런던의 한 서점 협회가 출간한 《우주의 역사》는 세계가 기원전 4004년(우스꽝스럽게도 정확히 지정하여) 추분에 창조되었고, 또 인류의 탄생이 에덴, 즉 유프라테스강 북쪽의 바스라에서 이틀 거리인 곳에서 이루어진 창조 작업을 완성했다고 명시한다. 이런 확신은 성경 이야기에 대한 매우 문자적인 해석에서 나왔다. 현재는 성경의 영감을 진심으로 믿는 이들 가운데서도 성경을 사실의 문제와 관련한 발언으로 받아들이는 이는 극소수다.[8]

미들브라우 문화의 세속화 힘은 보통 간과되어왔는데, 부분적인 이유는 하이브라우 지식인 집단에 스며든 무신론과 불가지론과 거의 닮지 않았기 때문이다. 19세기 마지막 사반세기 이후의 자유주의적 개신교와 개혁파 유대교처럼 미들브라우 사상은 과학과 종교의 관계에 타협적 입장을 취했다. 정보와 사실을 강조하는 미들브라우 저자들은 성서들에 대해, 현대 지식에 비추어 볼 때 부적절한 문자적 해석을 고집하지 않는 한 과학과 종교는 충돌하지 않는다는 웰스의《세계사 대계》에 내포된 주장을 받아들이는 경향을 보였다.

이것은 바로 오늘날 창조론과 지적 설계론을 고등학교 생물학 수업에 넣으려는 종교적 우파의 시도에 맞서 싸우는 많은 과학자가 취하는 입장이지만, 진화론과 종교를 조화시키려는 현재의 시도는 본질적으로 반동적이고 방어적이다. 반면 옛 미들브라우의 핵심 주장들은 사람들이 과학적인 것과 합리적인 것으로 생각을 바꾸도록 하는 데 부끄러워하지 않고 태연했다. 웰스는 사람들에게 진화론을 받아들이기 위해 종교를 포기해야 한다고 하지 않고, 성경이 사실에 입각한 역사 기록이라는 생각을 포기해야 한다고 이야기했다. 미들브라우 문화는 과학적 발견과 진보를 중요시했기에 그 문화의 퇴보는 지난 30년간 반지성주의와, 과학에 대한 근본주의자들의 전쟁이 뒤섞이는 데 중요한 역할을 했다.

결국 웰스의 선구적 저작보다 많이 팔리게 되는 문명사 대계를 저술한 윌 듀런트 또한 철저한 세속주의자이자, 한때 로마가톨릭 사제가 되려는 뜻을 품었던 무신론자였다. 유명해져서 그의 이름이 많은 사람들의 입에 올라 우리 아버지의 짜증을 돋우기 전, 듀런트는 또 엄청난 성공을 거둔 모험적 사업, 즉 별난 인물 이매뉴얼 홀드먼 줄리어스가 출간하는 《리틀 블루 북스Little Blue Books》 시리즈를 위해 애쓰고 있었다. 러시아에서 이주한 제본 기술자의 아들 홀드먼 줄리어스는 계몽주의 시대의 소책자 만들기, 진보시대의 특징인 협력 경제 사상, 그리고 1920년대의 새로운 대량 판매 기법을 결합한 출판계 천재였다. 그의 기획은 가로 3.5인치, 세로 5인치, 총 1만 5000단어가 들어가는 판형에 파란색 표지의 책을 권당 25센트에 판매하는 "보편적 인쇄 방식"을 마련하는 것이었다. 1919년 그는 그 모험적 사업을 단순함 그 자체의 방식으로 개시했다. 즉 폐간된 한 사회주의 주간신문의 구독자였던 17만 5000명에게 5달러를 요청하는 광고 우편물을 보냈다. 그 보답으로 홀드먼 줄리어스는 그들에게 세계의 위대한 문학과 사상이 일부 포함된 50권의 소책자를 출간되는 대로 배송할 것을 약속했다.

《리틀 블루 북스》 시리즈에서 처음 나온 두 권은 《우마르 하이얌의 루바이야트》와 오스카 와일드의 《레딩 감옥의 발라드》였다. 20세기 초, 홀드먼 줄리어스의 출판사는 성경, 그리스 고전, 괴테, 셰익스피어, 볼테르, 에밀 졸라, H. G. 웰스, 로버트 잉거솔 강연집 등을 포함한 《리틀 블루 북스》 시리즈를 하루 24만 부 생산했다. 1922년 홀드먼 줄리어스는 듀런트에게 플라톤, 아리스토텔레스, 스피노자, 존 듀이를 포함한 주요 철학자의 저작들을 요약하는 작업을 의뢰했다. 그리고 그 소책자들이 "독학과 자기계발"에 도움이 된다고 광고했다. 듀런트의 전문 지식도 강조되었다. 그는 윌 듀런트 박사(Ph.D., 당시에는 박사가 드물었다) 혹은 윌 듀런트 박사(Dr., 이미 하이브라우들에겐 허세를 부리는 것으로, 의사들에겐 거짓 광고로 간주된 용어였다)로 표기되었다.[9] 1925년 홀드먼 줄리어스는 시리즈 중 철학에 관한 듀런트의 글 전체를 대형 출판사(실은 신생 출판사 사이먼 & 슈스터였다)에서 한 권으로 판매하자는 의견을 냈다. 600여 쪽의 두꺼운 책, 듀런트의 《철학 이야기The Story of Philosophy》는 시리즈의 원고를 거의 그대로 가져와 다시 찍은 것이었다. 1925년 말엽, 《철학 이야기》는 베스트셀러 목록 상위에 올랐고, 많은 시간이 흐른 뒤 듀런트를 백만장자로 만들어주게 되는 《문명 이야기》 시리즈의 원형이 되었다. 그 원작을 의뢰한 홀드먼 줄리어스도 부자가 되었다.

20세기 심리학, 철학, 사회학뿐 아니라 19세기 자유사상에 큰 빚을 졌고 또 그것들의 구성 요소이기도 한 《리틀 블루 북스》 시리즈는 정신 수련보다는 인격을 닦고 공적 이미지를 개선하는 것을 더 강조하는, 여명기의 자기계발과는 뚜렷이 구별되는 미국의 전통적 이상인 독학을 나타냈다. 1919년부터 1949년까지, 그러니까 상업 출판사들이 대대적으로 염가판 시장에 진입하기 직전까지 《리틀 블루 북스》 시리즈는 3억 부 이상 출간되었다. 대공황기에는 중고 《리틀 블루 북스》 시리즈 50권 세트가 1달러에 팔리고 또 읽은 후 다시 팔리는 식으로, 양장본을 구입할 형편이 안 되는 대다수 독자 사이에 유통되었다. "얼마나 많은 이들이 이 책들을 읽었는지 추산하기란 불가능하다." 해리 골든은 이렇게 썼다. "수천, 수만 권의 《리틀 블루 북스》가 병원, 교도소, 공공근로 막사, 군 막사에 유포되었다."[10]

지식인들이 가장 무시한 두 가지 산업을 언급하지 않고는 미들브라우 산업 논의를 마무리할 수 없다. 즉 1926년에 만들어진 '이달의 책 클럽'과 1952년 대대적인 광고와 더불어 소개된《서양의 위대한 책Great Books of the Western World》 선집이다. 후자는 무게 45킬로그램에 3만 2000쪽, 총 54권, 2500만 단어, 저자 76명에 440편의 글로 구성된 선집으로, 총 금액 249.95달러 중 10달러만 선금으로 내면 나머지는 할부로 살 수 있는 브리태니커 사의 책이었다. 이 모든 사실은 하이브라우 평론가 드와이트 맥도널드가《뉴요커》에 실은 가차 없는 공격에 재미도 있는 글에서 보고한 것이다.[11] 그 잡지가 꼼꼼한 사실 확인으로 유명하다는 것을 고려하면, 맨해튼 웨스트43번가에 위치했던 그 잡지의 예전 사무실에서 그 책들을 실제로 저울에 달아보고 자로 재보고 또 단어도 컴퓨터가 없던 시기에 달성할 수 있는 최고의 정확도로 계산한 것이 분명해 보인다. 맥도널드가《뉴요커》기고문에 이름을 적은 행, 즉 기명란은 제2차 세계대전 후 미들브라우 문화와 하이브라우 문화의 수렴을 보여주는 많은 표시 중 하나였다.

　《서양의 위대한 책》은 시카고대학의 전설적인 전 총장 로버트 허친스(학계, 문화계, 산업계가 중첩된 분야에서 선도적 역할을 한 그는《브리태니커백과사전》에 지분이 있었다), 그리고 1920년대에 컬럼비아대학에서 철학 교수를 지냈고 이후 허친스가 총장으로 있던 시카고대학에서도 철학을 가르친 모티머 J. 애들러가 이끄는 편집위원회에서 심사 및 선정했다. 예상한 대로 철학자와 신학자가 많이 반영되었다(플라톤, 아리스토텔레스, 아우구스티누스, 토마스 아퀴나스, 데카르트, 스피노자, 헤겔, 칸트. 하지만 니체, 마르크스, 프로이트는 제외되었다). 이 시리즈에는 물론 20세기 전의 저명한 문학가 다수가 포함되었다(호메로스,

아이스킬로스, 소포클레스, 에우리피데스, 초서, 단테, 셰익스피어, 세르반테스, 밀턴, 톨스토이, 도스토옙스키). 20세기 소설은 대개 무시되었기 때문에 그런 누락은 당연한 결과였는데, 울프가 말했듯이, 미들브라우 취향을 결정하는 이들은 시각예술과 공연예술뿐 아니라 모더니즘 문학에도 집요하게 적대적이었다. 호화스럽고 경제적으로나 문화적으로나 끼리끼리 모이는 연회가 "설립 후원자들"을 위해 뉴욕의 월도프아스토리아호텔에서 열렸고, 환심을 사려는 만찬 후 탁상연설은 '이달의 책 클럽' 심사위원이자 인기 라디오 퀴즈 쇼 〈인포메이션 플리즈Information Please〉의 진행자인 클리프턴 패디먼이 했다. 컬럼비아대학에서 애들러의 제자이기도 했던 패디먼은 모인 손님들에게 그들이 "초기 기독교의 수도사들"과 다를 바 없다고 이야기했는데, 또 다른 암흑기를 거치면서 "유일하게 문명인이라고 자칭할 수 있는 특징인 비전, 사상, 깊은 번민의 외침, 그리고 깨달음의 함성"을 지키는 과업을 맡아왔기 때문이라는 것이었다.[12] '문명'은 그 할부판매 선집에 포함되는 책들의 위대함을 판단하는 문지기들이 정의한 문명화를 의미했다.

이 특정한 문명화의 깨달음은 1943년 애들러가 시카고의 기업 간부들을 위해 마련한 세미나에서 비롯되었다. "뚱뚱한 사람의" 수업이란 별칭이 붙은(참가자들의 재력, 그리고 아마도 허리둘레 때문에) 시카고 세미나는 전국 각지에 비슷한 모임들을 낳았고 1946년에는 그런 모임에 등록한 미국인이 약 2만 명에 이르렀다. 당대의 평자들은 그런 세미나의 열정 대부분을, 제1차 세계대전 후 《세계사 대계》의 수요를 낳은 반응에 필적할 정도로 문명사회가 쉽게 깨질 수 있음을 다시금 깨달았기 때문으로 보았다.[13] 그런 세미나와 《서양의 위대한 책》 시리즈에는 과시적 소비라는 요소도 강하게 있었다. 애들러의 세미나에 참여한 한 광고 회사의 이사는 논의 중인《서양의 위대한 책》시리즈 각 권의 구호를 고안하여 광고의 권유 내용을 요약, 제시했다. 아리스토텔레스의《윤리학》에는 이런 문구가 달렸다. "부자는 어떻게 살아야 할지는 모르지만 어디서 살아야 할지는 분명히 안다."[14]

《서양의 위대한 책》시리즈는 1920년대의《세계사 대계》와 달리, 그런 비싼 양장본 책을 내기에는 상업적으로 좋지 않은 시기에 (출판 시장이 이제 막 염가 문고판으로 바뀌던 시점에) 출간되었다. 맥도널드가 지적하길, 시리즈 저자들의 책은 모두 (시리즈와는 별도로) 여전히 판매 중이어서 249.95달러보다 훨씬 저렴한 가격에 따로따로 구입할 수 있었다. 그런데 그가 (글을 게재한) 1952년에 몰랐던 것은 몇 년 만에 그런 명저들이 모두 염가 문고판으로 나와 훨씬 저렴하게 판매되리라는 것이었다. 하지만 맥도널드와 우리 아버지가 거의 똑같이 강하게 비판했듯이,《서양의 위대한 책》시리즈는 사람들이 읽기를 의도했다기보다는 구매자가 책을 읽고 과시용 책을 구입할 형편이 되는 부류임을 입증해주었을 뿐이다. 맥도널드의 가장 유효한 지적 하나는 일부 분야, 특히 과학에서 최신 지식이 더 이른 시기에 수용되던 진실과 충돌한다는 것, 그에 따라 (히포크라테스처럼) 과거의 진실에 속한 저자들은 그들의 특정 분야의 역사에만 유의미하다는 사실을 그 시리즈는 거의 고려하지 않았다는 것이다.

맥도널드는 기본적으로 로마가톨릭 신학을 위해 아리스토텔레스를 재포장한 아퀴나스를 다른 저자들과 동일한 수준으로 취급했다. "상위의 욕구 가운데 노여움의 부분과 욕정에 굶주린 부분을 식별해야 하는가?" 혹은 "하급 천사는 상급 천사와 이야기를 하는가?" 같은 아퀴나스의 사색에 얼이 빠진 평론가에게 공감하는 것은 어렵지 않다. 그렇지만 어떤 독자가 우연히《서양의 위대한 책》중 한 권을 펼쳤을 때 무엇을 배우게 될지는 전혀 알 수 없다. 나는 열한 살 무렵, 미시간주 이스트랜싱에 위치한 세인트토마스아퀴나스학교에 다녔는데, 한 친구 집에 그 시리즈 전권이 있었다. 내가 그 집에 마음이 끌린 주된 이유는 자녀가 열 명인 선한 가톨릭 가정의 복닥복닥한 거실에 그 많은 책들이 자리를 차지하고 있었기 때문이다. 어느 날 밤 그 집을 방문했을 때 나는 아퀴나스의 책 한 권을 펼쳤고, 정통 가톨릭교도로 자랄 사람에게 유익할 수준 이상으로《신학대전》을 자세히 읽었다. 사실 나는 전혀 터무니없는 소리로 들리기 시작한 수녀님들의 가르침에 대한 설명을 찾고 있었다. 하느님은 왜 삼위일까? 사위나 오위가 아니고? 하느님은 누가 만들었지? 하느님은 왜 아기들이 죄의 얼룩이 묻은 채로 태어나도록 했을까? 아퀴나스는 그럴듯해 보이는 답들을 내놓았지만 내게는 더 단순하게 정리해놓은《볼티모어 교리문답》보다도 훨씬 터무니없게 들렸다. 죄의 '전염'은 '출산'을 통해 자동으로 이루어지는 것이고, 따라서 출산의 수단 자체가 이미 전염, 감염된 것이었다. 분명 나는 의심을 품다가 결국 무신론에 이르렀을 터인데, 가까운 데 있던 두꺼운《신학대전》을 읽어서 그날을 앞당기게 되었다. 그럼에도 따분하고 허세를 부리며 매우 선별적인 구성일지라도 지식을 편하게 접할 수 있는 미덕이 있다는 것은 미들브라우 문화의 많은 풍자 작가가 포착하지 못한 진실이다.

'이달의 책 클럽'은 미국인을 "초기 기독교 수도사들"의 군단으로 모병하려 하기보다는 사람들을 즐겁게 해주는 데 주된 목적이 있었다는 점에서《서양의 위대한 책》기획과 다른 범주에 속한다. 동시에 그 클럽의 심사위원들은 정보성 내용으로 문자 그대로의 의

미에서 무거운 책에 대한 강한 선호를, 논픽션뿐 아니라 소설에서
도, 항상 드러냈다. 창립한 1920년대부터 양장본 책 클럽들이 문고
판과의 경쟁으로 존재 이유의 대부분을 상실하기 시작한 1960년대
중반까지, '이달의 책 클럽'은 미들브라우 및 중산층 미국인의 취향
을 전형적으로 보여주었다.《서양의 위대한 책》기획과 마찬가지로
'이달의 책 클럽'도 복잡한 문화의 덤불숲에서 보통 사람들이 더 나
은 교육을 받고 더 세련된 안내자들의 인도를 받을 필요가 있다는
생각에 기초했다. 1927년의 한 광고 책자는 편리함에 대한 욕망에
호소하면서 동시에 지식과 관련한 고객들의 불안감을 이용하여 그
클럽의 홍보 내용을 요약해 보여주었다. 유모의 어조를 쓴 그 책자
는 흥미로워 보이는 책에 대해 듣고 "꼭 읽겠어"라고 혼잣말을 하지
만 게으르거나 깜박해 그 선한 의도를 실천하지 못하는 미국의 전
형적인 "애서가"에 대해 이야기했다. '이달의 책 클럽'은 이어서 후
회하는 게으름뱅이의 모습을 이렇게 묘사했다. "아마도 그후 그는
책을 좋아하는 일군의 사람들 가운데서 추천받았던 그 책에 대해
다시 듣게 될 것이다. 그리고 슬프게 인정할 것이다. '책을 펼쳐보지
도 못했어.'"[15]

　　1920~1930년대, '이달의 책 클럽'의 도서 선정을 담당하는 심사
위원단의 첫 위원장은 헨리 사이들 캔비로, 그는 전 예일대학 영문
학 교수이자《새터데이 리뷰 오브 리터러처》를 창립한 편집자 중
한 명이자 고상한 전통 미국 문학의 대변자이기도 했다. 캔비는 리
얼리즘 및 모더니즘 문학의 적대자였다(이후 수십 년 동안 그런 반모더
니즘 견해가 다소 부드러워긴 했지만). 1878년에 태어난 그는 윌리엄 포
크너, 에즈라 파운드, T. S. 엘리엇, 어니스트 헤밍웨이, 토머스 울
프, F. 스콧 피츠제럴드, 제임스 조이스, D. H. 로런스같이 이질적인

동시대 작가들에게 깊은 의혹을 품었다. 이들의 작품 중 어떤 것도 1920~1930년대에 주요 도서로 선정되지 않았다(1940년 헤밍웨이의 《누구를 위하여 좋은 울리나》가 마침내 주요 도서로 선정된다). 이런 누락만으로는 제2차 세계대전 이전 미들브라우 취향의 폐단만을 확인할 수 있을 뿐이다. 하지만 중도적 문학 취향은 고정적이지 않았다. 즉 헤밍웨이, 울프, 피츠제럴드, 그리고 정도는 덜했지만 포크너도 전후 미들브라우 문학의 아이콘이 될 터였다. 또한 1920~1930년대에 '이달의 책 클럽'이 선정한 소설, 논픽션 책들이 문학적 가치가 없다고 주장할 수도 없다. 그 시기에 선정된 주요 책들로는 에리히 마리아 레마르크의 《서부 전선 이상 없다》, 시그리드 운세트의 《크리스틴 라브란스다테르》, 윌라 캐더의 《바위 위의 그림자》, 프레더릭 루이스 앨런의 《바로 어제》, 리처드 라이트의 《미국의 아들》, 이그나치오 실로네의 《빵과 포도주》가 있었다.

전후, '이달의 책 클럽' 선정 도서들, 뿐만 아니라 구독자 소식지에서 비평한 다른 많은 책들도 광범위한 취향을 반영하기 시작했다. 심사위원들이 포크너와 헤밍웨이에게 뒤늦게 경의를 표한 탓에 그들의 초기 작품보다 훨씬 못한 책들이 선정되기도 했지만 말이다. '이달의 책 클럽'도 미들브라우 문화 자체와 마찬가지로 1940년대 말부터 1960년대 초를 거치는 동안 영향력이 절정에 달했다. 1947년부터 1965년까지 '이달의 책 클럽' 소식지에서 비평한 책 목록에는 당대에 주요한 충격을 가했을 뿐 아니라 오랜 세월에도 건재한, 다음과 같은 소설, 논픽션 작품이 포함되어 있다. 노먼 메일러의 《벌거벗은 자와 죽은 자》, 트루먼 커포티의 《다른 목소리, 다른 방》, 아서 밀러의 《세일즈맨의 죽음》, 조지 오웰의 《1984》, J. D. 샐린저의 《호밀밭의 파수꾼》, 랠프 엘리슨의 《보이지 않는 인간》, 윌리엄 샤이러의 《제삼제국의 흥망》, 제임스 볼드윈의 《내 이름은 아무도 모른다》와 《다음에는 불을》, 조지프 헬러의 《캐치-22》, 레이첼 카슨의 《침묵의 봄》(1962년 열렬한 환경주의자인 대법원 판사 윌리엄 O. 더글러스가 서평을 쓴), 메리 매카시의 《그룹》, 하퍼 리의 《앵무새 죽이기》, 그리고 《맬컴 X 자서전》.[16]

이 책들 중 다수는 '이달의 책 클럽'의 주목을 받지 못했다면 베스트셀러치고 비교적 덜 팔렸을 것이고, 한편 다른 책들(특히 《캐치-22》)은 평론가들의 호의적인 주목을 직접 끌진 못했지만 '이달의 책 클럽' 구독자들의 주목을 받아 득을 본 게 분명하다. 이 목록과 관련해 말해야 하는 것은, 하나같이 "좋은 읽을거리"지만 독자에게 지식을 요구하고 또 그 시대에 수용되던 주류 의견에 도전한 많은 책이 포함되었다는 것이다. 오랜 세월을 견뎌내지는 못했지만 당대의 통념에 관해 드러내는 것이 있다는 것만으로 오늘날에도 관심을 받고 있는 책들을 '이달의 책 클럽'이 지지한 것은 사실이다. 내가 젊은 시절에 좋아했던 책 하나(공주 같은 젊은 유대인 여성이 처녀성을 잃는 게 얼마나 깜짝 놀랄 일인지를 565쪽으로 살펴보는 허먼 오크의 《마저리 모닝스타》)가 그런 책에 속한다.

1950년대와 1960년대 초 내내 베스트셀러였던 미들브라우 역사소설들은 전적으로 다른 범주에 속한다. 하이브라우 비평가들은 제임스 미치너와 어빙 스톤 같은 작가의 소설을 경시했지만, 이 소설들을 탄생시킨 어마어마한 분량의 꼼꼼한 연구 조사는 당대와 현재의 대중문화 차이를 측정하는 중요한 도구다. 최근에 이르러서야 진지한 비평가들은 미들브라우 시대의 막대한 연구 조사에 기초한 역사소설들의 진가를 알아보기 시작했다. 2006년 《뉴욕 리뷰 오브 북스》에 실린 한 기사에서 미술평론가 잉그리드 롤런드는 어빙 스

톤의 1961년 베스트셀러 역사소설《고통과 환희The Agony and the Ecstasy》
와 댄 브라운의 2003년 초대형 베스트셀러《다빈치 코드》를 효과
적으로 분석했다. 703쪽인 스톤의 소설은 미켈란젤로에 관해 알려
진 것에 충실하고 실제 미술사로 가득하다. 반면《다빈치 코드》는
실제 레오나르도와 아무 관련 없는 초자연적 스릴러로 미술사를 왜
곡한다. 잘 속는 독자들은 유럽에서 그 암호 지역들을 찾는 데 열
심이고(그에 따라 등한시되던 성당들의 새로운 소득 원천이 되고) 그 증거
가 본질적으로 허위임을 인식하지 못한다. 미켈란젤로의 드로잉들
의 주요 전시회에 관해 평하면서 롤런드는 전시 안내서의 전기 관
련 내용이 스톤의 소설과 흡사하다고 지적했는데, 그 이유는 이렇
다. "스톤은 세심한 연구 조사로 같은 이야기를 하는 데 같은 출처
의 자료를 사용했다. …… 레오나르도를 날림으로 분석하고 성배에
대해 장황하게 늘어놓는《다빈치 코드》가 인기를 누리는 요즘, 스
톤의 소설은 특히 인상적인데, 공감을 이끌어내는 게 쉽지 않은 시
절에 그런 방식으로 미켈란젤로의 매력을 사람들에게 보여주었기
때문이다."[17]

스톤의 소설의 역사적 정확성은 1964년 영화에서는 그대로 반복
되지 않았는데, 거기서 찰턴 헤스턴이 어색하게 연기한 미켈란젤로
는 한 여성의 사랑을 받는 것으로 나온다. 영화에서 헤스턴은 "카라
라의 대리석 채석장에서 땀 흘려 일하던 중 칙칙한 갈색 시스티나
성당의 천상의 형태를, (아직 작곡되지 않은) 〈할렐루야 합창〉이 울려
퍼지는 천국으로 생각한다". 반면 소설《다빈치 코드》와 동명의 영
화는 둘 다 미술사의 사실들을 떠안지 않는다. 브라운의 가장 우습
게도 시대착오적인 주장 중 하나는 레오나르도의 〈최후의 만찬〉에
서 '애제자' 요한의 다소 여성적인 이미지가 사실 막달라 마리아를

나타내려는 의도였다는 것이다. 즉 '암호'라는 것이다. 요한은 르네상스 미술에서 항상 머리카락을 늘어뜨린 청년으로 재현되었는데, 십이사도 중에서 가장 어린 인물로 간주되었기 때문이다. 레오나르도의 프레스코에서 요한이 사실 막달라 마리아였다는 주장은, 예수가 십자가에서 죽지 않았고 또 십자가에 못 박혔을 때 자신의 아이를 임신 중이던 마리아와 결국 결혼했다는 브라운의 가설에 필수적이었다.[18]

　나는《고통과 환희》를 열다섯 살 때 읽었는데, 스톤이 시스티나 성당 천장과 미켈란젤로의 조각상들을 묘사한 것에 매혹된 나머지 처음으로 도서관의 미술책에서 복제품들을 찾아보기도 했다. 대중적 미들브라우 문화와 고급문화 사이의 그런 식의 연결은 자명해서, 1930~1950년대 하이브라우 비평가들이 독자가 그런 작품에서 무언가 중요한 것을 실제로 배울 수 있다는 생각을 왜 그토록 경멸적으로 일축했는지 도무지 이해하기 어렵다. 버지니아 울프는 왜 미술관도 없는 미시간주 오키모스의 소녀가 위대한 조각상이 주는 느낌이 어떤지를 직접 체험해야 한다고 생각했을까? 아무튼 나는 엘긴 경이 파르테논신전에서 강탈해온 프리즈를 보기 위해 대영박물관행 지하철을 탈 수 있는 처지가 아니었다.

　많은 베스트셀러 소설의 분량만으로도, 되도록 많은 정보를 얻고 싶어 하는 미들브라우 독자의 욕망은 증명되었다. 책을 구입하는 이들은 짧은 읽을거리가 아니라 장편에 관심이 있었다. 앨런 드루리의《조언과 동의Advise and Consent》(1961), 즉 700쪽이 넘는 이 정치 소설은 정치적 사기와 워싱턴의 섹스 스캔들에 국한하지 않고 양원의 절차들을 연구 조사하여 주의 깊게 묘사했다(대중적 미국 소설 가운데 처음으로 동성애를 공감적으로 묘사한 이 소설은 게이임을 숨기는 유타주 모르몬교도 상원의원의 고통을 그렸다.《조언과 동의》를 잃고 동성애자의 존재를, 그리고 그들이 자신의 성정체성을 숨기며 겪은 고통도 알게 된 십대가 나만은 아니었을 것이다). 900쪽이 넘는 제임스 미치너의《하와이》는 장로교의 선교 역사부터 쓰나미의 지질학적 기원과 특징까지 모든 것을 다루었다.■ 이 장대한 소설들이 대체로 문체상의 품격은 부족할지라도 그 분량을 고려해볼 때, 지난 40년 동안 글을 읽을 수 있는 미국인의 주의 집중 시간이 감소했음을 입증한다.

미국에서 전후의 풍요와 고등학교의 확대는 책부터 명화의 값싼 복제화에 이르기까지 미들브라우 문화의 모든 산물에 대한 수요를 증가시킨 원동력이었다. 돈 또한 문화 변동을 추동했다. 지적인 하이브라우들과 미들브라우들이, 적어도 출판물상에서는, 전례 없이 어우러지게 된 것이다. 이 변동은 미들브라우 잡지에 저작을 실어 돈을 벌던 하이브라우들에게 상당한 불안과 당혹감의 원천이었지만, 진정한 지식인들에게 공론장을 제공하려는(혹은 자신의 관점에 따라 그들을 끌어들이려는) 미들브라우 편집자들의 열의는 분명 당시 미국 문화의 활력을 입증해주었다. 과거에 좌경분자였던 이들은 좌파 지식인들이 출판 계약을 맺거나 신문과 대중잡지에 기고하거나 일반적으로 모든 유형의 문화 비평에 대한 증가하는 수요에서 이득을 보는 것을 막지 않았다(누군가 그에 대해 언제든 공개적인 해명을 요구할지 모르긴 했지만).

■ 나는 2004년 인도양 쓰나미로 목숨을 잃은 무수한 이들에 관해 읽다가 이내《하와이》를 떠올렸다. 조류가 갑자기 물러나는 것을 지켜보던 많은 이들이 해저에 드러난 생물과 산호충을 보려고 걸어 나갔다가 치명적 파괴력으로 되돌아온 쓰나미를 만났는데, 미치너가 소설에서 묘사한 장면과 비슷하다.

1950년대, 1930년대에 성년이 된 저명한 뉴욕의 지식인(자기들 끼리 "가족"이라 불렸고 전부는 아니지만 대개 유대인이던) 중 일부가 자신들의 소규모적이고 매우 정치적인 지식인 잡지들에서 빠져나왔다. 1940년대와 1950년대, 하이브라우 작가들의 이름이 명백히 중상층 대상인 《뉴요커》와 《새터데이 이브닝 포스트》 같은 대중잡지에도 기명란에 등장하기 시작했다. 《뉴요커》 정기 기고자 명단의 맨 위에는 드와이트 맥도널드가 있었다. 그는 스탈린주의 같은 진지한 사안부터 로우브라우와 미들브라우 할리우드 영화를 좋아할 수 있는가, 지적인 위상에 대한 어떤 권리를 보유하는 게 가능한가 같은 사소한 문제까지 모든 것을 두고 서로 맹공하는 성향이 명석함을 능가하는, 얽히고설킨 뉴욕 지식인 무리에서 선도적인 인물이었다. 1930년대에 (《파티잔리뷰》에서) 《뉴요커》를 미들브라우 상업주의라고 공격했던 그가 1940년대에는 바로 그 《뉴요커》에 기고하기 시작했다. 철저한 반골 성향이었지만 그는 한때 자신이 물어뜯었던 그곳에서 밥벌이를 하는 데 거리낌이 전혀 없는 듯 보였다.

반면 1950년대 초, 그 잡지로부터 서평을 의뢰받았을 때 원칙을 저버릴 경우 뉴욕에서 지식인으로서의 지위가 어떻게 될까 노심초사한 젊은 노먼 포드호레츠는 그렇지 않았다. 진정한 지식인이 어떻게 부유층이 애용하는 5번가 백화점, 다이아몬드 장신구, 특정한 연도에 생산된 빈티지 샴페인, 값비싼 와스프 리조트 광고로 가득한 간행물에 글을 실어 자신의 명성을 더럽힐 수 있단 말인가? 포드호레츠는 우회적인 궤변으로 답했다. "정확히 미들브라우 잡지는 아니었기에" 《뉴요커》에 글을 쓰는 것은 괜찮았다. "왜냐하면 모더니즘 이전 시기(즉 하이브라우와 미들브라우가 분열하기 전 시기)의 문화 전통을 기반으로 하고 있고, 그때는 아마도 유일하게 남은, 그런 전

반지성주의 시대

통의 문학적 본보기였기 때문이다."[19]

다른 지식인들 중에 에드먼드 윌슨, 메리 매카시, 라이어널 트릴링, 앨프리드 케이진은 포드호레츠의 섬세한 감수성이 없었거나, 지식인의 그런 우월의식이 사실 얼마나 우스꽝스러운지를 알아차릴 수 있는 분별이 있었다. 1940년대 말, 제대군인원호법에 따른 보조금을 다 쓰고 나면 입에 풀칠하기 위해 애써야 할, 예기치 못한 충격에 직면한 세대에 속한 어빙 하우는 《타임》에 서평 쓰는 부업을 하다가 결국 브랜다이스대학 영문학 교수로 자리 잡았다. 보수적인 헨리 루스의 출판 제국은 아이러니하게도 수년간 무수한 급진적인 뉴욕 지식인들을 먹여 살렸다. 맥도널드는 경제지 《포춘》의 전속 작가로 일하기도 했다. 그 "가족"의 여성들도 여성지에 글을 썼다. 1940년대 말, 《파티잔리뷰》에 기고하기 시작했을 때 다이애나 트릴링은 이미 《글래머》에 글을 쓰고 있었다(분명 두 잡지를 위해 일한 건 그녀가 처음이었을 것이다). 회고록에서 트릴링은 미들브라우 문화와 하이브라우 문화가 뒤섞인 순간을 되돌아보고 진정한 지식인들이 대중잡지에 등장한 것이 전후 미국 사회에 의미한 바를 예리하게 살폈다. 그녀는 이렇게 회상했다.

> 한 대중적인 여성지의 편집자는 나에게 이야기하곤 했다. 모든 대중잡지의 편집자들이 …… 좀 더 대중적인 필자를 찾아야 할지, 아니면 그녀의 표현에 따르면 "《파티잔리뷰》의 필자들을 빼돌려야" 할지를 결정해야 했던 순간이 최근에 있었다고 말이다. 후자를 택한 잡지들은 독자 수가 늘었다. 앞다퉈 대중성을 추구한 잡지들은 판매 부수가 줄었다. 그녀가 묘사한 것은 이 나라의 문화생활에서 매우 진지한 세계와 우리의 보다 대중적

인 문화 사이에 존재하던, 사실상 건널 수 없던 간극이 돌연 좁아지기 시작한 순간이었다.[20]

　내 추측에는 하이브라우 필자들과 판매 부수 증가의 관계에 관한 편집자의 말이 트릴링의 비위를 맞추려는 빈말로 들리지만, 어쨌든 대중잡지의 책임자가 굳이 그런 사소한 거짓말을 했다는 사실은 문화적 거리가 줄었다는 트릴링의 주장을 강화해줄 뿐이다. 그 간극은 1960년대 초, 그러니까 케네디 행정부가 뉴프런티어정책과 고루한 아이젠하워 행정부의 차이를 강조하기 위해 지식인들을 기민하게 사용한 시기에 훨씬 좁아진다. 그 무렵 지식인들의 저작은 훨씬 광범위한 교육받은 대중을 대상으로 한 신문 및 잡지에서 폭넓게 다루어졌다. 1960년대 전반기에서 네 권을 꼽자면 첫째는 폴 굿맨의 《바보 어른으로 성장하기Growing Up Absurd》로, (포드호레츠가 자유주의를 버리고 미국유대인협회의 대표적 간행물인 《코멘터리》를 신보수주의의 목소리로 바꾸기 전인) 원래 《코멘터리》에서 출간된 것이다. 다음은 한나 아렌트의 《예루살렘의 아이히만》, 제임스 볼드윈의 《다음에는 불을》, 그리고 가장 눈에 띄는 작품인 마이클 해링턴의 《또 다른 미국》인데, 모두 《뉴요커》에서 출간했다. 해링턴의 책은 케네디 행정부 및 존슨 행정부의 지식인들이 꼼꼼히 읽었고 린든 존슨의 '빈곤과의 전쟁'을 탄생시키는 데 일조했다.

　하이브라우의 기여로 강화된 미들브라우 문화가 가장 왕성해 보였을 때조차, 그 문화는 1950년대 중반에 처음 나타나 1960년대에 더욱 지배적으로 변한 사회적 힘들에 의해 점차 쇠약의 시기에 접어들고 있었다. 이들 중 가장 중요한 것은 물론 사치품이었다가 10

년 사이에 필수품이 된 텔레비전이었다. 이 새로운 매체는 하이브라우 문화를 오염시킬 수 없었는데, 기본적으로 그 문화는 전파로 매개되지 않았기 때문이다. 하지만 미들브라우 문화는 오염시킬 수 있었다.

초창기 텔레비전 시기를 형성한 이들 중 다수는 확실히 미들브라우적 열망을 품고 있었다. 그리고 〈플레이하우스 90〉 같은 드라마부터 에드워드 R. 머로의 다큐멘터리까지 "고급" 프로그램들을, '이달의 책 클럽' 같은 미들브라우 제도의 경쟁자라기보다는 보완물로 보았다. 텔레비전 및 라디오의 모든 방송이 많은 이익을 창출할 것으로 예상되지는 않았다. 대중적 호소력이 있는 인기 프로그램에서 얻은 이익이 시청자층이 협소한, 보다 진지한 프로그램을 보조할 터였다(이는 당시 출판계에도 통용되는 방침이었다). 텔레비전에 관한 고전적인 예는 에드워드 R. 머로가 리버라치, 험프리 보가트같이 유명한 스타들의 집에 방문하여 인터뷰하는, 엄청난 인기를 얻은 〈만남Person to Person〉과 진지하고 직설적이며 논쟁적인 다큐멘터리 프로그램 〈시 잇 나우See It Now〉의 관계였다. 라디오 시대에 그의 목소리가 그랬듯이 텔레비전이 있는 가정에 머로의 얼굴을 친숙하게 만든 〈만남〉은 1953년 가을, 즉 의회에서의 공산당 사냥이 사람들에게 미친 여파에 관한 머로의 가장 기억할 만한 〈시 잇 나우〉 방송 중 하나가 방영되기 딱 3주 전에 시작했다. 다큐멘터리 〈시 잇 나우〉는 전해지는 바에 따르면 공산주의 단체를 가지고 있는 부모와 자신의 직위 사이에서 선택을 해야 했던 공군 예비역 장교 마일로 라둘로비치의 고뇌를 연대기적으로 보여주었다. 머로의 전기 작가는 이렇게 보고했다. "훗날, 한 친구가 〈만남〉에서의 과장된 연기에 대해 ('자네도 재미 좀 보며 즐기지 않았는가'라고) 놀리자 그는 불쑥화를 냈다. '이봐, 〈만남〉이 대성공을 거둬서 내가 무엇을 **모면**할 수 있었는지 알기나 해?'"[21] 하지만 텔레비전의 진지한 측면, 그리고 그 첫 세대의 보다 진지한 사람들은 새로운 매체의 막을 수 없는 오락적 측면에 급속히 밀리고 있었다.

대중오락적 가치에 의해 미들브라우적 염원이 오염된 현상이 1950년대에 가장 극적으로 나타난 사례는 조작된 퀴즈 쇼(〔미들브라우의〕 "족편의 끈적끈적한 점액" 같은 것)였다. 1955년에 시작해, 많은 참가자에게 답을 미리 알려주었음을 밝힌 1958년 뉴욕 대배심 조사로 돌연 끝이 난 〈6만 4000달러짜리 문제The $64,000 Question〉 현상에는 미들브라우의 사실 숭배와 일확천금을 주는 제도의 대중적 매력이 결합되어 있었다. 우리 부모님도 조이스 브라더스 박사가 전문 지식 영역 가운데서도 권투에 관한 방대한 지식에 힘입어 〈6만 4000달러짜리 문제〉를 지배하는 것을, 그녀와 같은 두뇌파가 그런 활약을 벌이는 것을 결국 시청하기로 한 수백만 명에 속했다(그녀는 모든 것을 정직하게 풀었다). 또 우리는 컬럼비아대학 영문학부 강사이자 전설적인 영문학자 마크 반 도렌의 아들인 찰스 반 도렌이 맞상대인 허버트 스템플을 완파하는 〈21〉도 시청했는데, 두 사람 다 정답을 미리 전달받고 대본에 따라 정확히 쇼의 긴장감을 유지하게끔 발언한 것이었다. 지식계의 왕자가 된 반 도렌은 영화 〈바람과 함께 사라지다〉에서 레슬리 하워드가 연기한 근사한 애슐리 윌크스의 품격을 갖춘 듯 처신했다. 본래의 이미지 그대로였던(즉 일반적인 샌님이자 유대인 지식인들이 아직 상류층이 되지 못한 미국에서의 유대인이었던) 가련한 스템플은 인기를 얻을 기회조차 얻지 못했다. 청중 사이에서의 인기가 누가 정답을 말하고, 누가 오답을 말할지를 결정했기 때문이다. 〈21〉의 일부 문제들은 폭넓은 독서 경험이 없다면 정답을 대기 힘들다는 점에서 사실 어려웠다. 하지만 스템플과 반 도렌이 미리 짜고 한 어느 날 밤의 방송에서는 질문들이 터무니없이 쉬웠다. 반 도렌에게 제시된 질문은 〈워터프런트〉에서 말런 브랜도의 여자 친구를 연기한 배우(에바 마리 세인트)의 이름을 대는 것이었다. 공교롭게도 영화광인 스템플에겐 1955년 오스카상 최우수작품상을 차지한 영화에 관한 단순한 질문이 제시되었다. 정답은 어니스트 보그나인이 주연한 〈마티〉였는데, 스템플은 대본에 따라 모르는 척했다.

나는 열한 살이었고, 내 기억으론 여덟 살이던 남동생을 빼면 우리 가족 모두 두 질문의 정답을 알았다. 회계사이자 한때 노름꾼이었던 아버지는 껄껄 웃으며 말했다. "브루클린 출신의 외로운 사내가 작년에 〈마티〉가 오스카상을 탄 걸 **모를** 확률이 얼마나 될지 알아?" 어머니는 놀란 목소리로 대꾸했다. "설마 텔레비전 방송에서 감히 그런 일을 하겠어. 스템플이 긴장해서 깜빡했겠지." 아버지는 다시 껄껄 웃으며 말했다. "두고 보면 알겠지."

약 3년 뒤 반 도렌은 뉴욕 대배심 조사에서 퀴즈 쇼 조작 연루를 부인한 것이 위증이었음을 한 의회 위원회에서 시인했다. 1959년 여전히 애매한 태도를 취하던 반 도렌은 자신이 퀴즈 쇼 속임수의 "주된 상징"이었음을 시인했지만, 처음에는 과정이 그렇게 철저히 조작될지 몰랐다는 점에서 자신도 피해자라고 주장했다. 이러한 퀴즈 쇼 스캔들은 아이젠하워 시대의 말엽에 일어나서 다음 10년간 미국의 문화 및 정치제도에 대한 믿음 일반이 상실될 것을 경고하는 광부의 카나리아miner's canary°로 흔히 인용되어왔다. 그것은 사실일 테지만(나는 그 폭로가 당시 내 또래의 아이들에게 상당한 충격을 주었다고 확신한다) 환멸은 텔레비전이나 다른 어떤 제도보다 반 도렌 같은 사기꾼 개인에게 더 집중되었다. 반 도렌의 인생은 망가졌는데, 이는 부분적으로 이런 유형의 사기가 대중과 자신뿐 아니라 학계에서도 배반으로 간주되는 지적인 환경 출신이었기 때문이다.

낭패가 된 프로그램을 관장한 방송사 경영진은 순전히 상업적 문제로 간주한 그 사건에 대한 상업적 해결책을 서둘러 찾아냈다. 퀴즈 쇼들에 일부 참가자들을 계속 출연시키거나 빼도록 압박했던 단일 광고주를 다양한 광고주로 바꾼 것이었다. 그 쇼들이 판 것은 사실에 기초한 지식, 명성, 돈을 결합한 것이다. 특정 유형의 지식을 가지고 있고, 또 수백만의 시청자 앞에서 사실을 기억해낼 수 있으면 명성도 돈도 얻을 수 있었다. 퀴즈 쇼 스캔들의 여파로, 방송사 경영진은 어려운 문제들을 내던 쇼를 초등학교 4학년이면 정답 대부분을 댈 수 있는 쇼로 바꿈으로써 미들브라우의 지식은 빼버리고 명성과 돈은 유지했다. 미국인이 반 도렌에게 아무리 실망할지라도 텔레비전 자체는 손상되지 않았고 활자문화를 희생하여 자유롭게 영향력을 계속 확대했다.

처음에는 그 과정이 거의 감지하기 힘들 정도였다. 현재 모든 객관적 측정에 의해 증명된 읽기 및 쓰기 능력의 급격한 하락(어린이 및 성인의 시험부터 취미로 하는 독서 인구의 감소까지)은 20년쯤 전에 발생했다. 1960년대 초반뿐 아니라 1960년대 말 사회 격변기에도 책은 여전히 매우 중요했다. 그럼에도 독서층에 대한 가시적인 징후와 전조가 있었다. 1960년대 초 오후신문들은 나라 전역의 대도시와 소도시에서 독자를 잃기 시작했고, 1960년대 말에는 석간신문들

● 과거, 광부들이 공기에 민감하게 반응하는 카나리아를 탄광 안에 날려 보내 그곳 공기의 안정성을 시험하던 것에서 비롯된 표현. '경고'를 의미하는 관용구로 쓰인다.

도 멸종의 길로 가고 있었다.《새터데이 리뷰 오브 리터러처》같이 역사가 오래된 잡지들도 구독자가 크게 줄고 있었고, 새로운 편집자와 소유주들이 진지하지만 희망 없는 미들브라우 형식과 내용에 최신 유행의 스타일을 덧입히는 데 필사적이었지만 성공하지 못했다. 루스 제국의 거물급 대중 간행물들조차 1960년대 중반에 토대를 잃기 시작했다.

또다시 주요 원인은 텔레비전이었고, 그것은 케네디 대통령 암살 후 며칠 동안 뉴스 속보의 주요 정보원으로 진가를 발휘했다. 그런 예견을 한 문화비평가들은 거의 없었지만, 모든 활자 매체가 점점 커지는 텔레비전의 영향력 속에서 생존을 위해 이미 분투하고 있었다. 이런 쇠퇴의 전조 속에서 미들브라우 문화(누구나 이해할 수 있는 것 이상의 무언가를 염원하는 이들에게 오랫동안 독학의 수단이던)는 내리막길만 남아 있었다.

지난 10년 동안 미들브라우 문화는 다양한 사회평론가들, 대개 우파의 정치적 속셈을 품은 이들의 관심을 또다시 끌었다. 오늘날 문화적 보수주의자들은 미들브라우의 쇠퇴에 대해 이윤 추구의 인포테인먼트 산업뿐 아니라 좌파와 좌경분자들(1960년대의 신좌파와 1930년대의 하이브라우 구좌파 모두)을 탓하기를 좋아한다.《뉴욕타임스》의 칼럼니스트이자 텔레비전에서 흔히 볼 수 있는 고루한 권위자 행세를 하는 데이비드 브룩스는 맥도널드, 에드먼드 윌슨, 메리 매카시, 미술평론가 클레멘트 그린버그같이 1930년대에 형성되어 1950년대와 1960년대에 훨씬 더 큰 문화적 영향력을 행사한 급진적인 하이브라우 지식인들을 비난하는 데 많은 지면을 할애한다. 브룩스는 험악하게 쓴다. "그 지식인들은 자신들이 미들브라우 제도로 간주한 것에 공격을 개시했다. 그런 공격들은 너무 잔인해 숨이 막힐 정도다."[22]

1960년 맥도널드는 《파티잔리뷰》에 기고한 〈대중문화와 미들브라우 문화〉에서 미들브라우의 모든 것을 맹공격한 바 있는데, 브룩스가 염두에 둔 것은 분명 그것이었다. 맥도널드는 대중문화와 미들브라우 문화에 대해 매우 심술궂은 말들을 늘어놓았다.

> 《라이프》는 부유층의 서재의 마호가니 탁자에, 중산층의 소파 앞 유리 탁자에, 빈민층의 식탁보에 올라가는 전형적인 균질화된 잡지다. 같은 호에 싣는다. …… 버트런드 러셀의 여든 번째 생일을 축하하는 사설(〈위대한 지성인은 여전히 우리 세대를 고민에 빠뜨리고 또 아름답게 한다〉)을, 또 바로 맞은편에는 야구장에서 나이 지긋한 여성이 심판과 논쟁을 벌이는 사진을 전면으로(〈어머니, 퇴장당하다〉). 그리고 아홉 쪽에 걸쳐 컬러로 르누아르의 그림들을 싣고 이어 롤러스케이트를 타는 말 사진을 싣는다. …… 왠지 이렇게 마구 뒤섞는 것은 모든 것을 한 가지 방식으로 다루는, 그러니까 하찮은 것을 고상하게 만든다기보다는 진지한 것의 품격을 떨어뜨리는 것 같다. ……
> 롤러스케이트를 타는 말이 연이어 실리니까 마지막 인상은 르누아르와 그 말 모두 천부적 재능이 있다는 느낌이다.[23]

맥도널드가 《라이프》를 미들브라우 문화가 아니라 대중문화 잡지로 간주했다는 것에 주목해야 한다. 르누아르 그림을 아홉 쪽에 걸쳐 전면으로 싣고 롤러스케이트 타는 말 사진 한 장을 실은 것은 타당한 거래로 보인다. 그런데 맥도널드는 어떤 편집자도 어떤 형태로든 실제 미술 작품에 아홉 쪽을 할애하는 것은 꿈도 꾸지 못하는 대중잡지 세계가 임박했다는 것을 상상도 못했다. 그 시점에서 헨리 루스는 은행으로 가는 길 내내 울고 있었다.

하지만 《파티잔리뷰》 사람들이 어떤 면에서 미들브라우 문화의 붕괴에 책임이 있다는 브룩스의 생각은 터무니없다. 첫째, 지식인들은 미들브라우 문화 곳곳에서 눈에 띄는 모습을 보였지만 일반 대중에게 그 정도의 영향력을 행사하지는 못했다. 미들브라우 간행물(《뉴요커》의 경우엔 하이-미들브라우 간행물)에 진출한 지식인들은 그 잡지들의 품질을 전혀 떨어뜨리지 않았고 개선하는 데 전력투구했다. 미국인이 1960년대의 어느 시점에 《라이프》와 《룩》을 더는 구입하지 않았을 때, 이는 맥도널드 같은 작가들에게 주목해서가 아니라 스틸사진은, 전국 최고 사진작가들의 사진조차 텔레비전 영상의 흥분을 주지 못하기 때문이었다. 지식인들이 뉴욕의 메트로폴리탄미술관과 현대미술관 같은 기관들이 대중의 취향에 영합한다고 공격했을 때 지식인계 밖 사람들은 어느 누구도(뉴욕시 밖의 지식인들도) 눈곱만큼도 주목하지 않았다. 1960년대에는 미술관 관람객이 급증하기 시작했다. 미술관은 1960년대와 1970년대에 출현해 훨씬 강한 재정적·문화적 지위를 유지한 몇 안 되는 미들브라우 제도인데, 인쇄물에 종속되지 않는다는 것이 그 이유였을 것이다.

맥도널드는 미들브라우 문화가 "진품 행세를 할 수 있는 오염된 고급문화"를 나타내기에 대중문화보다 훨씬 큰 위협으로 보았다. 진품 행세를 하는 미들브라우 문화의 예는 다음과 같았다. 손턴 와일더의 《위기일발》(제임스 조이스의 《피네간의 경야》에 빚을 겼는데도 "허세를 부리고 당혹스럽게 하는"), 뉴욕 현대미술관, 밴스 패커드의 베스트셀러 《숨어 있는 설득자들》(1957)과 《지위를 추구하는 사람들》,

바우하우스 모더니즘의 디자인 특징들이 스며든 자동식 토스터기, 슈퍼마켓, 카페테리아, 그리고 "한때 아방가르드적이고 작았지만 …… 이제는 번성하고 존경할 만한" 단체로 묘사되는 미국시민자유연맹. 목록에 미국시민자유연맹을 넣은 것은 당혹스러운데, 그 단체가 벌인 검열 반대 투쟁은 미들브라우 문화보다 하이브라우 문화를 위한 게 더 많았기 때문이다. 1960년 맥도널드가 보기에 주요 문제는 자신이 엉망진창의 미들브라우 문화라는 딱지를 붙인 모든 것이 그저 하이브라우 문화로 가는 길의 "성장통"인가였다.

> 신흥 사회 계급들은 문화의 정수를 이해하지 못하고 그 형태만 모방하는 일종의 졸부 단계를 늘 겪지 않는가? 그 계급들은 제때 하이브라우 문화에 동화되어야 하지 않는가? 사실 과거에는 늘 그러했다. …… 지난 세기 전에는 그런 기준들이 대체로 합의되었고 신흥 사회 계급들은 그것들을 따르려 했다. 하지만 현재는 대중문화의 분열된 영향력 탓에 …… 그 기준들은 일반적인 합의를 결코 얻지 못한다. 위험스러운 것은 미들브라우의 가치가 과도기적인 것("진보의 대가")이 아니라 현재 그 스스로 저질의 영구적 기준이 되고 있다는 것이다.[24]

맥도널드의 말은 거의 맞았다. 미국인은 일반적으로 수용되는 기준들이 낮은 수준으로 규정될 때 저질의 문화로 향할 터였다. 하지만 승리를 거둔 것은 대중문화였지 미들브라우 문화가 아니었다. 부르주아적 중산층을 깔보는 하이브라우들의 배배 꼬인 한탄은 당시의 현실과 아무런 관련이 없었다. 미들브라우의 특징들(책을 애호하는 태도, 과학을 이해하고픈 욕구, 상당한 합리주의, 무엇보다도 사실에 대한 관심)은 20세기 초 이후, 자신과 자녀들의 삶이 나아지길 바란 대다수 미국인에게 당연시되었다. 하지만 1960년대 초, 사람들이 아무리 미들브라우 문화에 주목할지라도 그 가치의 침식은, 미들브라우 문화가 전후 장기간의 번영기에 의기양양하게 출현했다고 가정하는, 나이를 먹어가는 하이브라우 지식인들이 예측하지도, 재촉하지도 못했다. 미들브라우의 가치는 신좌파(보수주의자의 관점에서 고령화된 구좌파에 비해 훨씬 타당해 보이는 녀석들)뿐 아니라 1960년대 미디어의 레이더가 닿지 않는 곳에서 대항문화에 대항하는 틀을 구축하던 반지성적 우파에게서도 지속적인 도전에 직면할 터였다. 중산층은 르누아르 복제화와 롤러스케이트를 타는 말 사진을 함께 게재한 잡지들을 더는 훑어보지 않게 된다. 르누아르의 그림과 롤러스케이트를 타는 말 사진이 그 말 사진에 할당됐던 지면과는 비교가 안 될 정도로 수많은 천박한 이미지들로 이내 대체되었기 때문이다.

6장

그 60년대를
탓하다

대문자 'S'로 시작하는 60년대the Sixties가, 반지성주의와 반합리주의가 〈에드 설리번 쇼〉에 비틀스가 출연한 1964년과 우드스톡 페스티벌이 슬로건 "우리는 부모들이 멀리하라고 경고한 바로 그런 사람들이다"를 구현한 1969년 사이에 처음으로 나타났다고 믿는 이들이 선호하는 태형 기둥인 것은 의심의 여지가 없다. 필립 로스가 "탈신화화 10년"이라고 묘사한 바 있는 시기를 이야기할 때 보수주의자와 자유주의자 모두 일반적으로 민권, 반전, 초기 페미니즘 운동을 포함한 좌파의 정치적·사회적 반란들뿐만 아니라 '대항문화'로 알려진 모든 것(성혁명, 향정신성 약품의 실험적 복용, 혼란에 빠진 대학 생활, 그리고 젊은이들을 지배한 록 음악)도 거론한다. 더욱이 1960년대에 관한 논쟁 대부분은 그 10년간의 사회적 저항들이 대개 베이비붐 세대의 소행이라는 전제에 기초해 있다.

그러나 이 운동들과 문화적 힘들을 결합하는 것은 심각한 역사적 오류이고, 십대 후반과 이십대 초반의 사람들이 사회 변화를 요구한 가장 영향력 있는 선동자였다는 전제도 마찬가지다. 1977년 《뉴욕타임스매거진》에서 "60년대 급진주의는 세대 운동이었고 본보기가 되는 성인, 성인의 지도가 전무했다"고 한 어빙 크리스톨의 단언은 명백히 틀렸다.[1] 크리스톨은 1930년대, 그러니까 트로츠키주의와 사회주의를 저버리고 우파 공화당원으로서 성인기를 시작하기 전, 급진적인 청년이었던 시절을 회상했다. 그는 1930년대의 좌파 운동가들이 1960년대의 급진주의자들보다 낫다고 보았는데, 구좌파 운동은 (아무리 철학적으로 문제가 있다 하더라도) 유치한 신좌파처럼 "갈피를 못 잡고 자기 파괴적으로 울화를 터뜨린 행동"이 아니라, "젊은이들이 참여하는 게 허락된 명백한 성인의 운동"이었기 때문이다. 물론 크리스톨 세대의 급진 지식인들에게 "성인의 지도"를 해준 사람 대부분은 스탈린주의자이거나 트로츠키주의자였다.

서른 살이 넘은 사람은 누구도 믿지 말라는 (68세대의) 유명한 경고가 있었지만, 1960년대 다양한 저항운동의 지도자 다수는 오래전에 찬란한 대학 시절을 마친 이들이었다.[2] 마틴 루서 킹이 1963년 링컨기념관 연단에서 〈나에겐 꿈이 있습니다〉 연설을 할 때 그의 나이는 서른넷이었다. 같은 해 《여성성의 신화》가 출간됐을 때 베티 프리단은 마흔두 살이었다. 1971년 (미국의 베트남전쟁 개입과 관련한) 국방부 비밀문서를 《뉴욕타임스》를 통해 폭로했을 때 대니얼 엘스버그는 마흔 살이었다. 이듬해 잡지 《미즈》 창간을 도왔을 때 글로리아 스타이넘은 서른일곱 살이었다. 반전운동에서 가장 존경받은 불굴의 인물 가운데 일부는 자녀가, 또 일부는 손주가 징병 가능 연령에 이른 이들이었다. 세 명만 이름을 대자면 의사인 벤저민 스포크, 목사인 윌리엄 슬론 코핀, 벨라 앱저그는 젊은 반전시위자들의 영웅이었다. 1960년대의 모든 사회적 저항들을 울화통이 치밀어 한 행동으로 일축해버릴 때 보수주의자들이 진짜로 하고 싶었던 말은(오늘날에도 여전히 의도하는 바는) 나이와 상관없이 누구라도 미국 사회가 매우 잘못됐다고 생각하는 이는 아기처럼 굴고 있다는 것이었다. 상대를 어린아이로(1960년대를 맹비난하는 이들의 표현에 따르면 악마의 종자로) 규정해버리면 진지한 논의가 불가능해진다.

케네디 암살의 충격과, 민권운동과 관련한 사회 불안에도 불구하고 1960년대 전반은 1950년대 말의 희망적인 문화 경향(인종 정의 투쟁과 핵무기 규제운동을 포함해)을 이어간, 기본적으로 안정된 시기였다. 1960년대 초, 자유주의 지식인들의 미래가 크게 밝아지게 된 이유 중 하나는 핵전쟁이, 아무리 미국인이 공산주의자들을 싫어할지라도, 더는 수용할 수 없는 선택지(좌파 지식인들이 수년간 말해왔던, 또한 케네디가 1963년 핵실험금지조약과 관련해 아메리칸대학 연설에서 소련과의 협상이 필요하다고 정부 정책으로 분명히 표현한)라는 국민적 합의가 발전하고 있었기 때문이다. 내 어린 시절, 그러니까 학교에서 핵공격에 대비해 책상 밑에 숨는 훈련을 받던 때에서 불과 10년도 안되어 일어난 일이었다. 이는 〈그날이 오면〉(1959), 1964년에 개봉한 〈닥터 스트레인지러브〉와 〈핵전략 사령부〉 같은 영화를 보려고 미국인이 극장을 가득 메우기 시작한 때와 맞물렸다. 그리고 시민적 열정뿐 아니라 전문성에 의지해 군비경쟁에 공개적으로 반대한 핵 과학자들을 향한 태도에도 큰 변화가 있었다. '핵폭탄의 아버지'로 알려진 물리학자 J. 로버트 오펜하이머는 소련과의 군비경쟁에 대한 강력한 반대와 핵에너지에 대한 국제적 통제에 대한 지지를 공개적으로 밝힌 이후 1954년 비밀취급인가 자격을 박탈당했다. 하지만 1963년 쿠바 미사일 위기 동안 니키타 흐루쇼프와 핵을 이용한 벼랑 끝 전술을 벌인 경험에서 배운 바 있고 더 원숙해진 케네디는 오펜하이머에게 엔리코페르미상을 수여했다. 여론의 변화는 매우 자연스럽고 평화적으로 일어나서(미들브라우 잡지와 책들은 설사 미국이 핵 충돌에서 "승리한" 편에 설지라도 무슨 일이 일어나는가를 대중에게 교육하는 데 일조했다) 미국인 대다수에겐 그 변화가 급진적으로 보이지 않았다. 미국의 대통령뿐 아니라 기업의 대표들도 1950년대 초였다면 하원 반미활동조사위원회나 매카시의 소위원회에서 소환장이 날아왔을 발언들을 하고 있었다. 케네디 암살의 트라우마조차 미국이 베트남에 개입하여 모든 것이 달라지기 전 다년간 퍼진 낙관주의를 흔들지 못했다.

1960년대 급진적 반란의 절반은, 사람들이 그 시기를 긍정적으로 보든 부정적으로 보든, 1965년과 1966년 베트남전쟁의 확전과 더불어 진짜로 시작되었다. '그 60년대those sixties'(그 10년을 비난하거나 기릴 때 보통 쓰는)는 사실 1970년대 중반까지, 즉 사이공이 함락되고, 마지막 미군 병사들이 베트남을 떠나 고국으로 돌아오고, 다양한 사회운동에 참여했다 녹초가 된 사람들이 아이를 갖고 회사에서 승진하고 '자기중심주의 시대Me Decade'●에 적합한 자기계발과 영성을 발견하기 시작한 때까지 지속되었다. 반란의 1960년대에, 서른이 넘은 이들의 관점에서뿐 아니라 일반적으로 볼 때도 누군가는 평소에 말할 수 없는 것을 말하는 듯 보였다. 제2차 세계대전 말엽을 배경으로 하고 1961년에 출간되었을 때 당혹스러운 독자들의 엇갈린 평이 뒤따랐던 조지프 헬러의《캐치-22》는 1960년대 말에 여러 번 베스트셀러가 되었고, 대중은 베트남전쟁의 비합리성을 숙고하기 시작했다. 소설들은 외부의 검열과 자기 검열이 상당히 힘을 잃은 환경에서 에너지를 끌어내기 위해 공공연히 정치색을 드러낼 필요가 없었다. 1969년에 출간된 필립 로스의 베스트셀러《포트노이의 불평》이 좋은 예다. 그 소설이 스캔들을 일으키며 거둔 성공과 당대의 사회 격변 사이의 연관은 저자 자신이 가장 잘 묘사했다.

권위에 대한 불경한 저항과 공공질서에 대한 믿음의 상실이 특징인 그해 1968년에 그런 재난 같은 사건과 격변들이 없었다면 내 책 같은 저작들이 1969년에 그렇게 많은 명성을 얻었을지 의심스럽다. 삼사 년 전만 해도 가족의 권위를 웃기고 불경하게 다루고 섹스를 겉으론 존경할 만한 시민의 삶의 우스꽝스

● 공동체를 우선시한 1960년대(We Generation)와 달리 개인적 행복과 만족에 골몰한 1970년대를 지칭하는 말.

러운 면으로 그리는 리얼리즘 소설은 중산층 독자에게 훨씬 덜 용인되었을(또 이해되었을) 터이고, 그 책을 알리는 매체에서도 훨씬 주변적으로(내 추측으론 더 적대적으로) 취급되었을 것이다. 하지만 60년대의 마지막 해, 비합리성과 극단적인 것에 대한 국민교육을 우리의 존슨 선생이 적과 동지 모두의 도움을 받아 매우 눈부시게 수행해주어서, 일상적인 성적 강박과 가족 로맨스의 비낭만적인 면을 무미건조하게 폭로했는데도《포트노이의 불평》같은 것조차 돌연 용인되는 범주에 포함되었다. 사람들이 그 책을 용인**할 수 있다**는 판단은 독자 상당수가 그 책에 끌리게 된 한 원인이었을 수도 있다.[3]

로스와 달리, 1960년대를 겪은 미국인 가운데 다수는 흔히 합리성 자체에 대한 공격을 포함한, 비합리성에 대한 국민적 교육이 우파와 좌파 모두에 의해 수행되었다는 것을 현재 잊어버렸다. 이 공격들 중 확실히 가장 널리 알려진 것들은 주체가 좌파였고 대학교 캠퍼스의 특정 세력과 더불어 이루어졌다. 하지만 다른 공격들은 주체가 종교적·정치적 우파였고 전국 매체들이 간과하거나 당대와 관련 없는 신기한 현상으로 일축해버렸다. 1964년 대선에서 〔공화당 후보〕 배리 골드워터가 압도적 표차로 패배한 후, 주류 언론은 이후 10년간 보수주의자들에게 거의 관심을 기울이지 않았다. 하지만 새로운 유형의, 종교가 주입된 보수주의의 토대가 1960년대 말과 1970년대 초에 세워졌다. 골드워터의 전통적인 자유지상주의적 보수주의는 시들해지고 있었지만 종교에 기초한 새로운 보수주의가 부상하고 있었다. 1960년대에 개신교 근본주의자들은 유치원부터 대학까지 아우르는 기독교 학교 연합을 만들었고 졸업생들은 장차 1980년대에 종교적 우파 군대의 전사가 될 터였다. 학생들이 세속 대학교의 권위를 공격할 때조차, 근본주의 전도자들은 수백만의 다른 청년들을 자신들의 우리로 데려가고 있었다. 그렇지만 1960년대의 유산에 관한 거의 모든 평가는(자유주의자뿐 아니라 보수주의자의 평가도) 급진적이었던 것으로 간주되는 대항문화를 그 시대 전체의 (특히 청년이었던 이들에 관해서는 더욱) 필수조건으로 간주한다.￭

더욱이 그 10년은 마치 '그 60년대'가 많은 희비극적인 사회 드라마가 펼쳐진 무대가 아니라 독립적인 행위자였다는 듯이 관습적으로 기이한 의인화 렌즈를 통해 검토된다. 1960년대에 가장 큰 적의를 품은 우파 비평가 중 하나인 로버트 보크는 의인화에서 한 단계 더 나아가 그 10년을 정치체에 다시 한 번 침입할 수 있는 불치의 암으로 불렀다. 보크는 이렇게 썼다. "1970년대 초 폭동과 소란이 차츰 잦아들고 그 10년의 후반에는 완전히 사라진 듯 보이면서 …… 그 60년대가 끝난 듯했다. 그렇지 않았다. 그것은 악성으로 변해 돌아왔다. 즉 15년 동안 잠잠하다가 1980년대에 돌아와 그 60년대보다 더 파괴적으로 우리 문화 전체에 전이되었고, 현재 우리의 주요 문화 제도들을 통제하고 지도하고 있는 이들의 도덕적·정치적 생각들에 소란을 일으키지 않고 조용히 돌아온 것이다."[4] 로널드 레이건이 1987년 보크를 대법관에 지명했을 때 상원에서 인준을 거부당한 것은 1960년대에 처음 진단받은 암이 1980년대에 재발했

￭ 주목할 만한 예외적 분석은 다음과 같은 것들이 있다. Thomas Frank, *The Conquest of Cool: Business Culture, Counterculture, and the Rise of Hip Consumerism*(1997). Maurice Isserman and Michael Kazin, *America Divided: The Civil War of the 1960s*(2004). 다음 책에 실린 토드 기틀린의 후기도 보라. *Reassessing the Sixties: Debating the Political and Cultural Legacy*(1996).

다는 그의 확신의 근거가 되었을지도 모른다.

1960년대에 관한 우파의 견해는 본질적으로 서구 문화 지키기를 가장한 정치적 비난이다. 한 가지 확실한 표시는 우파 지식인들이 "운동 조직Movement"이란 단어를 쓸 때 [추상적인 운동이 아니라 구체적이고 조직적인 운동 조직임을 강조하기 위해 첫 번째 알파벳을] 대문자로 쓴다는 것인데, 그들은 그 시대의 사회적 저항운동을 들먹일 때마다 진지한 것을 터무니없는 것과, 옳은 것을 냉소적인 것과, 이타적인 것을 기회주의적인 것과 한데 묶는다. 1970년대 초, 노먼 포드호레츠가 편집장을 맡고 있을 때《코멘터리》가 그런 식으로, "그 운동 조직"으로 처음 부르기 시작했는지도 모르겠다. 마치 그것이 1930년대의 미국공산당처럼 조직적인 단체인 양 말이다. 미국의 베트남전쟁의 부도덕과 어리석은 행동을 비판한 시위자들은? 그 운동 조직. 호찌민이 민주사회주의자라는 환상을 품은 이들은? 그 운동 조직. 비폭력적인 젊은 시위대는? 그 운동 조직. 폭탄을 설치한 [극좌파 학생운동 조직] 웨더맨은? 그 운동 조직. 낙태 합법화를 바란 페미니스트들은? 그 운동 조직. 이성애자 여성들은 "적과의 동침"을 중단해야 한다고 주장한 페미니스트들은? 그 운동 조직. 대학교가 교수진에 흑인과 여성을 더 채용하길 바란 학생들은? 그 운동 조직. 등급, 시험, 추천도서 지정을 없애길 바란 학생들은? 그 운동 조직. 환경주의자들은? 그 운동 조직.

이런 논리에 따르면 1970년에 열린 첫 번째 지구의 날 역시 모스크바 붉은광장에서 열리는 노동절 행사 같은 것이다. 그리고 "그 운동 조직"의 구성원들이 옛 공산주의자들처럼 견해가 통일되었다면 그들은 분명 "동조자들"(달리 누구겠는가?)의 도움을 받은 게 분명하다. 자화자찬의 회고록《브레이킹 랭크스Breaking Ranks》(1979)에서 포드호레츠는 램지 클라크°, 《뉴욕타임스》의 칼럼 기사면, 미국시민자유연맹을 자신이 지정한 동조자 범주에 넣는다(미국시민자유연맹은 드와이트 맥도널드에게서 잘 속는 부르주아라는, 포드호레츠에게서 잘 속는 동조자라는 오명을 뒤집어쓴 유일한 조직일 것이다). 포드호레츠는 단언한다. "범죄부터 예술의 본질까지, 마약부터 경제성장까지, 생태부터 새로운 평등주의까지 걸친 문제들에 관한 그 운동 조직의 신조들(그 무렵 무삭제 판본에서도, 정제된 판본에서도 그 신조들은 '자유주의자'라는 호칭에 대한 권리를 주장하는 동조자 문화의 통념이 되었다)과 관련해 《코멘터리》는 지식인계에서 그 운동 조직에 채찍질을 가한 가장 눈에 띄는 유일한 곳이었을 것이다."[5] 크리스톨과 포드호레츠 같은 보수주의자들에게 그 운동 조직은 반지성적일 뿐일 텐데, 〔그들의 관점에서〕 진정한 지식인이라면 누구도 **그들**에게 동의하지 않을 수 없을 것이기 때문이다. 그러나 반지성주의의 존재는 1970년대 초, 보수주의의 장황한 결론에서 결코 인정되지 않았는데, 〔지성, 지식과 관련해〕 전능한 좌파라는 관념이 지금과 마찬가지로 그때도 그들이 급진주의와 자유주의를 악마화하는 데 필수적이었기 때문이다.

다른 이유들로 많은 자유주의자 또한 보수주의자의 1960년대, 즉 반대항문화를 형성한 '다른 60년대the Other Sixties'의 중요성을 경시해왔다. 자유주의의 신화, 특히 다양한 반체제운동에 적극 참여한 이들의 신화에서 60년대란 "우리의" 시대로 예정된 것이었다. 60년대가 낳은 자식에는 린든 존슨을 대통령직에서 내려오게 한 이들뿐

° 램지 클라크는 린든 존슨 행정부에서 법무부 장관을 하며 민권법 통과를 주도했고 은퇴 후에는 인권변호사로 활동했다. 누구나 공정한 재판을 받을 권리가 있다는 신념에서 사담 후세인의 변호인단에 합류하기도 했다.

아니라 1968년 리처드 닉슨에게 투표하고 닉슨이 워터게이트 사건으로 백악관에서 물러나자 약 6년 동안 "레이건 혁명"의 성취를 위해 힘쓴 이들도 있다는 역사적 사실을 받아들이는 것이 우리 세대의 자유주의자들에겐 여전히 어렵다. 이런 정서적 부인의 한 가지 요소는 1968년 대선에서 투표를 하지 않아 닉슨이 당선하는 데 일조했다는, 노년의 급진주의자 다수의 죄책감일 것이다. 허버트 H. 험프리°°가 대선 후보에 지명되고 시카고에서 열린 민주당 전당대회에서 경찰이 반전시위대를 유혈 진압하면서, 베트남전쟁에 반대한 많은 이들은 비통함이 깊어진 나머지 험프리에게 투표하는 것을 고려조차 하지 않게 되었다. 자유주의와 지성주의의 진짜 적들(종교적 근본주의자들과, 젊은 뉴트 깅그리치들과 톰 딜레이들에게 멘토가 되는 극우 정치 공작원들)은 미디어의 주목을 거의 받지 않았고, 또한 젊은 급진주의자들은 신보수주의 뉴욕 지식인 대다수와 마찬가지로 '다른 60년대'에 대해 거의 알지 못했다. 그리고 60년대가 낳은 자식 중에는 트럼프처럼 정치적으로 무관심한 이들도 있었는데, 트럼프는 군 생활을 한 적도 없고 나중에 성병을 피하는 게 "내 개인적 베트남전"이라는 말을 한 바 있다.°°°

대학 캠퍼스는 그 시대의 주요한 문화 전쟁의 무대였고, 그 갈등들은 흔히 베트남전쟁과 관련한 이슈로 시작되었지만 결국 학생

°° 린든 존슨 대통령의 베트남전쟁 정책을 지지한 험프리는 민주당 중진들의 도움으로 대의원 표를 싹쓸이해 베트남전쟁 반대를 내세워 평당원과 시민들의 압도적 지지를 얻은 유진 매카시 상원의원을 이기고 대선 후보에 지명되었다.

°°° 트럼프는 1997년 인기 라디오 프로그램 〈하워드 스턴 쇼〉에서 베트남전쟁 참전 용사 전체를 비하하며 이렇게 발언했다.

의 사회적 행동을 통제하는 규칙부터 교육과정까지 사실상 대학 생활의 모든 측면으로 확대되었다. 1960년대 초, 모든 대학교는 공립과 사립 모두 학부생들에 대해 부모를 대신하는 관계를 유지했다. 당시에는 열여덟 살이 아니라 스물한 살이 법적 성년이 되는 나이였고, 그래서 대학생 대부분이 사실 법률적으로 미성년자였음을 기억해야 한다. 1963년 내가 미시간주립대학에 들어갔을 때는 여자(그 시대의 여학생에게 '여자girl'가 아니라 '여성woman'이란 단어를 쓰는 것은 그 시대의 용어로 부적절하다)가 캠퍼스 밖 이성이 사는 방에 발을 들여놨다는 이유만으로 퇴학을 당할 수 있었다. 대학교는 일반적으로 《서양의 위대한 책》같은 유형의 학술서들을 핵심 교육과정에 넣어 유지했다. 1970년대 초엽에는 대부분의 공립, 사립 대학교가 부모를 대신하는 입장을 버렸고 또 핵심적인 학업 요건들을 완화했다. 그런데 이런 변화들이 일어났다는 것은 반론의 여지가 없지만, 그렇게 된 이유들은 그렇지 않다. 귀신 들린 격변의 10년 동안 학교가 파괴됐다고 주장했음에도 어떻게든 학계에서 살아남아 성공한 교수들에게서 흘러나온, 우파가 60년대를 공격하는 종래의 묘사에 따르면 대학 캠퍼스는 반전 미치광이들, 다음으로 총을 휴대한 전투적 흑인들, 마지막으로 브라를 태우는 페미니스트들(하나같이 서구 문명의 모든 좋은 것의 불구대천의 원수들)로 들끓고 마비되었다. 그런 묘사의 대본은 대충 이런 식이다.

옛날에는(정확히 하자면 영광스러운 1950년대에는) 미국인의 문화생활에, 특히 배움의 성채이자 학교 밖 사람들에겐 등대로 기능한 대학교에 질서와 자유가 모두 있었다. 자유주의자들이 매카시 시대라 부르는 시기에 몇몇 좌경 교수들한테 문제가 있었지만 사실 매카시는 '시대'에 이름을 붙이기엔 별로 중요한 인물이 아니었다. 학생 및 교수는 진리를 추구했고 천한 상업주의 및 천한 정치 세계에 거의 간섭을 받지 않았다. 페리클레스 시대의 아테네, 19세기 하이델베르크대학, 세계대전 이전의 옥스퍼드와 케임브리지를 생각해보라. 미국인들은 그런 고등한 배움을 누렸다. 그러나 인류사에 비추어볼 때 훨씬 많은 예외적인 사람들이 있었다. 그리고 그 야만인들이 문으로 급습해 들어왔다. 아니, 그 야만인들은 이미 문 안에 있었다. 학생들은 시험공부를 하고 교사에게 귀 기울이는 게 아니라 피부색이 다른 미국인들을 해방하겠다고 우쭐대기 시작했다. 그리고 먼 곳에서 벌어지는 전쟁을 반대하는 시위를 벌이기 시작했다. 자신들은 캠퍼스에서 안전하게 있으면서 말이다. 대학원 세미나에서 자신에게 말을 건네지 않는 한 입도 뻥긋 안 하는 젠체하는 여학생들—아무렴 들을 가치가 있는 게 없는데 할 말이 있겠는가? 궁지에 몰린 교수는 이런 통탄스러운 상태를 해결하기 위한 기대를 품을 수 없었고 다만 종신교수직을 추구하고 월급을 모으고 아이들이 하고 싶은 대로 내버려둘 뿐이었다. 알렉산더 포프(이 부패하고 하찮은 무지렁이들 중에는 포프를 읽은 사람이 한 명도 없을 것이다)는 이렇게 썼다. "보라! 그대의 공포의 제국, 혼돈!이 복구되었구나; / 그대의 비창조적인 말 앞에서 빛이 죽도다. / 오, 위대한 아나키스트여! 그대의 손으로 막을 내리도록; / 그리고 모든 것을 감싸는 어둠이 모든 것을 매장한다."●

● 네이버 지식백과《낯선 문학 가깝게 보기: 영미문학》중〈던시어드〉편의 집필자, 이동일(한국외대 교수)의 번역이다. 그의 해설에 따르면 이 부분은 "이성과 지혜의 모든 빛은 사라지고, 혼돈이 부활하여 온 세상이 혼란스럽게 되고, 무정부주의자들이 온 세상을 어둠으로 매장하여 암흑의 시대가 되었음을 한탄하면서 바보들이 판치는 세상을 묘사"한 것이다.

1960년대에 대한 보수 학계의 시각을 가장 잘 보여주는 책이 앨런 블룸의《미국 정신의 종말The Closing of the American Mind》(1987)이다. 1992년에 사망한 그는 당시 시카고대학 철학 교수였는데 이렇게 단언했다. 1950년대에는 "인문 교육 면에서, 그리고 학생들로 하여금 그들의 지적 욕구를 깨닫게 하는 면에서 미국의 최고 명문 대학보다 더 나은 대학이 그 어느 곳에도 없었다". 블룸은 1930년대 중반 이래 미국의 대학교들이 나치 독일을 피해 이민 온 지식인들의 유입으로 큰 혜택을 보았다고(미국 학계가 활성화되어 전제정치로부터 지식인들의 피난처이자 국가와 세계를 위한 지식의 저장고로 기능하게 되었다고) 정확히 지적했다. 그는 이렇게 썼다. "만일 1930년에 미국의 대학이 종적도 없이 간단하게 사라져버렸다 하더라도, 그것이 비록 우리 미국인들에겐 좋은 일이 못 되겠지만 중요한 지식을 모두 비축하고 있는 지식의 저장고가 손실을 보았다고 할 수는 없었을 것이다. 그러나 1960년대의 경우 지적 생활의 대부분이 대학에 정착한 것이 이미 오래전의 일이고 당시로서는 미국의 대학이 가장 훌륭했기 때문에 미국 대학의 쇠퇴와 붕괴는 곧 파멸과 같았다. 나약한 이방 식물을 옮겨 심은 것 같은 위대한 전통이 여기에서 위태로운 대로 이질적인 주위 환경 속에 자리를 찾아 뿌리를 내렸으나 토박이 대중들 취향과 통속성에 나약하기 이를 데 없었다. 60년대 중반에 학생으로 가장한 토박이들이 공격을 가했다."[6]

"토박이들natives"이 대학교의 교육적 권위와 미들브라우 문화의 경건함을 포함해 모든 유형의 권위와 싸우려 하고 있었다는 것은 의심할 여지가 없다. 그러나 전형적인 미국 대학이 1960년대 초에 고등교육의 영광스러운 중심이었다는 것은 감상적인 허위다. 공립 및 사립학교들이 1970년대 중반보다 엄격한 핵심 교육과정을 유지하긴 했지만 말이다. 1960년대 중반까지, 소스타인 베블런이 1904년에 대학교 총장을 "학식의 선장"으로 묘사한 것(세기의 전환기에 널리 사용된 표현 "산업계의 선장"을 변형한 것)은 고등교육계에 종사하는 이들에게 비꼼의 의미가 전혀 없는 표현으로 간주되었을(혹은 그렇게 간주되는 게 마땅했을) 것이다. 전통적인 교양교육의 침식은 제2차 세계대전 이후, 그러니까 제대군인원호법으로 퇴역 군인인 노동계급 수백만 명이 가족 가운데 가장 먼저 대학에 입학할 수 있게 되면서 본격적으로 시작되었다. 아이비리그와 동부의 7대 명문 여대에서는 상황이 별로 달라지지 않았을 테지만, 계속 늘어나는 학생들에게 직업훈련을 제공한다는 비지성적 임무를 태연히 수용한 대다수 공립학교에서는 분명 달라졌다. 미시간주립대학 같은 학교들은 특정한 핵심 필수과목들을 유지했을지라도, 그것들은 많은 노력을 요하는 전통적인 교양교육의 정신에서라기보다는 1950년대 통속심리학의 이상인 "다재다능한 인간을 위한 전인교육"의 차원에서 제공되었다. 교양교육은 여전히 학사학위와 더불어 '부인Mrs.'이라는 학위, 자격을 추구하는 것이 당연하다고 여겨지는 미혼 여성들에게 특히 중요하다고 생각되었는데, (내가 다닌 고등학교 상담 선생님도 강조했듯이) 교육을 받은 다재다능한 어머니는 자녀를 교육하기 위한 준비를 더 잘할 것이기 때문이었다.

1960년대 말, 가장 엘리트적인 공립 및 사립대학들에서 시작해 이내 나라 전역의 일반 대학들로 퍼져나간 캠퍼스 봉기는 어떤 면에서 전후 고등교육의 확대로 혜택을 본 두 세대 사이의 갈등의 결과였다. 제대군인원호법을 이용한 퇴역 군인들은 졸업장이 화이트칼라 직장을 보장해주는 수단이라는 점에서 대학 입학의 기회에 깊이 감사했지만, 그 자녀들은 고등교육을 생득권으로 간주했고 또 어른으로서 책임감을 가질 준비가 되어 있으면 일자리는 늘 있다고 보았다. 세대 차이는 대학교에서 특별한 자극제였는데, 캠퍼스들이 폭발적으로 늘어난 1960년대 말엽까지 종신교수 및 중간 관리자의 상당수가 감사하는 세대(나는 여기에 퇴역 군인뿐 아니라 대공황기에 태어난 소집단도 넣는다)의 일원이었기 때문이다.

대학교에서 감사하는 세대의 일원들은 가외의 감사한 이유들이 있었는데, 1950년대 초반에는 가난하지만 체면을 유지하는 길로 보였던 학계 직업이, 대학교 예산과 교수진이 학생 등록과 더불어 확대되면서 편안한 중상층 한직으로 드러났기 때문이다. 두려운 요소도 있었다. 즉 이제 막 재정적으로 안정된 중년의 교수들은 학생 봉기를, 학문적 성격뿐 아니라 대학교의 재정 상황에 대해서도 위협으로 보았다(특히 공적 지원에 의존적인 대학교에서). 감사한 마음과 불안감이 뒤섞이면서 느슨했다가 엄격했다가 하는 일관적이지 않은 대응이 잦아졌고, 그 무렵 베이비부머들(감사하지 않는 세대)이 들고 일어나 부모들이 행운으로 여긴 교육에 무언가 문제가 있다고 주장했다. 한편으로 감사하는 세대는 반란자들의 권력을 과대평가했고 모든 학교의 가장 큰 협상 카드(그 청년들 대부분이 대학생이라는 좋은 지위의 유지에 정서적·재정적으로 의존하고 있다는 것)를 깨닫지 못했다. 다른 한편으로 대학교 당국자들은 학부 교육의 비개인적 본질이 학생들 가운데 중요한 소수(흔히 최상의 총명한 학생들)를 얼마나 소외했는지를 과소평가했다. 당국자 대부분은 그 학생들에게 진지한 대화라는 당근 혹은 퇴학이라는 채찍을 어떻게, 언제 사용해야 할지를 거의 알지 못했다.

우파의 주장에 따르면 전통적인 교양과목들이 1960년대 후반에서 1970년대 전반에 폐지되었는데, 신좌파 교수진이 권력에 취해

캠퍼스를 혼란에 빠뜨린 신좌파 학생들과 한패가 되어 단단히 마음먹고 학문적 위계를 산산조각 내고 그 과정에서 서구 문명의 과목들을 침입자 무리, 즉 신마르크스주의자, 전투적 흑인, 분노한 페미니스트들이 선호하는 과목들로 바꿔버렸다. 이 주장의 문제점은 급진적인 신좌파 운동가들이 대부분의 캠퍼스(학생 시위의 중심이었고 전국적으로 가장 광범위하게 언론의 관심을 모은 엘리트 학교들을 포함해)에서, 교수진은 말할 것도 없고, 학생들 가운데 다수가 된 적이 결코 없었다는 것이다. 1968년 4월 학생 시위에 대한 대응으로 학교를 폐쇄한 컬럼비아대학에서는 학부생 4400명 가운데 실제로 시위에 참여한 이가 약 1000명뿐이었고, 건물 점거에 참가한 사람은 훨씬 적었다. 한 역사학자가 지적했듯이 그들은 큰 소수집단(하지만 여전히 소수집단)이었다.[7]

당시 대학교 캠퍼스에서는 소요가 끊임없이 일어났고 이런 까닭에 학생 시위자들은 실제보다 훨씬 지배적으로 보였다. 그 시기를, 외부자로든 학교의 일원으로든, 겪은 사람들은 누구도 1964년 캘리포니아대학 버클리캠퍼스에서 자유발언운동이 탄생하고 스프라울 광장에서 많은 이들이 체포되던 것을 잊지 못할 것이다. 마찬가지로 1968년 학생들의 컬럼비아대학 로메모리얼도서관 점거, 1969년 코넬대학에서 총을 휘두르던 흑인 학생들의 위협적인 자세, 1970년 켄트주립대학에서 주 방위군이, 잭슨대학에서는 경찰이 반전시위대에 가한 총격도. 이런 이미지들은 1960년대의 문화유산을 소중히 하거나 경멸하거나 혹은 뒤섞인 견해를 가지고 있는 이들에게 똑같이 지워지지 않는 것이다. 하지만 보수주의자들은 항상 학생들의 불경한 행동에 초점을 맞추고 켄트주립대학과 잭슨대학에서 벌어진 총격이나 다른 대학교들이 허가한 경찰의 행위들에 대해서는 좀처럼 언급하지 않는다(학생 시위를 진압하기 위해 취해진 **모든** 행위를 정당화할 때를 제외하고는). 그리고 여러 대학교에서 학생 반란이 어떻게 다루어졌든지 간에 학교를 혼란에 빠뜨린 시위들은 1970년대 중반에 끝이 났다. 학생 반란자들은 기성 질서에 도전할 시간이나 의지가 거의 없는 헌신적인 출세주의자로 바뀌었고 교수들도 마찬가지였다. 그러면 한정된 현상으로 끝난 캠퍼스 격변들이 미국 대학교에 그렇게 광범위하게 영향을 미친 이유는 무엇인가?

학생뿐 아니라 교수진도 포함해 1960년대의 캠퍼스 시위대들은 베트남전쟁의 선도적 전략가들을 일부 낳은 학계의 위계 구조에 격분했다. 그들의 분노가 향한 곳은 교과과정(특히 교양과목)이 아니라 기업에 준하는 대학 구조와, 전국적으로 명성이 자자한 고등교육기관과 군이 돈을 대는 연구 조사 사이의 밀접한 연관이었다. 컬럼비아대학과 국방분석연구소, 즉 국방부가 후원하는 무기 개발 싱크탱크 사이의 은밀한 제도적 제휴는 전국 각지의 캠퍼스에서 반전시위를 촉발한 관계의 전형이었다. 그런 무기 개발 커넥션은 대규모 시위들을 낳아, 1968년 봄 내내 컬럼비아대학 모닝사이드하이츠캠퍼스는 정상적인 학문 생활이 중단되었다(그 학교는 결국 국방분석연구소와의 관계를 끊었다).

예일대학 역사 조교수이자 반전운동에 관여한 가장 유명한 신좌파 교수진의 일원이던 스토턴 린드는 "군학복합체"를 향한 분노를 1965년 버클리캠퍼스에서 열린 토론회에서 입 밖으로 드러냈고 이런 토론회들을 계기로 그 문제가 처음으로 널리 알려지게 되었다. 다른 교수들이 그의 반전이 학문적·학자적인 것과 아무런 관련이 없다고 비난하자 린드는 이렇게 선언했다. "나는 예일대학에 고용되어 있습니다. 이 기관이 낳은 인물들에는 피그만 침공 사건의 설계자인 리처드 비셀, (북베트남 침공 구상이 담긴) 베트남 6번 계획을 작성한 W. W. 로스토(케네디 대통령과 존슨 대통령의 특별보좌관 - 원주), 그리고 고민 없이 결정을 내리는 맥조지 번디(케네디 대통령과 존슨 대통령의 매파 보좌관 - 원주)가 있습니다. …… 나는 이런 비선출직 전문가들이 받은 아이비리그 교육에 관해 알고 있습니다. 그건 속물, 편협한 자민족 중심주의, 인간에 대한 냉소적이고 교활한 태도를 배우는 교육입니다."[8] 그때 종신교수직이 아니었던 린드는 예일대학에서 해고되었고 결국 노동 전문 변호사가 되었다.

가장 잘 알려진 신좌파 지도자 다수는 처음에, 보수주의자들이 나중에 그렇게 느끼게 되는 것만큼이나 환멸을 느낀 것 같았다. 학계가 전통적인 학문의 이상을 배반했다고 본 것에 대해 말이다. 컬럼비아대학의 가장 눈에 띄는 시위 지도자 마크 러드는 이렇게 말했다. 대학교에 들어갔을 때 "아이비 상아탑(헌신적인 학자들이 도움이 간절히 필요한 세계에서 진리를 추구하는 곳)을 기대했다. 하지만 내가 발견한 것은 부동산, 정부 연구 용역 계약, 등록금으로 돈을 버는 거대 기업이었다. 그리고 자신의 협소한 연구 분야의 발전, 승진에만 신경 쓰는 교수들. 무엇보다 나쁜 것은 사회의 인종주의와 군국주의에 빠져 어쩔 줄 모르는 학교였다"[9] 러드 같은 반대자들이 자신들의 사회적 견해를 뒷받침하기 위해 학문에 대한 염려를 이용한 것이었다면, 그들이 순진하거나 솔직하지 못하다고 비난할 수 있을 것이다. 하지만 그들을 반지성적인 야만인이나, 블룸 제국의 은어를 빌리면 "토박이들"로 부르는 것은 부당하다. 그리고 객관적인 학문의 어떤 기준으로 봐도 비학문적·비학자적이기도 하다. 요컨대 베트남전쟁에, 그리고 방위산업과 과학 연구와 관련한 학과 사이의 커넥션에 분노하는 분위기가 모든 학계의 위계 및 지배층에 대한 일반적인 분노(때로는 집중적으로, 때로는 분산되어)로 바뀌었다는 것은 의문의 여지가 없다.

반전시위들이 늘 교육과정 일반에 초점을 맞추지 않았을지라도 흑인과 여성들은 그것에 집중했다. 그리고 많은 흑인과 페미니스트가 고전을 배제하자고 한 게 아니라 소수자 및 여성 관련 연구를 넣자고 요구했음에도, 두 집단 가운데 가장 목소리를 높이고 저속하며 어리석은(흔히 독단적으로 결정하고 언론의 주목을 받는 데 늘 능숙한) 일부 대표들은 교육과정에서 '죽은 유럽 백인 남성들Dead White European Males(DWEMs)'[●]로 경멸적으로 불리는 이들이 지배적인 부분을 폐기하길 원했다. 나는 당시 수년간 《워싱턴포스트》에서 캠퍼스 분쟁을 다루는 교육 담당 기자였고, 학생 시위자 다수와 연배가 같았다. 나는 학생들이나 교수진 가운데서 누군가가 왜 전통적인 명저들을 가르치는 것과, 오래된 미들브라우 혹은 하이브라우 필독서 목록에 결코 오른 적 없는 여성 및 아프리카계 미국인의 저작을 가르치는 것이 본질적으로 양립 불가능하다고 생각하는지를 도무지 이해하기 어려웠다. 수년의 숙고 후에 나는 전통적 필수과목들이 폐지된 것은 급진주의자들이 학문적 전통주의자들보다 실제 권력이 커서가 아니라 교수진과 당국자 대다수가 학문적·정치적 견해에 상관없이 줏대 없는 태도와 반감(학생들에게 향한 것만큼이나 서로에게도 향한)으로 대응해서 생산적인 협상이 불가능했기 때문이라고 결론 내렸다. 대개 중재를 시도한 이들은 양편에게서 공격을 받았다.

대학교의 변화를 바라는 학생들의 요구에 대한 우파의 견해는

[●] 학계를 포함해 사회의 전 영역에서 지배적인 영향력을 행사하는, 작고한 유럽 백인 남성 학자, 작가 등을 비주류 소수자의 관점에서 비판적으로 이르는 말.

모든 사회적 저항을 향한 우파의 적의에 좌우되었다. 학계의 신보수주의자들조차 1960년대 초 민권운동과 1960년대 말 전투적 블랙파워Black Power °° 사이의 차이를 흐릿하게 만들었다. 이를테면 앨런 블룸은 남부의 민권운동에 참여한 북부 출신의 백인 학생들에게 경멸을 퍼부었다.

> 그들의 역할이라는 것은 고작 휴가와 같은 행진과 데모에 참가하는 것이 주였고, 그것도 대개는 한 학기 동안이었으며, 그런데도 그들은 중요한 일을 하느라 그동안에 주어진 과제를 못한 것이니 교수님들이 자신들을 벌하지 않으리라고 확고하게 믿었다. 그들의 현실 참여라는 것 또한 전에는 결코 가본 적이 없고 앞으로도 다시는 돌아가지 않을 곳에서 시위를 벌이는 것이 고작이었기 때문에 그들은 일을 벌여놓고도 대가를 치를 필요가 없었고, 오로지 거기에 그대로 남아서 살아야 하는 사람만이 그 대가를 치렀다. …… 1964년 워싱턴에서 있었던 행진에 참여한 것이 학생들이 중요한 민권운동에 참여한 마지막이었다. 그 이후에는 블랙파워가 지도적인 역할을 했고, 남부에서의 인종차별 체계가 붕괴되었으며, 블랙파워가 과격해지도록 충동질하는 것 이외에 백인 학생들이 할 수 있는 일은 없었고, 흑인 운동권의 선동자들은 그들의 도움을 원하지 않았다. 평등에 대한 가르침, 독립선언문에 명시된 약속, 헌법 연구, 우리의 역사 그 밖의 많은 것에 대한 지식 등은 수고를 아끼지 않고 노력하여 얻은 지식들로서, 그들을 지탱해주는 비축 자본

°° 인종차별을 타파하고 흑인들의 권익 신장을 추구하는 데 폭력도 불사한 운동.

이라는 것을 학생들은 알지 못했다.[10]

미국 정신의 탄생이든 종말이든, 그 논의에서 우파의 말을 액면 그대로 받아들일 수 없는 이유를 이보다 분명하게 예증하는 구절을 나는 알지 못한다(영향력 있는 저작에서는 더더욱). 블룸이 남부의 민권 시위들을 "휴가와 같은"이라고 묘사한 것을 보면, 그가 인종 정의를 위한 길고 긴 위험한 투쟁에 참여한 경험도 없을뿐더러 그 시절의 뉴스도 애써 읽어본 적이 없는 것 같다. 심지어 그는 날짜조차 틀렸다. 그가 마틴 루서 킹이 이끈 행진을 염두에 두었을 "워싱턴에서 있었던 행진"은 1964년이 아니라 1963년에 있었다. 그 행진이 학생들이 중요한 민권운동에 참여한 마지막이었다는 발언에 관해 말하자면, 블룸은 뉴욕시의 두 백인 학생 앤드루 굿먼과 마이클 슈워너와 미시시피주의 흑인 청년 제임스 체이니가 목숨을 바친 1964년 프리덤 서머freedom summer°를 잊은 게 분명해 보인다. 그것은 대단한 휴가였다.

블룸은 1960년대 코넬대학에서 다양한 위원회에 참석하여 위원회가 하나둘씩 차례로 필수과목들을 줄여가려 할 때마다 "계속 부표를 던졌지만, 나의 이러한 노력은 무위로 끝났다"고 회상했다.[11] 하지만 자유주의자들이, 사회적 시위를 벌이는 모든 이를 경멸하는 태도를 퍼뜨린 학자의 학문적 주장들을 진지하게 받아들이기란 분명 어려웠을 것이다. 내가 코넬대학의 젊은 고전학 교수였다면(당시

° 미시시피주 흑인 유권자 등록 운동. 1964년 여름, '프리덤 서머'에 참여했던 앤드루 굿먼과 마이클 슈워너, 제임스 체이니가 실종 44일 만에 싸늘한 시신으로 발견되었다. 백인 우월주의자들의 단체인 KKK의 백색 테러였다.

대학교 교수진에 여성이 거의 없었다는 점을 고려하면 그럴 가능성은 희박하지만) 블룸 같은 이들이 "토박이들"(어떤 일이든 간에 남성 교수에게 도전할 배짱이 있는 여성을 분명 포함한 집단)에 관해 제시하는 의견을 듣기 전까지는 내가 좋아하는 '죽은 유럽 백인 남성들'을 강하게 지지했을 것이다. 그리고 나의 선천적 문화 보호주의는 합리적 토론을 불가능하게 하는 분노에 지고 말았을 것이다. 나는 자랑스러운 태도로 그렇게 말하는 게 아닌데, 정치적 분노에 못 이겨 학문적 판단을 포기하는 교수라면 교수 자격이 전혀 없기 때문이다. 그러나 1960년대와 1970년대 초에는 정확히 그런 일들이 (양편에서) 일어났다.

그런 분노의 대부분은 교양과목과 사회과학 학부에 국한되었다. 자연과학은 일부 방위 관련 연구 기획이 종료된 것을 제외하면 대체로 영향을 받지 않았다. 블룸의 학문적 주장을 공평하게 청취하지 못한 종신교수들(심술궂은 동료를 만나는 것은 어쨌든 직무 기술서에 포함된 항목이다)은 변명의 여지가 없는데, 그들은 그의 정치사상을 몹시 싫어했기 때문이다. 마찬가지로 자신들의 학문적 기준과 사회에 관한 보수적 견해를 구별하지 못한 우파 교수들도 변명의 여지가 없다. 그런데 분명한 것은 1960년대의 자유주의자도, 보수주의자도 오늘날과 마찬가지로 캠퍼스에서 서로 이야기하는 데 관심이 없었다는 것이다. '책임 공방'을 따지자면 탓할 거리야 늘 넘쳐나니까 말이다.

이런 책임 유기의 가장 비난받아 마땅한 결과 중 하나는 아프리카계 미국인, 여성, 민족 관련 연구의 게토화였다. 의연한 태도와 민감한 태도를 모두 갖춘 대학교수진이라면 (정치사상이 무엇이든) 학생들의 교육과정 변화 요구를 판이하게 처리했을 것이다. 학문적 게토에 새로운 강의를 넣지 않고 핵심 교육과정에 흑인 연구 및 여성 연구를 포함하는 것을 막은 것은 누구 혹은 무엇이었나? 1960년대 교수들이 교탁 뒤에서 떨고 있었던 게 학생들이 학교를 그만두고 잡역부와 웨이터로 일하게 될까 두려워서였을까?

자유주의자들이, 그리고 많은 보수주의자들도 양보한 까닭은 학생 시위에 위협을 느껴서가 아니라 민족 및 여성 연구를 소수집단의 게토로 좌천시키는 게 가장 쉬운 일이었기 때문이다. 지적 게토의 탄생으로 교수직이 늘어났고 또 여전히 압도적 다수의 백인 남성 교수진은 (백인 남성의 관점에서) 늘 가르쳐온 대로 역사나 미국 문학, 사회학을 자유롭게 가르치게 되었다. 지난 30년간, 대학의 많은 백인 자유주의자들의 추잡한 작은 비밀은 그들이 블룸과 마찬가지로 다문화주의를 경멸하면서도 그런 태도를 공개적으로 드러내지 않았다는 것이다. 솔 벨로의 유명한 발언, "줄루족에 톨스토이가 있는가? 파푸아 섬에 프루스트가 있는가?"는 오늘날 학계 전반에서 공명을 받고 있다. 1990년대 초, 토니 모리슨의 소설 《빌러비드》(1987)가 영문학 강의 계획서에 들어가기 시작했을 때 학계에서는 꼴사납게 빨리 들어왔다는 불평이 있었다. 앤서니 올리버 스콧은 《뉴욕타임스 북 리뷰》에서 이렇게 썼다. "당시에 들리던 보수적 유언비어는 좌파 교수들이 모리슨을 좋아해 셰익스피어를 버리고 있다는 것이었다."[12] 사실 일부 백인 자유주의자들은 이런 소문을 확산시키고 있었다. 즉 보수주의자들뿐 아니라 상당수의 자유주의자도 독서목록에 모리슨을 넣어 기꺼이 다문화주의자들을 돕는 시늉을 하면서도 아프리카계 미국인 문학 전문 강의를 넘어서 (두 명만 꼽자면) 랭스턴 휴즈나 랠프 엘리슨의 저작에는 계속 좀처럼 자리를 내주지 않았다. 오늘날 많은 백인 교수들은 많은 백인 학생이 미국 흑인 작가들을 접할 기회를 갖는지에 전혀 신경을 안 쓰고 있고, 다

문화주의 제국을 건설한 이들 중 일부도 마찬가지로 아프리카계 미국인 관련 연구 전공자들에게 헨리 제임스와 이디스 워튼를 배제하는 교육과정에 기꺼이 서명하려 한다.

　게토화 의지는 역사 교육에서도 분명하다. 몇 년 전 나는 캘리포니아 남부의 한 주립대학에서 강연을 하다가 존 호프 프랭클린의 《미국을 거울에 비추다Mirror to America》를 언급하게 되었다. 프랭클린의 자서전은 1915년에 태어난 위대한 역사학자의 관찰력이 인종을 포함해 20세기 미국의 모든 이슈에 적용된다는 점에서 유일무이하다. 이 책은 아프리카계 미국사일 뿐 아니라 미국사 일반의 저작이고, 미국의 모든 대학교의 모든 역사학 개론 강의에 포함되어 있다. 강의 후 한 백인 여학생이 나한테 다가와 아프리카계 미국인 역사에 관한 선택과목 강의에서 프랭클린의 책을 읽은 적이 있다고 말했다. 나는 그 수업에 백인 학생이 또 있었는지 물었고, 그 학생은 베트남에서 태어난 학생이 한 명 있었고 교수를 포함해 나머지 모두 흑인이었다고 답했다. 많은 학교에서 만연한 소수집단 연구의 사실상 분리, 즉 수강생 거의 전체가 소수집단 학생이고 마찬가지로 교수도 소수집단 출신인 수업은 대학교에서 다수인 백인 학생들에게 나쁜 것만큼이나 흑인, 히스패닉, 아시아 학생들에게도 나쁜데, 그런 강의를 특별한 범주에 넣으면 게토화된 다문화학을 직업적으로 공부할 계획이 없는 누군가는 그런 분야를 평가절하하게 되기 때문이다.

　"나는 셰익스피어와 동석하고 그는 움찔도 하지 않는다." 윌리엄 E. B. 듀보이스는 1903년 《흑인의 영혼The Souls of Black Folk》에서 이렇게 썼다. "인종 분리 선을 넘어 나는 발자크와 뒤마와 팔짱을 끼고 가고, 거기서 웃는 남자들과 반갑게 환영하는 여자들이 금박을 입힌 연회장으로 미끄러지듯 간다. 단단한 다리의 대지와 트레이서리 같은 별들 사이에서 흔들리는 저녁의 동굴에서 나온 나는 아리스토텔레스와 아우렐리우스 그리고 내가 좋아하는 영혼을 소환하고, 그들은 하나같이 경멸도 겸양도 없이 정중하게 온다. 진실과 결혼한 나는 장막을 초월해 산다. 이것이 당신이 우리에게 배 아파하는 삶 아닌가, 기사다운 미국이여?"[13] 21세기 모든 인종의 대학 졸업자들 중 상당수가 이런 글귀에 무지하다는 것은 그야말로 비극이다. 마찬가지로 지금으로부터 40년도 더 된 날, 내가 미시간대학에서 졸업장을 받을 때까지 미국 흑인의 글이 필독서가 아니었다는 것도 비극이다.

감사하는 세대와 그렇지 않은 세대 모두 1970년대 중반, 대부분의 대학교 캠퍼스에서 이루어진 합의의 성과 가운데 자신의 몫을 챙겼다. 많은 경우에서 대학교 당국자들은 그런 합의에 서명했을 뿐 아니라 그런 합의가 이루어지도록 고무했다. 대항문화의 요새로 간주되는 대학교들에서조차 교수들은 일자리가 충분히 안정적인 한 학생들의 요구를 전통적인 위계 구조 내로 수용하는 데 만족했다. 1960년대 버클리 저항운동을 지지한 선도적 교수였던 셸던 월린은 이렇게 지적했다. 1969년 무렵, "교수의 대다수가 대학의 본질을 재고하는 것뿐 아니라 대학을 재편하는 일과도 관련한 상당한 시민적 헌신 활동에서 뒷걸음쳤다. 그런 관여는 처음에 발군의 교수들을 끌어 모은 '연구 중심 대학'이란 발상과 양립할 수 없는 듯 보였다". 버클리 교수진의 가장 큰 바람은 다른 많은 캠퍼스와 마찬가지로 연구와 발표라는 "진짜 일"로 돌아가는 것이었다.[14] 역사학자 모리스 이서먼은 이렇게 언급했다. "1960년대, 지식인 계급은 캠퍼스에서 일시적으로 급진적인 지배력을 행사했던 것과는 상관없이 주변적인, 적대적인 역할에서 확고히 제도화된 역할로 빠르게 변했다."[15]

물론 미국의 많은 대학에서 최고의 교양교육을 받는 것은 여전히 가능하다. 일부 학교들은 다른 곳보다 철저한 필수과목들이 있고, 좌우간 스스로의 선택으로 학습 방법을 학습하려는 이들에겐 늘 가능하다. 고급문화는 주변의 대중문화를 거슬러 관심사와 재능을 추구하려는 의지와 불굴의 용기가 있는 비범한 인물들을 인류가 계속 낳는 한 결코 사라질 수 없다. 고등교육기관 입학률이 꾸준히 증가해온 지난 30년간, 진짜 패자는 다수를 차지하는 중간 집단 학생들(학업 요건이 더 엄격했던 시기에는 적어도 미들브라우적 교양교육에서 좋은 기회를 얻었던)이다. 핵심 과목이 축소된 까닭에 지금은 소위 보다 고등한 교육기관에서 심리학 학위를 따려는 학생은 중급 생물학 수업을 수강하지 않아도 된다. 또 아프리카계 미국인 전공자는 '백인의' 계몽주의에 관한 기초 교재를 읽지 않고 졸업한다. 경영학 전공자는 1학년을 마치면 어떤 문학작품도 공부하지 않은 채 졸업한다. 그리고 이 졸업생들은 모두, 어떤 교육기관이건 교사를 선택한다면 협소함과 무지를 다음 세대에게 물려주게 될 것이다.

지난 10년 동안, 많은 교육기관이 (1970년대 말에도 그랬듯이) 더 강력한 핵심 교육과정을 회복해왔지만 이런 마지못해 하는 정형화된 경향은 초·중등학교에서 표준화된 시험을 광적으로 강조하는 것의 고등교육적 판본이다. 이는 정치와 깊은 관련이 있다. 학계의 정치와도 관련 깊고, 또 공립대학교의 경우에는 주의회에서 예산 지원을 따내기 위한 정치와도 관련 깊다. 대학 당국자들이 "기초"로 돌아가자는 말을 하기 시작할 때는 어떤 저명한 주의원이나 주지사가 주립대학의 학문적 결점에 모든 관심을 집중시켰을 경우임이 분명하다. 아니면 계량화할 수 없는 보다 진정한 교육, 즉 사회에서 갖는 중요성이 시험 점수로 측정할 수 없고 그것이 사라졌을 때에야 통탄하게 되는 교육을 아무도 언급하지 않는 상황임이 분명하다.

대학교 캠퍼스와 가두에서 반전운동과 다양한 저항들이 한창일 때 다른 60년대 또한 펼쳐지고 있었는데, 저녁 뉴스를 통해 사회적 시위(정확히는 사회적 시위의 텔레비전 판본)를 미국인의 거실로 전달하던 텔레비전 카메라에서는 멀리 떨어져 있었다. 그러나 신문기자들은 그 10년의 '다른 미국'의 가장 큰 집회, 즉 1969년 1월 22일, 리처드 닉슨의 취임식을 취재하기 위해 대거 몰려나왔다.《워싱턴포스트》에서는 내가 맡았고 시에 소속된 좀 더 어린 기자들 대부분도 나왔는데, 으스스하게 추운 날 밖에서 펜실베이니아거리를 따라 닉슨 취임식 가두행렬을 지켜보는 것은 고역이었다. 감각이 없어진 손가락으로 메모하면서 나는 〈민중이여 일어나라Up With People〉라는 지긋지긋한 노랫가락이 흐르고 로봇처럼 환호하는 젊은 남녀들로 가득한 장식 차량이 지나가는 것을 지켜보았다. 그 보통 사람들에게 바치는 찬가는 추위에 떨고 있는 취임식 인파에게 "어디를 가든 그들people을 만난다"고 장담했다.

퍼레이드에는 닉슨이 침묵하는 다수라고 이름 붙인 사람들, 즉 장발의 괴짜가 아니라 오늘날 우리가 '서민folks'으로 숭배하는 이들에 해당하는 60년대의 사람들 무리가 있었다. 닉슨의 두 딸, 줄리와 트리샤처럼 워싱턴에 모여든 공화당 청년들은 정기적으로 머리를 깎지 않고, 팬티스타킹에 치마를 입는 게 아니라 맨다리로 다니며, 결혼하지 않은 채로 이성과 동거하던 평화 시위대의 행진에 한 번도 참여한 적이 없는 듯 보였다. "60년대는 끝났다"고 나는 그날 밤 한탄했고, 동료들과 함께 취임식에서 느낀 슬픔을 스카치위스키로 달랬다. 당시 대학 캠퍼스에서는 마리화나가 인기 있었지만 (1960년대 중반에 이미 대학을 졸업한) 우리 세대의 젊은 기자들은 그 세대의 사람임을(특히 여전히 작은 소수집단인 여성들의 일원임을) 드러내고자 여전히 위스키를 엄청나게 마셨다.

그해 1968년은 매우 엄청난 사건들, 그러니까 액션광 저널리스트조차 그런 사건들이 끝났다고 안타까워할 수 없을 정도의 끔찍한 사건들로 가득했다. 《워싱턴포스트》에서 우리는 킹 목사가 암살된 뒤 며칠간 도시에 폭동으로 연기와 화염이 이는 것을 공포를 느끼며 지켜보았다. 다음으로는 로버트 케네디 암살, 소련의 체코슬로바키아 침공, 시카고에서 열린 민주당 전당대회가 뒤를 이었다(후자의 두 사건은 8월 세 번째 주에 거의 동시에 텔레비전을 통해 보도되었다). 소련 군인들이 70명 넘게 살해하고 700명 이상에게 부상을 입힌 프라하에서도, 리처드 J. 데일리 시장 휘하의 경찰들이 시위대를 곤봉으로 때리고 피투성이가 된 젊은 남녀들이 살기 위해 달아나고 힐튼호텔 로비로 피신하는 모습이 텔레비전으로 실시간 보도된 시카고에서도 거리에 피가 흘렀다. 시카고에서도 수백 명이 부상을 입었지만 "기적적이게도" 곤봉을 맞고 사망한 이는 없었다.[16] 시위대는 "전 세계가 지켜보고 있다"라고 쓰인 팻말을 흔들었는데, 그건 사실이었다. 그러나 그 세계가(적어도 닉슨을 찍은 미국인으로 구성된 일부 세계가) 시카고의 그 사건을 해석하고, 경험한 것은 시위대와 달랐다. 대중의 다수는 통제 불능의 경찰이 비무장한 아이들을 공격하는 것을 본 게 아니라, 법과 질서의 수호자들이 외설적인 구호를 외치고 예의범절에 관한 모든 전통 관념을 경멸하는, 씻지도 않는 히피들에게 참을 수 없을 정도로 압박당하는 것을 보았다. 닉슨을 찍은 표 중에서 일부분은, 바람직한 가족 가치와 예의(팻 닉슨의 선한 공화당원의 직물 코트°, 가족 시트콤의 장녀처럼 옷을 입고 행동하고 말하는 순종적인 두 딸)에 관한 침묵하는 다수의 관념에서 나온 표였다.

피와 분노의 그해에 닉슨이 있을 성싶지 않게 재기한 결정적 요인을 하나만 꼽는 것은 불가능하다. [민주당 대선 후보 경선에서] 환멸을 느낀, 처음으로 투표권을 갖게 된 상원의원 유진 매카시의 지지자 다수는 투표하지 않았다. 일부 미국인은 민주당이 베트남전쟁의 확대를 주도했다는 이유만으로 전쟁을 종식할 가능성이 큰 후보가 험프리보다 닉슨일 것 같다고 오판했다. 그러나 닉슨에 대한 지지는 반전시위대를 몹시 싫어하는 유권자들 가운데서 늘 가장 강했다. 험프리는 1968년 남부의 오직 한 주, 즉 텍사스에서만 우세했다. [본래 민주당 소속이었으나] 제3당[아메리카독립당] 후보자로 출마한 앨라배마 주지사 조지 월리스는 앨라배마, 아칸소, 미시시피, 루이지애나에서 우세했고 닉슨은 그 외의 남부 및 국경 인접 주들에서 우세했다. 월리스가 출마하지 않았다면 닉슨은 남부 전체에서 승리했을 것이다(1972년 대선에서 실제로 그랬다). 민주당은 공공시설에서의 인종차별 철폐를 명령한 1964년 민권법과 [흑인의 투표권 등록에 관한 차별 철폐를 중심으로 한] 1965년 투표권법을 통과시킨 장본인이었다. 즉 남부 사람들은 공화당 사람이 백악관에 있는 한 자신들의 생활 방식에 대한 그런 도전들이 결코 법제화되지 않으리라고 생각

○ 1952년 부패 혐의를 받았을 때, 닉슨 대통령은 자신과 아내 팻 닉슨의 수수한 생활 방식을 강조하면서 특권층 정치인 부인들이 입는 모피코트와 아내가 입는 일반 직물 코트를 대조해 보여주었다.

할 타당한 이유가 있었던 것이다.

법적 인종 분리라는 쟁점이 사라져가고 있었음에도 닉슨은 60년대의 모든 문화적 변화에 분개하는 이들에게 완벽한 후보였다. 그의 이력에서 반복되는 주제 하나는 자신은 청년기에 결코 누리지 못한 교육과 경제 혜택을 입은 이들이 선망하는 대상으로 가까스로 변장해낸 것이었다. 대학 캠퍼스가 좌파 반전시위의 양성소로 간주되던 시기에, 닉슨이 오랫동안 맺어온 반지성주의와 반공주의와의 관계는 선거의 자산이었다. 이 다른 60년대의 완벽한 대표는 평생 한 번도 일해본 적 없고 병역도 기피하는 계란머리들을 반대하는 모든 것과 모든 사람을 대표했다.

1969년 《뉴스위크》가 갤럽을 통해 실시한 여론조사는 침묵하는 다수가 학생 시위대를 얼마나 못마땅해하는지를 보여주었다(눈에 띄는 점은 《뉴스위크》 여론조사가 백인 성인들에게 한정되었다는 것이다. 흑인들은 여론조사원들이 목표로 삼은 집단인 "중산층"으로 간주되지 않았다). 응답자 중 84퍼센트 이상이 캠퍼스의 시위대가 대학교 및 법 집행 당국으로부터 "너무 관대한" 취급을 받았다고 느꼈다. 또한 85퍼센트 이상이 전투적 흑인들이 너무 관대한 대우를 받았다고 생각했다.[17] "중산층이 최근 전국의 대학 캠퍼스에서 벌어진 격동에 얼마나 분개하는지는 아무리 강조해도 지나치지 않다"며 분석가는 이렇게 덧붙였다. 그 분개에는 "경제적 하위계층에 대한 특별한 징후가 담겨 있는데 그들은 그 시위들을, 자신들은 결코 얻지 못하는 기회를 가진 이들의 배은망덕과 무책임이 드러난 것으로 간주하기 때문이다". 미시간대학(학생 시위의 또 다른 중심지이자 '민주 사회를 위한 학생들' 조직이 탄생한)의 철학 교수 에이브러햄 캐플런은 젊은 시위대가 "대학이란 어떤 곳인가에 관해" 부모들이 갖고 있는 이미지("나무가 있고 아이들이 코코아와 마시멜로를 먹고 셰익스피어를 읽으며 봄에는 남자애들이 여자애들의 속옷을 훔쳐볼 수도 있는 곳")를 훼손했다고 평했다.[18]

이 감사할 줄 모르는 특권층 젊은이라는 이미지는 대학교를 운영한다고(학생 시위로 강의가 취소되는 것을 허가하는 학교에 등록금을 내주는 게 마음에 들지 않는 부모들의 의견에 따르면, 대학교를 나쁘게 운영한다고) 가정되는 지식인들에게로 번졌다. 샌프란시스코주립대학 총장 새뮤얼 I. 하야카와는 캠퍼스에서 벌어진 저항 시위를 진압하기 위해 강한 조치를 취했을 때 보수주의자들의 영웅이 되면서 전국적인 반향을 일으켰는데, 그 이유는 대항문화의 본부로 간주되는 도시라는 배경 때문이었다. 그러나 당시 샌프란시스코주립대학이 가족 중 처음으로 대학에 들어간 첫 번째 세대를 대표하는 학생들이 대거 입학한 통학 학교commuter school°였던 반면, 샌프란시스코만 건너편의 버클리는 부유한 캘리포니아 주민들이 선택하는 학교라는 것이 하야카와 지지자들에겐 통하지 않았다. 대학 교육을 받은 부모는 그렇지 않은 부모보다 학생 시위에 타당한 이유가 있다고 느낄 공산이 훨씬 컸다. 또한 "성혁명"에 덜 적대적이었고 전통적인 종교적 가치의 쇠퇴도 덜 염려했다. 1960년대가 끝나면서 신문들은 일반적으로, 침묵하는 다수 혹은 (동일한 집단으로 추정되는) 중산층을, 블루칼라에 교육수준이 비교적 낮은 집단으로 취급하게 되었다.

다른 두 요소(지역적·종교적 동일시)는 민권 이슈들이 논의 중일 때를 제외하면 대개 언론의 주목을 받지 못했다. 그렇지만 종교적·지역적 충성심은 여전히 다른 60년대 내내 중대한 역할을 했고,

● 전국에서 인재가 모여들어 기숙사 생활을 하는 명문 대학 유형이 아니라, 주로 지역민이 통학으로 다니는 대학.

지난 20년간 새로워진 문화 전쟁에서도 그러했다. 학계 엘리트 및 과학계 엘리트에 대한 새로운 업신여김과 결부된, 근본주의와 반지성주의의 오래된 조합은 그 탈신화화 10년에서 가장 숨겨진 이야기 중 하나였다. 조지 월리스는 "만인의 삶을 영위하는 방법을 가장 잘 안다던 최고의 뾰족머리pointy head들은 이제 한물갔습니다"라고 선언해 자신의 선거운동에 생기를 불어넣었는데, 이 발언은 계급적·지역적·반지성적 분개가 뒤섞인 것을 요약해 드러낸 것이었다.

당대의 언론과 학계가 경시한 문화 현상 가운데 근본주의적 종교의 회생은 의심의 여지 없이 가장 중요한 것이었다. 근본주의가 실제로 사라졌었다는 뜻이 아니라 1960년대 초 민권법들과 1960년대 말 문화적 반란에서 상당한 자극을 받았다는 말이다. 근본주의의 부활은 심히 반지성적이었는데, 부유한 자유주의 지식인들이 인종이 분리된 사립학교 혹은 부유한 백인만 사는 동네의 공립학교에 자녀를 보낼 형편이 안 되는 보통 사람들을 희생시키려는 꿍꿍이에서 꾸민 학교 인종 분리 폐지 계획의 근원으로 뾰족머리들이 지목된 게 부분적인 이유였다. 그런데 새로운 근본주의적 반지성주의에서 동일하게 강력한 요소는 교회 내부의 자유주의적 지성주의 경향에 대한 증오였다. 1960년대의 반자유주의적 백인 기독교 근본주의자들(당시 청년이었던 이들과 이미 중요한 교회 지도자였던 이들을 포함해)이 지난 40년간 사회적으로 자유주의적인 기독교 인물들, 이를테면 베트남전쟁 반대운동을 벌이고 다른 진보적 사회 대의들을 위해서도 싸운 윌리엄 슬론 코핀 목사와 로버트 드리넌 신부보다 훨씬 많은 영혼을 자신들의 무리로 모아왔다는 것은 의문의 여지가 없다. 근본주의자들이 사람들을 자신들의 특정한 종교적 믿음으로 개종시키는 데 집중한 반면, 코핀과 드리넌 같은 성직자들은 종교적 믿음을 가진 사람들을 설득해 좀 더 정의로운 미국에 대한 자신들의 비전을 지지하도록 이끌려고 했다.

1960년대 동안, 남부의 보수적 침례교부터 오순절교까지 근본주의 교회들은 주류, 즉 오른쪽의 루터교와 장로교부터 왼쪽의 유니테리언파까지 일반적으로 더 자유주의적인 개신교 교파들을 희생시키며 성장했다(그 경향은 오늘날까지도 계속되고 있다). 1960년대 근본주의 운동의 핵심 인물은 댈러스의 카리스마적 설교가 W. A. 크리스웰이었는데, 그는 1968년 10월 13일 '내가 성경이 문자적으로 참이라고 설교하는 이유'라는 제목으로 사람들을 각성시키는 설교를, 교인이 2만 6000여 명인 자신의 제일침례교회 설교단에서 한 바 있다. 2002년 92세를 일기로 사망한 크리스웰은《크리스처니티 투데이》에 실린 부고에서 "빌리 선데이의 과장된 말과 사보나롤라°의 역설力說로 설교한 …… 박사학위가 있는 홀리 롤러holy roller °°"로 묘사되었다. 1960년 이후 남침례회(전국에서 가장 큰 교파 집단)의 우파 운동에서 중요한 행위자였던 크리스웰은 정치적·종교적 자유주의자들을 "스컹크 같은 역겨운 놈들"이라고 맹비난했다.[19] 1845년 인가를 받은 침례교 기관인 베일러대학 졸업생이기도 한 크리스웰은 모교가 정통적인 목사들을 훈련하기엔 너무 자유주의적이라고

● 15세기에 활동한 이탈리아의 설교가. 한쪽에서는 성인이자 개혁가로, 다른 한쪽에서는 광신적 인물로 평가가 엇갈린다. 묵시적 발언과 예언을 하기도 했고 결국 가톨릭 교회에서 파면과 화형을 당했다.

●● 오순절교회를 비롯해 예배 중에 열광하는 교파의 신자를 이르는 표현으로, 성령이 임했을 때 바닥에서 구르기도 하는 행동에서 비롯되었다. 조롱조의 의미도 포함되어 있다.

생각해서, 1971년에 직접 근본주의적 신학교인 크리스웰성서연구센터를 설립했다.

장차 기독교 우파로 알려지게 되는 이들의 미래에 훨씬 더 중요한 역할을 한 댈러스 제일침례교회는 사립학교 체제 전반을 조직했는데, 본래의 목적은 인종 분리 폐지를 피하기 위해서가 아니라 궁극적으로 기독교인 아이들을 진화론 교육 같은 세속의 영향력이 미치지 않는 곳에서 교육하려는 것이었다. 크리스웰은 남부에서 가장 영향력 있는 침례교 목사 중 하나여서 그의 교육 전략을 그 지역 곳곳의 독실한 우파 복음주의자들이 널리 모방했다. 그 결과에 따른 사립학교 체제 덕분에 "교인들 및 그들과 생각이 비슷한 사람들의 자녀는 유치원부터 대학원까지 자신들이 보기에 신학적으로 안전한 교육 환경으로, 즉 공립 초·중·고와 대학교, 그리고 …… 서던메소디스트대학과 베일러대학처럼 통제하기 힘들다고 본, 교파와 연계된 대학의 교육 환경과는 다른 곳으로 이동할 수 있었다".[20]

되살아난 근본주의자들이 거부한 것은 1960년대의 대항문화만이 아니었다. 세기의 첫 30년간의 윌리엄 제닝스 브라이언과 그 추종자들처럼 새로운 근본주의 세대는 지성주의와 모더니즘도 거부했다. 남부 밖에서는 새로운 근본주의자들의 힘과 외골수적 특성이 거의 주목받지 못했는데, 한 가지 예외는 1970년 6월 켄트주립대학과 잭슨주립대학에서 학생들이 살해된 지 한 달이 채 안 되어 열린 남침례회 125회 연례회였다. 이 거대한 혼란기에 남침례교인들을 요동치게 한 주요 이슈는 베트남전쟁이 아니었다. "전령사"로 불리고 3만 5000곳 이상의 침례교회를 대의하는 대표자들이 정말로 분노한 것은, 성경의 맨 앞에 있는 다섯 권(모세오경)이 하느님이 직접 모세에게 받아쓰게 한 것이 아니라 장기간에 걸쳐 많은 출처에서 가져온 것임을 시사하는 성서 비평 저작의 출간이었다.

성서가, 하느님의 영감을 받았다 하더라도, 많은 인간의 손과 생각을 거친 저작이라는 견해는 개신교인뿐 아니라 많은 유대인, 가톨릭교도도 포함한 주류 성서학자들이 19세기 중반 이래로 견지해 온 것이다. 성경이 문자 그대로 하느님 말씀인가라는 질문은 19세기 이래로 근본주의자들과 보다 자유주의적인 개신교 교파들을 갈라놓았다. 남침례회 대표들 가운데 압도적 다수는 자신들의 주일학교위원회가 성서의 신성한 원저자를 의심하는 저작의 출판물을 허가했다는 것에 격분했다. 1면 기사에서(당시에는 인종 분쟁과 무관한 종교 기사를 그렇게 1면에 배치하는 경우가 극히 드물었다) 《뉴욕타임스》는 이 논란을 "그 교파에서 도시 지향적이고 학문적 자격을 갖춘 전국적 지도자들과 시골의 반지성적이고 전통적인 부류들 사이에서 점점 더 증가하는 긴장을 반영하는 것"이라고 묘사했다. 그 책을 옹호하는 이들의 목소리는 연례회장에서 저지되었다. 한 목사가 일어나 남침례교도들이 "심리학을 이용하고" 성직자를 위한 "감수성 훈련"같이 대항문화에서 영감을 얻은 방법을 사용하여 성서문자주의의 전통을 위태롭게 하고 있다고 말했다. 로버트 스콧 목사는 이렇게 말했다. "나는 성경을 믿습니다. 예수님도 성경을 믿었습니다. 남침례교도들도 성경을 믿습니다. 남침례회에는 가장 보수적인 자들을 위한 자리도, 가장 자유주의적인 이들을 위한 자리도 있다고들 해왔지요. 하지만 형제 여러분, 제 말은 그 자리가 너무 크다는 겁니다."[21]

비위에 거슬리는 그 책의 저자인 영국의 침례교 학자 G. 헨턴 데이비스는 무모하게도, 아브라함이 이삭을 바치는 데 동의한 것은 하느님의 명령을 오해한 것일지 모른다는 견해를 시사하기도 했다.

사실 남침례교도들이 성서 수정주의에 속하는 이 책에서 서서히 다가오는 신학적 자유주의를 발견한 것은 옳았다. 자유주의적 신자들을 지금까지도 계속 골치 아프게 하는 문제는 하나뿐인 아들을 바치라고 명령할 정도로 잔인하고 변덕스러운 하느님, 또 책임을 아브라함에게 부과해 그 부담을 털어버린 하느님의 속성이다. 더욱이 아브라함이 하느님을 오해했다면 예수가 예루살렘에서의 그 숙명의 날에 대한 하느님 아버지의 바람을 오해하지 않았다고 누가 장담할 수 있겠는가? 그건 근본주의자들에겐 지극히 불경한 생각일 게 분명하다.

연례회에서 주일학교위원회가 그 거슬리는 책을 배부하는 것을 금하는 결정을 내린 후, 선견지명이 있는 한 침례교 임원은 광범위한 정치적 양극화에 대한 반응과 "극단적 보수주의 조류"를 연결 지었다. 휴스턴의 벨레어제일침례교회 목사 리 포터는 이렇게 말했다. "남침례교인들은 늘 자신들의 문화를 반영해왔습니다. 이건 비극이에요. 결과가 이렇지 않길 바랐지만 그렇게 나왔습니다."[22] 이후 20년간,《뉴욕타임스》가 언급한 "도시 지향적이고 학문적 자격을 갖춘" 남침례교인들은 정치적·문화적으로 보수적인 반지성주의자들에게 압도되었다. 종교가 과학 및 현대 학문(성서학을 포함해)과 양립할 수 있다고 믿는 남침례교인들은 결국 보다 자유주의적인 전미침례회(북침례회)에 가입된 교회들로 갔다. 19세기 진화론을 지지하는 과학자들이 북부로 떠난 여정을 상기시키는 움직임이었다. 그리고 많은 남침례회 목사 및 교인들은 신우파 군대의 기독교 병사들이 되었다.

마찬가지로 중요한 전개는 유력한 기독교 우파 청년운동, 즉 당대 좌파가 그 회원들에게 "예수쟁이"라는 별명을 붙인 대학생선교회의 부상이었다. 대학생선교회는 사실 1951년 남부 캘리포니아의 사업가 빌 브라이트가 설립했는데, 바이블벨트 밖 대학교에서는 어떤 견인력도 얻지 못하다가 1960년대 말에 이르러서야 그 복음주의자들이 마약과 성혁명에 환멸을 느끼고 새로운 삶을 추구하는 많은 젊은 남녀의 관심을 끌기 시작했다. 상징적으로 매우 중요한 조치로 그들은 1967년 버클리에서 전국 대회를 열었고 거기서 존 브라운이라는 젊은 복음주의자는 스프라울광장 계단에 서서 예수를 "세계에서 가장 위대한 혁명가"로 칭송했다. 모리스 이서먼과 마이클 케이진이 분열된 60년대에 관한 역사서에서 지적하듯이, 초기 대학생선교회 복음주의자들의 매력은 그들이 오래된 종교를 가르칠 요량으로 의도적으로 대항문화에서 외설적인 것은 빼고 그 외양과 언어만 채택, 각색함에 따라 크게 증가했다.

장발에 홀치기염색을 한 옷을 입은 그 종교 운동가들은 꼭 급진적인 좌파 동년배들처럼 보였다. 일부 조직들은 크리스천세계해방전선과 예수그리스도전력회사 같은 최신식 이름을 모방했고 마약으로 심신이 소진된 청년을 위한 쉼터를 열기도 했다.[23] 기독교 근본주의자들의 매력은 유대인 공동체의 엄격한 하시드파의 매력과 비슷했다. 남들이 개인적 자유를 발견한 곳에서 불행만 발견한 젊은 남녀에게 규칙과 확실성을 제공한 것이다. 1960년에 유급 직원이 109명뿐이던 대학생선교회는 1970년대 중반에는 직원이 6500명에 예산이 4200만 달러인 전국 조직으로 성장했다.[24] 오늘날 대학생선교회는 유급 직원이 2만 7000명 이상이고 190개국에서 자원봉사자가 22만 5000명이 넘는 국제 전도 조직이다(그 활동은 이슬람 국가들에서 특히 논란이 되고 있다).▪

1960년대와 1970년대 초, 전투적 근본주의의 부활은 신문 일반

뿐 아니라 새로 출현한 뾰족머리 보수 지식인들에게도 대개 무시되었다. 미국인 대다수와 마찬가지로 근본주의자들에게도 뾰족머리란 자유주의자와 동의어였다. 다수가 뉴욕의 유대인인 보수 뾰족머리들은 근본주의자들이 그들을 모르는 것만큼이나 근본주의자들에 관해 거의 알지 못했을 것이다(혹은 단순히 종교적 우파의 부활에 관해 무슨 말을 해야 할지 몰랐을지도 모른다). 1970년 즉《코멘터리》가 신보수주의를 밝히고 대항문화에 공격을 개시한 그해, 그 편집자들은 형성 중인 근본주의적 반대항문화에 관해 할 말이 없었다.

《코멘터리》는 미국유대인협회가 발행하고 주로 유대인들이 편집을 담당했는데, 세속의 보수적인 유대인 지식인들은 보수 운동 전반에서 기독교 근본주의자들의 중심적 역할을 직시, 인정해야 하는 문제를 지금까지 늘 안고 있다. 기독교 우파가 〔1980년〕 레이건의 대선 선거운동 동안에 위력을 과시하기 10년 전에는, 아마겟돈의 중심지(즉 예수가 악에 맞선 선의 최후 전투를 위해 재림해, 예수를 메시아로 받아들이지 않은 유대인과 그 밖의 모든 이를 끝장낼 장소)라는 주된 이유로 이스라엘을 강력히 지지하는 정치 동맹들을 진지하게 상대해야 한다는 생각을, 새로운 보수적 신앙을 옹호하는 유대인들은 할 수 없었을 것이다. 바로 그날,《코멘터리》와《네이션》의 기고자들(과거와 현재의)은 결국 나락으로 떨어지는 한배를 타게 될 것이다.

◘ 오늘날 미국의 대학에서 대학생선교회의 효과적인 노력 중 하나는 자유주의적 혹은 세속적 관점을 제시하는 연사들을 겨냥하여 그에 대항하는 프로그램을 마련하는 것이다. 내가 이스턴켄터키대학에서 내 책《자유사상가들(Freethinkers)》에 관한 강의를 했을 때, 그곳의 대학생선교회 지부는 그리스도 안에서 다시 태어나 소아성애적 충동을 극복했다고 주장하는 연사가 나오는 강의 겸 부흥회를 후원했다. 내 강연은 학생 150여 명만을 모았고 같은 날 밤에 한 소아성애 극복 강연은 500명을 모았다고 들었다.

상당수의 자유주의적 가톨릭교도들도 그 구덩이로 향할 운명이다. 1960년대 미국 종교 지형을 볼 때 미국의 가톨릭은 특별한 사례로 간주해야 하는데, 가톨릭교회 내 개혁운동은 바티칸에서 나왔고 1958년 요한 23세가 교황으로 선출되면서 시작되었기 때문이다. 내가 1945년에 성세성사를 받고 1956년에 견진성사를 받은 가톨릭은, 한 가톨릭 현자가 썼듯이, "유일한 교회"를 나타낸다. 앤드루 M. 그릴리 신부는 이렇게 썼다. "19세기와 20세기 초 가톨릭 생활을 지배한 진언은 '교회는 변해서는 안 되고 변할 수도 없고 변하지도 않을 것이다'('하느님은 과거에도 항상 존재하셨고 앞으로도 항상 존재하실 것이며 항상 변하지 않는 채로 존재하신다'라는 오래된 《볼티모어 교리문답》의 주장에 상응하는)였다."[25] 그러나 가톨릭교회는 수세기를 통틀어 가장 진보적인 교황인 80대의 요한 23세 밑에서 변하기 시작했다. 본명이 안젤로 주세페 론칼리이고 제2차 세계대전 동안 위험에 처한 유대인을 도운 것으로 알려진 그 둥글둥글한 교황에 대해 사람들이 들어본 것이라고는 인도적이고 사랑스럽다는 것이었다. 그가 처음으로 취한 조치 중 하나는 수척한 외모의 전임자 비오 12세가 고수한, 교황은 늘 식사를 혼자 한다는 구습의 폐지였다. 1962년 요한 23세는 로마에서 제2차 바티칸공의회를 소집해 의례와 교리를 갱신하고, 상부가 반모더니즘과 신자의 성생활에 대한 강박적 통제를 통해 오랫동안 지배해온 기관에 새 생명을 불어넣고자 했다. 제2차 바티칸공의회에 참관한 유대인들을(이것도 처음 있는 일이었다) 맞이했을 때, 교황은 자신의 중간 이름과 성경의 요셉 및 그 형제들의 이야기를 넌지시 하며 그 랍비들을 환영했다. "나는 요셉입니다. 당신들의 형제죠."

제2차 바티칸공의회 이전의 가톨릭주의에 따라 양육되지 않은 이들에게 요한 23세의 짧은 임기 동안 교회 내 논쟁을 부채질한 자유와 희망의 기운이 어땠는지 그 분위기를 전하기란 쉽지 않다. 많은 가톨릭교도들은 사제의 결혼이 허락되고 교회가 이혼에 대한 비난을 완화하고 재혼한 교인들이 성례를 받는 것을 허락하며, 무엇보다 피임기구를 이용해 성관계를 맺는 도덕적 죄를 저지르면 영원히 지옥살이를 하게 된다는 가르침으로 결혼한 교도들을 몹시 괴롭힌 피임 금지를 철회하기를 희망했다. 제2차 바티칸공의회에서 결정된 것들은 요한 23세가 죽고 나서 시작되었는데, 교회의 권위주의적 본질을 고려해볼 때 자유주의적 제도화 시도는 헌신적인 활동을 벌이는 교황의 지지 없이는 성공할 수 없었다. 그러나 미국과 유럽에서 지니는 호리병 속으로 되돌아갈 수 없었다. 1960년대 동안, 미국 태생의 가톨릭교도들은 자신들이 교리 및 교회의 권위와 맺고 있는 관계에서 이전보다 주류 개신교도처럼 되었다. 즉 그들은 여전히 교회에서 성례, 결혼식, 장례식을 치르기를 원했지만 침실의 사생활에 관해 신부, 주교 혹은 교황의 생각이나 가르침을 들을 생각이 없었다. "뷔페 가톨릭교도"는 신학적 보수주의자들이 자유주의적인 신도들을 묘사하기 위해 만든 경멸적 용어였다.

그런데 판이한 유형의 "뷔페 가톨릭교도"도 있었는데, 그들은 전통 라틴 미사의 포기 같은 의례의 변화와 많은 신부와 수녀, 심지어 주교조차 인종차별과 베트남전쟁에 점점 더 분명하게 반대의 목소리를 외치는 것에 심히 분노했다. 사회적으로 보수적인 기층 가톨릭교도들 다수가 남부의 근본주의적 개신교도들처럼 반지성적이었지만, 그들의 반지성주의가 뿌리박고 있는 것은 성서문자주의가 아니라 제2차 바티칸공의회 이전에 어린 시절을 보낸 교회에 대한 갈망이었다. 변화에 환멸을 느낀 우파 가톨릭교도들은 1973년 대법원의 낙태 합법화 결정 이후 수년 동안 전에는 상상도 할 수 없던 근본주의적 개신교도들과의 동맹을 형성하게 된다. 베일러대학 같은 개신교 교육기관의 세속화 세력에 의심을 품은 근본주의자들처럼, 우파 뷔페 가톨릭교도들도 가장 오래된, 가장 존경받는 가톨릭 고등교육기관들의 세속화 경향을 못마땅하게 여겼다. 미국의 최상위 가톨릭 대학교들은 요한 23세의 에큐메니즘에 고무되어 1950년대 말에서 1960년대 초에 종교교육뿐 아니라 세속 교육에서도 일류 기관으로 변하고 있었고, 그 기관들에서 자유주의적 가톨릭 지식인들이 갖는 영향력은 오늘날까지도 바티칸 보수주의자들에게 골칫거리다. 요한 23세가 시동을 건 변화에 맞선 미국 가톨릭신도들의 전투는 지적 수준이 높은 지식인들 가운데서도 벌어졌는데, 한편에는 《커먼윌Commonweal》과 예수회 주간지 《아메리카》의 자유주의적 가톨릭 지식인들이, 상대편에는 《내셔널리뷰》의 윌리엄 F. 버클리 같은 우파 전사들이 있었다. 1951년 《예일의 신과 인간》을 출간한 이래 젊은 보수주의의 목소리로 활동한 버클리는 반세속적이었지 반지성적은 아니었다. 전통적 가톨릭주의에 대한 그의 옹호는 이후 15년간 많은 유대인 지식인의 신보수주의적 반란을 예고하는 광범위한 문화적·정치적·경제적 보수주의의 일부일 뿐이었다.

1968년 무렵, 리처드 닉슨은 근본주의적 개신교도와 우파 가톨릭교도를 포함한 보수적 신자들이 공화당의 새로운 기반이 될 수 있음을 이미 알았다. 선거운동 기간에 닉슨 부부는 미국에서 가장 저명한 자유주의적 개신교 신학자인 라인홀드 니부어를 애써 방문하려 하지 않았다. 하지만 잘 알려져 있듯이 빌리 그레이엄 목사의 전도 집회 가운데 피츠버그에서 열린 행사에는 참석했다. 대통령 취임식에서 그레이엄은 "이 중대한 역사의 시간에 우리를 이끌도록 리처드 닉슨을 허락해주신" 하느님께 감사하는 기도로 보답을 했다. 그리고 닉슨이 종교 행사를 할 수 있도록 백악관을 개방했을 때 그레이엄이 첫 연사였다. 그는 닐 암스트롱을 위한 백악관 만찬을 포함해 경축 행사들에도 자주 모습을 보였다.[26] 반면 닉슨 행정부가 출발한 지 이제 막 6개월째 접어들었을 무렵, 니부어는 인종과 빈곤에 관한 문제들을, 정부가 참여해야 할 책임이 있는 사회적 조치가 아니라 개인적인 영적 해결책으로 바로잡으려 한다며 그런 입장을 "닉슨 그레이엄 독트린"으로 부르며 공격했다.[27] 그의 글 〈하느님의 예배당과 하느님의 법정〉은 자유주의적 개신교 세력의 주요 기관지 《기독교와 위기》에 게재되었다. 그레이엄 같은 복음주의자들을 추종하는 이들은 오래된 뉴딜 연합New Deal coalition❶을 이미 버린 보수적 유권자들의 새로운 자원이 되었고, 또한 1973년 대법원의 낙태 합법화 결정 이후에 출현하게 되는 보수적 가톨릭교도들과 정치적 동맹을 맺기에 적합했다.

그런데 1960년대에서 1970년대 초에 종교적 추세를 분석할 때마다 신문사들도, 저명한 학자들도 그런 사람들 가운데 가장 분명한 세속화, 자유주의화 충동에만 거의 집중했다. 예일대학의 역사학자 시드니 E. 알스트롬은 권위 있는 저작《미국인의 종교사A Religious History of the American People》(1972)에서 "종교적 반전통주의"를 1960년대의 영적 특징으로 묘사했다. 그의 주장에 따르면 이 반전통주의의 가장 강력한 요소 하나는 자연신학 혹은 '세속주의'에 대해 늘어나는 헌신과 그에 상응하여, 초자연적인 것 혹은 성례聖禮에 관해 서서

❶ 대공황을 해결하기 위해 진보적 엘리트와 사회적 소수집단이 민주당의 깃발 아래 모인 연합체.

히 생기는 의심이었다. 그가 덧붙이길, 세속주의의 영향력은 "오늘날의 교회, 정치, 사회, 교육기관이 나라의 뿌리 깊은 문제들을 바로잡을 능력이 있는지에 대한 의심이 커지면서" 강화되었다.[28] 알스트롬의 책의 끝에서 두 번째 쪽의 각주에는 왜 지식인 대부분이(자유주의자건 보수주의자건) 전국적으로(특히 남부에서) 들끓던 반세속, 반지성주의의 근본주의적 반란의 힘을 인식하지 못했는지에 관한 대단히 흥미로운 통찰이 있다.

> 1970년, 4월과 5월 사이, 미국 종교사에 관한 내 강의의 마지막 두 주는 뉴헤이븐의 블랙팬서 조직원들에 관한 널리 주목받은 재판, 미국의 캄보디아 침공, 켄트주립대학에서 주 방위군이 학생 네 명을 살해한 사건, 잭슨주립대학에서 경찰이 두 명이상을 죽인 사건과 관련한 시위와 저항의 소요에 빨려 들어갔다. 달리 말해 강의는 이 결론 장의 주제(1960년대에 관한 - 원주)와 합쳐졌다. …… 오직 시간이 흐른 뒤에야 그 상황의 어떤 요인이 가장 지속적인 영향을 미쳤는지, 그에 따라 어떤 요인이 장차 역사학자가 되려는 이들에게 영향을 미쳤는지 더 분명해질 것이다. 그러니 하물며 10년 동안 벌어진 전국의 소요 전체를 설명하는 것이 어찌 가능하겠는가![29]

이 구절에는 교수들이 자신의 강의를 속세의 사건에 "빨려 들어가게" 방치했다면 애당초 종교사를 가르칠 자격이 없는 것이라고 생각한 수백만의 독실한 종교인에 대한 자각이 없다. 전국을 휩쓴 자연신학, 세속주의 논리에 거의 영향을 받지 않은, 1960년대에 부활한 근본주의자들은 초자연적인 것(미국이 하느님의 축복을 받은 나라라는 예외주의를 포함해)에 대한 믿음과, 세속주의 혹은 합리주의에 기초한 지성주의에 대한 경멸을 재확인했다.

정치, 교육, 그리고 무엇보다 종교에서 1960년대가 낳은 자식들은, 좌파건 우파건, 향후 문화에 오랫동안 새겨질 반지성주의적 각인을 남기고 있었다. 그런데 1960년대의 가장 강력한 유산은 그 10년의 청년문화가 될 터였고, 그것은 계급, 인종, 종교 노선을 초월해 모든 유형의 정치적·사회적 저항이 낳은 세력들보다 강력한 반지성주의와 반합리주의 세력을 촉발하게 된다.

7장   **유산들**

청년문화와 유명인 문화

1960년대와 관련한 많은 강력한 신화 가운데 가장 잘못되고 완고한 것은 그 10년의 청년문화와 좌파의 대항문화를 동일시하고 뒤섞는 경향이다. 그 청년문화의 거대한 힘은 다름 아닌, 미국인이 오랫동안 당연시한 사회적·이데올로기적 경계들을 초월하는 능력에서 기인했는데, 그런 초월이 가능했던 이유는 인구통계적으로 청년이 매우 많았던 데다, 또 마법 같은 나이인 서른 살 이하 사람들의 모든 욕망을 충족하려는, 철저히 정치에 무관심한 마케팅 업체들 때문이었다. 청년들이 패션, 영화, 텔레비전 방송, 시(로드 매큐엔, 기억나는가?), 그리고 무엇보다 음악에서 선호하는 것들은 대중문화 전체와 구별할 수 없게 되었다.

1960년대 청년문화에 관한 나의 의구심, 그리고 그 속성 다수가 반지성적인 것으로 보는 나의 규정은 그 문화의 구체적인 내용보다는 그것을 어디에서나 흔히 볼 수 있다는 편재성과 더 관련 있다. 청년들의 선호에 거의 전적으로 추동되는 대중문화는 (세대의 취향들이 고유한 줄기를 형성하지만 그렇다고 반드시 지배적인 새로운 줄기를 형성하지는 않는 문화와는 반대로) 중요한 지적·심미적 특성들과, 과거 대중문화의 최상의 표현물들을 폐기하는 경향들을 강화한다. 수백만의 내 동년배들과 폴 매카트니 콘서트에 모여서 〈예스터데이〉나 〈내 나이 64세가 되었을 때〉를 듣는다면 눈에 이슬이 맺힐 테지만, 그것은 64세가 된다는 게 천 번째 생일을 맞이하는 것만큼이나 비현실적으로 느껴졌던 시절에 대한 나의 향수를 입증해줄 뿐이다. 1960년대에 일어난, 심지어 이 미국 특유의 예술을 탄생시킨 흑인 사회에서도 일어난 재즈의 쇠퇴는 청년문화와 대중문화가 동의어가 될 때 어떻게 잘못될 수 있는지를 보여주는 하나의 사례(특히 우울한 사례)일 뿐이다. 젊은 자유주의자와 보수주의자 모두 대량 판매용으로 만들어진, 교묘하게 포장된 자기 세대의 대중적 에토스를 구매했고, 그 수백만의 청년들이 자신들이 선택한 것은 [광고업계가 밀집해 있는] '매디슨가'에 세뇌된 나이 든 세대의 선택과 달리 자유분방한 개성의 표현이라고 확신했다는 점에서 그런 포장의 교묘함은 명백했다.

대학생선교회의 젊은 복음주의자들이 스프라울광장 계단에서 설교하고 머리를 길러 인지도를 높인 것은 성스러운 감화에 따른 행동은 아닐지라도 순전히 재기를 발휘한 행동이었다. 오해의 여지가 없고 강력한 그 메시지는 예수와 존 레넌 모두를 사랑할 수 있다는 것이었다. 바이블벨트 곳곳에서 시위를 야기하고 바티칸으로부터 개인적인 힐책을 받은, "비틀스가 예수보다 인기 있다는" 1966년 레넌의 발언에도 불구하고 말이다. 당시 여러 평자들이 주목했듯이, 기독교 구세주 성상의 묘사는 1960년대 말 장발의 레넌과 매우 닮았다. 대학생선교회의 메시지("예수, 역대 최고의 혁명가"와 "사랑, 사랑, 사랑"을 합친)는 지적인 내용이 거의 없어서 어떤 정치적 신념을 견지한 사람도 기쁘게 하고 거의 모든 사람에게 무엇이든 팔 수 있을 만큼 그럴듯하게 제시될 수 있었다. 마케팅에서 '사랑'을 (구체적으로 기독교적인 의미든, 모호한 종교적 의미든) 사용하는 것은 1960년대의 영속적 유산이다. [1960년대의 이상을 상기시키듯 다양한 인종의 젊은 남녀들이 히피풍의 옷을 입고 콜라 한 병씩 손에 들고] "완벽한 하모니로 노래하는 법을 세상에 알려주고 싶어요 / 세상 사람들에게 코카콜라를 사주고 그들의 친구가 되어주고 싶어요"라고 노래하는 유명한 코카콜라 광고는 1971년 텔레비전에서 처음 방송되었을 때만큼이나 2015년 드라마 〈매드맨〉의 마지막 편에서도 효과가 있었다. 체이스맨해튼은행은 체이스 신용카드를 부드럽게 긁는 섹시한 남녀

가 나오는, 크게 성공한 2006년 광고에서 비틀스의 노래 〈당신에게
필요한 것은 오직 사랑뿐All You Need Is Love〉의 가사를 사용했다. 시장에
예수를 힙스터로 내놓든, 신용카드를 사랑의 표현 수단으로 내놓
든, 팝 음악과 1960년대의 표어들은 손윗사람에게서 그 시대에 관
해 당연히 한 마디도 듣고 싶지 않은 젊은이들에게조차 영향을 미
치고 있다.

얄궂게도 1960년대 팝 음악의 대량 판매는 구좌파와 연관된 옛
노래들의 비정치화와 밀접한 연관이 있었다. 매카시 시대에 어렴풋
이 혹은 직접적으로 체제 전복적인 것으로 간주되던 포크송은 1950
년대의 반체제적 보헤미안 문화와 1960년대의 폭넓은 대항문화 사
이의 중요한 연결 고리로 기능했지만(미국에 비판적인 것으로 간주될
수 있는 가사는 뺀 편집 버전일지라도), 대항문화와 관련한 그 밖의 모든
것을 몹시 싫어한 이들에게도 꽤 받아들일 만한 것이 되었다. 1940
년에 쓰이고 1940년대에서 1950년대로 접어들던 시기 내내 좌파
의 노래로 간주된 우디 거스리의 〈이 땅은 너의 땅This Land Is Your Land〉
은 한때 체제 전복적이던 것이 주류로 편입된 전형적인 예다. 1950
년대 초 인디애나폴리스를 배경으로 한 소설《갈 데까지 가기Going All
the Way》에서 댄 웨이크필드는 젊고 불안정한 주인공이 그 노래를 처
음 접했을 때를 이렇게 묘사한다. "노래하고 기타를 치는 사내의 음
반이었는데 정확히 촌뜨기의 음악은 아니었다. 소니에겐 영국 포크
송에 가깝게 들렸지만 미국에 관한 것이었다. 이 땅은 너의 땅이란
거, 그러니까 그건 나의 땅이라는 거. …… 이 말들은 조금 공산주
의적인 것 같았다."[1]

1968년 무렵에는 그렇지 않게 되었다. 〈이 땅은 너의 땅〉을 부르
는 이들이 거스리보다는 모르몬교회 합창단처럼 부르고, 또 이 노

래가 닉슨의 취임식에서 〈민중이여 일어나라〉를 부르는 행렬에서 요란하고 명랑하게 울려 퍼지던 시기에는 말이다. 1949년 피트 시거와 그의 그룹 더 위버스가 공산당 집회들에서 부른 〈나에게 망치가 있다면If I Had a Hammer〉은 1962년에 피터 폴 앤 메리가 녹음했고 팝 음반 순위에서 선두를 달렸다. 1년 후 〈나에게 망치가 있다면〉은 마틴 루서 킹이 연설하기 전 링컨기념관 계단에서 그 그룹이 노래 부를 정도로 주류가 되었다. 그 무렵에는 어느 누구도 그 노래를 쓴 이가 1955년 하원 반미활동조사위원회에서 증언한 이후 의회 모독죄로 열 차례 소환된 인물이라는 것에 신경 쓰지 않았다. 당신은 1960년대에 어느 쪽이었나? 이야기하는 방법은 많았지만 팝 음악 취향은 아니었다. 이 비정치화가 서로 대립하는 정치적 열정들이 나라를 갈가리 찢는 듯 보이던 시기에 일어났다는 것은 더욱더 주목할 만하다.

물론 모든 세대는 자신들이 사랑하는 음악, 의례, 약물, 그리고 정서적 역사가 있다. 1960년대가 낳은 자식들이 그 선조들과 분리된 것은 베이비부머들이 전체 인구에서 불균형적으로 많기 때문이었다. 약 7800만 명의 아이들이 1946년에서 1964년 사이(인구통계학자들이 규정하는 베이비붐 시기)에 태어났고, 그중 3분의 2가 1960년 이전에 태어났다. 그들은 현재 인구의 약 28퍼센트를 차지하고, 가장 젊은 베이비부머들이 예순여섯 살, 가장 나이 든 베이비부머들이 여든네 살이 되는 2030년에도 **여전히** 20퍼센트를 차지할 것이다.[2] 1960년대에 어린 베이비부머들은 시위에 참여할 만큼 나이가 많지 않았지만, 나이가 크게 차이 나지 않는 동시대인이 만들어낸 상업적 청년문화를 흡수하기에는 충분했다. 베이비붐의 정점을 찍은 1957년에 태어난 아이는 1960년대 청년문화의 영상과 소리(텔레비전, 음악, 그리고 미디어가 강조한 문화적 기준)와 더불어 성장했다.

더욱이 베이비부머들은 어린 형제들뿐 아니라 부모의 취향을 형성, 변화시키는 데 일조하기도 했다. 이를테면 1950년대의 가족을 찍은 스냅사진을 보면 십대가 어른들과 판이한 옷을 입은 사회를 보여주지만 1970년대 초 가족앨범을 보면 똑같이 남녀 겸용 옷을 입은 상이한 세대들을 (특히 일상적인 가벼운 행사에서) 보여준다. 1969년에 설립된 갭Gap은 양분된 세대 가운데 젊은이들의 평상복 수요를 충족한다고 했지만 그 매장들과 갭을 모방한 많은 회사들은 사실 의복에서 세대 차gap를 지워버렸다. 1930~1940년대에 십대 소녀들은 캐서린 헵번, 베티 데이비스, 조앤 크로포드 같은 영화배우의 스타일을 기준으로 삼았다. 그들의 목표는 세련된 숙녀처럼 보이는 것이었다. 1960년대 초에도 재클린 케네디와 오드리 헵번(여전히 숙녀)이 패션 아이콘이었다. 그러나 그 10년의 말엽에는 숙녀들이 젊은이들을 본보기로 삼고 있었다. (1967년 그리스 선박 부호 아리스토텔레스 오나시스와 결혼한) 재클린 케네디 오나시스조차, 비록 최고급 패션이긴 했으나, 1960년대 말에는 더 젊게 옷을 입었다. 긴 머리카락, 평상복 차림, 돈을 들여 아름답게 재단한 바지, 실크 티셔츠를 입은 마흔 살의 그녀는 서른 초반에 정성스레 머리를 단장하고 하얀 장갑을 낀 카멜롯Camelot°의 퍼스트레이디 때보다도 젊어 보였다.

핵심은 이 변화들이 나빴다는 것이 아니라(일부 편집광적인 네오콘들은 평상복 차림—그 운동 조직의 또 하나의 음모—을 느슨한 사고와 연결 지어오긴 했지만) 40년 전에 청년이었던 이들이 자신들이 접촉해온 모

° 영국 아서왕의 궁전이 있었다는 전설의 고을로, 행복하고 목가적인 장소나 시대를 이르는 말. 케네디 대통령 재임 시절의 분위기를 표현할 때도 사용된다.

든 세대에 좋은 영향력이건, 나쁜 영향력이건 지나치게 많이, 또 오랫동안 영향을 미치고 있다는 것이다. 베이비부머들, 칠십대에 접어든 최고령의 베이비부머들과 오십대 초반인 가장 젊은 베이비부머들 모두 현재 거의 모든 것을 지배하고 있다. 그들은 미디어 재벌, 정부 기관, 대학교, 소프트웨어 업계, 서비스산업, 소매업을 책임지고 있다. 늘 "18세에서 34세까지의 중요한 연령집단"으로 묘사되는 이들에게 어떻게 호소할 것인가에 관한 마케팅 결정은 많은 경우, 레이건 행정부 초반에 그 연령집단에서 벗어난 이들이 내리고 있다. 그들이 가진 정치적·경제적 권력을 고려할 때, 1960년대와 1970년대 초에 성년이 된 그들은 (정치적으로 좌우 어디든) 지난 40년간 대중문화에서 일어난 것에 대해 저마다 책임을 피할 수 없다.

1960년대 청년문화에 대한 나의 조금 삐딱한 시선은 개인사의 한 사건으로 형성되었다. 이십대 중반, 변화무쌍하고 정신없는 사건들이 나의 밤낮을 채웠고 기자로서 내 나름으로 온당한 기여를 하고 있었는데, 그 일을 계기로 잠시 떠나 중대한 2년을 보낼 수 있었다. 1969년 스물네 살에 나는 《워싱턴포스트》 모스크바 특파원과 결혼하여 기자직을 휴직하고 러시아로 남편과 동행했고 나의 첫 번째 책에 관한 작업을 시작했다. 나는 달(리처드 닉슨과 매우 잘 지낸 레오니트 브레즈네프가 일인자로 있던, 장로정치에 지배되는 생기 없고 억압적인 소련)에 발을 디뎠다. 번영하고 비교적 검열이 없는 사회의 정신없는 일들에서 방해받지 않게 된 나는 쓰고 읽고 생각하고 친구들과 이야기하는 것이 나의 정신과 시간을 채우는 유일한 수단임을 깨닫게 되었다. 소련의 엄격한 검열은 연극, 발레, 음악의 고전만이 대중오락의 유일한 공급원임을 의미했고, 개인적으로 오락을 즐길 수 있는 상업적 공급원(인터넷, 음악을 들을 수 있는 휴대용 기기를 포함해)은 아직 나오지 않았다.

물론 소련에도 텔레비전이 있었지만 스포츠를 제외하면 조금이라도 오락으로 분류할 만한 프로그램은 전무했다. 모스크바에는 볼거리, 할 거리가 많았지만 그럴 가치가 있는 것들은 하나같이 어떤 면에서 무거운 것들이었다. 극장에서 저녁을 보낸다는 것은 보통 체호프의 연극이나 위대한 러시아 소설을 각색한 작품 관람을 의미했다. 콘서트 하면 클래식 음악이었는데 당국이 서구 대중음악에 눈살을 찌푸렸기 때문이다. 연주자는 보통 일류 음악인들이었는데 정부의 여행 제한 탓에 예술가들이 자유롭게 외국에 나가 공연할 수 없었기 때문이다. 내 생애 가장 흥분되고 의미 있는 밤 중 하나는 1971년 2월에 뛰어난 러시아 첼리스트 므스티슬라프 로스트로포비치가 제자들과 모스크바음악원에서 한 공연이었다. 그는 친구 알렉산드르 솔제니친을 변호하는 공개서한을 썼고, 이 때문에 소련 당국이 그의 해외 공연을 취소하여 그를 처벌하기 시작한 터였다. 이를 아는 공연장의 모든 관람객들은 그가 눈에 눈물이 고인 채 연주를 시작하기 전 10분 동안 기립 박수를 보냈다.

이는 로스트로포비치가 소련 붕괴 이후인 1993년에 돌아오기 전까지 모스크바에서 연주를 허가받은 마지막 공연이었다. 당국에 의해 고국을 떠난 후 나와 한 인터뷰에서 그는 이렇게 이야기했다. "음악과 예술은 러시아의 정신세계 전체입니다. 러시아에서는 사람들이 콘서트에 갈 때 그게 인기여서 혹은 오락을 즐기기 위해 가는 게 아니라 살아 있음을 느끼기 위해 가는 겁니다. …… 우리에게 예술이란 일용할 양식 같은 거예요. 난 그걸 여기 사람들과 나누고 싶습니다."[3]

로스트로포비치의 발언은 러시아인이 친구들과 나누는 사적인 문화생활의 모든 양상을 정확하게 보여주었다. 내 러시아 친구들은 고급문화에 가치를 두었고 이는 나에게 신세계를 열어주었다. 저녁에 러시아 친구 집에 방문하면 쉽게 즉흥 재즈 공연이 벌어졌고 20세기의 위대한 러시아 시인들(소련 시대 대부분에 걸쳐 탄압받은 아흐마토바, 파스테르나크, 만델스탐)의 시구를 낭독하기도 했다(스탈린에 대한 불경한 시구를 쓴 후 체포되어 1938년 강제수용소에서 사망한 오시프 만델스탐의 작품은 당시 한 권도 출간되지 못했다). 러시아 친구들은 내 미술책을 훑어보다가 서구(뉴욕, 보스턴, 파리, 피렌체, 런던, 암스테르담) 미술관들의 명화에서 눈을 떼지 못했다. 정치적 견해를 가진 이라면 누구도 외국 여행을 허가받을 수 없기에 살아생전 그런 곳에 가보지 못할 거라고 그들은 확신했다. 나는 예술인 친구를 위해 근래에 피렌체를 방문했던 기억을 되살렸고, 내가 본 것들을 구체적으로 묘사하는 동안 서구 문화의 걸작들을 보기 위해 어디든 여행할 수 있는 자유를 당연시한 것에 부끄러워 얼굴이 화끈거렸다.

소련에도 반체제적 청년문화가 있었다. 하지만 서구의 청년문화와는 대조적으로 러시아의 반항적 청년들은 자의식이 강했고 러시아의 과거 문화와 밀접하게 묶여 있었다. 이들에겐 글로 쓴 것이 가장 중요했다. 문화적인 '행사'는 록 밴드의 공연이 아니라 타이핑한 사미즈다트samizdat° 원고(아마도 레닌그라드의 젊은 시인 조지프 브로드스키의 신작이나 오시프 만델스탐의 미망인 나데즈다의 영향력 있는 회고록《회고》의 복사본이었을)가 누군가의 집에 도착한 경우였다. 내 러시아 지인들은 참 지식인(사상과 아름다움을 위해 살고 엄청난 강압 아래서도 그

● 소련 시대에 당국의 검열을 피해 불법적으로 출간하는 행위 및 그 원고를 말한다.

두 가지를 일구는 남녀들)이었다. 그들에겐 러시아 및 세계의 문화에서 최고인 모든 것에 대한 전념이, 자신들이 선택한 게 결코 아니었을 사회에서의 생존 전략이었다. 원하기만 하면 오갈 수 있는 자유가 있는, 운 좋은 젊은 미국인에겐 대부분의 서구인들은 상상도 못할 외부의 제약에 얽매여 있는 진지한 남녀들이 내면의 자유를 추구하고 지키는 사회에서 잠시 동안 사는 것이 매우 소중했다. 러시아에서 보낸 몇 년은 나로 하여금 미국 사회의 많은 양상들(특히 대부분의 시민에겐 투쟁이 아니라 그저 얻은 생득권인 자유에 대해 우쭐대며 자축하는 점)을 판이한 관점에서 볼 수 있도록, 실은 그렇게 보게끔 강제했다. 또한 모스크바에서 보낸 시간 덕분에 미국 대중문화에 대한 내 반응도 크게 달라졌다. 감수성이 풍부한 청년 시절의 2년을 대중시장(그 상품이 정부가 밀어붙이는 것이든, 재계에서 밀어붙이는 것이든)의 영향에 취향이 좌우되지 않는 사람들 가운데서 보낸 특권 같은 시간이 있었기 때문이다.

정신과 가슴에 아흐마토바와 브로드스키의 시를 품고 미국으로 돌아왔을 때 나는 폴 사이먼과 밥 딜런을 진정한 시인으로 떠받드는, 간혹 딜런을 밀턴, 바이런, 존 던, 키츠에 견주는 문화 환경에 불편해하는 내 모습을 발견했다. 만약 누군가가 2016년에 딜런이 노벨상을 받을 거라고, 혹은 허세도 부리고 겸손한 척하는 제스처로 스톡홀름에 나타나 상을 받는 모습을 보이지 않을 거라고 예견했다면 나는 어안이 벙벙했을 것이다.[oo] 나는 딜런의 노래 대부분을 좋아한다. 하지만 브로드스키나 존 던의 시구에 연이어 이야기해야

---

oo 밥 딜런은 2017년 4월, 즉 4개월 정도 늦게 스톡홀름 공연에 맞추어 비공식적인 자리에서 노벨문학상 증서와 메달을 받았다.

할 만한 것은 아니다. 물론 그렇다고 1960년대 록 음악에 대한 우파의 우스꽝스러운 혹평에 동의하는 것은 아니다. 앨런 블룸, 로버트 보크, 그리고 하버드대학 정치학 교수 하비 C. 맨스필드 같은 문화적 보수주의자들은 록은 욕정에 직접 호소한다는 점에서 다른 모든 대중음악과 다르다는, 허울만 그럴듯한 토대에서 록 음악을 비판했다. 맨스필드는 맨정신으로 "록은 섹스를 대놓고 드러낸다"고 선언했다.[4] 섹스를 은밀하게 제시하는 다른 팝 음악과는 대조적이어서 문제란 말인가? 맨스필드는 재즈와 블루스를 찬양했다. 그는 〈젤리 롤 블루스Jelly Roll Blues〉°에서 '젤리'를 땅콩버터와 함께 먹는 것으로 생각했던 것 같다.

반면 1960년대의 좌파를 우상시하는 허풍쟁이들은 대항문화의 음악을 신줏단지 모시듯 소중히 여겼다. 마치 이 특정한 팝 현상에는 단순한 오락 수준을 뛰어넘는 신비하고 철학적인 의미가 있다는 듯이. 2016년 노벨상 위원회보다 수십 년 앞서, 허세 부리는 새로운 계급인 학계 비평가들(자신들을 좀 더 젊은 베이비부머들과 동일시하는)은 청년층의 팝 스타들에 대한 전통적인 문학평론 기법에 편승했다. 보스턴대학에서 인문학 교수로, 옥스퍼드대학에서는 시 전공 교수로 활동한 바 있는 크리스토퍼 릭스는 레이디에게 "큰 황동 침대"에 몸을 누이라고 이야기하는 딜런의 〈레이, 레이디, 레이Lay, Lady, Lay〉를 존 던의 애가 〈여인이여 침대로To His Mistress Going to Bed〉와 비교했다(진정한 영시에 관한 유명 학자인 릭스는 딜런의 노래가 매력을 발휘하던 시기에 성년이 된 베이비부머들이 'lie'와 'lay'를 혼동하는 데 딜런이 미친 영향을 이해할 수 없게도 무시한다).°° 2003년에 출간된 릭스의 《대죄에 관한

● 재즈 피아니스트 젤리 롤 모턴이 작곡한 재즈 춤곡.

딜런의 시각Dylan's Visions of Sin》, 즉 사람들이 드와이트 맥도널드가 마땅히도 혹독하게 비난해주기를 원할 만큼 안 읽히는 517쪽의 두꺼운 책은 1960년대 팝 문화에 대한 칭찬 일색의 대표 서적이다.

공교롭게도 딜런과 사이먼은 그런 터무니없는 말을 일축하는 데 늘 빨랐다. 사이먼은 1968년 한 인터뷰에서 이 점에 대해 매우 강하게 말했다. "팝송 가사는 지극히 진부해서 지적인 느낌을 조금이라도 드러내면 사람들한테 시인이라 불릴 수 있어요. 그리고 난 시인이 아니라고 하면 사람들은 자신을 낮춘다고 생각하죠. 그런데 그렇게 가수를 시인이라 부르는 사람들은 시를 전혀 읽지 않은 사람들입니다. 마치 시란 밥 딜런이 정의 내린 무엇으로 생각하는 거죠. 그런 사람들은 가령 월리스 스티븐스를 절대 안 읽습니다. 그런 게 시인데 말이죠."[5] 사이먼은 진정한 음악인은 반드시 자기 악기의 거장이어야만 하기에 자신이나 딜런, 비틀스를 진정한 음악인으로 여기지 않는다고 덧붙였다. 딜런은 자신의 노래가 무엇에 "관한about" 것이냐는 질문을 받았을 때 유명한 답변을 남겼다. "어떤 건 3분쯤 about 되고 어떤 건 5분쯤 되죠."[6]

물론 팝 음악에 열광하는 팬 대부분은 자신이 좋아하는 노래에 대해 학계에서 어떻게 말하는지 전혀 알지 못하거나 신경도 쓰지 않지만, 자격을 갖춘 지식인의 정중한 비평이, 점점 더 정교해지는 대중오락 마케팅 방법과 결합되는 현상은 예술의 질을 평가하는 어떤 객관적 기준과 중대한 권위에 관한 생각 전반이 웃음거리가 될

●● '누워요'라고 할 때는 문법적으로 자동사 lie를 써야 맞지만, 딜런은 '놓다'라는 의미의 타동사 lay를 썼다. lay는 lie의 과거형 표현이기도 하나 과거형으로 '누워요'라는 명령형을 쓸 수는 없다.

수 있는 미래를 예견했다. 미학적 위계 체계에 대한 거부는 의심할 여지 없이 1960년대의 가장 강력한 문화유산 중 하나고, 그것은 현재 주류 매체에 기고하는 베이비부머들이 생산하는 예술·음악·문학 비평 대부분에서 반복되는 주제다. 그런 유형의 완벽한 표본이 과거 《뉴욕타임스》에 글을 쓰는 클래식 음악 평론가였고 이따금 팝 음악에 관해 쓰기도 한 앨런 코진의 다음 글이다. 코진은 새로운 밴드들이 녹음한 새로운 버전들(업계에서는 커버 곡으로 알려진)을 전설적인 비틀스의 원곡들과 비교했다.

최근 나는 일반적인 비틀스 팬 이상인 내가 비틀스 커버 밴드들이 완벽하게 재현한 음악에 왜 흥미를 못 느끼는지 그 이유를 생각했다. 클래식 음악 비평가로서 밤에 베토벤 교향곡과 하이든 현악사중주의 재현 작품(어떤 면에서 커버 곡)들을 즐겨 듣는데도 말이다. 근본적으로 무슨 차이일까?
확실히 이것은 비교가 불가능한 것을 비교하는 것이다. 우리가 비틀스의 음악을 원 음반으로 처음 들으면 그 사운드는 우리의 기억에 각인되고 최종적인 것이 되기 때문이다. 우리가 가령 베토벤 교향곡 9번을 처음 접할 때 연주를 통하여 듣게 되는데 그것은 아무리 장관일지라도 베토벤 자신과 직접적 연관이 없다. 베토벤 작품의 악보는 그가 기대한 사운드에 관한 구체적인 청사진이고, 어떤 연주도 그 악보에 지배받을 테지만, 미묘하거나 극적일 수 있는 해석상의 재량은 열려 있다. 원곡을 그대로 재현하길 원하는 커버 밴드는 유연함이 부족하다.[7]

근본적으로 무슨 차이일까? 그것은 베토벤 교향곡 9번(혹은 베토

반지성주의 시대

벤 교향곡의 어떤 것이든)과 비틀스의 어떤 곡 혹은 모음집 사이의 차이다. 그 차이는 베토벤 음악의 극히 위대한 풍성한 정서, 복잡한 테크닉, 그리고 아름다움이다. 나 또한 비틀스 팬이지만 솔직히 말해 '페퍼 상사의 론리 하츠 클럽 밴드Sgt. Pepper's Lonely Hearts Club Band' 앨범의 한 버전을 들었다면 모든 버전을 들은 셈이다(한 가지 예외는 1990년대에 녹음된 두왑 버전인데, 그것과 관련해서는 말을 아끼는 게 좋을 것이다). 코진은 속으로는 이를 알았을 게 분명한데, 그게 아니라면 클래식 음악 평론가가 아니라 록 음악 평론가가 되어야 할 것이다. 물론 베토벤과 비틀스 둘 다 사랑하는 것은 가능하지만(사실 그러기 쉽지만) 그들이 같은 수준의 음악적 천재성을 발휘했다는 의견은 마케팅, 그리고 마케팅 담당자들이 부지런히 영합하는 감상벽에 추동되는 세대적 망상이다.

1956년 척 베리의 히트곡 〈롤 오버 베토벤Roll Over Beethoven〉은 "베토벤은 치워버리고roll over 차이콥스키에게 이 소식을 알려"라는 건방진 가사로 1950년대 로큰롤의 부상을 예고했다. 지금도 소파에서 번쩍 일어나 몸을 한 바퀴 돌게 되는 그 노래는 비틀스가 음반에 녹음하고 콘서트에서 자주 공연한 이후 1960년대에 훨씬 더 유명해졌다. 그런데 1960년대와 1970년대의 보다 어린 〈롤 오버 베토벤〉 2세대 팬 중 다수는 베토벤이나 차이콥스키를 결코 듣지 않았다. 〈이 땅은 너의 땅〉이 닉슨의 치어리더들이 불러 그 역사적 맥락이 제거되었듯이, 〈롤 오버 베토벤〉의 제목도 젊은이들이 죽은 유럽 백인 남성 작곡가들에게 점점 더 관심을 안 가지면서 그 재치와 풍자를 잃었다. 장기적으로 그 어떤 것도, 대중예술(질적으로 좋든 나쁘든, 그저 그렇든)을 그에 선행하는 특정 문화로부터 떼어내는 것보다 문화를 더 단순화하지는 못한다.

청년들 가운데 한때 일반적이었던 문화적 지식의 쇠퇴를 1960년대 내내 조장한 것은 계속 커지는, 무엇이든 집어삼킬 듯한 입을 가진 거대한 엔터테인먼트 산업뿐 아니라 공립 초·중등학교 교육과정의 변화이기도 했다. 1950년대 중반까지는 도시 및 교외의 공립학교 대부분에 표준 교육과정으로 음악 수업이 있어서 학생들은 클래식 음악에 관해(베토벤 교향곡 5번의 첫 몇 소절일지라도) 무언가를 배워야 했다. 이 학교들 중 상당수는 아이들이 악보 읽는 법도 배웠다. 그러던 것이 1950년대 말에 변하기 시작했다. 스푸트니크에 대한 충격으로 공립학교에서 서둘러 음악과 미술 수업("가외의 것들"로 불린)을 폐지하고 우주개발 경쟁에서 러시아가 우리를 이기는 일이 절대 다시는 일어나지 않도록 과학과 수학을 강화했고, 그런 경향이 1960년대 내내 계속된 것이다.

그 10년의 대부분 동안 캘리포니아주 선출직 교육감을 역임했고 대항문화에 대항하는 문화의 또 다른 예이기도 했던 괴팍한 우파 맥스 래퍼티는 미술과 음악을 "손가락 그림"과 "포크댄스 활동"으로 깎아내렸다.[8] 라틴어 수업을 부단히 지지하긴 했지만 래퍼티는 고전을 강조하는 미술 및 음악 교육과정에 무관심하거나 그에 대한 상상력이 없었고, 캘리포니아 유권자들은 반지성적 수사와 진보적 교육에 대한 반대가 결합된 그의 입장을 승인했다.■ 전국적으로 실용적 결과로만 교육을 평가하는 경향(이 공화국의 역사만큼이나 오래된)은 지역 및 주 교육위원회의 "가외의 것들은 제외" 결정에서

■ 1970년 캘리포니아주 특유의 180도 전향으로 래퍼티는 재선에 실패했다. 당선자 윌슨 C. 라일스는 유명한 흑인 교육자이자 자유주의자, 그리고 존슨 행정부에서 수립된 교육 프로그램에 대한 연방정부 보조를 강하게 지지하는 인물이었다.

다시 강한 영향력을 발휘했다. 제거된 가외의 수업들이 한때 아이들에게 팝 문화보다 고급한 문화를 접하게 해주었다는 것은 대중이 신경 쓰지 않는 문제였다.

1960년대의 강력한 사회적 힘들(대항문화, 대항문화에 대항하는 문화, 그리고 대중 청년문화)은 모두 텔레비전에 자극을 받았다. 1968년의 사건에만 전념한 역사서에서 마크 쿨란스키는 이렇게 썼다. "이모든 것은 텔레비전이 발전 중이지만 오늘날처럼 조정, 정제, 그리고 일괄 방송 프로그램화되기에는 여전히 새로운 시절에 일어나고 있었다." 한편으로 맞고 다른 한편으론 틀리다. 맞는 점은 쿨란스키가 주장하듯 1960년대 말, "같은 날 세계의 또 다른 지역에서 방송을 하는 것은 그 자체로 신기술과 관련해 사람들의 시선을 사로잡은 경이로운 현상이었다".[9] 그렇지만 한 가지 중대한 면에서 뉴스 보도와 뉴스를 제작하는 사람들은 (정치 무대뿐 아니라 예술, 그리고 성 행위와 약물 사용을 포함한 개인적 경험에 관한 방대한 영역에서도) 이미 오늘날의 일괄 방송 프로그램화되고 정제된 형태를 띠고 있었다.

스타는 구체적인 행동 때문이 아니라 주로 미디어의 주목을 받는 대상이어서 빛나게 되는데, 그런 스타를 만들어내는 미디어의 영향력에 의해 규정되는 유명인 문화는 1960년대가 낳은 자식이었다. 이피Yippie°에서 사업가로 돌아선 제리 루빈만큼 그 과정을 요약적으로 잘 보여주는 사람은 없다. 그는 1976년, 그러니까 원숙한 나이인 서른일곱 살에 자신이 1960년대에 벌인 무모한 행각들을 되돌아보며 이렇게 뽐내듯 말했다. "사람들은 유명한 사람을 존경합

● 히피와 비슷하지만 좀 더 전투적이고 정치적인 미국의 반체제 청년 집단.

니다. 내가 하려는 말에 자동으로 관심을 갖죠. 내가 정확히 무슨 말을 했는지는 모두들 알지 못해요. 내가 **유명**하다는 것만 알 뿐이죠."[10] 10년 뒤 루빈은 부유한 맨해튼 사람들을 대상으로 나이트클럽 체인 행사를 열고 전국 "레스토랑 체인"을 세운다는 모호한 계획으로 투자자들을 모으면서 또 다른 시대정신을 끌어안는다.

물론 미국 문화에서 유명인(지식인들을 포함해)이 갖는 중요성은 새로울 게 전혀 없었다. 1920년대에 찰스 린드버그는 1960년대의 닐 암스트롱에 비해 더 인기 있는 유명인이었다. 텔레비전과 책 홍보 투어도 없던 시절의 어니스트 헤밍웨이는 노먼 메일러보다 유명했다.[11] 1960년대가 유명인 문화의 초창기와 다른 점은 텔레비전의 증가하는 힘뿐 아니라 운동과 대의의 확산이기도 했는데, 이 모든 것은 본보기를 위한 개인들(유명인들)이 필요했다. 만약 1960년대가 우파의 신화 속에서 무엇보다 중요한 그 운동 조직을 실제로 낳았다면 미디어가 굳이 매우 많은, 덜 유명한 이들을 찾아내 지도자로 간주하여 성유를 바를 필요가 전혀 없었을 것이다. 기자가 연락을 취할 페미니스트, 반전운동 혹은 블랙파워의 본부는 전혀 없었고 또 누가 누구를 대변했는지, 얼마나 많은 사람들이 있었는지를 확인할 수 있는 신뢰할 만한 방법이 전혀 없었다.

킹 목사가 미국에서 사회적 저항운동의 최고 지도자였다는 것은 거의 틀림없고, 지도자로서 그의 자격이 궁극적으로 미디어에 의해 증명되고 알려지긴 했지만, 그 토대는 미디어가 임명한 수백만 흑인 미국인의 대변인이 아니라 그를 진정한 대변인으로 만든 수년간의 풀뿌리 활동이었다. 제리 루빈, 마크 러드, 애비 호프먼, 엘드리지 클리버, 티모시 리리가 누구를 대변했는지, 누가 알았겠는가? 루빈이 1976년에 한 발언이 시사하듯이, 1967년 샌프란시스코에서 열린 휴먼 비인Human Be-In 같은 다양한 행사와 반전운동에 리리가 어떤 관련을 맺었는지를 잊는 데 10년이 채 걸리지 않았다. 휴먼 비인 행사에서는 염주 목걸이로 치장하고 전국 텔레비전 카메라들 앞에서 마리화나를 피우는 젊은이들과 그렇게 젊지는 않은 이들 수만 명이 골든게이트공원에 모여 루빈, 앨런 긴즈버그, 그리고 티모시 리리, 즉 전 하버드대학 심리학자로 주 임무가 환각성 약물 전파와 "환각 상태에 빠져라, 조화를 이뤄라, 거부하라Turn on, tune in, drop out"°라는 메시지 전달에 있던 이를 포함한 연사들의 이야기를 들었다.

미국인이 텔레비전에서 본 것은 반전 메시지, 정부 관료들을 향한 증오, 약물, 구루들, 그리고 늘 그렇듯 록 음악이 뒤섞인, 자발적으로 보이는 집회(실은 미디어에 정통한 표현주의 화가 마이클 보웬이 세심하게 조직한)였다. 주목을 받은 연사들에는 진지한 사람들부터 리리처럼 위험한 사기꾼들까지 있었는데, 유명인 문화의 유독한 열기는 조제되고 소비되는 가장 강한 마약이었다. 리리가 잘 팔리는 현상은 사회학자이자 미디어 비평가인 토드 기틀린이 "위반 마케팅 Marketing of transgression"°°으로 적절히 이름 붙인 것의 전형적인 예였는데, 그 과정은 1960년대의 위반 행위들과 그 위반자들의 입장에서 효과가 있었고, 21세기의 가장 인기 있는 위반 상품들도 보다 세련

° 1983년 그가 자서전 《플래시백스(Flashbacks)》에서 설명한 바에 따르면 그 의미는 대략 이렇다. 'turn on'은 신경, 유전적 능력을 활성화하고 다양한 수준의 의식에 민감하라는 뜻이다. 약물은 그런 목적에 도달하는 한 가지 방법이다. 'tune in'은 자신을 둘러싼 세계와 조화롭게 상호작용하라는 뜻으로, 즉 자신의 새로운 내면적 시야를 밖으로 표현하라는 것이다. 'drop out'은 자신도 모르게 하는 혹은 무의식적인 몰입 활동에서 벗어나는 적극적이고 선택적인 과정을 의미하며, 주체성과 자신의 고유성을 발견하라는 것이다.

°° 인물 혹은 상품이 기성 질서와 관습을 위반해 유명세를 얻는 마케팅 방식.

된 수준과 점점 확대되는 범위에서 계속 효과를 내고 있다.

50년 전, 유명인 문화에 눈이 멀지 않은 이라면 누구라도 알았듯이 리리는 미치광이였다. 그는 당시 한 학생이 말했듯이 "환각제를 먹는 하버드 교수"였을 뿐이다.[12] 1959년 그는 인성 평가(하버드대학 채용 심사위원회가 그를 심사한 내용에는 분명히 없었던 전문 연구 분야) 전문가로서의 명성 덕분에 하버드대학 심리학과에 채용됐지만 1963년 LSD를 퍼뜨리는 행동을 둘러싼 부정적 평판 탓에 해고되었다. 그럼에도 그는 환각제가 숨은 창조성을 드러내줄 수 있다는(심지어 신문 혹은 텔레비전 기자를 시인이나 소설가로 바꿔줄 수도 있으리라는) 주장에 뭔가 있을지도 모른다는 생각을 일부 미디어 종사자들에게 납득시키는 능력 덕택에 유명해졌다. 그는 또한 엄청난 부자들과 어울려 그들에게서 자신의 약물 연구 및 약물 전파 활동에 대한 재정 지원을 이끌어내는 재능도 있었다. 1960년대 중반, 리리는 멜론 일가 재산의 상속자 세 사람이 제공한 곳에서 호화 마약 파티들을 벌였고, 지역 검사보 G. 고든 리디에게서 무수한 기소를 받게 되었다(리디도 워터게이트 빌딩의 민주당 선거본부에 침입한 사건을 지휘한 인물 중 하나로 나름의 명성을 얻게 되었다).

1973년 연방정부에 의해 마약 소지 혐의로 체포되고 25년 형을 피하기 위해 공범자에게 불리한 증언을 하면서 끝난 리리의 무모한 행동에 관한 이야기는 로버트 그린필드의 《티모시 리리 전기Timothy Leary: A Biography》(2006), 즉 하나도 빠짐없이 담겨 있어 진이 다 빠지는 704쪽의 두꺼운 책에서 그 모든 추악한 내용이 구체적으로 펼쳐진다. 매스컴의 엄청난 주목을 받은 그 책은 과거의 유명인을 포함해 유명인에게 이미지를 부여하는 작업의 지속적인 힘을 입증해준다. 일부 무가치한 유명인들은 사실 찰나 같은 명성을 얻는다.

1960년대를 감상적으로 다루는 이도, 혹독하게 비판하는 이도 모두 웅장하게 전개된 그 10년의 영웅의 예로, 혹은 추악하게 전개된 그 10년의 반면교사로 제시되는 허수아비 같은 유명인을 만들어내는 데 이해관계가 있다. 1960년대 마약 문화에서 리리의 역할은 사람이 시대를 만드는 게 아니라 시대가 사람을 만드는 예였다. 아무튼 그는 1920년에 태어났고, 환각제로 가는 그의 '입문 약물'은 마리화나가 아니라 그의 세대가 선호한 합법적 화학물질, 알코올이었다. 여러 가지 이유에서 (과거 〔콜 포터의〕 "누군가는 코카인에서 짜릿함을 느끼지" 가사 같은 보헤미안의 하위문화를 벗어난 적이 결코 없던) 마약의 매력은 1960년대에 광범위한 중산층 대중에게로 뻗어나갔다. 만약 텔레비전 카메라가 그의 활동을 조명하지 않았다면, 그와 개인적으로 마주친 불운한 학생들을 예외로 하면, 리리가 어떤 문화적 영향력을 조금이라도 행사했을지 의심스럽다.

한 가지는 확실하다. 즉 미국의 젊은이들 가운데 하버드야드나 골든게이트공원에서 리리의 말에 귀를 기울인 이들보다 베트남에서 마리화나, LSD, 헤로인에 빠진 이들이 더 많았다는 것이다. 록 음악처럼 약물 문화는 인종, 계급, 정치적 장벽을 초월했다. 미국 사회의 모든 계층에 영향을 미치던 현상의 전형인 유명인에 집중하여 미디어는 약물을 악마화하기도 하고 미화하기도 했지만, 약물 사용이 왜 증가하게 되었는지, 그런 행태 변화가 향후 무엇을 의미하게 되는지에 대한 실질적인 분석은 피했다. 저녁 뉴스에서 '휴먼 비인'에 관한 보도를 지켜보면서 중산층 시청자들은 얼간이 리리가 뭘 하는 사람인지, 혹은 염주 목걸이로 유두가 제대로 가려지지 않은 여성을 보고 사람들이 얼마나 충격을 받았을지 생각했을지도 모르겠다. 관람객 가운데(그 행사 자체가 일종의 볼거리라는 점에서 그들은 관람객이었다) 보다 어린 이들은 샌프란시스코 주민들처럼 그런 행태를 직접 보고 싶다고 생각했을지도 모른다. 그 시점에서 많은 관람객(대항문화의 지지자든 반대항문화의 지지자든)이 사이공의 뒷골목과 사창가에서 헤로인에 빠진 미국의 어린 청년들을 생각하고 있었을 것 같지는 않다.

나는 유명인 문화를 전파하는 매체로서 텔레비전을 주로 이야기했지만 활자 매체도 중요한(오늘날보다 훨씬 중요한) 역할을 했다. 나는 기자들에게 텔레비전보다 훨씬 심도 있게 기사를 전할 수 있도록 시간과 공간을 제공하는 신문사에서 근무하는 것이 자랑스러웠기 때문에, 당시 활자 매체를 텔레비전의 경쟁자로 보지 않았다. 워싱턴에는 여전히 세 종류의 신문이 있었는데, 《이브닝스타》가 《워싱턴포스트》의 주 경쟁자였다. 내가 보기에 텔레비전에 종사하는 일이란 같은 날 세계 각지에서 일어나는 모습들을 보여주는 것이었다. 반면 신문사에서 하는 일(나의 직업)이란 이것들이 일어나는 이유를 설명하는 것이었다. 그런데 50년 전에도, 그러니까 내가 기자 노트를 손에 쥐고 워싱턴을 돌아다니고 속보가 있을 때는 지역 기사 담당 부서에 전화로 기사를 전달하던 시절에도, 텔레비전 뉴스의 확대는 신문기자가 일하는 방식을 미묘하게 변화시키고 있었다.

나는 시위자로서 늘 텔레비전 마이크 앞에 가장 빨리 서는 자칭 대변인들이 내 기사가 조간신문에 나오기 전에 저녁 뉴스에 출현한다는 것을 알고 나서, 나만이 담당하는 대변인을 찾아야 한다는(내가 담당하는 지역 유명인들에게 성유를 발라 유명하게 만들어야 한다는) 압박을 더 느끼게 되었다. 일반적으로 내가 문제에 접근하는 방식은 텔레비전에 나오는 이들보다 덜 화려하지만 더 사려 깊은 대표들을 찾는 것이었다. 1968년 봄 전국에서 가장 유명한 흑인 고등교육기관인 하워드대학도 전국의 백인 캠퍼스들을 중단시킨 것 같은 종류의 학생 시위에 몸살을 앓았다. 베트남전쟁과 자유발언의 제한 같은 일부 이슈들은 백인 대학교와 동일했지만, 다른 쟁점들에서는 흑인이 백인 세계에 어디까지 순응해야 하는가를 두고 젊은 흑인들과 그 부모 세대 및 조부모 세대 사이에 점점 더 거칠게 논쟁이 벌어졌다.

텔레비전에 비친 하워드대학 학생 대다수는 화난 얼굴을 한 청년들, 즉 당당하게 아프로 헤어스타일을 하고 검은색 선글라스를 쓴 스토클리 카마이클° 지망생들이었다. 나는 학생신문 편집자인 에이드리엔 맨스를 인터뷰하기로 했는데, 그녀가 그 신문의 편집국장인 데다 다른 학생 지도자들보다 사려 깊어 보였고 또 여성이기 때문이었다. 아직 페미니즘이 활성화하기 전인 시대에 나는 중요한 의견을 가진 지도자로 간주되는 남자들만 보는 데 지쳐가고 있었다. 맨스는 나에게 냉소적 어구인 '곱창 교육chitterling education'°°, 즉 인종 분리 시대에 뿌리박은 교육 철학에 대해 알려줬다. 당시 하워드대학은 발군의 흑인 학자들이 모여 최고의 성취를 이룬 곳이었는데, 백인 대학교들은 니그로(당시 그들은 스스로를 그렇게 불렀다)들을 채용하지 않았다. 즉 하워드대학에서 직장을 잃는다는 것은 바닥으로 내려가는 길밖에 없음을 의미했고, 그 탓에 교수진은 조용히 지

° 1966년 하워드대학 재학 중, 학생비폭력조정위원회(SNCC)의 제3대 의장에 취임하면서 '블랙파워'라는 새로운 전투적 운동 노선을 제창했다.

°° 인종 분리 시대에 흑인들이 들어갈 수 있던 극장을 곱창 공연장(chitlin circuit)이라 불렀는데, 곱창 요리가 남부 흑인들의 전통 음식이라는 점에서 유래했다. 이 어구를 활용한 표현으로 보인다.

낼 수밖에 없었다.

하워드대학의 시위 학생들은 나이 많은 교수들이 학생들에게 자신들이 받고 있는 교육에 대한 어떤 비판도 삼가기를 바라는 이유 (어떤 교육이든 교육을 받을 수 있다는 것 자체를 감사해야 하기에)를 곱창 교육이 설명해준다고 믿었다. 백인 퇴역 군인들이 감사하는 세대였다면 하워드대학의 나이 많은 니그로들은 두 배로 감사했다. 그 노년 세대는 또한 학생들이 백인들에게 정중한 태도를 취하기를 기대한다면서, 맨스는 하워드 학생들이 징병국 국장인 루이스 B. 허시 장군에게 고함을 쳐 그의 말이 들리지 않게 저지한 일이 있은 뒤 대학 당국이 캠퍼스에서의 모든 연설 행사를 크게 줄인 사례를 언급했다. 나는 맨스의 주장에 깊은 인상을 받았다. 즉 하워드 학생들이 캠퍼스에 신병 모집원들이 나타났을 때 한 행동은 명백히 백인 학생들과 다를 바 없었다는 것이다. "대학 당국은 흑인 학생들의 새로운 분위기에 동조적이지 않아요." 맨스는 말했다. "그들 대다수는 이해하지 못해요. 이해한다 하더라도 우리가 하는 말을 자신들이 세운 것, 자신들의 정체성에 대한 도전으로 봐요."

나중에 예순일곱 살의 그 대학 총장 제임스 M. 나브릿 2세와 인터뷰했을 때, 그가 트루먼 대통령이 행정명령으로 군대 내 인종차별을 금지한 지 20년밖에 되지 않았다는 사실을 상기시키는 바람에 나는 잠깐 멈칫했다. 그는 학생들이 캠퍼스에 연설하러 온 장군의 목소리가 안 들리게 소리 지르는 것을 자기 세대가 허락하기에 20년은 충분한 시간이 아니라고 말했다. 같은 맥락에서 나브릿은 노스웨스턴대학 로스쿨 수업에서 혼자 니그로였던 시절에 대한 생각에 잠기며 이렇게 말했다.

노스웨스턴 학생일 때 내가 대답을 하기 시작하면 백인 급우들은 모두 발을 쿵쿵거리곤 했어요. …… 교수는 다신 시키지 않았죠. 아무튼 어느 날 내가 질문을 했어요. 교수는 학생들을 돌아보며 말했지요. "내가 말하는 중이었는데 끼어들었군요." 낯이 얇았다면 떠났을 테지만 나는 남아서 수업에서 가장 높은 평균 성적을 받았어요. 오늘날 니그로 학생들은 다른 방식으로 갑옷을 입습니다. …… 우리 가운데 나이가 더 많은 이들은 과거에 경험한 것에서 벗어나는 걸 어려워하지요. 우리는 새로운 사고방식들을 받아들여야 합니다.[13]

나브릿과 맨스 둘 다 옳았지만 인터뷰 후 나는 하워드 총장이 학생들이 느끼는 것보다 훨씬 많이 학생들을 이해하고 있다고 확신하게 되었다. 그 사안 전반은 내가 《워싱턴포스트》 일간 기사들에서 말한, 여러 사건들로 가득한 이야기보다 한없이 복잡했다. 나는 내가 맨스 혹은 하워드대학의 다른 학생 지도자들을 유명인으로 바꿔놓았다고 생각하지 않는다. 맨스와 나브릿과 한 인터뷰 내용 대부분은 원래 신문에 실은 것이었다. 그럼에도 기사에서 (미국이 오랫동안 흑인 미국인의 포부에 가한 한계들, 그리고 각 세대들이 그 한계들을 바라보는 상이한 관점에 관한 이야기를) 충분히 다루지 못했는데, 〔월간 평론지〕 《새터데이리뷰》가 미들브라우의 삶이 기울던 시기에 나에게 하워드대학에 관한 글을 쓰도록 4000단어에 이르는 지면을 마련해주었다. 지면이 제한적일수록 조금이라도 더 유명한 이들에게 의지하고 싶고 진정한 역사 이야기는 건너뛰고 싶은 유혹이 커졌었다. 또 내가 《워싱턴포스트》에 쓴 많은 기사에서 하워드대학 논쟁의 복잡한 역사적 뿌리와 함의를 충분히 전하지 못했다면, 텔레비전은 한술 더 떠 어설픈 다시키dashiki°를 입고 분노하는 청년들과 정장에 타이 차림으로 당황해하는 노인들의 모습을 일간 만평과 다를 바 없이 보도했다.

유명인을 만들어내는 미디어의 역할은 하워드대학의 학생 반란 후 정점에 이른 컬럼비아대학 학생 봉기에 대한 뉴욕 신문들의 보도에서 훨씬 더 분명했다. 뉴욕의 텔레비전 방송국 및 신문들은 그 캠퍼스의 지배적 지도자 마크 러드에게만 시선을 집중했다. 그리고 뉴욕은 미국 미디어의 수도여서 러드(주장을 또렷이 표현하는 능력, 날카로운 눈빛의 엄청난 카리스마, 그리고 "아들아, 의사"가 되라는 목표 대신에 "체제"와 겨루기로 한 멋진 유대인 청년이라는 이야기를 겸비한)는 즉시 지역 대변인에서 전국적인 유명인으로 바뀌었다. 유명인 문화가 활자 매체에 미친 영향은 《뉴욕타임스매거진》이 학생운동 전반이나 컬럼비아대학과 군의 커넥션에 관한 보도는 거부하고 러드를 소개하는 기사를 쓰기로 한 결정에서 분명하게 드러났다.[14]

《전 세계가 지켜보고 있다The Whole World Is Watching》(원래 1980년, 그러니까 과거에 편집자로 일했던 이들의 기억이 비교적 생생하던 시기에 출간된)에서 토드 기틀린은 그 잡지의 편집 과정을 통찰력 있게 설명했다. 그 과정은 순환적이었다. [사회문제를] "개인화", 즉 특정 개인을 중심으로 다루게 하는 압력은 그 기사의 크기와 정비례했고, 또 기사가 더 크게 다루어질수록 그 기사는 더욱 개인화되었다. 주요 대학과 방위 기관 사이의 관계가 본질적으로 진정한 기사 주제(캠퍼스의 혼란이 있든 없든, 텔레비전 카메라가 있든 없든 조사할 가치가 있는)라는 것은 중요하지 않았다. 신문이든 텔레비전이든 학생 시위가 없으면

● 중앙아프리카 스타일의 영향을 받은 의상으로, 당시 흑인들 사이에 유행했던 셔츠.

반지성주의 시대

기사도 없었고, 미디어가 성유를 바른 지도자가 없으면 뉴스 보도의 중심점도 없었다. 신문은 텔레비전보다 깊이 팔 수 있긴 했지만 전적으로 다른 방침을 취할 수는 없었다. 텔레비전 뉴스에 나온 사람의 말을 인용하지 않을 때는 담당 편집자가 취재 기자에게 그 이유를 물었다.

유명인 및 개인화에 대한 고집은 새로운 페미니즘 운동이 탄생하면서 더 심해지는데, 여성을 외모에 기초해 판단하는 것은 미국 문화 곳곳에서 그렇듯 저널리즘 문화에서도 쉽게 수용되기 때문이다. 페미니즘의 대의를 제시하고 싶은 저널리스트들이 화려한 글로리아 스타이넘을 포착해 여성운동의 목소리로 만든 것은 우연이 아니었다. (위장 잠입) 취재 기사를 쓰기 위해 플레이보이 바니걸로 변장할 수 있었던 것은 줄진 긴 머리카락과 날씬한 몸매 덕분이었고, 그런 스타이넘은 남자를 얻는 것은 기대할 수 없는 못생긴 여자라는 페미니스트에 관한 부정적 고정관념을 반박하는 산 증거였다. 스타이넘은 사실 진정한 지도자였지만 그 때문에 마찬가지로 진정한 다른 페미니스트 지도자들보다 훨씬 더 언론의 주목을 받은 것은 아니었다. 반면 페미니스트에 반대하는 저널리스트들은, 어떤 이들에겐 탁월하고 독창적인 사상가이지만 전통적인 여성적 매력은 하나도 없다고 간주되는 뚱뚱하고 헝클어진 머리의 안드레아 드워킨 같은 작가들에 집중했다. 자기 외모에 신경 쓰지 않는, 또한 남자에게 매력적으로 보이도록 하는 데 신경 쓰지 않는 페미니스트들은 데이트 게임에서 좌절한 패배자로서 '여성해방 운동가들'에 관한 모든 고정관념을 지지했다. 그 이미지는 또한 메시지가 되었다.

현대의 급선무들이 모든 역사학자의 과거에 대한 평가에 어떻게 영향을 미치는지에 관한 예리한 글에서 아서 슐레진저 2세는 이렇게 말했다. (자동판매기처럼) "구멍에 동전을 넣으면 역사가 나오는 것"은 불가능하다. "역사란 우리가 간파할 수 없는 사건들과 인물들이 뒤섞인 혼란이기 때문이다. 그것은 복구와 복원을 넘어서는 일이다. 모든 역사학자는 이 점을 마음속 깊이 알고 있다." 그리고 이렇게 덧붙였다. "과거를 개념화하는 일이란 안정적인 것과 거리가 멀고", 또한 "우리 시대, 우리 삶에 긴급한 일들이 새로 생기면 역사학자의 스포트라이트는 다른 곳으로 이동한다. 이제 그늘진 곳, 그러니까 늘 거기에 존재했지만 초기의 역사학자들이 부주의하게도 집단기억에서 삭제한 것들을 선명하게 드러내는 것이다".[15] 슐레진저는 역사 일반에 관해 말한 것이었지만, 그의 발언은 논의 중인 역사가 비교적 최근의 것이고 "역사학자들" 자신이 그 드라마 속 배우였던 경우에 훨씬 적절하다.

"그 60년대"로 알려진 과거에 대한 개념화는 불안정할 뿐 아니라 지금은 조화시킬 수도 없다. 1960년대에 대한 현재적 평가는 1930년대 미국에 관해 1950년대, 1960년대, 1970년대에 쓰인 많은 책과 결코 비교할 수 없는데, 1960년대의 정치적 유산에 관해 오늘날 합의가 이루어져 있지 않기 때문이다. 반대로 뉴딜의 유산은 전후 수년간 미국 사회 내 거의 모든 집단에게 받아들여졌다(조지 W. 부시 행정부는 사회보장제도의 민영화를 몰아붙였다가 유권자 대부분이 두려움과 분노로 반응한 뒤에야 이를 깨달았지만 말이다). 그 어떤 정치인도 로널드 레이건보다 뉴딜의 특정 원칙의 불가역성을 잘 이해하지 못했다. 레이건은 기민해서 사회보장제도 혹은 그 소산인 메디케어Medicare를 공격하는 발언을 하지 않았고, 자신의 정치적 보수주의가 프랭클린 루스벨트에 대한 존경심을 결코 약하게 하지는 않는다고 늘 애써 강조했다.

하지만 1960년대는 1992년부터 2008년까지 대통령이 대항문화의 본보기인 빌 클린턴과 보수적인 다른 60년대의 산물인 부시였던 나라에서 여전히 격렬한 논란의 원천이다(부시의 거친 어린 시절에 대한 보도들은 그도 대항문화 바자회의 상품들을 시험 삼아 써본 적이 있음을 시사하지만 말이다). 오늘날 쓰이고 있는 1960년대 "역사들" 대부분은 사실 자신의 젊은 시절 모습을 정당화하거나 부인하려는, 또 오래된 적수를 한 번 더 강타하려는 의도에서 저자들이 쓴 회고록이다. 1960년대 문화유산에 관한 논쟁들은 일반적으로 동일한 정치적 토대에서, 즉 그 10년 동안 가장 지속적이고 중요했던 반지성주의 세력들이 정치에 무관심했다는 사실, 그런데 사실 그들은 그 어떤 유형의 정치에서든 쓰일 수 있었고 또 쓰이고자 했다는 사실을 흐릿하게 하는 방식으로 수행된다.

미국의 지성사에서 1960년대가 진짜로 중요한 이유는 영상문화에 의한 활자문화의 쇠퇴가 시작됨을 보여주기 때문이다. 1960년대 말, 거리에서 벌어진 정치극은 영상에 딱 들어맞았고 그 역도 마찬가지였다. 중심적인 볼거리를 놔두고 꼬리 부분을 이야기하는 것은 불가능한데, 영상은 정치 무대의 거의 모든 행위자(대학 도서관 계단에서 메가폰에 대고 외치는 유명한 학생이든, 〔이라크전쟁 때〕 항공모함 갑판에서 "임무 완수"를 뽐내는 대통령이든)에게 매우 효과적이기 때문이다. 영상 이미지에 적합하지 않은 유일한 정치 유형은 사려 깊음, 이성, 논리에 호소하는 모든 정치 행위다. 오늘날 광범위한 디지털 세계로까지 확장된 영상이 유명인 문화와 청년 마케팅과 혼합된 현상은 1960년대의 진정한 반지성적 유산이다. 만약에 이 세 가지가 정치적으로 제한적이었다면(그랬다면 얼마나 좋았겠는가!) 그것이 오늘날

미국 문화의 모든 영역에서 행사하는 권력을 결코 얻지 못했을 것
이다.

8장

새롭게 나타난
오래된 종교

1960년대 말, '신의 죽음'에 관한 다양한 선언에도 불구하고 미국인의 삶에서 종교가 시들어갈 기미는 전혀 보이지 않았다. 20세기의 종교 지형에서 교조적 특징이 적어지고, 또 전후 시대의 호황과 교육 기회 확대로, 미국 특유의 자유로운 종교 시장에서 오랫동안 번성해온 더 열정적이고 문자적이며 편협하고 반합리적인 유형의 신앙이 약화되는 듯 보이긴 했지만 말이다. 1950년대와 1960년대, 미시간주 중부의 소도시에서 자라는 동안 나는 종교가 공적 역할이 아니라 사적 역할을 맡는 지역사회의 에토스를 들이마셨다. 나는 공립학교도 로마가톨릭계 학교도 다녀봤는데, 그 문제에 대한 부모님의 결정은 우리가 사는 지역의 공립학교의 질에 대한 평가로 (종교적 고려가 아니라 세속적 고려로) 결정되었다. 부모님은 남동생이 읽기를 배우는 데 어려움을 겪자 공립학교를 그만두게 한 적도 있고, 지역 공립학교가 대학 입시를 앞둔 학생들을 더 철저히 준비시킨다고 생각해서 가톨릭계 고등학교에 보내지 않기도 했다.

어린이의 관점에서 볼 때 가톨릭계 학교와 공립학교의 주요 차이는 공립학교에는 미사, 예배, 교리문답 시간이 없다는 것이었다. 공립학교에 기도 및 종교 교육이 없는 것은 당연시되었다. 자녀에게 수업에서 종교적 가르침이나 영적 권유를 받게 하려면 종교계 학교에서 그에 대한 수업료를 내야 했다. 미시간주의 교외 지역에서는 거의 모든 사람이 일요일에 교회에(극소수는 토요일에 예배당에) 갔지만, 어떤 교사가 기도로 수업을 시작하거나 풋볼 경기 전에 확성기에 대고 오키모스고등학교의 승리를 위한 기도를 한다면 아마도 뒤탈이 났을 것이다.

1962년 특정 종교와 관계없는 학교에서의 기도 시간이 헌법에 위배된다고 선언하여 전국의 보수 개신교 및 로마가톨릭 성직자들의 분노를 불러일으킨 대법원의 엥겔 대 비탈리 판결이, 우리 학군에서는 좀처럼 파문을 일으키지 못했다. 우리는 학교에서 기도 시간을 갖지 않았으니 그 결정에 분개할 이유가 없었다. 공립학교에서의 기도 시간 생략이 미시간주 오키모스에서는 예외가 아니라 원칙이었다. 엥겔 대 비탈리 판결이 내려진 다음 날, 교육 관료들을 대상으로 한 설문조사 결과에서 전국 학군들 가운데 3분의 1에서만 기도 시간이 관행이라는 게 밝혀졌다.[1] 학교 기도 시간은 일반적으로 균질적인 학생들이 모여 있는 시골이나 소도시에 국한되었다. 오키모스의 공립학교들에서는 기독교 모임이나 기독교를 전도하는 이들이 전혀 없었는데, 어떤 종교를 가지고 있든 누군가가 사람들 앞에서 자기 신앙을 과시적으로 드러내는 일이 매우 드물었기 때문이다. 길 건너(미시간주에 인접한 펜실베이니아주의) 여호와의증인 가족들과 저쪽 동네(조금 더 떨어진 매사추세츠주)의 크리스천사이언스 신자들처럼 행동하는 이는 확실히 이상한 사람이라고 간주되었다.

지금 깨닫는 것은 우리 부모님 세대의 많은 오키모스 주민들이, 종교와 민족성이 미래에 대한 가장 중요한 예측 변수인 인근 도시에서 자란 이주민들의 자식 혹은 손주였다는 것이다. 가족 구성원 가운데 처음으로 대학에 들어가고 전후 점점 늘어나는 교외 지역으로 이사하여 이 2, 3세대 미국인들은 다른 생활 방식을 따랐다. 교외화와 고등교육은 신앙과 민족 배경이 다른 사람들을 동일한 근거지에 불러 모아 합쳤고 결국 특정한 전통적 충성심들을 침식했다는 점에서 세속화의 힘이었다. 베이비부머들이 종교를 초월해 결혼하는 일이 유례없이 증가한 것은 (그런 결혼이 1960년대와 1970년대에도 많은 종교 지도자들의 강한 반대에 부딪히긴 했지만) 제2차 세계대전 후 20년간 자녀를 양육한 가족의 사생활에서 종파적 충성의 중요성이 감소했다는 가장 강력한 증거일 수 있다. 베이비부머 대부분은 자라는 동안, 신앙이 다른 사람과 결혼하면 지옥에 간다거나 유대인의 경우에는 부모가 [자식을 잃은 것으로 간주하고] 칠일장을 치른다는 두려움을 강요받지 않았다.

공공생활에 관해 말하자면, 만약 사회를 분열시키는 힘으로서 종교가 시들해지지 않았다면 존 F. 케네디는 미국 최초의 가톨릭 대통령으로 결코 당선되지 못했을 것이다. 케네디 선거 전략의 필수 요소는 그의 종교를 공적인 사안이 아니라 사적인 것으로 묘사하는 것이었다. "나는 공적 사안에 관해 나의 교회를 대변하지 않습니다. 그리고 교회도 나를 대변하지 않습니다." 휴스턴에서 가진 기자회견에서 케네디는 개신교 목사들을 앞에 두고 이렇게 말해 많은 사람들을 안심시켰다. 1960년대 중반, 사람들은 조지 윌리스가 말한 "위대한 뾰족머리"가 되지 않고서도, 세속적 가치를 일부 포함하는 덜 전통적인 유형의 종교가 20세기 후반 미국 문화 및 종교에서 영향력이 더 커지리라는 결론을 내릴 수 있었다. 그것을 입증할 수는 없는데, 1960년대의 여론조사들에서는 특정한 종교적 믿음 혹은 그것이 공적 사안에 미치는 영향력에 관해 많은 질문을 하지 않았기 때문이다. 하지만 우리 지역의 성인 대다수는 공립학교 생물학 수업에서 창세기와 다윈을 같은 시간 배분으로 가르쳐야 한다는 말을 듣는다면 비웃었을 것이다. 그들은 분명 그런 문제 제기를 받으면 어리둥절했을 터인데, 진화론 교육은 학교 기도 시간에 비해 쟁점이 되는 문제가 아니었기 때문이다.

이는 우리 부모님의 친구 및 이웃들이 무종교적 혹은 반종교적이었다는 뜻이 아니라, 카이사르의 영역과 하느님의 영역이 분리된다는 생각을 완벽하게 납득했다는 것이다. 그 시대의 많은 학자와 자유주의적 성직자처럼 그들도 근본주의적인 성서문자주의를, 종교가 아직 현대 지식을 받아들이려 애쓰지 않던, 사람들이 교육을 덜 받던 과거의 원시적 신앙으로 보았을 것이다. 다른 60년대, 그리고 우파와 종교적 근본주의의 부활은 내가 자랐고, 미들브라우의 열망을 품은 가족들이 옮겨 간 교외 중산층 주민들의 눈에 띄지 않았다. 그들이 지배 엘리트와 학계 엘리트의 눈에 띄지 않았듯이.

우리가 지금 알듯이, 미국 근본주의자들이 죽어가는 종이라는 결론은 역사적(누가 감히 여기에 성경적이란 수식어를 쓸 수 있겠는가?)으로 중요한 비율에 관한 오판이었다. 1950년대를 시작으로 주류 및 자유주의 교파를 희생하여 이룬 근본주의 교파들의 성장은 60, 70, 80년대에 가속화해 기독교 우파를 탄생시켰다. 미국 개신교인 가운데, 1960년의 59퍼센트와 비교해 2003년에는 46퍼센트만이 자신들을 "주류" 교파의 일원으로 여겼다.[2] 감독교회, 장로교, 감리교, 유니테리언파, 즉 가장 오래되고 가장 영향력 있는 주류 개신교 교파 네 곳은 격동의 1960년대에 근본주의적 정체성을 강력하게 주장한 남침례회 가입 교회들에게 서서히 기반을 내주었다. 1960년에는 감리교인만 해도 남침례교인보다 200만 명 더 많았다. 하지만 21세기 초에는 남침례교인이 감리교, 장로교, 감독교회, 연합그리스도교회의 교인을 합한 것보다 많아진다.

1979년에서 1985년 사이, 남침례회 내 강성 근본주의자들(W. A. 크리스웰 목사의 견해에 따라 종교적 자유주의자들을 "스컹크"로 간주한)은 그 교파의 선출직과 행정직에 대한 통제권을 획득했다.[3] 침례교 전통에서 자유의지론 측과 동맹한 많은 교회 신도들은 침례교인이 1845년 노예제를 쟁점으로 해서 처음 분열된 이후에 출현한 북부 교파의 현재 이름인, 보다 자유주의적인 전미침례회에서 새로운 영적 고향을 찾았다. 남침례교인 가운데 근본주의의 영향력은 마침 1980년 대선에 맞춰 확고해졌고, 로널드 레이건은 대놓고 보수 기독교 유권자들의 환심을 사는 첫 번째 공화당 후보가 되었다. 개신교 근본주의자들이 공화당으로 이동한 현상은 역사적으로 중요한 비율의 정치 변동을 나타냈고, 다른 60년대 동안의 우파 종교인들의 암류를 무시한 정치 분석가들은 깜짝 놀랐다.

많은 평자는 현재 근본주의의 부활이 18세기 중반의 1차 대각성운동과 19세기 초의 2차 대각성운동처럼 단순히 미국 문화에서 늘 중요한 역할을 한 정서적·개인적 종교가 또 한 번 주기적으로 드러난 현상이라고 주장해왔다. 이런 관점에서 지난 30년 동안의 근본주의의 부활은 1973년 낙태를 합법화한 대법원의 로 대 웨이드 판결이라는 결정적 사건을 포함해 1960년대 말과 1970년대 초의 사회 격변에 대한 반응이었다. 2차 대각성운동이 미국독립혁명의 사회 혼란에서 발생했듯이, 20세기 말 근본주의의 부활은 불확실한 사회에서의 '행로 수정'으로 볼 수 있다. 이런 설명은 당황스럽고 혼란스러운 현상에 끝이 있을 것이라고 믿고 싶은 비종교인들에게 분명 위안이 된다. 또한 세속주의자들은 근본주의자들이 '휴거' 전에 사라지지 않을지라도 장기간의 휴식을 취하는 동안 진정되고 세속 문제들에 더는 간섭하지 않으리라고 생각하고 싶어 한다.

그러나 이런 번지르르한 분석은 오늘날 근본주의 신앙과 인간 지식의 총합 사이에 존재하는 괴리를 고려하지 않는다. 1800년에 미국인이 왜 인생의 문제를 하느님과의 열정적인 '거듭난' 관계에서 찾으려 했는지는 2000년의 그런 행동보다 훨씬 이해가 쉽다. 더욱이 증거에 기초한 과학과 신앙 사이의 격차가 넓어지면서 치명적인 현실적 결과의 가능성이 늘어난다. 19세기 초에는 질병과 사망을 죄에 대한 하느님의 벌로 받아들여야 한다는 목사의 주장이 해를 많이 끼치지 않았는데, 과학과 의학이 신의 뜻을 받아들이는 것에 대한 대안을 거의 제공하지 못했기 때문이다. 하지만 오늘날 개신교 근본주의자 및 우파 가톨릭교인이 모든 과학적 증거에 맞서 콘돔이 에이즈 확산을 막는 데 아무런 도움이 안 되며, 금욕(하느님이 허락한 유일한 방법이지만 인간이 좀처럼 따르지 않을)만이 생명을 위협하는 질병과 싸우는 도덕적으로 정당한 유일한 방법이라고 주장한다면 이는 아주 큰 해가 된다. 또한 2차 대각성운동 시기에는 미국인 대다수가 지구 나이가 정확히 4000년이라고 믿어도 별 문제가 되지 않았지만 오늘날에는 큰 문제다. 20세기뿐 아니라 19세기의 가장 중대한 과학적 통찰들도 부정하는 창조론이 많은 지역의 공교육에 악영향을 끼치고, 이는 미국 고등학생들이 유럽과 아시아의 동년배보다 과학 지식이 부족한 이유 중 하나이기 때문이다.

21세기의 첫 10년에 미국의 근본주의자라는 것은 무슨 의미인가? '근본주의'라는 말은 미국인의 종교적 정체성에 대한 설문조사에서 좀처럼 사용되지 않는데, 대체로 많은 근본주의자들조차 그 용어를 경멸적인 의미로 간주하기 때문이다. 여론조사원들은 보통 자신을 '복음주의자'로 여기느냐고 질문하는데, 복음주의자가 신학적 자유주의자와 신학적 보수주의자 모두를 아우를 수 있는 보다 광범위하고 덜 치우친 용어이기 때문이다. 전 대통령 지미 카터와 조지 W. 부시 모두 복음주의자이지만, 부시의 발언들은 그가 근본주의자임을 보여주고 학교에서의 진화론 교육을 강하게 지지하는 카터는 복음주의자들 중 자유주의 쪽에 해당한다. 근본주의자와 복음주의자의 주된 차이는, 그들이 하느님과 인간 사이의 친밀하고 개인적 관계에 기초한 신앙을 공유하긴 해도, 모든 복음주의자가 성경을 문자적으로 받아들이지는 않지만 모든 근본주의자는 그렇다는 것이다.

그런데 성경을 문자 그대로 하느님의 말씀으로(단순히 '하느님의 영감에 의한' 것이 아니라 에덴동산의 뱀부터 예수가 무덤에서 부활한 것까지 하느님이 세운 명백한 계획이며 구약은 직접 모세에게, 신약은 예수를 통해 십이사도에게 전한 것이라고) 여긴다고 말하는 미국인의 3분의 1 가운데서도 불일치하는 부분들이 많다. 심지어 더 많은 미국인(열에 넷)이 하느님이 단 한 번의 분명한 창조 행위로 인간을 현재의 형태로 만들었다고 믿는다. 미국인이 성경 전체의 문자적 진실을 믿기보다는 창세기에서 제시하는 창조 설명을 더 믿으려 한다는 결론에는 무언가 이해하기 힘든 것이 있다. 많은 사람이 하느님이 아담을 흙으로 만들고 이브를 아담의 갈비뼈로 만들었다는 이야기는 믿지만 하느님이 이후에 보인 변덕에는 멈칫한다. 가령 지구에 홍수를 내려 한 가족을 제외한 지구상의 모든 사람을 말살한 것이나, 아흔 살의 여성이 백 살의 남편 아브라함의 아이를 임신하게 만들고는 후에 그 외아들을 죽이라고 한 것 말이다. 미국인의 3분의 2가 천국을 믿지만 지옥을 믿는 이는 절반에도 못 미친다는 여론조사 결과에서도 그런 불일치가 분명하다.[4] 신학 내용을 뷔페 식으로 선택하는 경향은 가톨릭교인에게만 국한되지 않는 것 같다.

근본주의자들이 어떻게 자신의 믿음을 조정하는지와 상관없이 종교적 근본주의와 교육 부족 사이에는 의문의 여지 없이 강한 상관관계가 있다. 고등학교 이후 교육을 받지 않은 이들 중 약 45퍼센트가 성경을 문자 그대로 진실이라 믿은 반면 대학을 다닌 적 있는 이는 29퍼센트만이(대졸자는 19퍼센트만이) 그 오래된 신앙을 공유한다. 세속주의, 회의주의, 그리고 주류 과학의 수용은 모두 교육과 더불어 발생한다. 예컨대 대졸자는 3분의 2가, 하지만 고졸자는 3분의 1이 생명체는 시간의 흐름에 따라(창조자의 인도하는 손이 있든 없든) 진화해왔다고 믿는다.[5]

근본주의자들은 빈약한 교육과 성서문자주의의 상관관계에 대한 어떤 언급에도, 특히 세속주의자들이 언급한 것일 때, 당연히 분개한다. 하지만 남부가 여전히 전국에서 교육이 가장 낙후된 지역이라는 것, 남부 사람들이 다른 미국인보다 근본주의 신앙을 고백하는 경향이 훨씬 크다는 것은 사실이다. 물론 북부 주와 남부 주의 교육 격차는 스콥스 재판 이후 (제2차 세계대전 이후 가장 현저히) 줄었지만 남부는 대졸자 및 고졸자 비율에서 북동부, 중서부, 중부에 비해 여전히 몇 퍼센트포인트 뒤처져 있다. 특히 루이지애나, 미시시피, 아칸소를 포함해 디프사우스Deep South의 일부 주들은 고등학교 졸업률에서 서부와 북동부에 비해 10퍼센트포인트 이상 뒤처져 있다.[6]

합법적인 분리 정책이 종식된 이래 '신남부New South'•에 관한 선전 광고는 구남부가 흑인이나 가난한 백인에게 도움을 주지 못하는 많은 공립학교 체제에서 여전히 진행 중이라는 사실을 가려왔다. 뉴올리언스의 공교육이 최악의 상태라는 것은 2005년에야, 그러니까 허리케인 카트리나가 그 도시의 많은 주민의 가난을 가혹하게도 면밀히 비추었을 때에야 분명히 알려졌다. 남부의 교육이 부실한 원인들은 복잡하고 그 지역의 인종 분리 유산과 불가분이지만,

---

• 미국 남부에서 경제 번영과 인종차별 철폐를 제창하는 정치인, 관리의 선임을 슬로건으로 내건 1960년대에 시작된 시대.

종교적 근본주의가 (특히 1960년대 이후) 공교육에 헌신하지 못하도록 조장하거나 혹은 빈곤한 교육이 성서문자주의를 조장한다는 것에는 의심의 여지가 없다. 정치에서는 근본주의와 교육 부족 사이의 관련성이 우파 기독교 후보들이 교육받은 '엘리트'에 대한 의심을 이용할 수 있는 한 원인으로 작용해왔다.

동시에 기독교 우파는 극단적 보수 기독교 대학들을 통한 자신들의 '엘리트' 양성을 점점 더 강조해왔다. 제리 폴웰의 리버티대학(트럼프가 과거와는 달리 우파 복음주의자들과의 신뢰를 다진 바 있는) 같은 교육기관들은 순전히 세속적인 고등교육기관뿐 아니라, 베일러대학과 서던메소디스트대학같이 근본주의자들이 세속적 가치에 오염됐다고 여기는, 종교적 뿌리를 가진 대학교들에 대한 대안이기도 했다. 수도 워싱턴에서 서쪽으로 약 80킬로미터 떨어진 곳에 위치한 패트릭헨리대학은 정부에서 일하기를 원하는 보수적 근본주의자 양성이라는 분명한 목적으로 설립되었다. 학생 대부분은 기독교 우파 내에서 가장 극단적인 일원들이 칭찬하는 교육 방식인 홈스쿨링을 받았고, 캠퍼스 생활은 학생들이 받은 신앙에 기초한 초·중등교육의 종교적·이데올로기적 순수성을 유지하기 위해 면밀하게 감독된다. 이 학교에서는 2004년 대선을 앞두고 며칠 동안 강의들이 취소되었는데, 너무 많은 학생들이 부시의 재선을 위한 선거운동 캠프에서 일하고 있었기 때문이다.[7] 학생들을 어릴 때 배운 가치에 도전하는 것이 아니라 강화하는 대학 환경에 둠으로써, 미국의 근본주의자들은 산간벽지 시골뜨기라는 오래된 고정관념을 불식하기에 충분하지만 (성서문자주의에 기초한 기독교 교리에 대한) 세속 문화의 공격으로부터 청년들을 보호하는 데 국한된 고등교육을 받는 신세대를 양산하고자 애쓰고 있다.

근본주의의 부활과 관련해 과거와 오늘날의 중대한 차이 중 또 하나는 현대의 근본주의자들은 한 정당의 편에 서서 정치에 개입하고 또 자신들의 도덕적 가치를 제도화하는 것이 우파의 의무이자 종교적 의무라고 믿는다는 것이다. 윌리엄 제닝스 브라이언의 긴 이력이 가장 강력하게 입증하듯, 근본주의자들은 정치와 결코 절연되지 않았지만 시민으로서 그들의 활동은 종교적 믿음을 선전하는 데만 집중되지 않았다(브라이언의 진화론 반대운동은 예외다). 18세기 및 19세기에는 엄격한 근본주의를 고수하지 않는 복음주의자뿐 아니라 근본주의자도 일반적으로 종교적 관습을 남에게 강요하는 일보다는 정부가 그런 관습을 내버려두도록 하는 일에 더 신경 썼다. 현대의 근본주의자들은 자신들의 양심의 자유가 세속의 미국 헌법을 탄생시킨 계몽주의 시대의 합리주의에 빚지고 있음을 잊었다.

2006년 퓨포럼의 연구 조사에는 다음과 같은 질문이 있었다. "어느 것이 미국의 법에 가장 중요한 영향력을 행사해야 합니까? 성경입니까, 국민의 뜻입니까? 국민의 뜻이 성경과 충돌할 때 어느 것이 되어야 합니까?" 경악스럽게도 백인 복음주의 기독교인의 60퍼센트가 국민의 뜻이 아니라 성경이라고 답했다. 그런 관점을 견지하는 이들 가운데 백인 주류 개신교인은 16퍼센트, 가톨릭교인은 23퍼센트, 그리고 스스로를 세속주의자로 여기는 이는 7퍼센트였다. 흑인 개신교인은 53퍼센트 대 44퍼센트로 [절반 이상이] 국민의 뜻이 아니라 성경을 선호하는 유일한 다른 집단이었다. 자주 언급되듯이 아프리카계 미국인은 성서문자주의가 보수적이 아니라 자유주의적 사회정책에 대한 지지로 변환되는(노예들이 성경, 특히 출애굽기 이야기를 노예제에서 해방되길 바라는 희망의 종교적 원천으로 살펴보던 시절에서 직접적으로 유래한 심적 경향이다) 유일한 집단이다.[8]

2008년 대선 선거운동 시기에 민주당원들 가운데 영향력 있는 복음주의적 '종교 좌파'가 부상한 것은 성서문자주의와 종교적 열정이 꼭 동일한 것은 아님을 시사했다. 버락 오바마는 '회복을 촉구하다Call for Renewal'라는 이름의 자유주의적 복음주의 단체를 대상으로 연설한 적이 있는데, 성경을 존중한다고 해서 레위기의 금지 규정들(조개류를 먹는 것을 금하는 것이든, 소도미sodomy[●]와 질외사정을 금하는 것으로 추측되는 것이든)을 모두 존중해야 하는 것은 아님을 시사하는 발언을 해 박수를 받았다. 극우 복음주의 조직 '포커스 온 더 패밀리Focus on the Family'의 설립자 제임스 돕슨은 오바마의 연설에 격분한 나머지 "헌법에 대한 자신의 정신 나간 해석"을 뒷받침하려고 "성경을 더럽혔다"며 민주당 후보를 비난했다. 공공기관의 기독교화에 헌신하는 돕슨과 팻 로버트슨 같은 강성 근본주의자들에겐 매케인도, 오바마도 완전히 받아들일 수 있는 후보가 아니었다. 매케인이 대선 후보로 지명된 후에 기독교 우파와 친해지려고 최선을 다했지만 말이다. 성경이 미국 법의 기초가 되어야 한다고 열심히 믿는, 열에 여섯의 복음주의자들에게 이 선거운동은 일종의 경고였다. 즉 세계의 선진국들 가운데 가장 종교적인 나라에서조차 종교 기관들이 우쭐대다가는 큰 코 다칠 수 있다는 것이다.

그럼에도 '엘리트'로 간주될 수 있는 많은 지식인이 오늘날 미국의 성서문자주의에 기초한 신앙의 깊이와 진정을 전혀 이해하지 못하고 있다. 나는 강의를 하고 질의응답 시간을 가질 때마다 세속적 회의론자들에게 자주 질문을 받는데, 자신의 종교를 드러내는 정치

● 동성애와 수간을 포함해, 이성 간의 성행위를 벗어나는 성행위.

지도자들이 자기 신앙에 대해 하는 말을 정말로 믿는지, 아니면 단순히 사익을 위해 정치적 기반을 만족시키는 데 종교를 이용하는 것인지에 관한 것이다. 부시가 자신이 종교에 관해 하는 모든 말을 진심으로 믿으며, 〔그렇기 때문에〕 종교적 위선자가 대통령으로서 덜 위험할지 모른다는 견해를 밝히면 청중은 놀라곤 한다. 유명한 일화를 예로 들면, 부시는 《워싱턴포스트》의 밥 우드워드에게 이라크 전쟁 개전과 관련해 세속의 아버지, 즉 조지 H. W. 부시 대통령이 아니라 "하늘 아버지"와 상의했다고 이야기한 바 있는데, 이는 그의 지지자뿐 아니라 반대자도 그의 생각을 액면 그대로 받아들여야 함을 보여주는 사건이었다. 부시 대통령은 행정부가 수감된 테러 용의자를 취급하는 문제에 대해 같은 당의 일부 사람들이 반대 의견을 표했을 때, 자신의 외교정책이 "3차 각성"을 경험 중인 미국인에 의해 보호받을 수 있으리라는 생각으로 자위했다. 보수 칼럼니스트들에게 말했듯이 그는 그렇게 믿었는데, 왜냐하면 매우 많은 보통 시민이 그에게 그를 위해 기도하고 있다고 말했기 때문이다.[9]

부시가 "각성"이란 용어를 사용한 것은 흥미로운 사실을 드러냈다. 그가 세계사에 대한 지식은 부족할지라도 종교사에는 푹 빠져 있음을 보여준 것이다. 전쟁포로가 되어 북베트남 사람들에게 고문을 받은 적 있는 존 매케인 같은 공화당원들은 미국이 제네바협정 규약을 일방적으로 폐기한다면 다른 국가들도 자유롭게 미국 국적의 전쟁포로들을 고문할 수 있을 것이라고 염려했다.

현대 미국 근본주의의 실체에 관한 심각한 오해들은 전국의 진정한 지적 엘리트 가운데서도 발견된다. 2006년 10월, 《포린어페어스》는 미국외교협회에서 미국의 대외정책을 담당하는 헨리 A. 키신저 선임연구원이라는 육중한 직명을 떠맡은 월터 러셀 미드가 쓴

〈하느님의 나라〉라는 글을 실었다. 미국외교협회는 최고의 기관이고《포린어페어스》는 그곳의 바이블이다. 특히 부시 행정부에서 복음주의자들이 외교정책에 미친 영향력을 논의하는 글에서, 미드는 "미국과 외국의 외교정책을 전공하는 학생 대부분이 미국의 보수적 개신교를 잘 모른다"고 주장했지만, 그런 주장의 완벽한 예에 해당하는 모습을 스스로 보여주고 만다. 그는 처음에 근본주의, 자유주의적 개신교, 복음주의를 모호하게 구별한다.

> 동시대 미국 개신교의 세 가지 줄기(근본주의, 자유주의, 복음주의)는 이 나라가 세계에서 맡아야 하는 역할에 관해 판이한 생각들로 이어진다. 이런 맥락에서 가장 중요한 차이는 각각이 안정적이고 평화롭고 계몽된 국제 질서의 가능성에 관한 낙관주의를 얼마나 고무하는지, 그리고 신자와 비신자 사이의 차이에 얼마나 비중을 두는지, 그 정도와 관련 있다. 간략히 말해 근본주의자는 세계 질서의 전망에 매우 비관적이고 신자와 비신자 사이에서 메울 수 없는 간극을 본다. 자유주의자는 세계 질서의 전망에 낙관적이고 기독교인과 비신자 사이에 큰 차이가 없다고 본다. 복음주의자는 이 양극단 사이 어딘가에 위치한다.[10]

그런 구별이 한 세기 전에는 좀 더 타당했지만(물론 많은 종교사가는 미드의 서술이 19세기, 20세기 복음주의를 지나치게 단순화했다고 볼 테지만) 오늘날에는 거의 의미가 없다. 미드의 기본적 오류는 오늘날 보수적 복음주의자 다수가(성경이 미국의 법을 결정하기를 원하는, 열에 여섯이) 미국 사회와 세계를 성경의 이미지로 개조하는 데 헌신하는 근본주의자라는 사실을 알아차리지 못했다는 것이다. "계몽된" 민주주의를 어둠 속에 있는 국가에 가져다주기 위한 어리석게도 낙관적인 노력이 아니었다면 이라크전쟁은 대체 무엇이었나? 미드가 미국 외교정책에 대한 '복음주의'의 영향력의 가장 현저한 예로 서술한 이스라엘에 대한 절대적 지지는 사실 근본주의의 영향력의 예다. 근본주의자들은 성경에 언급된 모든 땅에 대한 이스라엘의 점령을 지지하고 팔레스타인 국가의 설립을 강하게 반대한다. 성지의 유대인의 존재를 예수의 재림에 대한 하느님 계획의 일부로 간주하기 때문이다. 더는 복무할 신성한 목적이 없는 유대인 및 다른 비기독교인의 사라짐을 의미하는 예수의 재림은 [유대인 회원들이 많다고 전해지는] 미국외교협회 구성원들에게 낙관적인 시나리오가 아닐 테지만, 시오니즘을 자기 입맛대로 바꾸어 지지하는 극우 기독교인들에겐 분명 낙관주의의 절정이다.

카터 및 빌 클린턴 전 대통령을 포함해 자유주의적 복음주의 전통을 대표하는 이들은 (비유적으로도, 문자 그대로도) 아마겟돈을 피하는 데 헌신적이어서 이스라엘인과 아랍인 사이의 협상에 의한 타결을 이루는 데 힘써왔다. 믿기 힘들게도 미드는 근본주의자들이 "수도 늘어나고 정치적으로 더 눈에 띄게 되었는데도 여전히 [복음주의자들보다-원주] 영향력이 적다"고 주장했다. 중요한 정부 결정들이 휴거를 고대하는 근본주의자들보다는 단일한 전체 조직이 없지만 기본적으로 합리적인 집단인 복음주의자들에게 영향을 받아왔다는 환상을 믿는 것이, 우드로 윌슨 행정부에서 국무부 장관으로 일할 때의 브라이언보다도 국제 현실에 무지한 현실 정치realpolitik° 옹호자들에겐 의심할 여지 없이 위안이 된다.

이스라엘을 제외하면, 근본주의적 복음주의자들이 군사적·외교적 개입을 기꺼이 승인하려는 경우는 일반적으로 기독교인이, 혹은 기독교인의 전도의 자유가 위협받는 상황에 국한된다. 미국의 근본주의자들은 중동에서 벌어지는 시아파와 수니파의 폭력적 충돌에 염려를 거의 보이지 않지만(미군이 위협받는 경우를 제외하면), 어디에서든 무슬림이 유대인이나 기독교인을 위협하면 강경한 목소리를 내고 미국의 행동을 지지한다. 2016년 선거운동에서 클린턴과 트럼프 모두 테러리스트의 기독교인 박해를 강조했지만, 급진적인 이슬람 세력이 테러에 반대하는 무슬림, 잘 알려지지 않은 종교적 소수집단, 자유사상가들을 공격하는 것은 거의 언급하지 않았다. 트럼프는 기독교인들의 참수를 가장 많이 언급했고(마치 다른 집단은 테러리스트에게 한 번도 지목되지 않은 것처럼) 결국 근본주의적 복음주의자들의 표 가운데 대다수를 얻었다. 대통령이 된 그는 주요 무슬림 7개국 국민의 입국을 금지하는 논쟁적인 행정명령을 내려 근본주의적 지지자들에게 보답했다. 연방법원에 의해 폐기된 뒤 보다 개략적인 금지로 대체된 그 행정명령 1호는 이민 우선권 대상에 비무슬림을 선정했다. 트럼프가 종교계와 관계를 맺으려는 시도에서 여전히 직면하고 있는 한 가지 정치적 문제는 이슬람, 그리고 외교정책에 대한 미국 개신교 근본주의자들의 견해가 프란치스코 교황이 (미국과 유럽을 향해) 분명하고 강하게 표현하는 이민 찬성 입장과 확실히 다르다는 것이다. 미국 가톨릭교인들을 표적으로 한 정치적 호소는 효과가 거의 없는데 가톨릭교인들은 정치적·종교적 견해차가 매우 크기 때문이다. 프란치스코 교황 자신도 주류 및 자유주의적 가톨

● 국내외 정치를 평화 같은 이상보다는 권력, 이익, 합리적 행위자 같은 개념을 중심으로 보는 견해.

릭교인들에게 엄청난 인기가 있는 반면, 극보수 가톨릭교인들에겐 가톨릭교회사의 자유주의적 배반자로 간주된다.

오늘날 미국 종교 생활에서 가장 큰 아이러니 중 하나, 그리고 미국 근본주의에서 현재와 과거의 중대한 차이는 최근 급증하는 성경에 기초한 개신교 부흥운동에서 일반적인 반가톨릭주의(종교뿐 아니라 민족성에도 기초했던)가 없다는 것이다. 개신교 근본주의 지도자들은 현재 미국 가톨릭의 가장 보수적 분파와 50년 전에는 상상도 할 수 없던 방식으로 동맹을 맺어오고 있다. 당선을 위해 케네디는 대통령 집무실에 있을 때 바티칸의 명령을 따르는 일은 없다고 자유주의 개신교인에게도, 보수 개신교인에게도 확신시켜야 했다. 당시 "무신론적 공산주의"를 함께 반대했음에도 강성 근본주의자들은 여전히 가톨릭교인을 '교황파'로 불렀다. 오늘날 근본주의자들은 자유주의적 가톨릭교인을 자유주의적 개신교인을 대하듯 똑같이 미심쩍어 하긴 하지만, 개신교 우파는 교황 무오류설과 낙태, 동성애, 혼전 성관계, 피임 금지에 대한 헌신을 자신들을 규정하는 특징으로 삼는 미국 우파 가톨릭교인들과 긴밀한 동맹을 맺고 있다.

가톨릭 평신도 대다수의 보다 자유주의적인 견해와 반대되는 이 집단은 현재 미국의 거의 모든 주교를 포함한다(프란치스코 교황이 가장 반동적인 나이 많은 지도자들을 제거하려고 애쓰고 있긴 하지만). 동성애, 낙태와 관련한 가톨릭 평신도의 입장은 복음주의 개신교 근본주의자들보다는 주류 개신교인 및 유대인뿐 아니라 종교가 없다고 고백하는 미국인과 더 가깝다. 백인 가톨릭교인 및 주류 개신교인의 3분의 2 이상이 교육위원회에 동성애 교사를 해고할 권리가 있다는 생각을 거부하지만, 백인 복음주의자의 60퍼센트는 동성애자를 해고할 수 있다고 생각한다. 가톨릭교인은 37퍼센트만이, 개신교 복음주의자의 58퍼센트와 비교해, 더 엄격한 낙태 법을 원한다. 아마도 주류 가톨릭교인과 우파 개신교인의 차이와 관련해 가장 유의미한 결과는 가톨릭교인 가운데 성경이 문자 그대로 사실이라고 간주하는 이는 4분의 1에 못 미친다는 것이다.[11]

개신교 우파와 가톨릭 우파의 동맹은 1973년 로 대 웨이드 판결로 공고화되긴 했지만 사실 1960년대에 뿌리박고 있다. 교황 요한 23세가 사망했을 때, 제2차 바티칸공의회의 개혁을 몹시 싫어한 가톨릭교인들은 전통적인 교의와 교황 무오류설이 재확인되기를 희망했다. 요한 23세의 후임은 훨씬 조심스럽고 보수적인 교황으로, 1963년부터 1978년까지 재위한 바오로 6세였다. 바오로 6세가 사망하자 추기경회의는 카롤 보이티야, 즉 개인적인 카리스마가 엄청난 폴란드의 고위 성직자를 다음 교황으로 선출했다. 요한 바오로 2세는 대중매체에 대한 지식과, 19세기에 교황 무오류설 교리를 제1차 바티칸공의회에서 밀어붙인 바 있는 비오 9세 이래 가장 보수적인 신학적 입장을 겸비했다. 26년의 교황 임기 동안, 1960년대에 형성된 교회 지도자들이 하나둘씩 죽기 시작하면서 요한 바오로 2세는 자신과 마찬가지로 신학적으로 보수적인 주교와 추기경들을 지명하여 제2차 바티칸공의회의 결정 중 다수를 무효화했다. 그리고 현재 프란치스코 교황은 요한 바오로 2세의 보수적 유산을 무효화하고자 애쓰고 있다.

미국 가톨릭 내의 지속적인 균열은 제2차 바티칸공의회에서 구상된 현대화와 민주화 추세를 승인한 이들과, 교황 무오류설뿐 아니라 피임, 자위, 동성애, 재혼을 모두 대죄로 간주하는 전통 가톨릭의 성도덕 교리에 대한 요한 바오로 2세의 재천명을 환영한 이들을 갈라놓는다. 전통주의적 미국 가톨릭교인과 근본주의적 개신교인의 정치 동맹은 성도덕에 대한 같은 견해뿐 아니라 정규적인 종교 의식에 대한 경건함과 헌신에도 기초한다. 선거 이후의 연구들은 조지 W. 부시 대통령에 대한 지지에서 가장 신뢰할 만한 예측 변수가 소속 종교(개신교인이든, 가톨릭교인이든)가 아니라 교회 출석률임을 보여주었다. 종교가 무엇이든, 적어도 일주일에 한 번 교회에 참석하는 이들은 2004년에 압도적으로 많이 부시를 찍었다. 한 달에 한 번 교회에 가는 이들은 거의 균등하게 반반으로 투표한 반면, 1년에 몇 번만 출석하는 이들은 압도적으로 많이 민주당 후보에게 투표했다. "가톨릭 표가 있다는 생각은 이 선거에서 그야말로 증명되지 않았다"고 미국가톨릭대학 정치학 교수 존 K. 화이트는 말했다. "그 차이는 정기적 교회 참석과 비정기적 참석 사이에 있는 것으로 보인다."[12] 가톨릭교인 중에서도, 개신교인 중에서도 자주 교회에 출석하는 이들은 스스로를 '전통주의자'와 동일시했고 4분의 3 이상이 부시에게 투표했다.

그런데도 미드는 이용할 수 있는 모든 증거에 반하여 가톨릭 세력과의 전투가 여전히 미국 근본주의의 주요 목적 중 하나라고 주장했다. 오늘날 종교 및 정치 무대에서 개신교 근본주의자와 우파 가톨릭교인이 연합하는 것은 세속주의와, 세속적 가치들이 문화와 공공생활에 미치는 영향력을 증오하기 때문이다. 가톨릭 지배층과 개신교 근본주의 지도자들 사이에는 중요한 차이가 있다. 즉 성적 쟁점들에 관해서는 개신교 우파와 기본 입장이 같지만, 가톨릭 주교들은 경제·사회 정의의 문제에 관해서는 정치적으로 보수적인 가치들을 수용하지 않는다. 이를테면 많은 가톨릭 주교들이 허가증이 없는 이주민을 가혹하게 다루는 안들에 강하게 반대해왔다. 그러나 다른 중대한 문화 쟁점들에 관해서는 가톨릭과 개신교 내 극우 분파들이 완전한 합의를 이룬다. 근본주의 개신교인과 신보수주의 유대인처럼 극우 가톨릭교인도 가톨릭교회 내의 자유주의적 경향들을 1960년대의 세속적 반란들과 분명하게 연결 짓는다.

워싱턴의 저명한 사제이자 잘 알려져 있지 않은 우파 조직 '오푸스데이Opus Dei'의 일원이기도 한 존 매클로스키는 제2차 바티칸공의회 이후의 수년(1960년대 말)을 "일반적으로 우리나라와 우리 교회에 불운했던 시기"로 부른다. 그는 노트르담대학과 조지타운대학 같은 곳들을 "이름뿐인" 가톨릭대학교로 부르며 통렬히 비판하는데 "개방성, 정의 사회 …… 다양성, 그리고 직업 전문성" 같은 관념들을 지지하는 끔찍한 죄를 저질러왔다는 것이다.[13] 매클로스키는 캔자스주 상원의원(2019년 현재 캔자스 주지사)이자 전 감리교인 샘 브라운백 같은 워싱턴의 고위직들을 가톨릭으로 개종시키는 임무를 감독해왔다. 저명한 인물들을 개종시키는 데 열의가 있는 매클로스키는 1940년대와 1950년대에 공산주의 출신들을 참회시키는 데 전문가였을 뿐 아니라 클레어 부스 루스와 헨리 포드 2세 같은 유명 인사들을 낚아채기도 했던 풀턴 J. 신의 뒤를 따르고 있다.

세속주의에 대한 보수 가톨릭의 반대는 성서문자주의가 아니라, 하느님을 궁극의 권위로 인정하지 않는 개인적 도덕, 정치체제란 있을 수 없다는 믿음에 기초한다. 짐작건대 가톨릭과 개신교 우파는 낙태 반대 전략 회의나 십대의 피임기구 사용을 막고 순결을 피임의 유일한 방법으로 홍보하는 "금욕" 회의에서 함께 앉아 있을 때, 성경과 교황의 권위에 관한 상이한 견해들은 논의하지 않는 것 같다. 개신교 근본주의자들은 정부 최고위층 수준에서 가톨릭 우파와 동맹을 맺음으로써 미국 근본주의의 진짜 목적이 우파 개신교의 신정체제라는 비난에 대응하는 구실을 마련해왔다. 부시 대통령이 임기 중 비게 된 연방대법관 자리에 극보수 가톨릭교인 존 G. 로버 츠와 새뮤얼 A. 얼리토를 선택한 것은 결코 우연이 아니다.

지난 8년간의 정치사에서 가장 이상한 광경 중 하나는 2005년 부시가 자신의 법률 고문을 맡아온 해리엇 마이어스를 연방대법 관 후보로 지명했을 때 개신교 우파가 들고일어난 것이었다. 부시 의 핵심 선거구 주민들이 마이어스 지명에 반기를 들었는데, 그녀 가 로 대 웨이드 판결을 뒤집는 일에 헌신이 부족하다고 보았기 때 문이다. 마이어스가 보수적인 남침례교인일 뿐 아니라 설교단에서 자주 낙태를 맹렬히 비난하는 댈러스 지역 교회를 다니고 있었는데 도 말이다. 1993년에 그녀는 낙태와 같은 쟁점에 대한 분쟁은 연방 보다 주에서 가장 잘 해결될 수도 있음을 시사하는 연설을 한 바 있 다. 누가 알겠는가? 마이어스가 바비큐 자리에서 맥주를(술을 입에 대지 않는 남침례교인이라면 아이스티를) 너무 많이 마시고, 산모의 생명 을 구해야 할 경우에는 예외적으로 낙태를 허용해야 한다는 생각을 털어놓았을지도 모른다. 좌우간 대장에게 늘 충성하는 마이어스는 그 소동으로 지명 자격을 자진 철회했고, 부시는 아내가 낙태 반대 활동가인 독실하고 보수적인 가톨릭교인 얼리토를 즉각 지명했다. 전해 가을, 로버츠가 [갑자기 사망한] 대법원장 윌리엄 H. 렌퀴스트를 대신할 인물로 지명되었을 때처럼, 기독교 우파는 교황파를 압도적 으로 찬성했다.

오늘날 보수 가톨릭교인이 고위직에 지명되면 가외의 이익이 발 생한다. 즉 누구라도 반가톨릭이라는 비판을 받지 않으면서, 미국 의 법과 교회의 교리 사이에서 어느 것에 더 충성해야 하는가라는 갈등에 이의를 제기하는 것이 어려워진다. 사실, 현 연방대법원 대 법관 중 다섯이 로마가톨릭교인이다. 로버츠, 얼리토, 클래런스 토머스, 앤서니 케네디, 소니아 소토마요르. 이들 가운데, 낙태와 기타 종교 관련 쟁점에 관한 사건에서 오랫동안 스윙보터였던 케네디와, 여성의 (성과 생식에 관한) 재생산권을 강하게 지지하는 (오바마가 지명한 자유주의자) 소토마요르만이 교회와 국가에 대한 태도에서 주류 가톨릭으로 간주될 수 있다. 케네디가 오리건주의 안락사 법을 유지하는 데 찬성표를 던진 반면 로버츠, 토머스 그리고 고인이 된 앤터닌 스캘리아(얼리토와 소토마요르는 아직 연방대법관이 아니었다)는 주의 권리를 지지하는 보통 때의 보수적 입장을 버리고 오리건주 유권자가 세 차례 승인한 법을 폐기하는 데 찬성표를 던졌다. 낙태와 마찬가지로 안락사에 반대하는 가톨릭교회의 입장에 대해 미국 가톨릭교인 대다수는 견해가 다르다. 그리고 연방대법원 내 가톨릭교인들도 양분된 듯 보인다.

2016년에 사망한 심히 보수적인 법학자이자 심히 보수적인 가톨릭교인인 스캘리아는 가톨릭 공직자는 교회 교리와 충돌하는 공공정책을 유지하라는 요구를 받으면 사임해야 한다고 직설적으로 말했다. 미국 법이 아니라 교회법에 충성하는 이가 연방대법원에 있는 것이 마땅한가라는 질문을 제기하는 것은 분명 '반가톨릭적'이 아니다. 이것은 판사들이 아무리 고통스러울지라도 법을 지지하여 풀어야 하는, 법과 개인적 신념 사이의 갈등에 관한 문제가 아니라, 다른 대다수 교회 지배층과 달리 신앙과 도덕의 문제에서 무오류를 표방하는 교회에 대한 충성의 문제다. 많은 가톨릭교인은 교황 무오류설을 문자 그대로 받아들이지 않지만 스캘리아는 그대로 받아들인다고 말했다. 그의 발언들은 사형제를 강하게 지지하는 맥락에서 한 것인데, 이는 바티칸과 미국가톨릭주교회의 사형제 반대 입장과 충돌한다. 그러나 스캘리아가 정확하게 지적했듯이 사형제 반대는 교리의 문제가 아니라 그저 가톨릭교회 지배층의 권고적 의견이다. 그에 따라 스캘리아는 스스로를 자신의 사법적·정치적 성향을 자유롭게 따를 수 있는 가톨릭교인으로 여겼다. 그는 국가가 어린이와 정신지체인조차 처형할 권리가 있다는 결론에 도달했다.

사형제를 지지하는 스캘리아의 근거는 성경에서 직접적으로 가져온 것이고, 또 세속의 정부와 세속의 가치에 맞서는 개신교 근본주의자들이 이용하는 주장과 동일하다는 점에서 면밀한 점검이 필요하다. 스캘리아의 견해에 따르면 민주주의 자체에 사형제 반대에 대한 책임, 원인이 있는데 세속의 민주주의는 정부의 권력이 국민의 동의가 아니라 신으로부터 나온다는 원리에 기대고 있기 때문이다. 스캘리아는 시카고대학 신학대학에서 한 연설에서 "왕권신수설을 믿는 시대에는 사형제의 도덕성을 의심하는 이가 거의 없었습니다"라고 말했다. 그리고 이렇게 발언했다. "나라가 기독교적으로 변할수록 사형제를 부도덕하다고 간주할 공산은 더 적어집니다. 폐지 주장은 기독교가 약해진 유럽에서 가장 강력해졌고, 교회에 나가는 이들이 많은 미합중국에서는 가장 적은 지지를 받아왔습니다. 이는 신앙심이 있는 기독교인에게 죽음이란 별일 아니라는 사실 때문이라고 생각합니다."[14] 죽음이 신앙심이 있는 기독교들에겐 별일 아니라는 것이 내게는 모호한 명제로 느껴진다. 설사 그렇다 할지라도 그런 주장은 죽음에 관해 덜 낙관하는 이들의 기분을 전혀 상하게 하지 않는 〔타인의 믿음에 관한 불간섭주의 원칙을 주장한〕 제퍼슨 유형의 견해에 속할 것이다. 그러나 미국 연방대법관이 신앙이 있든 없든 모든 미국인에게 영향을 미치는 중요한 법적 결정의 토대를 내세에 관한 자신의 종교적 믿음에 두는 것은 별스러운 일이다.

스캘리아의 주장은 사실 법학, 국내 정치, 국제 문제가 아니라 신학의 영역에 속한다. 그런 주장은 반지성적이 아니라 반합리적이라고 보는 게 더 정확하다. 반합리적인 전제들을 철학 혹은 과학의 언어로 덮어 감추는 것은 개신교 및 가톨릭 반합리주의자들에게 지금껏 유용했고, 또한 새롭게 나타난 오래된 종교의 전형적 특징이다. 트럼프가 대통령으로서 처음 취한 조치 중 하나는 성공회 신자이자 대체로 보수적인 판사 닐 고서치를 스캘리아의 자리에 지명한 것이었다(잘 알려져 있듯이 공화당 의원들은 오바마가 지명한 이라면 누구라도 고려하길 거부했다. 스캘리아가 오바마의 임기가 종료되기 일곱 달도 전에 사망했는데도 말이다). 고서치가 스캘리아만큼이나 정교분리에 반대하든, 그렇지 않든 말이다.

우파 성향의 종교적 소수집단의 규모와 영향력이 1970년 이래 증가하긴 했지만 세속의 소수집단도 그만큼 확대되었다(밀레니얼 세대가 지난 10년간 성년이 된 시기에 가장 극적으로). 퓨리서치센터가 발표한 한 여론조사에 따르면, 어떤 종교집단에도 소속되어 있지 않고 종교가 삶에서 전혀 중요하지 않다고 말한 미국인은 2007년 추산 2100만 명에서 2015년 3600만 명으로 증가했다. 밀레니얼 세대는 절반만이(전체 미국 인구 70퍼센트 이상과 견주면) 어느 정도의 확신으로 하느님을 믿는다고 말했다.[15] 세속의 소수집단은 유대인과 무슬림을 포함해 작은 종교적 소수집단들 가운데 어떤 집단보다도 열다섯 배에서 스무 배 정도 크지만, 세속주의자들은 초교파적으로 종교인들이 참석하는 시민 행사들에서 일상적으로 무시된다.◘ 목사,

---

◘ 민족으로서의 유대인과 구별되는 종교적 유대인은 전체 인구 가운데 1.3퍼센트만을 차지한다. 무슬림은 0.5퍼센트에 못 미친다.

사제, 랍비, 이맘은 9·11 테러 공격 이후 워싱턴대성당에서 거행된
추모 의식에 모두 초대되었고 주요 연설은 부시 대통령이 설교단에
서 했다. 반면 세속적 가치를 대변하는 이들은 아무도 포함되지 않
았다. 테러범들의 동기에서 종교적 광신이 중대했다는 점을 고려하
면 특히 눈에 띄는 누락이다.

근본주의자와 세속주의자 사이에는 훨씬 더 큰 집단을 이루는,
종교적으로 중도인 혹은 온건한 이들이 있는데, 오늘날 미국에서
종교적으로 온건한 사람이 정확히 어떤 사람을 의미하는지는 분명
하지 않다. 중도적 신자들은 종교 일반, 그리고 공공생활에서 종교
가 예의 바르게 표현되는 것은 승인하지만 줄기세포 연구 금지나
〔산아제한을 장려하는〕 미국가족계획연맹의 예산 삭감 같은 극단적 입
장은 승인하지 않는다. 그렇지만 이 집단은 일반적으로 맹신자들의
사고방식에 정치적 상대가 되지 못하고, 또한 저항이 가장 적은, 가
장 쉬운 길을 따르고 근본주의자와 반근대주의자들이 공적 이슈에
대해 자기 마음대로 하도록 내버려두는 일이 다반사다.

종교적으로 중도인 사람들이 일관성을 전혀 고려하지 않고 타협
책을 받아들이는 경향은 공립학교에서 창조론과 진화론 모두 가르
치는 것을 대중이 2 대 1로 지지하는 부조리한 현상의 한 가지 원인
이다.[16] 근본주의자들은 잘도 자기 마음대로 하는데, 종교는 그들의
삶에서 절대적인, 요지부동의 핵심이기 때문이다. 대부분의 사람들
처럼 두 가지 방식(하느님과 과학, 영원한 삶에 대한 믿음과 지상에서의 삶
을 연장하기 위해 모든 의학적 수단을 추구하는 행위) 모두로 일을 처리하
기를 원하는 종교적으로 온건한 이와는 달리, 근본주의자에겐 의문
이 전혀 없다. 세속의 자유주의적 후보들이 공화당 후보들보다 1년
에 10만 달러를 못 버는 가족을 돕는 세금 정책을 도입할 공산이 크

기에 그들에게 투표해야 한다는 주장에, 종교적 확신이 더 유동적인 이들은 흔들릴지도 모르지만, 중산층 근본주의자들은 흔들리지 않는다. 스캘리아 유형의 가톨릭교인들에게 배아줄기세포 연구가 파킨슨병이나 알츠하이머를 치료하는 데 일조할 수도 있다는 전망은 하느님이 교회를 통해 '안 돼'라고 말씀하셨다는 믿음에 견주면 일고의 가치도 없는 것이다. 낙태와 동성 결혼 같은 종교와 연관된 문화적·도덕적 이슈들은 개인적 이해관계를 이긴다.

선거에서 근본주의자들과 대결할 때, 종교적 중도주의자들은 일반적으로 종교적 반합리주의에 대한 명시적 반대에 기초해 선거운동을 벌이지 않는다. 그보다는 지지 후보가 과학에 우호적인 신앙을 가지고 있음을 강조하며 과학과 종교가 완전히 양립할 수 있다고 유권자들에게 확언한다. 이는 종교적 광신을 있는 그대로 부르기를 거부하는 미국 특유의 종교적 관용과 관련해 세속주의자들에게 일리가 있는 부분이다. 《종교의 종말The End of Faith》에서 샘 해리스는 이렇게 주장했다. "근본주의자들이 미쳤다고 말할 수 없는데 그들은 그저 믿음의 자유를 실천하고 있기 때문이다. 또한 우리는 그들이 종교적 용어를 잘못 이해하고 있다고도 말할 수 없는데 경전에 대한 그들의 지식은 일반적으로 따라올 자가 없는 수준이기 때문이다. 종교적 온건주의자로서 우리가 말할 수 있는 것이라고는 경전을 전적으로 수용할 때 떠맡게 되는 개인적·사회적 대가들이 싫다는 것이다."[17]

21세기에 미국인이 다른 경제 선진국들의 국민보다 여전히 훨씬 종교적이라는 것은(그리고 성경에 기초한 근본주의가 보다 온건한 신앙들을 희생하여 영향력을 확대하리라는 것은) 20세기 초에서조차 미국 지식인 및 과학자들에게 믿기 어려운 예측이었을 것이다. 1902년 출간된 갈릴레이에 관한 글에서 나의 종조부이자 컬럼비아대학 천문학교수였던 해럴드 제이코비는 가톨릭교회가 갈릴레이의 지동설을 반대했던 것처럼 종교가 또다시 과학에 반대 입장을 취하는 일은 결코 없으리라는 생각을 일축했다. 제이코비는 이렇게 썼다. "300년 전에 일어난 사건들을 고려할 때는 흥분되는 주장을 차분한 의견으로 생각하기 쉽다. 기억하라. 그때는 폭력과 잔혹의 시절이었고 대중의 무지가 오늘날 상상도 할 수 없을 만큼 깊었다. 그리고 오늘날에는 조금도 요구하지 않지만 당시에는 많은 질문에 대한 권위를 떠맡는 게 교회의 의무라는 것이 보편적 견해였다."[18] 1932년에 돌아가시기 전까지 새로운 발견에 관해 신문들과 정기적으로 인터뷰하며 과학 대중화에 힘쓴 인물로 잘 알려진 종조부는, 21세기에도 교파들이 종조부가 19세기 말에 합의되었다고 생각한 바로 그 질문들에 계속 관여하리라고는 예측하지 못했을 것이다.▪

1900년대 초 과학자 및 지식인들은 미국의 주류에서 세속주의가 종교를 대체하리라고는 기대하지 않았지만, 좀 더 합리적 경향의 종교가 성서문자주의의 교리뿐 아니라 많은 낯선 분파들, 즉 19세기에 탄생한, 기독교의 파생물이지만 미국의 독특한 특성의 파생물이기도 한 분파들(가장 유명한 것으로는 모르몬교, 크리스천사이언스, 여호와의증인)도 대체하리라고 생각했다. 미국이 '기독교 이후의 유럽' 수준으로 세속화되는 일은 일어나지 않을 것 같았다. 한편 국교회

▪ 전체 이름이 레비 해럴드인 종조부는 폴란드 브로츠와프에서 이주해 온 유대인의 아들이었다. 종조부는 컬럼비아대학에서 처음으로 정규직으로서 유대인 교수진의 일원이 되었을 때 레비라는 이름을 뺐고, 유대인이 아닌 미래의 아내를 만나면서 감독교회로 개종했다.

의 경험이 없는(예를 들어 프랑스인이나 이탈리아인과 달리) 미국인들이 신앙과 시민권 사이에서 선택해야 하는 일은 결코 없을 터였다. 미국에서 소수집단 종교에 강한 사회적 차별이, 때로는 전면적인 박해가 있을 때조차 미국의 법은 늘 결국 양심의 자유 편에 섰다. 단 하나의 사례(예수그리스도후기성도교회가 1896년에 모르몬교도들이 모여 사는 유타를 주로 인정해주는 대가로 일부다처제를 포기한 사례)에서 정부는 한 교파에 공적 합의를 존중하여 중심적인 믿음을 타협해줄 것을 분명하게 요구했다. 그렇기는 하지만 모르몬교의 일부다처제는 여전히 예측할 수 없게 수면 위로 올라와 그 교회의 원로, 장로들이 닦아온 도덕적이고 정직한 중산층의 이미지를 손상시킨다. 부끄러워하지 않는 일부다처주의자들의 혈기왕성한 집단은 모르몬교회와 유타주로부터 배교자(달리 무슨 표현이 있겠는가?), 극단주의자라는 낙인을 받고 있다.

일반적으로 미국인은 스스로를, 세속의 정부를 둔 대체로 기독교적인 국민(1950년대 우리 부모님과 이웃들에게도 그렇게 보였듯이, 미국사 대부분에서 전적으로 자유스럽게 보인 시민의 역설과 미묘한 균형을 이루는)으로 보는 데 만족해왔다. 그 균형이 1970년대 초 이래 불관용의 근본주의가 부활하면서 깨진 이유는 아주 명백하지는 않다. 그 원인을 미국 본래의 정교분리와 신앙의 '자유시장'에서 찾을 수는 없는데, 먼 과거는 오늘날 매우 많은 미국인이, 한 세기 전에 교육받은 남녀가 거부하기 시작하던 유형의 종교에 왜 끌리는지에 거의 답하지 못하기 때문이다.

1970년대 여성, 남성, 가족의 역할에 관한 근본 가정들에 도전하는 페미니즘의 부상은 흔히 종교적 우파의 주요 박차로 간주되어왔다. 20세기 말 페미니즘과 분리할 수 없는 낙태를 두고 벌어진 전투가 우파 개신교와 우파 가톨릭을 통합하는 원인이었다는 것은 분명한 사실이다. 그런데 흔히 잊고 있는 사실은 1973년 미국인 대다수가 주의 낙태 법 자유화를 지지했다는(그리고 여론이 비교적 짧은 기간에 극적으로 변화했다는) 것이다. 1968년 갤럽 여론조사에 따르면 낙태 시술을 더 쉽게 이용할 수 있어야 한다는 견해에 미국인의 15퍼센트만이 찬성했지만, 1972년에는 64퍼센트가 찬성했다.[19]

기독교 우파는 엄격한 낙태 금지 규정을 완화하는 모든 조치에 반대했기에 로 대 웨이드 판결을 당대의 기준들과 급진적으로 단절된 것으로 묘사하기 시작했다. 그 대법원 판결은 대체적인 여론보다 앞선 것이었을지 모르지만, 원치 않은 임신에 대처하는 여성에 대한 많은 선택권과 연민을 지지하는 일반적 추세를 따른 것이었다. 판사 해리 A. 블랙먼의 다수 의견의 핵심은 "수정헌법 제14조에서 사용하듯이 '개인'이란 단어에는 아직 태어나지 않은 아이가 포함되지 않는다"는 명백한 주장이었다.[20] 바로 이 한 문장이 지금도 타오르고 있는 종교적 큰불에 불을 붙였다. 블랙먼의 의견은 대중이 '배아줄기세포 연구'라는 말을 들어보기 20년도 전에 전달된 것이지만, 종교적 우파의 입장은 그날 이후로 한결같다. 즉 태아에게 수정헌법 제14조의 모든 권리에 대한 자격이 있을 뿐 아니라 이는 6일 된 배아세포들도 마찬가지라는 것이다.

종교적 우파가 로 대 웨이드 판결을 뒤집기 위해 벌인 40년 전투의 복잡다단한 역사는 이 책의 범위를 벗어나지만, 낙태 이슈를 사회 내 여성, 남성, 가족의 지위를 포함해 다른 모든 '가치관 이슈'와 동떨어진 것으로 보는 것은 잘못이다. 낙태를 중요한 범죄로 취급했고 지금도 그러기를 원하는 사람들은 1971년에 의회를 통과한 남녀평등 헌법 수정안을 (비준에 38개 주의 승인이 필요한데) 충분히 많은 주에서 비준을 받지 못하게 해 (1982년에) 폐기시키는 데 성공한 바로 그 사람들이다. 남녀 공용 화장실과 여성의 전투 참여 같은 주제를 포함해, 그 수정안에 반대하는 진영에서 끝없이 들먹이는 오래된 주장들은, 일부 여군이 시신 운반용 부대에 담겨 고국으로 돌아오고 일리노이주 상원의원 태미 덕워스 같은 이들은 전투에서 팔다리를 잃은 후 다양한 역할을 맡아오고 있음을 대중이 알고 있는 오늘날의 나라에서 진기해 보인다. 징병제가 종료되고 이에 따라 군에 복무할 지원병 인력을 확대할 필요가 생기면서 헌법을 수정하려는 안들이 하지 못한 것이 이루어졌다. 여성도 나라를 위해 목숨을 바치는 임무를 맡는 것이 사실상 수용된 것이다.

그러나 여성이 전통적으로 맡아온 사회적·경제적 역할에서 부인할 수 없는 거대한 변화는 미국 문화에서 반합리적 열정을 겪은 게 아니라 외려 불을 붙여왔다. 낙태와 동성 결혼 같은 (같은 정당, 진영 내에서도 의견이 갈리는) '분열 이슈'들은 유권자 다수가 이라크전쟁, 테러, 경제 같은 사안들에 더 신경 쓴다는 이유로 흔히 '순전히 상징적'인 이슈로 일축되곤 하지만 이는 잘못된 것이다. 상징적인 이슈들이 상징적인 까닭은 일반적으로 대부분의 사람의 마음을 사로잡고 있는 일상의 문제와 염려보다도 더 깊은 것을 상징하기 때문이다. 세속주의자들과 종교적으로 온건한 이들이 흔히 말하듯, 낙태 문제에 관한 '합의점' 찾기에 대해 말하는 것은 자연계에서만 있을 수 있는 합리적·실용적인 타협점에 대해 말하는 것이다. 그러나 여성들이 원치 않은 임신을 겪도록 강제하길 원하는 미국인은 초자연적 명령을 고수하고 있다. 즉 낙태는 하느님의 법이 금하는 살인이고 따라서 인간의 법에서도 금해야 한다는 것이다. 이런 근본적인 문제의식 때문에 짐작건대 상징적인 종교 이슈가 다른 선진국들보다 미국에서 훨씬 더 강력한 힘을 발휘하고 있다.

미국처럼 유럽도 1960년대에 시작된 사회 혼란들을 겪어왔다. 미국인들과 마찬가지로 유럽인들도 인간으로 존재한다는 것이 무엇을 의미하는지, 인간이 자신의 운명을 얼마나 통제할 수 있는지 혹은 통제해야 하는지에 관한 우리의 가정들에 기초적인 생리적·심리적 수준에서 도전하는 최신 생물의학 연구에 영향을 받아왔다. 하지만 유럽인들의 반응은 전통적인 종교 교의에 덜 회의하는 게 아니라 더 회의하는 것이었다. 즉 동성애, 낙태, 진화론 교육은 오늘날 유럽 대부분의 국가에서 분열을 초래하는 정치 이슈가 아니다. 유럽 대륙과 영국에서 종교적 근본주의는 거의 전적으로 무슬림 소수집단과 관련한 영역(테러와 더불어, 트럼프 당선에 일조한 반이민 정서에 맞먹는 백인 유럽 민족주의 운동을 야기해온 사회적 현실)이다. 대개의 경우, 세속적 유럽인들은 미국의 종교적 지형의 반합리적인 부분에 몹시도 당황해한다. 2003년《이코노미스트》의 설문조사에서는 이렇게 결론지었다. "유럽인들은 종교를 …… 미국의 예외주의에서 가장 이상하고 가장 충격적인 특징으로 간주한다. 그들은 근본주의자들이 그 나라를 장악하고 있는 것은 아닌지 염려한다. 그리고 미국인들 가운데 처녀 잉태설을 믿는 이가 진화론을 믿는 이의 세 배라는 것을 기이하게 여긴다. 그들은 미국이 무슬림 세계에서 …… '성전'을 벌이기 시작하지 않을까, 혹은 원조금이 산아제한에 쓰일 수 있다는 염려로 빈곤국에 대한 원조금 삭감을 하지 않을까 우려한다."[21]

가장 유명한 인물인 영국의 진화생물학자 리처드 도킨스를 포함한 종교의 적대자들은 온건한 종교들도(문자적인 성경 해석에 기초하지 않는 신앙 유형들도) 어느 모로 보나 근본주의만큼이나 반합리적이라고 최근 몇 년간 주장해왔다. 도킨스는 모든 종교를 경애하는 미국의 성향 자체가 위험하다고 본다. 그는 말한다. "나는 온건한 종교가 세계를 극단주의자들에게 안심할 수 있는 곳으로 만든다고 생각하는데, 아이들이 어려서부터 신앙 자체가 좋은 것이라고 생각하도록 길러지기 때문이다."[22] 도킨스의 2부작 반종교 다큐멘터리 〈모든 악의 뿌리?The Root of All evil?〉는 영국에서는 텔레비전에서 방영되었지만, 미국에서는 미디어 경영진에게(작은 규모의 케이블방송에 있는 이들에게도) 너무 논란의 소지가 많은 것으로 간주되었다.

　미국에서 도킨스는 종교에 대한 일반적 비판 때문만이 아니라, 다윈의 진화론에 대한 비타협적 지지 때문에도 공격을 받아왔다. 한 보수적인 미국인 저자는 도킨스를 "가련한 대중지식인"으로 묘사했는데, 자연의 무작위성에 대한 견해를 분명히 표현할 때 "그의 저작들이 많은 독자들에게 야기하는 영적·정서적 곤란들에 철저히 무관심해 보인다"는 게 그 이유였다.[23] 어떤 사람이 대중지식인으로 활동하면서 독자들의 영적·정서적·지적 위기를 촉발할 수 있는 모든 이슈를 애써 피할 수 있는지는 상상조차 하기 어렵다. 그런데 도킨스가 일반적으로 '온건한' 종교로 불리는 것으로 대표되는 신앙과 이성의 타협을 평가할 때 다소 핵심에서 빗나갔다고 결론 내리기 위해, 꼭 도킨스 독자의 정서적 곤란을 염려해야 하는 것은 아니다. 종교가(어떤 종교도) 비평가들에게 비평을 받아 마땅하다는 그의 주장은 분명 옳지만, 그의 상표인 철저한 무신론은 현실 세계 혹은 미국 사회에서 종교가 작동하는 방식에 대한 명민한 시선보다는 철학에 토대를 두고 있다. 과거와 마찬가지로 오늘날에도 온건한 종교와 근본주의의 차이는 온건한 신앙은 세속의 교육과 세속 정부에 맞추려는 시도를 한다는 것이다. 반면 미국의 종교적 우파는 두 가지 모두 거부한다. 만약 미국에 생각이 개조되지 않는 근본주의자들이 극소수만 있다면 미국의 종교적 예외주의는 많은 유럽인에게 그리 기이하거나 위협적으로 보이지 않을 것이다.

《이코노미스트》 설문조사 기사에서는 종교적 미국이 아니라 세속적 유럽이 세계에서 진정한 예외라는 취지에서 보스턴대학 종교와국제문제연구소 소장 피터 버거의 주장을 인용했다. 다른 많은 저명한 종교학자들처럼 버거도 중동과 극동 지역에서 전투적 이슬람의 부상과 아프리카와 남아메리카에서 가톨릭과 개신교 복음주의 분파들의 호소력은 나라가 근대화하면서 필연적으로 세속화한다는 오래된 생각을 논박한다고 주장해왔다. 그런데 오늘날 제3세계에서 발생하는 종류의 '근대화'는 19세기와 20세기 초 미국과 유럽에서의 세속화 힘들과 관련한 근대화와 공통점이 거의 없다. 예를 들어 중동과 아프리카 지역 대부분에서 근대 산업의 발전은 소수의 탐욕스러운 엘리트들에게 이익을 주었지만, 흔히 잔혹한 독재 정권의 변덕에 종속되어 있는 주민 대다수를 빈곤 상태에 남겨두었다. 그런 환경에서는 이 세상에서의 더 나은 삶에 대한 희망이 거의 혹은 전혀 없는 이들 가운데서 신앙이 (늘 그래왔듯이) 번창한다. 세계의 많은 지역에서 가장 퇴행적인 유형의 종교와 종교적 폭력을 조장해온 것은 바로 광범위한 경제적·정치적 근대화의 존재가 아니라 부재. 근대화가 아프리카에 비해 광범위한 인구에 영향을 미쳐온 인도 같은 나라들에서조차 광신적인 힌두교 민족주의는 지구적이고 영어 지향적인 경제 부문이 대개 우회해온 이들에게서 번창해왔다.

로마가톨릭교회는 아프리카에서 교회가 콘돔을 배포하지 않고도 에이즈 퇴치를 제안하고 있는데도 많은 이들을 개종시켜왔다.

하지만 미국인 대다수가 그 질병이 어떻게 확산되는지를 기초적으로 이해하고 있는 지역들에서도 똑같은 방식으로 그렇게 개종에 성공하리라고는 상상하기 어렵다. 마찬가지로 급진적 이슬람의 여성 억압이, 여성이 동등하게 교육 기회와 정치적 권리를 갖는 지역에서도 많이 일어나리라고 상상하기는 어렵다. 미국은 오순절교인들과 카리스마파 교인들('방언'과 신앙요법 같은 종교 의례를 지키는)이 새 신자를 모으고 있는 유일한 선진국이다. 자신을 오순절교인이나 카리스마파 교인이라 부르는 시민의 비율(23퍼센트)이 나이지리아(26퍼센트)만큼이나 높다는 것은 경악스럽다.[24] 만약 다른 행성에서 누군가가 방문한다면 반합리적 종교가 유행하는 것을 근거로 미국을 다음과 같은 국가로 결로지을 것이다. 즉 이 세상의 비참한 삶에서 벗어나기 위해 초자연적인 것을 찾을 수밖에 없는 가련하고 굶주리며 양립할 수 없는 믿음들을 지닌 국민의 국가로 말이다. 폭넓은 교육 기회와 전체 인구의 생활수준 향상이 그 특징인 진정한 근대화를 겪어온 나라들 가운데 미국은 **현재** 종교적 면에서 예외다.

협소하게 정의된 근본주의를 넘어서 일반적으로 초자연적인 것에 끌리는 현상은 종교적 미국과 세속적 유럽 사이의 깊은 분열의 중심뿐 아니라, 미국 내 독실한 신자와 세속주의자 사이의 깊은 분열의 중심에도 놓여 있다. "사람들은 **눈에 보이는** 세계에서 **눈에 보이지 않는** 세계로 탈출하려고 사방팔방 애쓰고 있다."《US 뉴스 & 월드 리포트》에 글을 기고하는 조지 갤럽 2세는 이렇게 말했다. "영적 지주支柱에 대한 깊은 열망, 하느님을 향한 갈망이 있다."[25] 그러나 분명 갤럽은 지난 10년 동안 일어난 일을(종교가 일상에서 전혀 중요하지 않다고 생각하고 하느님을 전혀 동경하지 않는 미국인의 수가 엄청나게 증가한 것을) 예측하지 못했다. 이 유명한 여론조사 전문가는 조지 오웰이 알아봤던 그 실수를 저지르고 있었다. 당대에 일어나고 있던 것이 지속, 강화되리라고만 예측했던 것이다. 더욱이 눈에 보이는 세계에서 보이지 않는 세계로 탈출하려는 욕망은 극보수적인 신앙 혹은 그와 관련한 정통 신앙을 고백하는 미국인에게만 국한되지 않는다. '탈출'은 핵심이다. 즉 미국에서 근본주의의 부활은, 좀 더 극단적인 종교를 강화하고 과학, 교육, 현실 자체에 대한 광범위한 대중의 견해에도 영향을 미치는, 만연한 비종교적 반합리주의의 맥락에서 발생해왔다. 20세기의 여명기에 나의 종조부 같은 과학자들은 자연계의 모든 양상에 관한 지식이 확대되면 국민이 전보다 잘속지 않게 되리라는 전적으로 타당한 가정을 했다. 그들은 과학, 역사, 인류학 증거를 점점 더 많이 이용할 수 있게 되면 현실에 기초한 근거가 없을뿐더러 현실과도 자주 충돌하는 종교적·비종교적 믿음들의 확산이 저지되리라고 가정했다. 당대에도 그랬듯 타당해 보이는 그 가정은 틀렸다.

9장

정크사상과
정크과학

최근 수년간 경멸적 표현으로 유행해온 '정크과학junk science'은 합리적 개인이 예상하는 뜻을 항상 의미하지는 않는다. 과학자들에게 그 말은 물리적 혹은 사회적 세계를 반증의 증거를 허용하지 않는 수단을 통해 설명하려는 사이비과학(점성술부터 지적 설계론까지)과 일반적으로 동의어다. 19세기 사회다윈주의가 그러했듯 오늘날 지적 설계론도 과학 용어로 위장하고 있지만 납덩이 같은 사이비과학의 중심은 증거에 입각한 도전이 침투할 수 없다. 천문학자 칼 세이건이 말했듯이 진정한 과학은 사이비과학과 다르다. 진정한 과학은 "오류를 바탕으로 번성한다. 과학은 오류를 하나씩 제거해나가는 방식으로 발전하는 것이다". 반면 사이비과학의 가설들은 "흔히 반증할 가망이 있는 어떠한 실험으로도 공격할 수 없도록 정밀하게 짜여 있다. 그래서 심지어 가설을 무효화하는 것조차 원리상 불가능하다". 그리고 사이비과학의 전제가 과학자들을 흥분시키는 데 실패할 경우, "그것을 과학자들의 억압 음모라고 주장한다".[1]

그런데 정크과학에는 진정한 과학자들이 사용하는 의미와 정반대인 정치적 의미도 있다. 그것은 우파 정치인 및 해설자들이 자신의 정치적·경제적·문화적 의제와 충돌하는, 과학적으로 합의된 견해를 묘사하는 데 전용되어왔다. 인터넷에는 지구온난화에 대한 기후학적 연구 조사부터 콘돔이 성병의 확산을 감소시킴을 보여주는 연구까지 온갖 것에 '정크과학'이란 딱지를 붙이는 우파 웹사이트가 수도 없이 많다. 우파는 유전자 감식조차 정크과학이라 이름 붙였는데, 그것이 목격자 진술이나 정황증거에 기초한 오래된 확신을 뒤집고 죄수들을 풀어주는 결과로 이어지기 때문이다. 설사 그들이 애초에 잘못된 유죄판결을 받았다 하더라도, 극우의 세계에서 그것은 범죄에 관대한 것과 마찬가지다.

우파가 정크과학을 왜곡하고 정치화하는 것은 정크사상junk thought으로 가장 잘 묘사된, 보다 만연한 현상의 한 지류에 지나지 않는다. 자연과학에서도, 인문학과 사회과학에서도 모습을 드러내는 정크사상의 특징은 반합리주의와, [자신의 주장에] 대항하는 사실 및 전문가 의견에 대한 경멸이다. 정크사상은 좌파에게서도, 우파에게서도 나온다. 각 집단(학계, 정계, 문화 기관들)이 상대가 비합리성의 유일한 원천이라고 서로 열심히 고발하고 있지만 말이다.

우파는 정크사상에 정치적 올바름(우파의 가치에 반대하는 모든 것을 의미하는)이란 딱지를 즐겨 붙이고, 좌파는 종교적 근본주의와 미신의 부산물로서의 정크사상에 집중하는 경향이 있다. 더욱이 때때로 온건파로 불리는, 많이 떠받들어지는 미국의 중도주의자들은 증거를 더 깊고 본능적인 '앎의 방식'의 성가신 걸림돌로 취급하는 신념 체계의 압도적 힘에 조금도 면역이 되어 있지 않다. 만약 정신병자와 종교적 극단주의자가 정크사상을 받아들인 유일한 국민이었다면 그 영향력은 그리 치명적이지 않았을 것이다. 정크사상의 진짜 힘은 모든 견해를 동등하게 취급하지만 사실과 의견을 분리하려는 노력은 거의 기울이지 않는 '관용의 신조'를 받아들이는 보통 사람들에게 행사되는 영향력에 있다. 정크과학과 결부된 정크사상의 주류화의 깜짝 놀랄 만한 사례를 살펴보자. 2007년에 '부분 출산 낙태partial birth abortion.'● 금지법을 유지하는 5 대 4 다수 의견을 쓴 연방 대법원 대법관 앤서니 케네디는 낙태 후에 뒤따를 "심각한 우울증과 존중감의 상실"을 그 결정의 한 근거로 들었다. 케네디는 "그 현

● 5개월 이상의 태아의 머리만을 태중에 남겨두고 나머지는 몸 밖으로 빼낸 뒤 뇌를 파괴하는 낙태 방식으로, 산모의 건강상 이유로 부득이한 경우에만 시술된다.

상을 판단할 신뢰할 만한 자료가 전혀 없다"고 인정했지만 그럼에도 "어떤 여성이 자신이 만들어 유지해온 아기를 낙태하는 선택을 후회하게 된다고 결론짓는 것은 반대할 도리가 없어 보인다"고 말했다.[2]

사실 케네디는 낙태권에 반대하는 조직들이 발명하고 이들이 수집한 일화적 설명에 전적으로 기초한 정크과학 개념(낙태후증후군)을 암시하고 있었다. 과학적으로 설계된 연구들 가운데 외상후스트레스장애에 견줄 만한 '낙태후증후군'의 존재를 입증하는 것은 하나도 없다. 미국심리학회가 8년간 5000명 이상의 여성을 대상으로 수행한 주요 무작위 연구에 따르면 낙태를 한 여성에게서 우울증이나 스트레스 관련 질병이 유의미한 수준에서 더 많이 발생한다는 결론을 얻지 못했다.[3] 그럼에도 대법원 다수 의견은 진정한 과학 연구들을 무시하고 본질적으로 정크과학인 일화적 결론들에 의지하는 선택을 내렸다. 물론 많은 여성이 심각한 산후우울증(낙태후증후군과 달리 과학적으로 입증된 상태)을 겪듯이 '일부 여성들'은 의심할 나위 없이 낙태 후 깊은 유감이 남는다. 하지만 우리는 모든 여성이(혹은 아기뿐 아니라 자신의 생명도 위협할지 모르는 산후 정신병 이력이 있는 이들도) 아이를 더 낳는 것을 막는 법을 통과시키지는 않는다.

이데올로기 스펙트럼의 가장자리에서 정크사상을 전파하는 이들(음모론 블로거들)과, 그 중심에 있는 이들(심지어 국가 최고 법원의 위엄 있는 전당에 있는 이들)의 차이는 후자는 이것저것에서 근거들을 취합한다는 것이다. 달리 다른 방법이 있겠는가? 비합리적인 것에 선천적으로 호의를 갖고 있지는 않은 이들을 포함해 보통 미국인에게 정크사상의 전국적 메뉴는 국가가 제공하는 정크푸드만큼이나 폭넓고 접근이 용이하다. 정크사상은 피하기 힘든 정신 상태다. 리모

컨을 누르거나 마우스를 클릭하면 반합리주의의 세계가 열린다. 사실에 구애받지 않는 블로그 세상이 아니라, 주류 매체와 과학 연구자들이 보고한 두 사례만 검토해보자.

- 전적으로 진지한 투로 주간지 《뉴스위크》는 표지 기사 〈남학생의 뇌, 여학생의 뇌〉를 다음과 같은 단락으로 시작했다. "3년 전, 켄터키주 오언즈버러의 파우스트초등학교 교장 제프 그레이는 학교에 도움이, 그것도 급하게 필요하다고 느꼈다. …… 그래서 그레이는 교육자들에게 논란이 많은 뇌 발달에 관한 과정을 도입해 1학년, 2학년 교육과정을 수정했다. 가장 큰 변화는 그가 반을 성별에 따라 나눈 것이었다. 그레이는 뇌에 세로토닌이 부족하면 안절부절못하게 된다고 배웠고, 남성은 뇌에 세로토닌이 적다는 이유로 남학생 반에서 책상을 치우고 온종일 짧은 운동 시간들을 갖게 했다. 여성은 유대관계와 연관된 호르몬인 옥시토신이 많다는 이유로 여학생들은 카펫이 깔린 곳에 앉아서 자신의 기분에 대해 이야기를 나누도록 했다. 남학생은 테스토스테론 수치가 높고 이론적으로 더 경쟁적이라는 이유로 시간이 제한된 객관식 시험을 치르게 했다. 여학생들도 객관식 시험을 치르게 했지만 시간을 더 주었다."[4]

- 기도가 치료를 고무하는 힘에 관한, 사람들이 고대해온 연구는 심장 수술에서 회복한 환자들이 낯선 이들의 기도에 아무런 혜택을 보지 못했음을 발견했다. 친구와 친척이 하는 기도의 사례는 연구에 포함되지 않았지만 말이다.[5] 이 연구는 10년간 환자 1800명 이상을 포함했고 2400만 달러가 들었는데, 그

중 대부분은 영성 연구 조사에 자금을 대는 존템플턴재단이 기부한 것이다. 과학과 종교를 연결 지으려는 부지런한 시도들에 뒤지지 않으려고 미합중국 정부도 2000년 이래 기도 연구 조사에 230만 달러를 할당해왔다. 존템플턴재단 연구의 환자들은 개신교 복음주의 목사들뿐 아니라 로마가톨릭 수사 및 수녀 공동체의 기도도 받았고, 이 집단들의 기도는 똑같이, 교파와 상관없이 효과가 없는 것으로 드러났다(크리스토퍼 듀랑의 희곡 〈메리 이냐시오 수녀님은 당신께 모든 것을 설명해드립니다〉의 대사 "하느님은 항상 우리의 기도에 응답하세요. 가끔은 '안 돼' 하고 응답하시지요"를 생각나게 한다). 그 결과에도 굴하지 않은 기도 연구 지지자들은 추가 연구가 필요하다고, 또 연구 조사가 보여주는 것과 상관없이 자신은 개인적으로 기도의 힘을 경험해봤기에 기도가 효과가 있음을 잘 안다고 말했다.

겉보기에 정크사상과 관련 없는 것 같은 이 사례들의 공통점은 증거와의 관계가 모호하거나 전무하다는 것이다. 이 기도 연구는 독실한 종교인이 늘 믿어온 것(기도는 환자를 치료할 수 있다는 것)의 과학적 증거를 발견하고자 했으나 실패했다. 만약 결과가 다르게 나왔다면 표제는 '과학, 기도의 힘을 증명하다'였을 것이다. 결과가 그렇지 않아서 신자들은 그 결과를 그저 대수롭지 않게 여겼다. 하지만 [선교 단체] '사일런트 유니티Silent Unity'의 영성 지도자이자 기도 연구에 관여한 복음주의 목사인 밥 바스는 그 결과에 콧방귀를 뀌며 선언했다. "우린 오랫동안 기도해오고 있고, 기도의 효과를 봤으며, 효과가 있다는 것을 잘 알고 있습니다. 기도와 영성에 관한 연구 조사는 이제 막 시작했을 뿐입니다."[6]

'남학생의 뇌, 여학생의 뇌' 실험은 좀 더 복잡한 정크사상 사례인데, 사실과 일부 관련 있는 교육 이론들에 기초하고, 성의 호르몬과 해부학상의 차이로 시작하기 때문이다. 그러나 남학생과 여학생의 학습 방식에서 특정한 문화적 혹은 생물학적 영향을 받는 차이들이 존재하고 입증될 수 있다 하더라도, 남녀 간의 훨씬 큰 유사성보다 차이를 강조하여 공교육을 변화시키기 위한 근거로 사용하기는 힘들다. 예를 들어 《뉴스위크》 기사는 교실에서 뛰어다니게 허락된 남학생들이 책상과 칸막이가 있는 보통의 교실에서 있으면 어떤 일이 일어날지, 또 시험을 볼 때 추가로 시간을 허락받은 여학생들이 남학생들과 동일하게 제한된 시간에 시험을 치를 때 어떤 일이 일어날지에 관한 문제는 다루지 않았다. 정크사상은 남자는 화성에서, 여자는 금성에서 왔다고 선언할지 모르지만 진실은 남자도, 여자도 지구에서 태어났다는 것이다(이런 견해는 월간지 《리즌Reason》 편집위원 캐시 영에게 빚졌다). 정크사상에 물든 의사들에게 실험 목적으로 성별로 분리된 학급을 제공해보라. 분명 남학생과 여학생의 선천적 차이로 간주될 수 있는 것이라면 무엇이든 그에 부응하는 것의 장점을 옹호하는 주장을 펼칠 수 있을 것이다.

가장 화가 나는 정크사상의 측면 하나는 비합리성을 조장하는데 과학과 합리성의 언어를 사용한다는 것이다. '남학생의 뇌, 여학생의 뇌' 실험에서 마법의 단어는 옥시토신과 세로토닌이다. 만약 교장이 여학생은 분홍색을 선호한다는 것을 연구들이 입증하기 때문에 여학생들을 독립된 분홍색 교실에 배정했다면 마을의 웃음거리가 됐을 것이다. 옥시토신은 정크사상의 영역 곳곳에서 계속 불쑥불쑥 튀어나오는 마법의 단어다. 유일하게 연방정부가 보조하는, 저소득층 십대를 목표로 한 산아제한 및 출산 건강 프로그램의 수

장으로 조지 W. 부시가 선택한 의사 에릭 케로악(매사추세츠주에 있던 자신의 병원들과 관련된 메디케이드 스캔들이 끓어오르던 중 2007년에 돌연 사임하긴 했지만)은 사실 피임약 사용(적어도 결혼하지 않은 여성의) 반대자였다.[7] 워싱턴으로 옮기기 전 케로악은 사이비과학적 명제를 공격적으로 설파했는데, 성교할 때마다 옥시토신(친밀감, 유대감을 형성하는 호르몬)을 잃기에 혼전 관계는 장기적인 관계의 가능성을 손상한다는 것이었다. 표면적으로는 프레리들쥐로 불리는 작은 설치류에 관한 (프레리들쥐가 일부일처 관계를 유지하는 것이 옥시토신 때문이라는) 연구 조사에서 기인한 케로악의 옥시토신 이론은 또한 영화 〈닥터 스트레인지러브〉에서 잭 D. 리퍼 장군이 인상적으로 표현한, 공산주의자들이 "소중한 체액"에 대한 통제력을 획득할 수 있다는 두려움을 상기시키기도 한다. 케로악이 단순히 "나쁜 소녀들은 지옥에 간다"고 말하지 않고 자신의 신앙에 기초한 돌팔이 짓을 지지할 과학적으로 들리는 근거를 찾았다는 것은 그가 정크사상 집단에 속한다는 진정한 징후다.

종교적 근본주의와 세속적 유형의 반합리주의의 결합은 지난 50년간 정크사상의 유포에서 뚜렷이 나타난 특징이다. 우리는 오늘날 얼마나 많은 미국인이 1950년대의 미국인과 비교해, 결과를 어떤 과학적 방법으로도 평가할 수 없는 자기계발 운동들, 효과가 알려지지 않은 생리 요법 혹은 심리 요법, 그리고 그와 관련해 점성술사와 심령술사같이 전통적으로 정크사상을 전해온 이들을 믿고 있는지 정확하게 알아낼 수 없다. 이런 현상을 수량화하기 어려운 한 가지 이유는 그것들이 무정형이면서 만연해 있으며, 또 과거에 사람들이 일제히 받아들인 반합리적 철학들의 범주를 초월해 서로 뒤섞여 나타나기 때문이다. 뉴에이지 영성, 즉 1980년대 이래 정크사상 세계의 행위자는 전통 종교보다 훨씬 유연하고, 그 덕분에 신봉자들은 논리적으로 양립할 수 없는 믿음들을 견지하면서도 심리적·지적 불편함은 최소한으로만 느낀다.

꽤 확실하게 말할 수 있는 것은 반합리적 정크사상이 지난 반세기 동안 미국에서 사회적 존경을 받아왔고, 세속적·종교적 이데올로기들에서 가장 속기 쉬운 요소들과 상호작용하며 유독한 효과를 내고 있으며, 또한 같은 시기에 엄청나게 확장된 과학 지식을 거부하는 것으로 드러났다는 것이다. 1960년대 말 이래 어떤 이론들이 점점 더 수용되어왔는데, 그 확산의 주요 원인에는 그 이론들을 믿는 이들의 열렬한 정서적 확신이 있다. 최근 14년 동안 이 현상의 주된 사례는 유행성이하선염, 홍역, 풍진을 막는 MMR 백신을 자폐증과 잘못(많은 나라의 100만 명 이상 여성들을 대상으로 한 연구에 따르면) 관련짓는 백신 반대운동이다. MMR 백신은 15개월부터 17개월까지(기민한 부모들은 자녀에게서 자폐증의 첫 증상들을 알아차리기 시작하는 바로 그 시기)의 유아들에게 투여한다. 자폐증의 진짜 원인은 여전히 알려져 있지 않고, 비통에 찬 많은 부모가 이유를 알고 싶어 하는 것은 당연하다. 그 주제를 다루는 텔레비전 보도들은 백신 때문에 자녀에게 자폐증이 생겼다고 확신하는 비통한 부모들을 자주 인터뷰하는데, 같은 방송 인터뷰에서 의학 연구자들이 그에 대립하는 과학적 사실들을 제시하려고 애쓰는 모습은 무정하게만 보인다.

1960년대 정크사상 가운데 공공연히 반과학적인 유형과 정서에 기초한 유형 모두는 그 시대의 보다 편집증적인 현상(군과 관련한 모든 연구 조사에 대한 좌파의 의심과, 인문학과 사회과학 분야의 자유주의 지식인에 대한 우파의 강한 불신)으로부터 힘을 얻었다. 그런데 1970년대에

반지성주의 시대

는 많은 사회운동가들이 나르시시즘적 뉴에이지와 자기계발 운동으로 후퇴하면서 정크사상은 영역을 확장했다. 1980년대 반합리주의는 1960년대에 바리케이드의 양편에 섰던 베이비부머들이 시장에 내놓은 거대하고 정치에 무관심한 상품이 되었고, 이는 1960년대의 청년문화에 비길 만한 것이었다. 반합리주의를 파는 것은 쉬운데 정크사상은 늘 손쉬운 방법을 담고 있기 때문이다. 이를테면 칼로리 섭취를 전혀 줄일 필요 없는 다이어트, 나쁜 행동에 대해 책임을 회피하는 가짜 사과("저 때문에 다쳐서 미안해요"가 아니라 "다치신 거 유감이에요"), 혹은 대개 환자가 긍정적 태도를 가지고 있는가의 여부에 달려 있는 치료 등등.

마지막으로 20세기 말 미국에서 격렬하게 발발한 반합리주의는 또한 미국의 사상에서 훨씬 오래된, 비정치적인 경향(전문 지식에 대한 의심과 결부된 보통 사람들의 우월한 지혜에 대한 서민의 믿음)에도 뿌리박고 있었다. 얄궂지만 예상대로 1970년대와 1980년대에 전문가의 권위에 불신이 급증한 현상은 과학적 권위에 대한 대중의 경의가 사상 최대였던(이따금 부적절할 정도로 매우 컸던) 몇 십 년에 뒤이은 것이었다.

내가 어린 시절을 보낸 1950년대 내내, 미국인은 과학과 의학을 숭배에 가까울 정도로 존중했다. 미국의 기술과 과학은 제2차 세계대전에서 연합군의 승리에 대한 가장 큰 공로를 인정받았고, 태평양전쟁을 결국 끝낸 히로시마와 나가사키에 대한 핵 공격의 타당성이나 도덕성을 의심하는 보통 미국인은 거의 없었다. 대중이 보기에 과학에서 미국의 우위는 기정사실이었으나, 1957년에 소련이 스푸트니크를 발사하면서 소련이 우주 경쟁에서 이길지도 모른다는 두려움은 과학의 위신을 더욱 높였다. 기초과학 연구와 과학 교육에 대한 정부 지출을 크게 늘리는 근거가 된 것이다. 1969년 달 착륙은 12년 전 미국의 우월감에 대한 일격이 없었다면 결코 일어나지 않았을 것이다. 그런데 닐 암스트롱이 달 위를 걷는 것은 국가적·국수주의적 성취 그 이상을 나타냈다. 그것은 미국인과 세계의 수많은 사람들에게 기술적 위업뿐 아니라 과학 및 탐구의 상상력의 가능성에 불을 밝혀준 유일무이한 순간이었다.

7월의 그날, 마침 나는 피렌체에 있었고, 텔레비전 가게 앞에서 같이 관광 중인 일행과 피렌체 주민들과 함께 달 착륙을 지켜봤다. 우리는 암스트롱의 유명한 말, "한 인간에겐 작은 한 걸음이지만 인류에겐 거대한 도약이다That's one small step for a man, one giant heap for mankind"에 숨을 골랐다. 한 이탈리아인은 우리가 "갈릴레이의 발자취"로 신성해진 땅에서 이 사건을 지켜보는 특권을 누리고 있다고 적절히 평했다. 많은 사람들은 달에서 지직거리는 소리로 전송되는 암스트롱의 말을 잘못 듣고 그가 말이 안 되고 덜 시적인 말을 전했다고 생각했던 것 같다. 즉 "인류에겐 작은 한 걸음이지만 인류에겐 거대한 도약이다That's one small step for man, one giant heap for mankind". 관사 'a'(인류가 아니라 개인임을 강조하는)는 우주비행사에게서 자연스럽게 터져나온 그 감탄의 말에 아름다움과 정서적 힘을 주었다. 만약에 a가 빠졌다면, 화자가 의도한 것은 "신경 쓸 필요 없다고 생각해I couldn't care less"인데 "전혀 관심 없어I could care less"라는 매우 흔한 말처럼 되었을 것이다.

피렌체의 텔레비전 가게 밖에서 우리는 모두 암스트롱의 말을 정확히 들었는데, 2006년이 되어서야 원본 테이프에서 디지털로 마스터테이프를 다시 만들었고 언론이 마침내 그 말을 바로잡았다 (암스트롱은 자신이 "**한** 인간"으로 말했고 늘 그렇게 생각해왔다고 말했다).

1969년에는 베트남전쟁에 책임이 있는 군산복합체가 우주에 사람을 보낸 군산복합체와 동일하다는 것이 나는 조금도 불편하지 않았다. 이런 비일관성은 당시 성년이 된 베이비붐 세대의 일부였고, 암스트롱이 달 위를 걷는 것에 전혀 감동받지 않았다고 말하는 이들은 거짓말을 하는 것이거나, 아니면 그때 취해 있었던 게 분명하다.

국민적 자아상에 필수 요소였던 무기 개발과 우주 탐사는 과학에 대한 미국인의 평균적 존중감을 키우는 데 의학보다는 덜 중요한 역할을 한 것으로 보인다. 전후 15년간, 항생제와 백신은 매년 수천수만의 아이들을 죽이거나 불구로 만든 가장 흔한 심각한 질병들을 정복했다. 항생제는 또한 어린이와 성인이 폐렴과 출생 과정에서 생긴 합병증처럼 과거에는 치명적이었던 질환을 일상적으로 견뎌낼 수 있게끔 해주었다. 1930년대 중반에는 150명 중 한 명의 여성이 출산 중 사망했는데, 1950년대에는 그 암울한 통계 수치가 2000명 중 한 명으로 떨어졌다. 이는 부분적으로 산후 감염증 치료에 페니실린을 사용할 수 있게 되었기 때문이다(오늘날 산모가 출산 중 사망하는 비율은 1만 명에 한 명이다).[8] 그리고 우리 세대 누구도 1954년 소크백신이 나오기 전까지 소아마비에 대한 두려움(부모님의 이야기를 통해서뿐 아니라 보조기를 착용하고 있는 소아마비 환자들의 흔한 풍경을 통해서도 전해지던)이 그림자처럼 따라다닌〔소아마비가 자주 발생하는 계절인〕여름들을 잊지 못한다.

전에 많은 사람들을 대상으로 시험해본 적 없는 방법에 부작용이 있을까 두려워한 어머니는 나와 남동생에게 백신을 맞혀야 하는지 결정하지 못했다. 하지만 그 시절의 거의 모든 사람들처럼 어머니도 면역력을 얻어야 하는 데는 의심할 여지가 없다는 소아과 의사의 조언을 받아들였다. 그는 어머니에게 조언했다. "효과가 있습니다. 자녀분들은 우리 시대 가장 위대한 의학의 기적을 누리게 될 겁니다." 그리고 그렇게 되었다. 1940년대 말과 1950년대는 의학 기적의 시대였다. 더욱더 감명 깊었던 까닭은 장기이식 같은 최근의 성취들과 달리 내 어린 시절의 진보는 모든 사람을 위협했던 질병들을 대상으로 한 것이었기 때문이다. 1969년에 누군가가 나에게, 1990년대에 백신 반대운동(정크과학과 정크사상 모두를 구현한)이 출현해 뉴스 매체로부터 진지한 주목을 받을 것이라고 이야기했다면 순전히 미친 생각으로 여겼을 것이다.

정크과학이 정크사상과 떨어질 수 없는 그 불가분의 관계는 많은 경우에 의도적 조작과 결부된 고질적 비논리성의 숨길 수 없는 표시들에 의해 분명히 드러난다. 가장 근본적인 적신호는 우연의 일치와 인과관계를 구별하지 못한다(과학 학습의 기초 요건을 갖추지 못했다)는 것이다. 바로 그런 까닭에 비통한 부모들은 자녀가 백신을 맞고 몇 주, 몇 달 후 아프면 백신이 그 원인이라고 믿기 쉽다. 백신 반대운동에는 우파의 정부 불신과도, 극좌파의 전통 의학 불신과도(후자는 1960년대 말과 1970년대의 전체론적 의학holistic medicine° 및 뉴에이지 운동 가운데 극단적 분파들의 유산이다) 연관된 음모론들이 가득하다. 지난 25년간, 전 세계에서 어린이의 자폐증 발생률이 현저히 증가한 것 같다(나는 '~인 것 같다appears'라는 단어를 강조하는데, 많은 유행병학자가 정말로 자폐증 사례가 증가했는지, 또 그 현상이 '자폐증 범위'에 들어간다고 하지만 다른 덜 심각한 신경계 장애 혹은 행동 장애가 있는 아이들에게도 자폐증 꼬리표를 붙이는 진단 확대 때문은 아닌지 의심하기 때문이다). 발생

○ 단순히 특정한 질병의 치료를 넘어 병의 근원과 심신 전체의 관점에서 강조하는 의학. 동양의학과 심신의학을 포괄하는 의미로도 사용된다.

가능한 환경의 영향들도 탐구되어왔지만, 과학은 왜 아이들이 인류사 대부분 동안 불가항력으로 간주되었을 불가해한 질병들에 시달리는지에 대한 질문에 최종 답을 여전히 전혀 제시하지 못하고 있다. 자폐증 보고 사례에서, 증가의 원인이 무엇이든 간에, 그 증가는 권장 아동 예방주사 수의 증가와 같은 시기에 일어났다. 백신 반대 집단들은 아이들에게 유행성이하선염, 홍역, 풍진(독일 홍역)에 면역력을 갖게 하는 비교적 새로운, 1987년에 도입된 3종 백신에 집중해왔다. 언어능력 발달이 지체되거나 놀이 활동을 중단하는 것은 자폐증의 첫 징후들에 속하기에, 부모들이 소아과 의사들이 보통 따르는 시간표에 따라 자녀가 MMR 주사를 맞은 직후 혹은 그 무렵에 그런 행동에 주목하는 것은 자연스럽다. 자폐 행동의 초기 징후들이 늘 두 살 끝 무렵에 나타났다는 점에도 불구하고, 예방주사 반대자들은 법적 비의무 항목을 늘리고 결국 모든 예방주사를 자발적 선택 사항으로 만들기 위해 힘써왔다. 백신이 자폐증을 야기한다는 생각을 논박하는, 증가하는 과학 증거는 백신 반대운동이나 그런 이야기를 아이를 보살피는 부모와 냉정하고 무정한 과학자 사이의 전투로 보도하는 미디어 경향에 전혀 영향을 주지 못했다. 2014년 일군의 오스트레일리아 과학자들은 덴마크부터 일본까지 120만 명 이상의 아이들과 관련한 10건의 연구를 분석했다. 그 연구들은 모두 백신을 맞은 어린이 집단과 맞지 않은 어린이 집단을 비교했고 자폐증 발생률에서 아무런 차이가 없음을 발견했다.[9] 자연히 트럼프(전문가들의 말이라면 습관적으로 거의 무엇이든 폄하하는)는 2016년 대선에서 백신 반대운동을 돕는 시늉을 했다. 트럼프는 친구의 아이가 완벽하게 정상이었으나 홍역 백신을 맞고 심각한 발작을 겪기 시작했다고 주장했다. 그리고 이 경험 때문에 자신의 행정부에서 자폐증과 백신의 연관성을 조사하는 새 위원회를 설립해야겠다는 결론에 도달했다고 말했다. 그래, 전 세계 120만의 아이들을 대상으로 한 그 연구들은 잊자. 덴마크, 핀란드, 일본, 오스트레일리아같이 미개한 나라들에서 과학자들이 하는 말 따위는 무시하고 미국을 다시 위대하게 만들자Make America Great Again.°

백신 반대운동가들은 종교적 이유로 백신 의무 접종을 면제받는 아미시Amish 같은 공동체에서 홍역이 심각한 수준과 높은 빈도로 발병한다는 보고에 공중보건 당국이 염려하는 것도 일축한다. 이런 보고들을 보면, 많은 사람이 초등학교 입학 전에 아이들에게 예방접종을 시켜야 하는 주법州法을 피한다면 어린 시절의 살인마 같은 질병들이 쉽게 돌아올 수 있다는 것은 분명하다. 의무 예방접종 반대자들은 거의 종교적 열정으로, 어떤 아이도 최소한의 위험이 있는 예방접종들(그리고 잘 알려져 있듯이 어느 정도 부작용이 있는 모든 약)에 대한 정부의 명령에 결코 종속되어서는 안 된다고 믿는다. 백신 반대운동이 우파와 좌파 모두의 소산이라는 것은 아무리 강조해도 지나치지 않다. 백신에 반대하는, 교육받은 자유주의적 부모 다수는 1970년대 전체론적 건강 운동의 후예다. 그들은 우파가 기후변화 전문가들을 의심하듯이, 그에 못지않게 백신에 관한 의학 전문가들을 의심한다.

게다가 백신 반대운동의 전사들은 자녀의 또래 아이들 대다수가 백신 접종을 받는 한 자기 아이들이 사실상 무임승차하게 된다는 것을 알고 있다. 즉 얄궂게도 백신 접종을 받지 않은 아이들은, 백신 반대운동이 아주 오래된 천벌로부터 미국인 전체를 보호하려는

° 2016년 대선 때 트럼프가 내세운 선거운동 구호.

의무 접종법을 반대하는 캠페인에 성공하는 경우에만 진짜 위험에 처하게 된다는 것이다. 정크과학은 위험 대 편익 비율, 혹은 예방접종이 막아낸 끔찍한 질병의 역사를 거의 이해하지 못하는 부모들의 무지와 두려움을 이용한다. 그 전형적인 예로, 웹사이트 '오늘의 침술 요법Acupuncture Today'에 따르면 오늘 백일해로 사망할 위험은 수백만 분의 1인데 백일해, 디프테리아, 파상풍을 예방하는 백신의 심각한 부작용 위험은 1750분의 1이고 따라서 "백신으로 인한 사망은 질병으로 인한 사망보다 많다".[10] 물론 오늘날 백일해로 사망할 위험은 무시해도 될 정도인데, 그 까닭은 현재 백신 접종이 수백만의 아이들이 그 질병에 걸리지 못하도록 막기 때문이다. 정크사상을 퍼뜨리는 이들은 전염병 사망률을 줄이는 바로 그 예방접종을 그만두라고 대중에게 강권하고 있다. 그들은 정크과학을 확산시키는 문화적 매개 수단인 정크사상에 사로잡혀 있다.

정크사상의 숨길 수 없는 또 하나의 징후는 근원적인 과학 증거나 논리 없이 과학적으로 **들리는** 언어를 전용하는 것이다.《뉴욕타임스매거진》에 실린 전미백신정보센터 대표 바버라 로 피셔와의 인터뷰를 살펴보자. 이 단체는 사실 의무 예방접종을 반대하지만 진짜 의학 정보를 찾는 사람들을 끌어 모으는 이름의 웹사이트를 유지하고 있다.

> 질문: 많은 사람들이 백신 접종을 20세기의 가장 위대한 의학 성취 중 하나로 생각합니다. 선생님은 이 평가에 동의하지 않으시나요?
> 피셔: 확실히 최근 40년간 대규모 백신 정책 시행으로 아동기의 전염병 감염이 줄었습니다. 하지만 동시에 천식과 학습장애

는 두 배가 되었습니다. 당뇨병은 세 배가 되었고요. 어린이들 가운데 자폐증은 500명에 한 명꼴로 생기고 있습니다. 모든 아이에게 사용하는 개입 조치가 만성질환과 장애의 배경 요인이 되고 있는 것은 아닌지 조사해봐야 합니다.[11]

전염병이 줄었음을 인정한 다음, "동시에" "천식과 학습장애는 두 배가" 되었고 "당뇨병은 세 배가" 되었다는 의견으로 부드럽게 넘어가는 피셔의 주장은 우연의 일치와 인과관계를 혼동하는 사이비 추론의 전형이다. 그녀의 말은 타당하게 들린다. 과학에 대해 전혀 모른다면 말이다. 지난 50년간 이혼율도, 여성 노동인구도 증가했지만 누구도 이 현상들을 백신 접종과 관련 있다고 추론하지 않는다. 피셔가 언급한 네 가지 현상(학습장애, 천식, 당뇨병, 자폐증) 가운데 자폐증만이 지독히 풀기 어려운 의학 수수께끼로 남아 있다. 사실 제2형 당뇨병의 급증이 있었는데, 이는 성인기에만 발병하다가 현재는 어린이와 청년에게도 나타나고 있다. 그 증가는 정확히 국민 비만율의 꾸준한 증가와 상관관계가 있고, 의학계의 권위자들은 현재 무수한 임상 연구에 기초해 체중 감량이 매년 새로 발생하는 당뇨병 환자 가운데 절반 이상의 발병을 예방할 수 있다고 믿고 있다. 학습장애는 전적으로 또 다른 문제인데, 50년 전에는 좀처럼 인정되거나 진단이 내려지지 않아서 오늘날이 더 흔한지 판단을 내릴 수 없기 때문이다. 정상적인 지적 능력이 있는 어린이가 읽기와 쓰기 학습에 큰 어려움을 겪는, 의학적으로 잘 정립된 증후군인 난독증은 내가 어렸을 때는 일반적으로 게으름, 우둔함, 반항적 태도의 결과로 여겨졌다. 오늘날에는 난독증 진단을 받은 아이가 읽기와 쓰기를 배울 때 적절한 도움을 받으면 완벽히 정상적인 삶을 영위하는 성인으로 자랄 수 있다.

정크사상의 많은 부분 가운데 중요한 세 번째 요소는 산수를 모른다는 것이다. 즉 기초적인 수학, 통계 개념들을 이해하지 못한다는 것이다. 수맹數盲은 의학적 위험을 다룬 많은 연구에 관한 미디어와 대중의 과잉 반응과 깊은 관련이 있다. 언론은 특정한 약 혹은 특정 유형의 식품 소비가 이런저런 질병의 위험을 크게 증가시키거나 혹은 감소시킨다는 기사를 자주 보도한다. 결정적인 문제는 증가 폭이 아니라 애초의 위험 발생률인데도 말이다. 가령 어떤 약이 20대에 치명적 질병에 걸릴 위험을 두 배로 늘린다고 가정하자. 애초에 그 질병의 발병률이 백만 중 하나라면 백만 중 둘로 늘어도 공중보건의 관점에서는 무의미하다. 하지만 그 질병에 걸릴 위험이 열에 둘이라면 열에 넷으로 증가할 경우 그 약을 시장에서 즉각 철수시키는 것이 타당할 것이다.

수를 이해하는 능력은 중요하다. 2001년 《뉴욕타임스매거진》과 인터뷰할 때 바버라 피셔는 어린이의 자폐증 발병률이 500명당 한 명이라는 당시의 표준 수치를 인용했다. 2006년 그 표준 수치는 달라졌다. 질병관리예방센터가 무려 어린이 150명 가운데 한 명꼴로 자폐증, "그리고 관련 장애들"이 있는 것으로 보인다는 보고서를 발표한 것이다. 그런데 신문 표제 및 텔레비전 뉴스 대부분은 "관련 장애들"이 어떤 면에서, 어린이가 알아들 수 있게 말하지 못하거나 타인과 정서적으로 교류하지 못하는 희귀 질환으로 규정되어온 고전적인 자폐증만큼이나 심각한지에 관해서는 전혀 묻지 않았다. 대신 단순히 '자폐증 비율, 생각보다 높다'라는 표제를 붙였다.[12]

사실 질병관리예방센터 기준은 현재 자폐범주성장애로 불리는 발달장애 범위 전체를 포함하는데, 이는 분노 조절 문제부터 언어

장애까지, 고전적인 자폐증 증상을 보이는 아이들의 심히 병리적인 면들에 훨씬 못 미치는 모든 것을 포함한다. 두 저명한 유행병학자는 《뉴욕타임스》의 기명 기고란에서, 자폐증을 "유행병"으로 묘사하는 정크사상의 관행에 이의를 제기했다. "오래된 연구들은 자폐증에 관한 협소한 정의들을 사용하고 일반적으로 진료소나 병원에 다니는 환자의 수를 기준으로 삼았지만 …… 현대의 방법들은 광범위한 기준을 사용하고, 정해진 지역 내에서, 전에는 진단을 받지 않은 아이들을 포함해 모든 자폐적 아이들을 찾기 위해 백방으로 노력한다. 이 때문에 사실상 새로운 추정치들은 이전 것들보다 높게 나타나게 된다. 그 질환의 근본적인 발병률은 변하지 않았는데도 말이다."[13] 이 칼럼으로 인해 로마가톨릭교회에 성변화聖變化 교의가 중요한 것만큼이나 유행병으로서 자폐증의 존재가 중요한 집단들의 대표들로부터 격분한 항의 편지가 편집국장에게 이례적으로 많이 쏟아졌다. 하지만 갑자기 발견된, 잘 알려진 질병의 매우 높은 발병률은 반드시 의심해봐야 한다고 말하는 것은 자폐증의(혹은 그와 관련해 자폐증의 특징들을 일부 공유하는 덜 심각한 학습장애의) 심각성을 축소하는 것이 결코 아니다. 만약 미국의 어린이가 150명에 한 명꼴로, 다양한 방법으로 치료할 수 있는 덜 심각한 발달장애와 구별되는 고전적 자폐증을 앓는다면 공중보건의 1급 위기로 봐야 할 것이다.

더 미묘한 측면에서 수맹은 또한 정서와 개인 증언에 의지하는 각종 통속 심리학 이론 및 운동들과도 관련이 있다. 한 가지 예를 들면 1980년대와 1990년대에 심리치료사들이 '기억 회복' 이론을 점점 수용해온 것인데, 이 이론은 아동기에 성학대를 당한 생존자 대부분이 트라우마적 기억을 억압해왔지만 치료를 통해, 의식적으로 잊어온 것을 기억하는 데 도움을 받을 수 있다는 생각에 기초한다. 기억 회복 이론의 주창자들은 어린 시절에 성추행을 겪은 여성의 수에 관해 근거 없고 의심스러운 주장을 했다. 사회복지사이자 《숨겨진 생존자들Secret Survivors》(1990)의 저자인 E. 수 블룸은 미국 여성 가운데 최대 절반이 어린 시절에 성적 학대를 당했다고 주장한다.[14] 절반이라니. 미국처럼 크고 다양한 나라에서는 인구의 절반이 어떤 현상에 영향을 받으려면 압도적인 규모로 융합된 사회적 힘들이 존재해야 한다. 이에 어린이의 절반 이상이 패스트푸드를 먹지 않느냐는 질문이 제기될 수 있다. 물론 그렇지만 패스트푸드 소비는 원인이 다양하다. 즉 텔레비전 광고, 그 음식이 비교적 값싸다는 점, 전통적인 식사를 준비할 시간이 전혀 없는 워킹맘의 증가, 젊은 이들이 요리 기술이 없다는 점, 한부모 가정의 증가 등이 결합되어 있다. 더욱이 미국인의 패스트푸드 지출은 (억압된 기억이 있는 국민 비율과 달리) 객관적 기준으로 측정할 수 있다.

하지만 어떤 사회적 힘들로, 전체 여성 가운데 절반이 어린 시절에 성적 학대를 겪고 그 공포의 경험을 잊었다는 것을 설명할 수 있겠는가? 그 주장은 '절반'이라는 수치를 대폭 줄이지 않는 한 타당성을 얻지 못할 것이다. 물론 기억 회복 산업은 신체적 피해뿐 아니라 정서적 피해도 포함하는 성적 학대에 대한 폭넓은 정의를 제시하여 보호막을 친다(무의미할 정도로 폭넓은 정의는 정크사상의 또 하나의 숨길 수 없는 표시다). "대개의 사람들이 잔학 행위에 대응하는 방식은 의식에서 이를 몰아내는 것이다"라고 정신과 의사 주디스 허먼은 《트라우마와 회복Trauma and Recovery》(1992) 서론에서 선언했고, 이는 많은 피해자가 어린 시절 근친 성학대의 기억을 억압해왔다고 믿는 치료사와 부모들의 성경이 되었다.[15] 대체 어떻게 그런 주장을 펼칠 수 있을까? 치료를 받는 환자들에게 그 책을 소개해주라. 다름 아니라 그들은 잊을 수 없는 끔찍한 사건들을 잊기 위한 방법이 필요하기 때문이다.

기억 억압 이론의 정체를 밝히는 데 앞장서는 프레더릭 크루즈의 지적에 따르면, 이런 유형의 정크사상의 가장 나쁜 측면 가운데 하나는 여전히 적게 신고되는 어린이 성학대를 방지하려는 본질적이고 정직하며 계속적인 노력들에 그림자를 드리울 수 있다는 것이다. 1970년대 초, 페미니즘 운동은 부모들과 국가 관리들을 전에는 논의하지 않았고 논의할 수도 없었던 아동기 성추행 현실에 직면시켜 미국 사회에 크게 기여했다. 그런데 아동 성추행(흔히 신뢰를 주는 지위에 있는 부모, 보호자, 교사, 성직자가 저지르는)이 미국인이 1970년대 전에 깨닫거나 인정했던 것보다 오늘날 훨씬 흔하다고 말하는 것과, 피해자들이 자신에게 일어났던 것을 잊어서 그런 범죄가 적게 신고된다고 주장하는 것은 전혀 별개다. 미국 가톨릭교회를 흔들어온 소아성애 스캔들은 사제들에게 추행당한, 어른이 된 생존자들이 어린 시절의 삶을 옭아맨 성폭행을 **결코** 잊을 수 **없음**을 분명하게 입증한다. 그들은 기억을 무의식적으로 억압한 게 아니라 수치스러워서, 자신의 말을 믿어주지 않을 게 두려워서, 가족과 신앙을 보호하고 싶어서 의도적으로 억압한 것이다.

좌파와 우파 모두에 의한 전문가 때리기의 효과는 훌륭한 과학, 나쁜 과학, 사이비과학을 구별하지 못하는 대중의 무능에 달려 있다. 예를 들어 지난 20년간 의학 연구들은 공중보건의 심각한 결과들을, 그중에서도 비만율 증가에 따른 제2형 당뇨병 급증을 상세히 보고해왔다. 동시에 "비만 연구"라 불리는 새로운 비과학적 전공 분야가 여러 캠퍼스에서 출현했다. 비만 연구로 돈을 벌기 시작한 교수들(다수가 여성학 전공 사회학자인)은 비만이 건강에 미치는 악영향에 관한 과학 자료들을 과체중인 사람들에 대한 광범위한 사회적 편견의 산물로 일축해버린다. UCLA 사회학 교수 애비게일 C. 서가이는 말한다. "정말로 흥미로운 사회학적 질문들이 제기됩니다. 이것은 왜 오늘날 그렇게 걱정거리가 되었는가, 또 우리는 왜 그렇게 몸무게를 걱정하는가?"[16] 이유가 궁금한가? 그런 걱정이 생긴 것은 의학 연구 조사들이 의학적 비만 기준을 충족하는(단순히 일반적인 과체중이 아니라) 미국인의 3분의 1이 당뇨병, 뇌졸중, 여러 암의 엄청난 위험에 처해 있다고 결정적으로 입증해왔기 때문이다. 그러나 비만 연구 음모론자들은 흔들리지 않는다. 로욜라대학 역사학 교수 로버트 벅홀츠는 대중문화연구회(비만 연구에, 학문적 연구 조사에 적합하다고 간주되는 자신들의 주제를 덧붙이는 집단) 2005년 연례 회의에서 논문을 발표했는데, 거기서 그는 1702년부터 1714년까지 재위한 영국의 앤 여왕이 뚱뚱했다는 이유만으로 역사학자들에게 무시되어왔다고 주장한다. 그 교수는 그런 비만 혐오 역사학자들이 왜 마찬가지로 재위 기간 대부분 동안 뚱뚱했던 러시아의 예카테리나 대제에게 많은 관심을 기울였는지는 나서서 설명하지 않았다. 십대와 이십대에 당대 기준에서는 통통하지 않았지만 즉위 60주년 전 살이 조금 더 찐 빅토리아 여왕에 대해서도 마찬가지였다.

좌파와 우파에 관계없이 정크사상 공급자들이 선호하는 또 하나의 주장은 전문가들의 예측이 이따금 전적으로 틀린다는, 반론의 여지 없는 사실에 기대고 있다. 지구온난화가 거짓이라고 믿는 일부 우파들은 그 주제에 관한 현재의 과학적 합의와 1960년대 말과 1970년대 초, 걷잡을 수 없는 인구 증가의 결과에 관한 몇몇 인구통계학자들의 무서운 예측을 즐겨 비교한다.[17] 정크사상에는 항상 일

말의 귀중한 진실이 있다. 저명한 인구통계학자들은 정부들이 엄격하고 강제적인 산아제한 조치를 취하지 않는다면 미국도, 세계도 기아에 처할 위험이 있다고 경고했었다. 《인구 폭탄The Population Bomb》(1968)의 저자 폴 에를리히는 미국의 도시들이 1980년대에 식량 폭동으로 몸부림치리라고 예측했다. 현재 우리가 잘 알고 있듯이, 운명의 날을 예견한 인구통계학자들은 상당히 많은 점들(특히 세계의 자급자족 능력)에서 틀렸다. 오늘날에도 여전히 굶주리는 사람이 있지만 세계 기아는 처참한 정치와 불공평한 자원 분배가 만들어낸 문제이지, 이 행성의 인구를 먹여 살릴 농업 능력이 부족해서가 아니다. 운명의 날을 예견한 인구통계학자들은 특히 자발적 산아제한은 선진국에서조차 효과가 없다는 가정에서 틀렸다. 그러나 그들이 모든 점에서 틀린 것은 아니다. 예를 들어 법으로 자녀를 가정당 한 명으로 제한하는 조치를 포함해 서구의 관점에서는 가혹하고 반민주적인 조치들로 인구 성장을 억제하지 않았다면 중국의 경제성장은 일어나지 않았을 것이다.

하지만 인구통계학과 기후학 사이에서 유사점을 찾는 정크사상은 의도적으로 혹은 모르고 오판하는 것인데, 인구통계학은 기후학, 물리학, 생물학을 과학이라고 할 때의 과학이 아니기 때문이다. 인구통계학은 사회과학 영역(모든 사회관계들 안에 있는 인간에 관한 연구를 지칭하는 일반적 용어)에 속한다. 내가 여기서 '과학'이란 용어를 사용하는 까닭은 단지 그것이 학계, 저널리즘, 공공 담론에서 흔히 받아들여지기 때문이다. 하지만 인간의 (성과 생식에 관한) 재생산권에 관한 연구는 가령 별이나 (신체) 순환계에 관한 연구처럼 객관적이라고, 그러니까 객관적 검증을 할 수 있다고 하기 어렵다. 인구통계학자를 포함해 사회과학자들은 많은 자연과학 수단(측정과 수학을 포함해)을 사용하지만, 인류의 과거 행위에 기초해 미래 행위에 관한 결론을 끌어낼 때 그들의 추론은 매우 비과학적일 때가 비일비재하다. 낙태에 관한 여성의 태도를 연구하는 사회학자는 출산 유형을 연구하는 인구통계학자처럼 인간이 과거에 어떻게 행위했는지에 관해(인간이 근본적으로 달라진 미래의 조건에서 어떻게 행위할 것인가에 관해서가 아니라) 이야기할 수 있을 뿐이다. 에를리히의 예측들은, 미래의 그림자들이 바뀌지 않는다면 꼬맹이 팀이 죽게 된다는 예언을 스크루지에게 들려준 현재의 크리스마스 유령의 경고와 같은 취지에서 내려지고, 받아들여졌어야 했다. 에를리히가 예견한 미래의 그림자들은 바뀌었다. 여성들이 노동시장에 대규모로 진입했고, 임신 연령이 높아져 출산율이 낮아졌으며, 너무 많은 자녀는 탈산업화 경제에서 자산이 아니라 부담으로 인식된 것이다. 반면 오늘날의 기후학자들은 사람들이 행위를 바꿀 수 없다거나 바꾸는 것을 꺼린다고 추정하지 않는다. 그들이 조심스럽게 말하는 것은 우리가 화석연료 소비를 줄이지 않는다면 지구의 기온이 이 행성에 부정적 결과를 가져올 정도로 계속 상승하리라는 것이다. 또한 기후학은 사회과학이 아니라 물리학에 속하기에 현재 상황에 대한 기후학의 평가는 이데올로기가 아니라 증거에 토대를 둔다는 점도 언급할 가치가 있다. 인구통계학자들이 미국은 여전히 인구 과잉이라고 말할 때(에를리히를 포함해 다수가 그렇게 말할 때), 그들은 사람들이 얼마나 많다는 것인지, 또 어떤 사람들이 많다는 것인지에 관해 주관적인 판단을 내리고 있다. 그들의 의견은 고속도로의 극심한 교통 혼잡에 영향을 받았는지 모른다. 아니면 명문대학에 입학하기 위한 사나운 경쟁(캘리포니아 같은 주들에서 3세대, 4세대 백인들이 1세대, 2세대 아시아계들에게 밀리고 있는), 또는 증가하는 라틴계 인구가 미국의 영어권 앵글로·색슨에 대한 주요 위협이라는 확신에 영향을 받았는지 모른다.

그런 염려들을 공유하든 일축하든, 그것들은 사실이 아니라 의견의 문제다. 하지만 기후학자들이 현재의 지구온난화에 관해 말할 때 그들은 객관적으로 측정할 수 있는 현상을 언급하고 있다. 즉 극지방의 얼음이 줄어드는 것, 높은 지대의 산들에서 눈이 사라지는 것, 해수면 상승, 생존에 필요한 추운 날씨를 더는 기대할 수 없는 북극곰같이 멸종 위기에 처한 종들, 온대기후대에서 열대식물이 꽃을 피우는 것 등등. 사람들이 킬리만자로 산에 수영복을 입고 오른다는 생각이 아주 즐겁든 오싹하든, 그곳의 눈이 녹고 있다는 것은 식별할 수 있는 사실의 문제다. 의견이 갈리는 진짜 문제는 오늘날 우리가 기후변화의 힘들을 늦추기 위해 우리의 행위를 수정할 의사가 있는가, 또 우리가 손을 놓고 있을 때 지구온난화의 최악의 결과들이 나타날 때까지 얼마나 걸릴 것인가다.

정크사상을 어리석음이나 무지의 소산으로 혼동해서는 안 되는데 지적 능력이 매우 높은 사람들이 흔히 사용해서, 부실하게 설계된 연구의 거짓 주장을 간파하는 데 필요한 논리를 포착하는 능력, 과학적 방법, 기초 연산이 부족한 대중을 오도하고 혼란하게 만들기 때문이다. 지난 20년간 수행된 모든 국제 연구 조사에 따르면 미국의 학교들은 기초적인 수학 및 과학 원리를 심어주는 교육이 다른 선진국들에 못 미친다. 국제학업성취도평가PISA에서 2015년에 행한 수학, 과학, 독해에 대한 국제 교육 평가에 따르면, 미국의 15세 학생들은 수학에서 72개국 가운데 중간 이하에 속했고 독해와 과학에서 평균 점수를 겨우 조금 상회했다.▪ 수학에서 미국은 그리스와, 구소련의 일부였거나 구소련과 관계를 맺었던 몰도바와 불가리아 같은 일부 국가를 제외한 모든 유럽 국가보다 순위가 낮았다. 또한 세 나라를 제외하면 아시아의 모든 국가보다 순위가 낮았다. 싱가포르가 1위였고 홍콩, 마카오, 대만, 일본, 중국, 한국이 뒤를 이었다.[18] PISA 기준은 현실의 문제를 풀 때 수학을 사용할 수 있는 학생들의 능력에 초점이 맞춰져 있다. 즉 PISA에서 시험하는 능력은 과학 연구자들과 언론의 다양한 주장에서 제시되는 분수와 퍼센티지의 의미를 이해하는 데 필요한 것들이다. 미국의 고등학생들은 정크과학과 정크사상에 기초한 연구 조사를 간파하는 데 필요한 기초 수학 능력이 대부분의 선진국 학생들보다 뒤처져 있는 것이다.

미국인들이 과학과 기술의 세계 지도자로서 갖는 자아상과, 더 많은 학생이 학교에서 더 많은 해를 보내지만 유럽과 아시아의 선진국 대부분에 뒤처져 있는 현실 사이에는 특별한 간극이 있다. 터키와 멕시코에서는 사람들이 세계 "1등"이라는, 혹은 1등이 되어야 한다는 말을 끊임없이 듣지 않는다. 더욱이 강대국 대중의 무지는 다른 세계에 특히 위험한데, 강대국이 약소국에 피해를 입힐 수 있는 능력 때문이다.

PISA의 결과는 공적 자금을 사립 차터스쿨에 투입해야 미국의 교육 문제들이 해결된다고 믿는, 트럼프의 논란 많은 교육부 장관 벳시 디보스 같은 이들의 주장을 전혀 지지하지 않는다. 캐나다(사립학교에 세금을 쓰는 조치를 전혀 취하지 않는)는 PISA의 수학, 과학, 독해 부분에서 상위 10위 안에 든다.[19] 또한 캐나다가 (10위 안에 든 한국, 일본 같은 나라들과 달리) 미국처럼 인구가 다양하게 구성되어 있

■ 3년마다 수행되는 국제학업성취도평가(PISA)는 파리에 본부를 둔 경제협력개발기구(OECD)에서 감독한다.

다는 점도 주목할 필요가 있다. 가족의 재산 대부분을 20년간 고향인 미시간주의 공립학교들을 약화시키는 데 쏟아부은 디보스는 디트로이트를 넘어 캐나다의 이웃 도시 윈저를 방문해 캐나다 공립학교들은 어떻게 성과를 이루는지 살펴보았더라면 더 좋았을 것이다.

과학 지식과 과학적 방법에 대한 존중을 전문가에 대한 맹신과 동일시해서는 안 된다는 것, 그리고 증거에 기초한 과학에 대한 적의를, 과학적 연구 조사에서 윤리를 간과하고픈 욕구에 대한 전적으로 건강한 염려와 혼동해서는 안 된다는 것은 두말하면 잔소리일 것이다. 하지만 미국에서는 정크사상이 너무 만연해서 누군가가 가령 배아줄기세포 연구를 규제해야 한다는 (종교에 기초한) 주장을 비판하면, 비논리적 주장을 팔고 다니는 이들은 인간을 대상으로 잔인하고 과학적으로 무용한 실험들을 자행한 나치 의사들을 대중에게 곧장 상기시킨다. 또 소련의 리센코가설°, 그리고 마찬가지로 중요한 것으로 2005년 한국 학자들의 배아 복제 성공과 관련해 널리 알려진 거짓 주장들을 상기시킨다. 그런 주장들이 사기라는 것은 물론 다른 과학자들이 폭로했는데, 모든 진정한 과학 연구는 동료들이 엄격하고 정밀하게 검토해야 하고 또 실제로 그런 검토를 받기 때문이다. 바로 여기서 과학이 사이비과학 및 정크사상과 갈라진다. 무엇이 훌륭한 과학을 구성하는지에 관한 기초적 이해가 없으면 (보통 시민이든, 그들을 대표하는 정치인이든) 돌팔이, 사기꾼, 나쁜 과학을 전하는 전문직들을, 조언을 진지하게 받아들여야 하는 사려

° 라마르크의 용불용설에 기초해 획득형질이 유전된다는 가설로, 현재는 진화론 학계에서 부정되는 주장이다.

깊은 전문가들과 구별하는 사려 깊은 판단을 내릴 수 없다.

인문학과 사회과학에서 지적 돌팔이 짓은 사실이 아님을 증명하기가 더 어렵고, 또한 더 널리 퍼져 있는 듯하다. 그 이유는 정크과학에 맞먹는 철학, 문학, 예술적인 것들은 그저 견해가 다른 것일 뿐이라고 일축해버릴 수 있기 때문이다. 지적 돌팔이 주장을 공급하는 이들이 스스로를 지식인이라 여기는 것은 슬프지만 학계에서 흔한 일이다. 이런 유형의 정크사상에는 인종, 정치, 젠더의 경계가 전혀 없다. 가장 눈에 띄는 사례들 가운데는 인간의 가장 기념비적인 일부 위업을, 폭력과 지배를 향한 남성의 욕정에 의해 절망적으로 더럽혀진 것이라고 공격하는, 학계 페미니즘 내 별나지만 영향력 있는 운동이 있다. 이 더럽혀진 남근 중심적 추구들은 과학과 클래식 음악처럼 서로 동떨어진 분야들을 포함한다. 1986년에 출간된 저작에서 델라웨어대학 철학 교수 샌드라 하딩은 과학적 방법을 "부부 간 강간, 즉 과학자인 남편이 자연을 자신의 뜻에 맞추어 굴복시키는 행위"에 견주었다.[20] 하딩은 또한 페미니스트 역사학자들(나는 그들을 페미니스트 역사학자들 가운데 나쁜 소수집단이라고 하고 싶다)이 "새로운 과학적 방법들에 열중한 …… 프랜시스 베이컨과 다른 이들의 저술에 있는 강간과 고문의 은유들"에 집중했다고 언급했다.[프랜시스 베이컨은 자연을 여성과 동일시하며 그 비밀을 알기 위해 '강간, 고문해야' 한다고 말했다.] 그녀는 이렇게 덧붙였다.

일관된 분석은, 자연을 강간에 무관심한 혹은 심지어 기꺼이 받아들이기까지 하는 여성으로 이해하는 것은 자연과 탐구에 관한 이런 새로운 구상들과 마찬가지로 근본적이었다는 결론에 도달할 것이다. 짐작건대 이런 은유들 또한 과학에 실용적·방법론적·형이상학적 측면에서 생산적인 영향을 미쳤을 것이다. 그렇다면 뉴턴 법칙을 "뉴턴역학"으로 부르는 것이 이해에 도움이 되고 또 정당한 것이듯, 뉴턴 법칙을 "뉴턴의 강간 매뉴얼"로 부르는 것 또한 왜 그렇지 않겠는가?[21]

음악학에서 관심사가 같은 이는 수전 매클러리였다. 그녀는 17세기에서 20세기 사이 클래식 음악의 핵심은 좌절된 남성의 욕망이 폭력적으로 분출된 것이라고 주장했다. 베토벤의 교향곡 9번 1악장에서 재현부는 "음악사에서 가장 소름 끼치게 폭력적인 에피소드 중 하나를 풀어낸다". 교향곡 9번은 "계몽주의 시대 이후 가부장적 문화를 조직해온 모순되는 충동들을 가장 흥미진진하게 표현한 음악일 것이다".[22] 매클러리의 비판은 학계 페미니즘 내 비주류 미치광이 집단의 주장으로 격하되지 않았다. 외려 1995년에 소위 '천재 상'으로 알려진, 모두들 탐내는 맥아더재단이 수여하는 상을 받았다.

최악의 유형의 정크사상들은 정치 스펙트럼의 한쪽 끝에서 다른 쪽 끝으로 이동하는 경향을 보여왔다. 그것들은 자연선택에 의한 진화가 기괴하게 역전되듯 돌연변이 되고 조작된다. 재포장하고 나온 정크사상은 예상대로, 새로운 척하지만 사실 옛것임을 알아차리는 지식인 및 비지식인의 능력을 방해하는, 겉보기엔 새로운 논쟁적인 외피를 입고 나타난다.

지식사회에서 가장 부적합한 것의 생존을 보여주는 가장 유명한 최근 사례 하나는 선천적인 것으로 간주되는 성차를, 과학계 최상부에 여성들이 없다는 것부터 초등학교에서 남학생들의 집중력 문제(《뉴스위크》가 보고한)까지 모든 것의 원인으로 간주하는 주장에 다시 강박적으로 관심을 갖는 현상이다. 때때로 이런 차이들은 호르몬 때문이라고 간주된다. 테스토스테론에 나쁜 영향을 받는 남학생들은 폭압적인 책상에서 자유롭게 해주고, 옥시토신이 풍부한 여학생들은 교실에서 자유롭게 떠들고 문자메시지 보내는 것을 허락해주는 교육과정 홍보에서처럼 말이다. 때때로 그런 추정상의 차이들은 유전학적 원인이 있는 것으로 간주된다. 이런 경향은 유전학 연구가 확대되고 뇌 영상법 기술들이 훨씬 정교해짐에 따라 앞으로 더 뚜렷해질 것이다. '남학생의 뇌, 여학생의 뇌' 이분법에 관한 새로운 이론을 향한 열의는 정치적·문화적 경계를 초월하고, 자유주의적 학자들부터 남녀의 책임 영역이 성스럽게 분리되어 있다는 관념을 지지하는 종교적 근본주의자들까지 확대되고 있다.

하버드대학 총장으로 임명되기 전 빌 클린턴 행정부의 재무부 장관을 역임한 바 있는 로런스 H. 서머스는 과학계의 높은 자리에 여성이 적은 것이 과학과 수학 적성의 선천적 젠더 차이 때문일 것이라는 폭탄 발언으로 결국 총장직을 잃었다(버락 오바마 대통령의 수석 경제 고문으로 부활한 서머스가 본성 대 양육보다 경제학에 대해 훨씬 많이 알고 있다는 것은 분명해 보인다). 2005년 한 연설에서 서머스는 과학 연구 고위직에 여성이 비교적 적은 것을 투자은행에 가톨릭이, NBA에 백인이, 농업계에 유대인이 적은 것과 견주었다. 이는 "선천적" 재능에 관한 논의의 도입부로서 당혹스러운 비유인데, 흑인 농구 선수들의 평균 신장을 제외하면 서머스가 든 사례들은 저마다 직업 선택 및 기회가 결정되는 데서 문화와 사회화의 중요성을 드러내는 극적인 실례이기 때문이다. 두말할 필요 없이 유대인들은 이스라엘 농업으로 매우 유명하고, 가톨릭교인들은 바티칸의 투융자 활동을 책임지고 있다. 만약 가톨릭교회가 2000년 전에 본부를 콩고에 설치했다면 교황과 그의 최고 재정 고문들은 아프리카 흑인이었을 거라고 나는 믿는다.

서머스의 추측에 근거한 발언들이 정크사상의 영역에 속하는 까닭은 남녀 간의 적성 차이가 조금 있을지도 모른다는 생각 때문이 아니라, 만약 존재한다 하더라도 그런 차이가, 여학생과 남학생이 과학을 잘할 수 있는가에 관해 그 학생들이 받는 판이한 문화적 메시지보다 중요하다는 뒷받침되지 않는 결론 때문이다. 논의를 위해 여학생과 남학생이 수학이나 과학에 흥미를 보일 때 똑같이 격려를 받는다고, 하지만 가설상의 평등한 경기장에서조차 남학생은 한 세기에 알베르트 아인슈타인 급의 사상가 두 명을 배출하도록 유전적으로 정해져 있는 반면 여학생은 오직 한 명만을 배출할 것이라고 가정해보자.

천재의 분포를 예측할 수 있다는 것은 물론 터무니없는 명제이지만, 평등한 경기장의 존재를 상정하는 것은 훨씬 터무니없다. 적성에 차이가 있다는 믿음은 교육자들이 과학에 대한 여학생의 흥미를 자극하는 일을 더는 하지 않는 것에 대한 손쉬운 변명이 되고, 또한 어머니이기도 한 과학자들의 직업 선택의 의욕을 꺾는 게 아니라 지지하는 변화를 만들어낼 연구소와 연구 사업의 필요도 배제한다. 만약 여성이 본성상 남성보다 과학 연구에 덜 적합하다면, 학계에 군림하는 이들은 다양성을 고무하는 성가신 학회들을 모두 생략할 수 있고 그에 따라 입이 근질근질할 만큼 참기 힘든 발언으로 곤욕을 치르는 일도 애초에 피할 수 있을 것이다.

여성 학자들, 특히 직업 경력의 초기와 중기 내내 차별을 견디고 싸워 오늘날의 위치에 이른 과학자들은 서머스를 가장 강력히 비판했다. 현재의 자리를 차지하기 위해 대가를 치러온 여성 과학자 및 의사들이 여성은 태생적으로 과학에 부적합하다는 하버드 총장의 거들먹거리는 말을 듣는 것은 특히 짜증스러웠을 것이다. 과학계나 의학계에서 성공한 60세 이상의 여성이라면 서머스가 상상조차 할 수 없는, 남성보다 훨씬 더한 차별을 견뎌왔기 때문이다. 《뉴잉글랜드 의학저널》 편집장(그 신망 있는 간행물 역사상 유일한 여성 편집장) 출신인 마샤 에인절은 대학교에서 자신이 "남자처럼 생각한다"는 말을 들었고, 하지만 여성 의사는 열등하다는 고정관념을 너무 내면화한 나머지 이런 칭찬에 언짢아하지도 않았다고 회상한 바 있다.[23] 서머스를 가장 소리 높여 변호한 이들은 우파 학자 및 저널리스트였는데 그들은 서머스가 정치적으로 올바르지 못한, 즉 차별적 발언이 될 수 있는 진실을 이야기해 [죄인에 씌우는 형틀인] 칼에 씌워져 있다고 주장했다. 그 우파들은 [총장의 발언을 비판하는] 정치적 올바름을 추구하는 좌파 하버드 교수진을 맹공격하면서도 민주당과 연계된 하버드 총장을 지지하는 자신들의 공정함이 낯설지만 유쾌했다. 서머스가 교수진에게 인망이 없었던 진짜 이유는 어느 대학교건 총장의 성공에 필수적인, 사람들의 자존심을 어루만지는 기술이 부족했기 때문으로(아마도 유전적인 결핍 때문에) 보인다.

과학과 수학에서 여성의 적성이 부족하다는 서머스의 억측은 교육과정의 모든 단계에서 남학생들이 학문적인 어려움을 겪고 있다는 주장이 이구동성으로 터져 나오는 얄궂은 배경에서 제시되었다. 물론 공통의 주제는 차별적 결과를 설명해주고 차별적 취급이 필요하다는 점에서 남녀의 뇌는 다르다는 것이다. 2006년 10월 25일, 《뉴욕타임스》는 비교적 악의 없는 제목의 〈변화된 연방법, 단성單性 공교육으로 돌아가다〉라는 깜짝 놀랄 만한(사람들이 그런 반응을 보이지는 않았지만) 표제 기사를 실었다. 그 기사가 밝힌 바에 따르면 부시 행정부는 공립학교 학군에서 단성 반, 심지어 단성 학교 신설까지 허가하는 새로운 정책을 채택했는데, 그 조건은 과정에 대한 등록이 자발적이어야 하고 또한 교육의 질이 "대체로 동일한" 수업들이 배제된 성별의 학생들에게도 제공되어야 한다는 것이었다. 그 정책은 역사적 법안, 즉 공립학교에서 체육과 성교육을 제외하고 성별 분리 수업을 금하는 1972년 교육법 개정안 9장과 충돌한다. 단성 학교의 혜택들은 현재 차터스쿨 지지자들이 최애하는 대의가 되었다.

차터스쿨 지지자들의 문제는 늘 그렇듯 자신들의 대의를 지지할 근거가 부족하다는 것이다. 부시의 시대부터 트럼프 행정부가 민영화 시도들을 하고 있는 현재까지, 많은 연구 결과들은 어떤 차터스쿨은 잘 돌아가고 어떤 차터스쿨은 그렇지 않다는 것을 보여주었을 뿐이다(이 결과는 공립학교도 마찬가지다). 2005년 부시 정권 교육부 산하 민권국 국장 스테파니 먼로는 정부의 자체 조사 결과, 차터스쿨의 우월성을 보여주는 명백한 증거는 하나도 없었다고 인정했다. "교육 연구 조사는, 여전히 진행 중이고 일부 엇갈리는 결과들을 보여주긴 하지만, 단성 교육이 특정한 환경에서 일부 학생들에게 일부 혜택을 제공할 수 있음을 시사한다"고 먼로는 말했다.[24] **엇갈리는 결과……일부 혜택……특정한 환경에서.** 그런 것은 여성에게 평등한 교육을 성취하기 위해 45년간 페미니스트들이 애써온 노력뿐 아니라, 이 공화국의 여명기 이래 공립학교에서 예외가 아니라 원칙으로 존재해온 실용적이고 상식적인 남녀공학을 폐지하려는 정책을 지지하는 완벽한 근거가(혹은 믿을 만한 근거도) 못 된다. 빨간 벽 작은 교사the little red schoolhouse°는 허구가 아니었고 거기에는 여학생과 남학생을 가르는 커튼이 없었다. 학생들이 모두 함께 읽기, 쓰기, 조리 있게 생각하는 법을 배우는 것은 당연한 것이었다.

단성 교육에 세금을 써야 한다는 압박은, 남학생과 여학생이 이성의 존재 탓에 주의가 산만해지지 않도록 각각 다른 교실에서 배우는 게 낫다고 믿는 정치적 보수주의자들만 선호하는 대의가 아니다. 차터스쿨은 많은 자유주의자(오바마를 포함해)에게서도 지지를 받아왔다. 일부 자유주의자들은 소위 '남자아이의 위기boy crisis' 마케팅에 20년간 속아왔다. 예상대로 남자아이의 위기를 만들어낸 이들은 그 새로 발견한 위험으로 돈을 벌고 있다. 가족 상담 치료사이자 《남자아이 심리백과The Wonders of Boys》(2006)의 저자인 마이클 거리언이 1997년에 설립한 거리언연구소는 남학생과 여학생의 타고난 신경학적 차이에 관한 이론들(나는 일상의 비과학적인 의미에서 '이론'이란 단어를 사용한다)을 교사들에게 주입하는 값비싼 세미나를 후원한다. 문제 행동 아동을 전공하는 휴스턴대학 신경학자 브루스 페리는 남자아이와 여자아이가 유치원에서부터 남녀 합반을 하는 표준적인 공립학교 체제를 "생물학적 측면을 전혀 고려하지 않는 교육 모델"로 묘사했다.[25] 여학생 대부분이 남학생 대부분보다 언어에 능숙해서 독해와 글쓰기에 역점을 두면 저학년 남학생들에게 불리하다는 것이다. 여성들도(페미니스트와 반페미니스트 모두) 한몫을 해왔다. 페미니스트를 자처하고 샌프란시스코에서 여성호르몬 클리닉을 운영하는 신경정신과학자 루안 브리젠딘은 《여자의 뇌The Female Brain》로 여러 토크쇼에서 히트를 쳤다. "대화를 통해 관계를 맺을 때 여자아이 뇌의 쾌락 중추가 활성화된다"고 그녀는 설명한다. "작은 즐거움

● 19세기까지 주로 지방의 농촌 지역에서 교사 한 명이 전 학년의 아이들을 한 교실에서 가르쳤던 학교.

이 아니다. 엄청나다. 도파민과 옥시토신이 엄청나게 분비된다. 오르가슴을 제외하면 우리가 얻을 수 있는 가장 큰, 가장 많은 신경상의 보상이다."[26] 그런데 학생들을 구슬려 공부하게 하는 데 오르가슴에 버금가는 신경상의 보상을 제공하는 것이 학교의 임무인가? 정크사상가가 아닌 한 굳이 그런 질문을 할 필요도 없다.

이에 뒤질세라 우파는 남자아이의 위기를, 진짜 사나이를 싫어하거나 남자아이를 여자아이처럼 바꾸고 싶어 하는 페미니스트의 탓으로 돌린다. 그런데 남학생 문제에 관한 모든 논의에서 빠진 큰 부분은 남자아이의 위기가 가난한 지역이나 소수집단 지역에 대개 국한된다는 것이다. 부유한 백인 남자아이들은 부유한 백인 여자아이들에게 뒤처져 있지 않다. 반면 아프리카계 미국인 지역에는 어떤 위기가 있고 그것은 초등학교에서 시작된다. 고등학교에서 그 광경은 특히 암울하다. 도시연구소의 연구 보고에 따르면, 보스턴에 있는 고등학교들에서 백인 남학생이 100명 졸업할 때 여학생은 104명 졸업한다. 격차가 있긴 하지만 위기라고 하기는 어렵다. 그런데 아프리카계 미국인은 그 격차가 100명 대 139명이다. 바로 이것이야말로 재난 같은 상황인데, 그 격차를 가지고 중상층 백인 남녀 학생들에게 꽤 효과적인 "생물학적 측면을 전혀 고려하지 않는" 학교 체제를 탓하는 것은 터무니없어 보인다. 전국적으로 아프리카계 미국인 남자 고등학생들 가운데 절반 이상이 중퇴를 한다. 정치적 신념이 제각각인 흑인 저술가 및 학자 다수가 탐구해온 사회적 원인들에 깊게 뿌리박은 통계 수치다. '남자아이의 위기'에 현혹된 백인 평자들과 달리, 아프리카계 미국인 평자들은 누구도 유전학이나 남학생과 여학생의 학습 방식이 상이하다는 추정에 집중하지 않는다. 대신 그들은 폭력을 남자다움의 증거로 미화하고 배움을 폄하하는 거리 문화, 뿐만 아니라 매우 많은 아프리카계 미국인 빈곤 가정에 아버지가 부재한 현상을 탐구한다. 이와 유사한 패턴은 소득이 적은 히스패닉 주민들과 가난한 백인들 가운데서도 분명하고, 이들은 이혼율도 부유한 백인들보다 매우 높다. 여자아이가 남자아이보다 (폭력과 가난이 스며든 하위문화에서) 뛰어난 이유는 긍정적이고 바른 성인 남성이 부재한 상황에서 남자아이들이 해로운 영향들 (마약, 갱단, 그리고 여성을 마초적으로 경멸하는 태도를 포함해)에 훨씬 민감하게 반응하는 특성과 분명 관련이 있다. 그럼에도(이해가 안 되게도!) 백인 학자 및 미디어 종사자들은 남자아이의 뇌와 여자아이의 뇌가 '언어 처리 과정'에서 보이는 다른 방식을 살펴보는 데 더 흥미를 보인다. 남자아이는 감정이 처리되는 뇌의 부분, 즉 편도체가 감정을 말로 표현하는 뇌의 부분과 불충분하게 연결되어 있는 것으로 보인다. 고로 남자아이는 여자아이와 다른 방식으로 읽기와 쓰기를 가르쳐야 한다. 이런 논리에 따르면 18세기 전 여성들의 편도체도 나사가 풀려 있었던 게 분명하다. 위대한 작가 거의 모두가 남성이었으니 말이다. 그게 아니라면 계몽주의 시대 이전 사회의 여성들은 읽기와 쓰기 교육을 거의 받지 못하고 또 지적 추구 활동이 조직적으로 저지되었던 것이 아닐까?

'남자아이의 위기'라는 시답잖은 주제에 경종을 울리는 최우수상을 선정한다면 《뉴욕타임스》 기명 기고란에 칼럼을 쓰는 데이비드 브룩스에게 돌아가야 한다. 미들브라우 문화의 죽음에 구좌파와 신좌파 모두를 탓한 바 있는 브룩스는 남자아이의 읽기 문제를, 여성들이 쓴 '청소년'소설의 탓으로 돌린다. 그의 주장에 따르면 남자아이들이 독서를 몹시 싫어하는 것은 그들이 "이런 새로운 경향의 청소년 문제 소설들을 가지고 집으로 돌아가기 때문인데 그 소설들은 하나같이, 자살을 할 정도의 약물중독자이거나 치명적인 조울증 환자 부모를 둔, 내성적이고 시무룩한 여자아이에 관한 것으로 보인다".[27] 브룩스가 말하길, 남자아이에게 책에 대한 흥미를 불러 일으키려면 헤밍웨이, 톨스토이, 호메로스, 마크 트웨인의 책을 (학교 독서 목록에) 더 많이 선정해야 한다. 톨스토이? 분명《안나 카레니나》는 아닐 것이다. 뇌의 언어 처리 과정이 부적절하게 배선된 남자아이들이 어떻게 책 제목에 여성의 이름을 단 소설에 흥미를 가질 수 있겠는가? 그리고 그러한 주장들은 학교 독서 목록을 올바르게 선정하면 아이들을, 남학생이든 여학생이든, 책을 읽는 사람으로 바꿀 수 있다는(혹은 (선정되지 않은 책의) 독서에 대한 흥미를 완전히 끊게 할 수 있다는) 의심스러운 가정에 기초한다. 그게 사실이라면《딕과 제인Dick-and-Jane》° 초급편으로 읽기를 배운 이들은 다른 책은 펼쳐보지도 않았을 것이다.

19세기 독학한 남녀들의 회고록을 보면 그들은 같은 책들(성경과 셰익스피어)을 어릴 때부터 익혔는데, 많은 소공동체들에서는 입수할 수 있는 책이 그것들밖에 없었기 때문이다. 오늘날 미국의 아이들이 독서 습관을 기르지 못한다면 톨스토이, 호메로스, 트웨인, 헤밍웨이를 10분의 1 정도는 즐기거나 이해할 나이가 되기 전에 무언가가 근본적으로 잘못된 것이다. 아주 어릴 적부터 독서 습관을 기르지 않는 한 진부한 청소년소설들(주디 블룸의 책임이 크다)조차 십대 소녀가 읽기에 버거운 책일 것이다. 추측건대 페미니즘이 남자아이 교육을 망가뜨리기 오래전에 장성한 이들을 포함해 성인 남성

● 1930년대부터 1960년대까지 미국에서 아이들에게 읽기를 가르치는 데 사용된 기초 교재.

도 여성보다 책(특히 소설)을 덜 읽지만, 취미로 하는 독서의 쇠퇴는 전반적인 현상이고 성별, 소득, 민족 집단에 상관없이 국민 가운데 뚜렷하다. 이런 것이 뇌의 차이와 무슨 관련이 있는가? 브룩스는 설명한다. "여성은 좌우 뇌를 남성보다 체계적으로 사용한다. 남녀는 다르게 듣고 냄새를 맡는다(여성이 훨씬 민감하다). 남자아이와 여자아이는 색을 다르게 처리한다(여자아이는 빨강, 녹색, 오렌지색 크레용을 좋아하는 반면 남자아이는 일반적으로 검정, 회색, 파란색을 고집한다). 남녀는 위험을 다르게 경험한다(남성이 위험을 더 즐긴다)."[28] 아마 트웨인과 헤밍웨이를 강권하는 일 외에도 교사들은 책장에 '남자아이 책'은 검정, 회색, 파란색 표지로, 여자아이 책은 밝은 색 표지로 채워야만 할지도 모르겠다.

이런 유형의 정크사상을 조롱하는 것은 아주 쉽다(날개가 잘려 나간 메추라기를 총으로 쏘는 것처럼). 그런데 남자아이 뇌와 여자아이 뇌의 선천적 차이를 다시금 강조하는 현상에서, 그 출처와 상관없이, 진짜 심란한 요소는 그런 믿음들이 과거의 비과학적이고 반과학적인 가정들에서 직접 유래한다는 것이다. 여러 집단들이 특정 유형의 학습에 선천적으로 부적합하다는 생각은 새로울 게 전혀 없다. 우리가 익히 다 들어온 것이다. 여성은 철학을 연구하는 데 부적합하다고 선언한 고대의 현자들, 니그로는 읽기를 배우기엔 지능이 너무 낮다고 확신한 대농장주들(비록 남부 사람들은 노예에 대한 읽기 교육을 금하는 법을 통과시켜야만 안심할 수 있었다는 점에서 실은 흑인들의 지능이 그렇게 낮지 않다고 확신했지만 말이다), 여성은 고된 고등교육을 견디기에 체질이 너무 약하다고 주장한 19세기 남성들, 그리고 아일랜드계, 중국 쿨리, 동유럽 유대계, 슬라브계, 이탈리아계 이주민은 육체노동 외에 어떤 일도 결코 독학할 수 없다고 주장한 미국 토박이 백인 개신교도들. 공평하게 말하자면 남자아이 뇌와 여자아이 뇌 이분법 지지자들이 자신들의 이론은 한쪽 성의 우월함이나 열등함을 시사하지 않으며, 또한 단성 교육의 유일한 목적은 남학생과 여학생을 젠더와 연관된 뇌의 화학적 성질에 가장 적합한 방법으로 가르쳐 생물학에 대한 존중을 표하는 것이라고 주장한다는 점을 인정해야 한다. 그런데 이것은 쓸데없는 구별이다. 즉 그 의도가 무엇이든 간에 남학생과 여학생을 분리하는 것은(그리고 그런 분리에 공적 자금을 쓰는 것은) 남자는 화성에서, 여자는 금성에서 왔다는 생각에 대한 공식적 지지로 귀결된다. 이런 가정은 또한 지배계급, 그리고 모든 인종의 시민들로 하여금 남자아이와 성인 남성 모두 영구적 위기 상태에 있는 미국 하층계급이 그런 상태를 벗어나지 못하는 것에 대한 책임을 면하게 해준다.

남자아이의 뇌, 여자아이의 뇌 소동은 주로 심리학자 및 사회과학자들이 일으켜왔다. 정크사상은 훨씬 만연해 있고, 자연과학보다 사회학과 심리학에서 고취하기가 더 쉽다. 의심스러운 사회과학을 지지하는 데는 전문가 의견을 대대적으로 거부할 필요가 없기 때문이다. 진화론을 단호히 거부하는 이들은 자신의 입장을 지지해줄 진지한 과학자들을 찾기가 어렵다. 그래서 그들은 과학적 합의에 반대하는 괴짜들에게 임시방편으로 의지하기까지 하고 또 반대 의견이 대학교와 연구기관을 통제하는 엘리트들의 음모로 인해 탄압받고 있다고 주장해야만 한다. 반면 사회과학에서는 상식과 학문적 증거에 매여 있지 않을지라도, 어떤 입장이든 지지해줄, 자격을 갖춘 '전문가들'이 전혀 부족하지 않다. 만약 여러 학위가 있는 많은 심리치료사들이 전문적 권위를 이용해, 여성이 어린 시절에 당한 성추행을 잊는 것, 그리고 어른이 된 상태에서 (물론 충분한 치료를 통해) 그 기억을 '회복'하는 것이 정말 쉽다는 생각을 조장하지 않았다면 기억 회복 운동은 1990년대에 그런 견인력을 결코 얻지 못했을 것이다. 기억 회복 운동에 반대하는 존경받는 정신의학 권위자들도 있었지만, 외려 대중은 (미디어가 자폐아를 둔 부모의 감정적 일화를 더 중요시했듯이) 냉정한 과학자들이 제시한 반대 증거보다 감정을 중요시할 뿐이었다.

최근 수년간 의심스러운 사회과학과 아무 의심 없이 받아들여지는 정치적 열정(내가 정치적 올바름이라 부르는 것)이 결합된 최악의 사례는 고등교육기관이, 학생들이 당황스러운 모든 관점 혹은 주제로부터 보호받는 "안전한 공간"이어야 한다는 생각이다. 나는 미술사 교수들이 티치아노의 〈에우로페의 납치〉 같은 사례를 들었다는 이유로 학생들에게 공격당한 경험(황소가 여성을 납치하는 그림이 성추행의 기억을 상기시키지 않도록 여학생들에게 "사전 고지"를 했어야 했다는 것)이나 존 던의 〈여인이여 침대로〉에 학생들이 불쾌해했다는 영문학 교수들의 경험((시적 화자인 남성의 손길이 여인의 몸을 더듬는 장면을 표현한) "앞에서, 뒤에서, 사이로, 위로, 아래로"라는 단어를 쓰다니 얼마나 끔찍한가!)이 언급된 글들을 읽기 시작했을 때, 그런 이야기가 매스컴의 관심을 좇는 우파 교수들의 과장이 분명하다고 생각했다. 이에 나는 증거를 확인하지 않고 정치적 결론을 성급히 내린 것에 진심으로 사과해 마지않는다. 나는 대학 캠퍼스에서 강연을 할수록 학생들에게서 유사한 불만들을 더 많이 듣게 된다. 내 강의를 듣는 학생 대부분은 내가 무신론자이며 무신론의 어떤 면에 대해 이야기하리라는 것을 잘 알기 때문에, 그런 내 관점을 듣기 위해 참석한다. 그런데 내가 성경, 기독교사, 혹은 종교의 양상에 대해 이야기하는 것들 중 일부에 매우 불쾌해하는 소수의 학생들(보통 학점 때문에 의무로 참석한)이 늘 있다. 세속적인 공립대학교의 한 학생이 특히 기억나는데, 나는 하느님이 아브라함에게 독자를 제물로 바치라고 명령한 성경 이야기 때문에 가톨릭계 초등학교 시절부터 자비로운 하느님의 존재에 큰 의문을 품게 되었다고 이야기했고, 그 학생은 이의를 제기했다(결국 아브라함의 복종에 대한 하느님의 시험으로 밝혀지는 창세기의 이 구절들은 비근본주의적 유대인 및 기독교인 다수에게 오랫동안 공포심을 불러일으켜왔고, 나의 반응은 대부분의 종교계에서 논란의 여지가 없는 것이다). 그 여학생(스스로를 "참된 가톨릭교인"이라고 묘사한)은 "신성모독"을 조장하는 강연에 의무로 참석시키는 것은 있을 수 없는 일이라고 말했다. 또 징계가 두렵지 않았다면 내 뺨을 때렸을 것이라고 했다. 자신이 소중히 하는 믿음을 조금도 거스르지 않는 고등교육을 받을 권리가 있다는 생각 때문에 학생들은 〔믿음을 거스르는 주제를 만나면〕 당황해하거나 터무니없다고 생각하게 된다. 정치적 우파가 사용하는 의미의 '정치적 올바름'은 이 현상을 포괄하기엔 너무 협소하고 엉성한 용어다. 사실 나는 극우파가 그 학생이 내게 한 말을 다 담을 표현을 가지고 있다고 생각하지 않는데, 우파 블로그 세상은 모든 세속의 대학 캠퍼스들을 종교 반대의 보루로 상상하기 때문이다. '정치적 올바름'을 제멋대로 사용하는 보수적인 이들은 학생들이 창조론을 홍보하는 강연자를 반대하는 경우에만 그 용어를 갖다 댄다. '정치적으로 올바른'은 창조론자나 무신론자의 뺨을 때리고 싶어 하는 학생을 묘사하는 데 적절한 어구가 아니다. 그런 사람을 묘사하는 데 옳은 단어는 '어리석은'이다.

대학 캠퍼스에 상당한 시간을 쏟지 않는다면, 억압적인 비논리를 조장하는 이들이 과학과 인문학의 일반 교육뿐 아니라 직업훈련에도 입히는 피해를 헤아릴 방법은 없다. 하버드대학 법대 교수이자 뉴요커닷컴에 글을 기고하는 석지영은 나라에서 가장 훌륭하고 오래된 법대에서 강간 법을 가르치는 일의 어려움과 심란함을 묘사한 바 있다. 석지영이 말하길 1980년대 중반까지는 강간 법이 법대 교육과정에 포함되지 않았는데, 그것이 비교적 덜 중요한 것으로 간주되었고 또 피해자가 재판에서 이길 공산이 거의 없는 것으로 가정되었기 때문이다. 이후 페미니즘 운동이 자동적으로 피해자를 탓하는 현행법과 태도를 변화시키는 투쟁에 성공하면서 강간 법은 거의 모든 주요 법대의 교육과정에 들어갔다. 그런데 지난 10년간, 학생 단체들(그리고 일부 비겁한 교수들)은 강간 법이 많은 여학생을 너무 불안하게 할 수 있다는 이유로 필수과목에 넣어서는 안 된다고 주장하여 페미니즘을 뒤집어놓았다. 석지영은 이렇게 썼다. "여성의 이익을 대변하는 학생 단체들은 성폭력 법에 초점을 맞춘, 그래서 트라우마적일 수 있는 강의를 수강하거나 참여하는 데 압박감을 느껴서는 안 된다고 학생들에게 일상적으로 조언한다. 이 단체들은 또한 형법 강사들에게 강간 법 단원이 트라우마적 기억을 '촉발'할 수 있음을 수강생들에게 경고해달라고 요청한다. 개별적으로도 학생들은 흔히 강간 법 부분을 잘 풀 수 없을 것 같아 걱정되기에 시험에서 제외해달라고 강사들에게 요청한다."[29] 가뜩이나 많은 학생들이 개인적으로 동의하지 않을 수 있는 관점(피고 측 혹은 검찰 측의)을 주장해야 하는, 수세기 동안 모든 법대에서 사용되어온 교수법에 반대하고 있다. 석지영은 이렇게 썼다. "여러 학교의 새로운 형법 강사 여남은 명은 학생들에게 불편하다는 불만을 들으면서까지 가르칠 가치가 없기에 수업에 강간 법을 포함하지 않을 거라고 나에게 이야기했다."

최악의 상황이다. 유죄판결을 얻어내는 방법을 가르치지 않는 학교에서 훈련받은 검사에게 강간 피해자가 무엇을 바랄 수 있겠는가? 또 교실에서 강간 법을 논의하는 것을 받아들이지 못할 정도로 감수성이 예민한 학생이라면 어떤 전공 분야든 어떻게 유능한 변호사가 될 수 있겠는가? 이는 여학생뿐 아니라 남학생에게도 마찬가지고, 그 밖의 모든 과목을 배우는 데에도 해당된다. 그 과목이 학생에게 아무리 많은 고통을 줄지라도 말이다. 이 원리는 마찬가지로 여자아이와 남자아이가 초등학교에서 받아야 하는 교육 방식이 양립할 수 없고, 그에 따라 다르게 배워야 한다고 믿는 이들에게도 적용된다. 이 연약한 아이들이 성인이 되어 남녀가 함께 일해야만 하는 세계에 들어가게 되었을 때 얼마나 큰 충격이 그들을 기다리고 있겠는가! 이른 시기의 학교교육부터 고등교육까지 침투한 정크 사상의 본질은 우리에게서 불편한 진실들을 감추려는 억압적인 비논리다.

10장

주의 산만
문화

1989년 당시《시카고트리뷴》편집국장 제임스 D. 스콰이어스는 미국신문편집자협회 회원들과 저널리즘의 미래를 논의하고자 개닛의 새로운 회장을 초청했다. 편집자들의 염려 중에는 신문을 읽는 청년들이 급감한 현실과, 개닛 같은 미디어 재벌들이 지역신문들의 내용을 균질화하는 영향력이 있었다. 스콰이어스에 따르면 개닛 회장 존 컬리는 웃으며 이렇게 말했다. "그러니까 당신 같은 사람들에게 이야기하라고요? 스콰어어스, 당신은 끝났습니다."[1]

마흔여섯 살의 스콰이어스는 영화 〈특종 기사The Front Page〉에서 그리는 구식의 신문 업무에서 살아남은 반백의 컴맹은 아니었지만, 그럼에도 그는 (수가 점점 늘어나는) 전국에서 가장 취약한 신문사 및 잡지들을 지배하는, 손익만 중시하는 기업 정신에 반하는 가치들의 대표로 치부되고 있었다. 물론 퉁명스러운 개닛 경영자는 옳았다. 뉴스 활자 매체의 통제력이, 대중에게 깊이 있게 알리고 때때로 대중을 교육하는 것이 자신들의 책무라고 믿는 이들로부터, 영상 및 디지털 텍스트와 경쟁하려는 헛된 노력에서 텍스트를 짧게 줄이는 게 전문인 이들에게로 이미 급속히 넘어가고 있었다는 점에서 말이다. 아무리 노력할지라도(실제로 노력했고 현재도 여전히 노력하고 있지만) 스콰이어스 세대를 뒤이은 신문사 및 잡지 편집자들은 젊은 독자들이 텔레비전 화면의 자극적인 인상과 감각이나 인터넷상의 번쩍이고 계속 변하는 이미지들에 대한 훨씬 빠른 검색을 멀리하고 자신들 쪽으로 오게끔 유혹하기에 충분할 정도로 기사를 줄이고 화려한 컬러 그림을 더할 수 없었을 것이다. 인터넷은 1980년대 말 신문 발행인들의 주요 걱정거리가 아니었다. 개인용 컴퓨터가 있긴 했지만 '얼리 어답터'로 알려진 첨단기술광들이 주로 사용했다. 스콰이어스 세대의 편집자 대부분이, 기업이 개별 신문사들을 인수하는 것보다 인터넷이 자신들의 사업에 훨씬 큰 위협임을 깨닫는 데 너무 늦었다고 말해도 과언은 아니다. 뿐만 아니라 텔레비전 경영 진도 뉴스 취재에서 자신들의 전통적 역할 또한 활자 매체를 위협 하는 문화적 힘들의 먹잇감이 되리라는 것을 깨닫지 못했다. 1970 년대 초가 대중의 주의 집중 시간이 점점 더 빠르게 줄어드는 것을 예고하는 광부의 카나리아가 된 이후, 쇠퇴하는 신문 읽기 문화는 인터넷 및 아이폰 시대에 우리의 일상을 채우고 있는, 디지털로 계 속 만들어지는 주의 산만한 문화the culture of distraction로 변형될 터였다.

그러나 정부 및 재계의 유력한 지도자들이 대중에게서 숨기고 싶은 사실들을 찾아내 보도하는 일에 헌신하는 저널리즘과 저널리 스트의 역할은 아직 끝나지 않았다. 소유주가 대중이 알 권리가 있 는 기사들을 찾아내는 일에 기꺼이 돈을 투자하는 뉴스 조직들은 흔히 '전통 매체legacy media'로 불린다. 글을 쓰는 이들에게 거의 아무 것도 지불하지 않고 또한 소위 전통 매체의 보도에 대한 논평으로 운영되는 인터넷 뉴스 사이트의 코흘리개 20대 편집자에게서 나는 이 깔보는 듯한 말을 처음 들었다. 어떤 기관이 전통 매체인지 알아 보려면, 자신이 싫어하는 모든 뉴스에 '가짜 뉴스'라는 딱지를 붙이 고 명예훼손으로 고소해온 트럼프가 가장 증오하는 기자, 활자 매 체, 텔레비전 방송사를 참조하기만 하면 된다. 그 (길지 않은) 목록 에는《뉴욕타임스》,《워싱턴포스트》,《월스트리트저널》, NBC, CBS, ABC, CNN 그리고 BBC가 포함된다. 전통 매체에 종사하는 이들은 어떤 사람들인가? 전쟁으로 찢긴 시리아 사람들에게 무슨 일이 일 어나고 있는지를 목숨 걸고 직접 보도한 NBC의 리처드 엥겔을 생 각해보라. 선거운동 중에 트럼프의 직원들이 러시아 정보원들과 접 촉한 것을 보여주는 통화 기록들을 자세히 조사하느라《뉴욕타임

　　　　　반지성주의 시대

스》), 혹은 트럼프의 국가안보보좌관 마이클 T. 플린이 트럼프 취임 전에 러시아 대사와 사적으로 대화를 나누어 '한 시기에 두 대통령은 있을 수 없다'는 전통 규범을 위반한 증거를 밝히느라(《워싱턴포스트》) 밤늦게까지 일하는 기자들을 생각해보라. 플린이 러시아 대사와 접촉한 것과 관련해 부통령 마이크 펜스에게 거짓말한 것을 시인하자, 트럼프는 플린을 파면했다. 그리고 기자회견에서 몹시 화가 난 대통령은 플린의 몰락에 "부정직한 매체"를 탓했다. "언론은 통제 불능"이라고 트럼프는 말했다. "부정직한 수준이 통제 불능"이라고 강조했다. "대중은 당신들을 더는 믿지 않습니다."[2] 트럼프의 마지막 발언은 아마도 맞을 것이다. 가짜 뉴스와 진짜 뉴스를 구별하는 능력은 사건에 정통한 판단이 필요한데, 지난 40년간 미국인이 활자 매체를 점점 저버린 현상은 65세 이하의 압도적 다수가 거의 모든 뉴스를 온라인이나 텔레비전에서 접하는 세상으로 향하는 터를 닦았다. 30세 미만 성인은 5퍼센트, 30세 이상 50세 미만은 27퍼센트, 50세 이상 65세 미만은 29퍼센트만이 종이신문을 읽는다.[3] 미국인의 뉴스 지식에 관한 모든 설문조사에서 빠진 한 가지 중요한 것은 온라인 독자들이, 인쇄계 저널리스트들이 몇 주, 몇 달 동안 심층 취재한 긴 기사의 정보를 제대로 흡수하는가의 여부다. 모바일 기기에서 주로 뉴스를 보는 젊은이들과 이야기해본 내 경험에 따르면 그들은 제목이나 첫 몇 문단만 읽는 경향이 있다. 연령과 관계없이, 아이폰으로 그날의 뉴스를 확인하는 사람이라면 광고, 메시지, 다른 기사의 제목에 주의를 빼앗기지 않고 1분 이상 집중해 읽기란 불가능하다는 것을 안다. (《이상한 나라의 앨리스》에 나오는) 모자 장수의 말을 바꿔 표현하자면 미국인들은 보는 것을 먹고, 그들이 보는 것은 2000단어의 신문 기사보다는 140자의 트윗일 가능성이 크다.

    오늘날 미국 반지성주의 조류에 관한 논의에서 신문들의 불운을 강조하는 것에 명백히 반대하는 이유는 대량 발행 대중잡지뿐 아니라 전국의 신문 대부분도 지적인 측면에서 품질이 높지 않기 때문이다. 사실 대중신문은 에머슨과 아인슈타인 같은 유명인을 제외하면 지식인과 그들의 활동에 일반적으로 무관심하거나 그들을 노골적으로 업신여겨왔다. 하지만 과거와 현재의 신문들에 지적 측면이 부족하다는 것은 요점에서 벗어나 있는데, 오늘날의 미디어와 어제의 활자 매체의 진짜 차이는 내용이 아니라 맥락(영상/디지털 시대에 확산되어가는 시각 이미지와 잡음들이 우리 삶의 시시각각의 경험에 스며드는 맥락)이기 때문이다. 신문 읽기는 평일의 하루하루를 시작하거나 마무리하는 습관이었다. 그것은 개인의 사고와 의식에 지속적으로 침입하는 것이 아니었다. 가장 쓰레기 같은 신문과 가장 숭고한 문학작품 사이에는 중대한 공통점이 있다. 즉 사람들이 자기 뜻대로 선택하고 정독하고 숙고하고 내려놓을 수 있다는 것이다. 인쇄물은 단순히 가만있어서는 머리로 들어오지 않는다. 주의 집중이 필요하며 그 내용이 단순하든 복잡하든, 완전히 자기 것으로 소화하기가 불가능하기 때문이다. 활자가 요구하는 자발적인 집중은 인포테인먼트 매체가 (그것이 아이팟의 음악, 홈페이지의 번쩍이는 그림, 문자메시지, 비디오게임, '리얼리티' TV의 최신 작품 중 어느 것이건) 조장하는 반사적인 주의 산만과 정반대의 것이다. 바로 이런 까닭에 모바일 기기에서 뉴스를 얻는 사람들은 어떤 길이의 기사건 정독할 공산이 적은 것이다. 이 정보와 오락의 출처들이 사람들을 주의 산만하게 하면서도 동시에 몰입시킬 수 있다는 것은 그것들의 뱀 같은 매력의 많은 부분을 설명해준다. 토드 기틀린이 말하듯 흔히 '미디어the media'라고 단수형으로 잘못 쓰이는 것은 문법 실수 그 이상의 의미가 있다.

> 문법을 깐깐하게 지키는 사람들(나 같은)은 미디어들이 스스로, 혹은 그것들(혹은 그것)에 의해 자란 대학생들이 '하늘the sky'이라고 말하듯이 (마치 오직 하나만 존재한다는 듯) '미디어the media'라고 할 때 민망하다. 그런데 이런 오기에는 바른 문법을 쓰지 못하는 것 이상의 원인이 있다. 우리는 경험적으로 미디어들이라고 하지 않고 미디어라고 부르고 싶어 한다. 우리는 '미디어'는 첨단기술이다, 문화 코드다 할 때 복수로 써야 할지, 단수로 써야 할지 헷갈린다. …… 하지만 그런 혼동을 겪은 뒤 우리는 무언가 통일체가 작동하고 있음을 감지하게 된다. …… 여기저기 클릭할 때조차 무언가 획일적이라는 **느낌이 든다**. 분주한 속도, 거듭되는 중단과 방해, 심각한 것은 피하고 싶은 강렬한 마음, 큰 화젯거리는 기꺼이 보려는 태도, 새로운 것에 대한 기대. 글들의 다양성에 비해 미디어는 대개 구성이 같다.[4]

미디어는 유기체(특히 인간 유기체)의 자연 서식지로서 생활환경이 된다. 이 포괄적이고 중요한 생활환경은 지적으로 유용한 요소들이 포함되긴 하지만 높은 수준의 진지한 지적 노력뿐 아니라, 문화를 활성화하고 고양하는 보통 수준의 생각의 교환에도 비우호적인 서식지다. 애초에 그 생활환경이 반지성적 힘을 목적으로 조성되지 않았다는 것은 외려 그것의 명백한 힘뿐 아니라 잠재의식적힘도 증명해줄 뿐이다. 다수의 사람들은 본질적으로 수동적인 텔레비전 방송들을 한데 묶는 것에 반대할 테지만, 그 차이는 압도적인 공통점(시각 이미지를 통해 거의 즉각적인 만족을 주는 능력)에 비교하면 흐릿해진다.

활자문화의 죽음을 애도하는 글, 그리고 영상 주도의 인포테인먼트 매체가 미국 문화를 지배하는 현상을 욕하는 것이 너무 흔한 나머지, 여전히 인쇄물로 생계를 꾸려나가는 이들을 제외하면 아무도 '모든 것의 쇠퇴와 종말' 따위의 제목을 달고 나오는 비평들에 주의를 기울이지 않는다. 활자문화 퇴색의 지적·정치적 결과들에 비관하는 이들은 컴퓨터가 인류의 진보에 기술적 돌파구뿐 아니라 지적인 돌파구도 되었다는 명제에 반대하지 않는 성의를 보여야 한다. 오늘날 러다이트라는 말은 사기꾼, 마약중독자, 잡년보다 모욕적인 표현이 되었다. 또한 [영상문화] 비판자는 엘리트주의라는 비난을 미연에 피하기 위해, 자신도 힘든 하루를 보내고 나면 텔레비전 앞에서 아무 생각 없이 '느긋하게' 쉬는 것을 즐긴다고 인정해야 한다. 아니, '느긋하게'에 따옴표가 없는 게 더 좋다. 따옴표는 금지된 엘리트주의의 낌새가 있는 어떤 우월성을 시사하기 때문이다. 마지막으로 미디어가 아이들에게 미치는 부정적 영향에 관해 이야기하려면, 그전에 어느 세대에서건 젊은이들의 지적인 진지함과 성취에 늘 비판적 견해를 갖고 있었다는 말도 꼭 해야 한다.

외고집의 러다이트처럼 보이지 않으면서, 미디어가 퍼뜨리는 문화 병폐들을 다루는 가장 쉬운 방법은 인포테인먼트의 내용과 그것이 매우 지독하게 드러난 유형에 주로 집중하는 것인데, 이는 미디어를 변화시키는 데 헌신적인 소비자 단체 대부분이 채택하는 전술이다. 내용이 맥락을 결정한다는(그 역이 아니라) 가정은 다음과 같은 것들과 싸우는 다양한 운동가 다수가 공유한다. 즉 어린이 텔레비전 방송의 끊임없는 광고, 모든 텔레비전 프로그램에 나오는 폭력, 많은 팝 음악에서 나타나는 동물적이고 여성 혐오적인 가사, 인터넷에서 확산되는 아동 포르노 웹사이트, 그리고 언급하기에 너무나 많은 쓰레기 같은 방송 및 인터넷 생방송들. 그들의 기본적인 생각은 특정 유형의 독소를 제거하면 미디어가 아이들과 모든 생명체에게 안전할 수 있다는 것이다. 물론 그런 노력들도 중요하지만 그 핵심은 (본질적인 문제 해결보다는) 다음 세대에 물려줄 세상과 관련해 양심의 가책을 느끼지 않기 위해서다. 그러나 미디어는 일부 악성 세포 덩어리들을 제거한다고 해서 근본적으로 억제되거나 개조될 수 없는, 스스로 갱신하는 통일된 유기체가 되고 있다.

지난 40년간 미국 문화의 거대한 변화들(특히 미국인이 일을 하고, 여가 시간을 보내며, 정보를 모으는 방식들)을 강조하는 이들에게 아무도 이의를 제기하지 않을 테지만, 주요 연구들에서 어떤 확고한 결론을 끌어내기란 어렵다. 2015년 퓨리서치센터의 설문조사에 따르면, 미국 성인의 72퍼센트(2011년은 79퍼센트)가 전해에 책 한 권을 ("전체든, 부분이든, 어떤 판형이든") 읽었다고 말했다.[5] 내가 보기에는 본질적으로 무의미한 통계인데, "전체든, 부분이든"이 무슨 의미인지 알 길이 없기 때문이다. 귀하는 특정 구절을 찾기 위해 구글북스에서 특정 페이지를 읽었습니까? 아니면 400페이지의 전기를 읽었습니까? "귀하는 작년에 어떤 판형이건 책을 구입하거나 도서관에서 책을 빌린 적이 있습니까?"라는 질문이 훨씬 나았을 것이다. 책에 돈을 쓰거나 책을 살펴보려고 도서관에 가는 사람들이 책을 읽을 공산이 훨씬 크다고 추론하는 것이 타당하다. 사람들이 시간을 어떻게 쓰는가에 관한 정부 연구들도 마찬가지로 불만족스럽다. 매년 노동통계국은 사람들에게 시간을 어떻게 쓰는지에 관해 분 단위 일지를 쓸 것을 요청한다. 그 결과는 흥미롭지만 설명을 제공하지는 못한다. 일례로 그 보고에 따르면 이십대가 하루에 텔레비전을 시청하는 시간은 2004년 144.9분에서 2014년에 137분으로 줄었다. 삼십대는 141.6분에서 150.5분으로 증가했다.[6] 대체 미국인이 하루에 텔레비전을 몇 분 더 보고 덜 보고가 무슨 상관이란 말인가? 대부분의 설문조사에서 혼란스러운 점 중 또 하나는 현시점에서 디지털 기기의 사용과, 쇼핑부터 '사교, 휴식, 레저'까지 시간 사용의 전통적인 범주들이 겹치는 부분들을 정확히 그려내지 못한다는 것이다. 사교는 친구와의 저녁 식사를 의미하는가, 아니면 다섯 단어의 문자메시지 주고받기(친구들과의 저녁 식사를 무례하게 중단시키는 원인일 수도 있는)를 의미하는가?

그렇다면 미디어가 우리 삶에 미치는 영향력을 통제하기 위해서는 텔레비전, 아이패드, 컴퓨터를 꺼야 한다고 책임감 있게 제안하기 위한 방법은 무엇인가? 한때 아주 흔했던 면직물 텔레비전 광고가 선언했듯이 "우리 삶의 직물fabric●"을 이루는 미디어를 *끄기*란 그렇게 쉽지 않다. 자신을 지식인으로 여기는 이들의 가정을 포함해 많은 가정에서 텔레비전은 누가 보든 안 보든 켜져 있다. 텔레비전에서 흘러나오는 빛과 소리를 반쯤 흘려 보고 듣는 것이 그렇지 않은 경우보다 자연스럽게 느껴지고, 그것은 젊은이뿐 아니라 텔레비전 시대 이전에 자란 이에게도 마찬가지다. 1985년 닐 포스트먼은 텔레비전을 모든 미디어에 대한 우리의 종속성을 규정하는 패러다임으로 묘사했다. 모든 사람이 개인용 컴퓨터에 대해 이야기하

● 직물 외에 기본 구조라는 뜻도 있다.

기 시작했지만 실제로 소유한 가정은 거의 없던 시절에 글을 쓴 포스트먼은 컴퓨터가 곧 모든 사람들의 삶에서 필수품이 되리라고(즉 "우리 자녀들이 '컴맹'에서 벗어나지 못하면 학업의 어려움은 물론이고 삶에서도 뒤처질 것"이라고) 대중에게 알려주는 것은 대체로 텔레비전이라고 주장했다.[7] 인터넷이 전에는 텔레비전, 잡지, 신문이 수행했던 정보 전달 및 광고의 업무들을 현재 인수했지만, 패러다임으로서 텔레비전의 이미지(우리 삶의 스크린)는 여전히 유효하다. 텔레비전은 수행하는 일이 더 적다는 점에서 컴퓨터와 다르다. 반면 컴퓨터는 인포테인먼트 생활환경이자 도구로서, 타자기와 업종별 전화번호부 같은 전 시기의 단일 용도의 도구들을 훨씬 더 효율적인 방식으로 대체했다.

영상과 오디오뿐 아니라 글도 포함하는 컴퓨터 생활 방식은 즉각적 특성을 통해 가장 강력한 영향력을 행사한다. 이미지를 보고 음악을 듣는(흔히 동시에) 휴대용 기기의 출현은 미디어가 영향력을 미치는 범위를 훨씬 더, 즉 사람들이 혼자서(좋든 싫든) 있게 되는 공간들까지 확대해왔다. 그런데 신기술에 열광하는 이들에 따르면 이 새로운 기기들은 **맞춤형**, 그러니까 개인의 지적 능력과 관심사에 맞춘 끝없는 선택지를 제공하기에, 1950년대 방송사가 3곳이던 시절의 '바보상자'와는 전혀 다르다. 이런 관점에서 새로운 디지털 형식의 비디오, 오디오는 사실 지적 생활에 요긴한 것인데, 누구나 이해할 수 있는 대중적인 취향에만 만족하는 청중이 될 필요가 없기 때문이다. 하지만 신구新舊 비디오/오디오 매체 모두에서 누구나 청중이 되어야 하는 것은 마찬가지고, 또한 많은 컴퓨터 프로그램이 상호적일지라도 그것은 그 소프트웨어가 규정하는 세계 내에서만 상호적이다. 사람들이 컴퓨터 혹은 여타의 화면 앞에서 시간을 많이 쓸수록, 생산적이지만 큰 노력을 요하는 지적 생활에 중대한 두 가지 인간 행동에는 시간을 덜 쓰고 덜 욕망하게 된다. 즉 지속적이고 집중하는 읽기와 대화 말이다. 미디어는 독서를 고무하는 침묵과, 혼자 하는 생각과 사회적 대화에 필요한 자유 시간을 방해하고, 대개 철저히 파괴한다. 무엇보다 미디어는 아이들의 정신이(남자아이의 뇌와 여자아이의 뇌 둘 다 똑같이) 점점 증가하는 많은 기성 일괄 엔터테인먼트에 노출되는 연령을 낮춤으로써 문화생활에 대한 지배를 확대한다.

지난 10년간 어린이 비디오 제작자들은 유치원에 다니는 세 살에서 다섯 살 아이뿐 아니라 걸음마를 배우는 아이와 바로 앉지도 못하는 아기도 겨냥한 상품들을 출시해왔다. 그해 2006년은 언젠가, 미디어가 인간 시장에 전적으로 침투하는 공세의 전환점으로 간주될 것이다. 야심적인 〈베이비 아인슈타인〉(명문 초·중등학교, 궁극적으로 아이비리그로 가기 위한 명문 유치원 입학 경쟁에서 아기를 유리한 자리에 선점시키고 싶어 하는 부모들을 겨냥한)은 이미 확고히 자리를 잡은 상태였다. 그런데 2006년 초 걸음마를 배우는 아이들을 겨냥한 영상물 대열에, 똑똑한 두세 살 아이뿐 아니라 요람에 있는 영아도 겨냥한 첫 텔레비전 채널, 베이비퍼스트TV가 합류했다.

현재 모든 유형의 디지털 화면으로 이용할 수 있는 베이비퍼스트는 상업광고가 없는 방송으로 시장에 나왔지만, 그 기획 전체가 텔레비전 자체를 홍보하는 상업광고(표적 시청자들이 그 방송을 끌 수 있는 신체적·정신적 능력을 갖추기 전에 시작하는 상업광고)라고 하는 것이 적절한 묘사일 것이다. 늘 그렇듯 베이비퍼스트가 첫선을 보였을 때 양편에서 이에 대해 한마디 하려는 소위 전문가들이 있었다.

"처음 들었을 때 난 회의적이었습니다"라고 마치오브다임스March of Dimes°의 현 의료 분야 책임자인 에드워드 매케이브 박사는 말했다. "하지만 이것이 아동용 매체의 중대한 진화임을 확신하게 됐습니다."[8] 이 AP와의 인터뷰는 TV닷컴(달리 어디서 다루겠는가?)의 '인펀테인먼트infantainment'°°에 관한 기사에 다시 실렸는데, 그는 베이비퍼스트 자문위원이기도 했고, 지금껏 그 프로그램과 관련해 가장 자주 인용되는 전문가다. 매케이브 박사는 저명한 유전학자이고, 또한 글리세롤 키나아제 결핍, 즉 염색체 이상으로 야기되는 대사장애와 관련해 사람들이 상담하고 싶어 하는 일류 의사이지만, 그의 의학 이력 가운데, 정상적인 아기의 지적 발달에 텔레비전이 미치는 영향에 관해 그가 전자제품 수리 기사보다 더 많이 알고 있음을 시사하는 것은 전무하다. 보통 아이의 발달에 헌신해온 거의 모든 의학 전문가가 아기가 많은 영상물을 접하게 하는 것에 매우 회의적이기에, 그 광고 담당자들은 아쉬운 대로 비전문 분야의 의사들을 써야 할 것이다.

어떤 면에서 훨씬 심란한 것은 세서미워크숍the Sesame Workshop이 6개월에서 2세 사이의 아이들을 겨냥하여 〈세서미 비기닝스〉라는 30분짜리 DVD 시리즈를 내놓은 것이었다. 미취학 아동을 위한 인기 시리즈 〈세서미 스트리트〉의 창조자이자 대군주인 세서미워크숍을 미국인은 양질과, 교육 혜택 그 자체로 간주한다. 감히 누가 머펫Muppet°°°들이 허가한 것에 반대할 수 있겠는가? 공교롭게도 여

° 엄마와 아이의 건강 증진을 위해 힘쓰는 비영리기관.
°° 영아(infant)와 인포테인먼트의 합성어.
°°° 〈세서미 스트리트〉 시리즈에서 유행시킨 손 인형을 이르는 말.

러 저명한 소아과 의사 및 아동심리학자들(벤저민 스폭에 이어 양육에 관한 전 국민의 비공식 수석 상담역이라 할 T. 베리 브래즐턴 박사,《기다리는 부모가 큰 아이를 만든다The Hurried Child》의 저자 데이비드 엘킨드 박사, 그리고 흑인 사회의 양육에 초점을 맞추어온 정신과 의사 앨빈 F. 푸세인트를 포함해)이 반대의 목소리를 냈다. 아기를 영상물에 노출시키라는 강권을 강하게 비판하면서 그들은 2세 미만의 아이가 텔레비전을 보면 안 된다는 미국소아과학회의 권고를 인용했다. 그들의 발언은 신문과 잡지에 텔레비전 비평을 하는 이들 중 일부를 포함해 영상물로 돈을 버는 거의 모든 이들의 분노를 샀다.

활자 매체를 포함해 주류 매체에서 영유아 텔레비전 업계를 대변하는 투사들은 그 DVD를 공개적으로 반대한 저명한 소아과 의사 및 아동 발달 전문가들을 "엘리트주의"라고 공격했다.《뉴욕타임스》의 텔레비전 평론가 버지니아 헤퍼넌은 "보스턴의 전문가들"(브래즐턴, 엘킨드, 푸세인트 박사를 포함해)의 오만에 관한 혹독한 칼럼을 썼다. 고유명사 '보스턴'은 "동부의 뾰족머리 지식 기득권층의 수도이자 '그 엘리트들'의 본산"을 대신하는 말이 되었다. 헤퍼넌에 따르면 영상 반대 전문가들은 "〈세서미 비기닝스〉를 반대하는 점에서 옹졸한 러다이트에 불과하다. 마치 기술 자체(어떤 유형의 화면이든!)가 일몰을 보고 나무 딸랑이를 흔들며 옥수수 껍질로 만든 인형을 안아야 하는 아이들에게 해가 될 수 있다는 듯이 보는 것이다."[9](헤퍼넌은 사용하는 어휘가 트럼프보다 많긴 하지만, 엘리트주의와 전문 지식에 반대하는 장광설은 트럼프와 조금 비슷한 것 같다). 이런 견해에 따르면 영유아들을 판에 박힌 오락물에 노출시키는 것을 반대하는 이유는 오직 지적인 속물근성, 어떤 연령을 위한 것이든 기술에 대한 반사적인 반대, 그리고 고되게 일하는 부모의 짐을 덜어주려는 동정의 결핍이다. 아무튼 영상물 판매자들은 자신들의 메시지가 영유아들에게 전달되지 못할까 염려할 필요가 전혀 없다. 2003년 카이저가족재단의 선구적 연구에서는 모든 유형의 아동 영상물을 한데 묶는 데 정확하게도 "스크린 미디어"라는 용어를 사용했다. 바로 그해, 2세 미만의 아이 중 43퍼센트가 이미 매일 텔레비전을 봤고 무려 68퍼센트는 일상적으로 TV, DVD, VCR 화면의 영상물에 노출되었다. 3세 미만의 아이 가운데 약 30퍼센트는 침실에 TV가 있었고, 4세에서 6세 사이의 아이들은 43퍼센트였다.[10] 짐작건대 이 미디어에 밝은 어린아이들은 옥수수 껍질 인형과 나무 딸랑이를 버렸을 테고 실제 지평선보다는 개인용 영상 화면으로 해가 지는 것을 볼 공산이 크다. 21세기 초 이래 모바일 디지털 화면의 확산은 영유아들을, 뾰족머리 소아과 의사들이 거부하는 세계에 점점 더 노출시켜왔을 따름이다.

판매자들은 그 건전한 베이비 DVD들의 목적이 부모와 자녀 사이의 소통을 촉진하는 것이라고 주장한다. 그러니까 엄마나 아빠가 아기와 함께 〈세서미 비기닝스〉를 줄곧 시청하라는 것이다. 그 영상물 가운데 흥미로운 사실을 드러내는 슬픈 장면들은 엄마들(일부는 유명인이고 일부는 유명하지 않은)이 아기와 노는 모습에 초점을 맞출 때다. 어느 부모가 자기 아기를 꼭 껴안고 말을 거는 대신, 다른 부모가 아기와 노는 DVD를 시청하는 것을 더 좋아한단 말인가? 그 답은, 부모들이 자인하든 그렇지 않든, 부모는 아기가 화면(그렇다, **어떤** 화면이든)에 좋아하는 영상이 나올 때 습관적으로 넋을 잃고 보기를 바란다는 것이다. 그러면 양육에서 해방되어 와인 한 잔과 어른들의 대화도 즐길 수 있으니까(자신들이 텔레비전을 보지 않는다면 말이다). 영상물이 아이를 달래기 위해 습관적으로 쓰는 고무젖꼭지만 되지 않는다면 아무런 문제가 되지 않을 것이다. 하지만 그것은 대부분의 가정에서 습관적인 고무젖꼭지가 되고 또 그 목적으로 제작된다. 영아에게 텔레비전을 보여주는 것이 나쁜 생각임을 보여주는 연구 조사는 많지 않은데, 왜냐하면 지금껏 피험자로 삼을 충분히 많은 영아 집단이 없었기 때문이다. 워싱턴대학과 시애틀아동병원의 연구원들이 그 주제에 관해 처음으로 중대한 연구를 수행했는데, 2007년에 공개된 결과에 따르면 〈베이비 아인슈타인〉과 〈브레이니 베이비Brainy Baby〉 같은 영상물은 8개월에서 16개월 사이 아이의 언어 발달을 실제로 늦출 수 있다. 연구원들은 영아가 영상물을 한 시간 볼 때마다, 이른 나이에 영상물에 노출되지 않은 아기에 비해 평균적으로 여섯에서 여덟 단어를 덜 이해한다는 것을 발견했다.[11] 하지만 판매자들이 계속 자기 길을 간다면, 걷거나 말할 수 있게 되기 오래전부터 영상물을 보지 않은 영아 통제 집단은 이내 사라질 것이다.

카이저가족재단의 연구 결과에서 특히 당황스러운 것 하나는 6세 미만의 아이가 책을 읽거나 부모가 책을 읽어주는 시간이 이제 하루에 39분이라는 것이다.[12] 약물에 관한 의학 연구들, 또한 수천 년의 교육상의 노력으로 이미 알려진 것(그것이 좋은 것이든 나쁜 것이든, 어떤 물질 혹은 경험의 영향은 노출 시간에 따라 확대되고 또한 그 영향은 미숙한, 그래서 영향을 더 잘 받는 유기체에게 가장 강하다는 것)을 이야기하기 위해 연구 조사를 더 해야 할까? 오늘날 태어나는 아기들은 영상물의 평생 소비자가 되고 있다.

디지털 강박이 취미로 하는 독서를 대체한다는 명제를 옹호하는 주장을 굳이 펼칠 필요는 사실 전혀 없다. 비디오게임을 하는 중이라면 심각한 책을 읽고 있을 리가 없다. 성인의 열에 넷이 1년간 한 권도(소설이든, 비소설이든) 읽지 않고, 또 절반 이상이 소설을 한 권도 읽지 않을 때는 현 상황을 보여주는 데 그 사실들만으로 충분하다. 문학 읽기의 쇠퇴는 어제오늘의 일이 아니다. 이미 20세기의 마지막 사반세기에 시작되었다. 국립예술기금의 연구 조사에 따르면 1982년에서 2002년 사이 소설을 읽는 미국인의 비율은 10퍼센트 하락했고, 25세 미만은 가장 가파른 하락(28퍼센트)을 기록했다. 훨씬 불길하게도 문학 읽기가 감소한 비율은 1992년에서 2002년 사이, 즉 개인용 컴퓨터가 중산층의 일상에 들어온 10년간 거의 세 배가 되었다.[13] 게다가 국립예술기금은 '문학 읽기'에 관한 가장 폭넓은 정의를 사용한 것이었다(그 용어를 소설이나 시의 모든 저작에 사용했다). 취미로 독서를 하는 소수집단 가운데 다수가 '청소년'소설, 로맨스소설, 혹은 '칙릿chick lit'●으로 알려진 새로운 유형의 선정적 여성 판타지(1950년대의 미들브라우 작가들이 셰익스피어와 톨스토이처럼 느껴지게 하는 장르)에 몰두하고 있는 것으로 보인다. 그에 상응하는 '가이릿guy lit'이란 장르는 없는데, 남성들에게 문학이란 (성차별적 의미에서) 표준적인 것으로 간주되기 때문이 아니라, 젊은 남성들은 인구통계상 다른 모든 집단보다 소설을 덜 읽기 때문이다.

이 최근 통계들은 특히 중요한데, 대체로 글을 읽을 줄 아는 사회에서 문학 읽기가 처한 곤경을 서류로 실증하기 때문이다. 지난 40년간 진지한 독서의 쇠퇴는 다른 유형의 오락과의 경쟁을 그 원인으로 지목할 수 있다. 새로운 디지털/영상이 지배하는 현상을 찬미하는 이들에게 이제 남은 주장은, 수세기 동안 이해되어온 의미

● 젊은 여성을 뜻하는 속어 'chick'과 문학의 줄임말 'lit'을 합쳐 만든 신조어.

에서 진지한 독서의 인기가 줄어드는 것이 사실 그다지 나쁜 문화적 전개가 아니라는 것이다. 다른 매체가 다른 학습 방식을 제공하니까 말이다. 신기술에 열광하는 스티븐 존슨은 《바보상자의 역습》에서 이렇게 주장한다. "그렇다. 우리는 이제 문학작품을 읽는 데 시간을 덜 할애한다. 그런데 이건 독서에 한정된 것이 아니다. 인터넷 덕분에 우리는 이전에 해오던 모든 것에 시간을 덜 쓰고 있다. …… CD 구매도 줄었다. 영화 보는 횟수도 적어졌다. 여가 활동의 주종을 차지했던 이런 활동이 줄어든 것은 지난 10년간 인터넷이나 이메일, DVD, 케이블방송의 온 디맨드, 문자 채팅 등 새로운 활동이 대중적으로 각광받게 되었기 때문이다. 우리가 책을 적게 읽는 것은 하루는 24시간밖에 안 되는데 즐길 거리는 너무 많아졌기 때문이다. 만약 감소하고 있는 것이 독서량뿐이라면, 이건 분명 경고의 메시지로 해석할 수 있다. …… 독서가 앞으로도 우리 문화 활동의 일부로 존재하고, 앞으로도 계속 우리 두뇌 활동을 보상해주는 새로운 대중문화가 발생한다면, 당분간 정신적인 퇴화는 없을 것이다."[14] 이 주장에서 느껴지는 슬픔, 연민, 그리고 답변할 수 없는 느낌은 "두뇌 활동을 보상해주는"이란 구절에 담겨 있다. 물론 다른 매체와 다른 활동들은 뇌의 다른 부분들을 자극하여 다른 두뇌 활동상의 보상을 제공한다. 자전거 타기, 우유 짜기, 독서는 일부 동일한 신경세포뿐 아니라 다른 신경세포의 활동도 필요하지만, 오직 독서만이 지적 생활에서 불가결한 것이다(자전거 타기와 우유 짜기가 가치 있고 때때로 즐길 만한 활동이 아니라는 의미가 아니다). 보다 정교한 비디오게임은 고도의 집중을 요구하지만 결국 게임의 달인에게 돌아오는 두뇌 활동상의 보상은 더 복잡한 다른 게임을 잘하게 되는 능력에 지나지 않는다. 반면 양서를 읽는 것은 읽기 능력 개선에 거의 도움이 되지 않지만 (일고여덟 살이 지난 경우에는 분명히) 상상할 수 있는 거의 모든 분야에서 인간에 대한 관심을, 그리고 그와 관련한 지식과 상상력의 깊이와 범위를 확대해준다. 안나 카레니나가 기차에 몸을 던질 때 독자에겐 배반, 성적 이중 잣대, 위태로운 결혼생활, 부모로서의 의무 대 개인으로서의 성취 같은 일련의 질문들(거대한 질문들과 모든 시대에 존재하는 일상의 딜레마들, 그리고 열띤 지적 담론을 촉발하는 소재들)이 남는다. 하지만 게이머가 마지막 장애물을 껬을 때는 훨씬 복잡한 다른 게임을 찾을 생각 외에는 달리 생각할 거리가 남지 않는다. 존슨의 주장은 반만 맞다. 우리가 독서를 조금밖에 하지 않는 이유는 하루에 사용할 수 있는 시간이 한정되어 있기 때문이다. 하지만 또 다른 이유는 점점 더 많은 사람들, 특히 젊은 이들이 각종 오락 영상물(두뇌 활동상 더 자극이 되는 상호적인 비디오게임뿐 아니라, 철저히 수동적으로 화면만을 쳐다보는 유형도 포함해)에 많은 시간을 쓰기 때문이다. 독서가 우리의 문화 습관의 일부인 한 문명을 염려할 하등의 이유가 없다는 말은, 운동이 아이들의 삶의 일부로 남아 있는 한 아이들의 신체 건강을 염려할 하등의 이유가 없다는 주장만큼이나 터무니없다. 일부는 엄청나게 클 수도 있고, 아니면 무의미할 정도로 작을 수도 있다. 독서와 마찬가지로 아이들이 한때 열심히 신체 활동을 했던 노는 시간도 계속 영상물에 대체되어왔다. 만약 아이들이 계속 운동을 적게 한다면, 설사 신체 활동이 여전히 아이들 일과의 '일부'일지라도, 아이들은 필연적으로 더 뚱뚱해질 것이다. 그리고 독서에 전념하는, 우리의 문화 습관의 일부가 계속 줄어든다면 지적 생활은 필연적으로 더 피폐해질 것이다.

열정적인 게이머들이 창조성을 고무하는 비디오게임, 그러니까 적을 쏴 죽이는 게 아니라 도시를 짓는 게임의 미덕을 말할 때는 고품질의 기사 때문에 잡지를 구입한다고 주장했던 《플레이보이》의 옛 독자들을 상기시킨다. 그럼에도 폭력성과 선정성 지수가 낮은, 고도로 정교한 비디오게임의 존재는 인정해야 한다. 이 진지한 지적 게임들이 십대 소년 대부분의 희망 목록에는 없는 것이라 할지라도 말이다. 존슨이 장점으로 내세우는 일반적인 두뇌 활동상의 보상과 거의 관련이 없는, 모든 비디오게임에 내재된 보상 체계도 있다. 여기에는 게이머로 하여금 다음 단계, 즉 사실상 모노폴리 게임의 종이돈과 다를 바 없는, 그리고 과거의 "잘했다 얘야" 같은 말을 상기시키며 격려하는 '전리품'으로 나아가게 하는 경험들이 포함된다. 존슨이 옳게 지적했듯이 "대부분의 게임은 우리 일상보다 더 크고, 더 생생하고, 더 명확하게 정의된 보상으로 가득 찬 가상 세계를 제공한다".[15] 비디오게임이 매우 많은 시행착오적 실험을 요구하기에 젊은이들에게 과학적 방법을 소개하는 완벽한 방법이라는 주장이 흔히 제기되어왔다. 하지만 진짜 과학은 일반적으로 수년간의 시행착오와 막다른 지경이 뒤따른다. 그리고 위대한 보상은, 혹시 온다 할지라도, 비디오게임의 아이콘처럼 규칙적으로 나타나지 않는다.

많은 아이가 책을 지루하게 느끼는 원인인 짧은 주의 집중 시간이 보상이 계속 나오는 비디오게임에는 해당되지 않는 듯 보이고, 그에 따라 현재 교실에서 사용하는 책에 '교육용' 게임을 추가하려는 큰 압력이 존재한다. 이론적으로는 세심하게 대상을 설정한, 제한적인 교육용 비디오게임을 책의 보충 교재로 사용하지 말아야 할 이유란 전혀 없다. 그런데 실제에서는 비디오게임의 중독성과 거대한 재정적 이해관계를 고려하면, 그 기술이 독서 및 다른 전통적 교육 방식을 대체할 공산이 크다. 십대 소년들은 몇 시간이고 비디오게임을 할 테지만 같은 시간 동안 소설을 읽는 것은 생각조차 하지 않을 것이다. 우리 때는 독서가 십대 샌님, 그러니까 책을 업신여기는 조크jock°와 달리 사람들에게 기꺼이 도움을 주려 하는 훌륭한 인물이 될 사람의 특징이었지만 말이다. 문제는 '왜?'이다. 내 추측에 따르면 보상은 (비디오게임에 빠져본 적 없는 이에겐 바보처럼 들릴지도 모르지만) 게임의 매력에서 많은 부분을 차지한다. 반면 끊임없는 이야기의 매력 외에는 소설을 계속 읽을 유인이 하나도 없다. 더욱이 게임에서 보상이 단순히 격려가 되는 자극만을 제공하는 것은 아니다. 그것은 하나의 퍼즐의 끝과 또 다른 것의 시작을 나타내는, 게임을 일시적으로 중단시키는 기능도 한다. 즉 보상 자체가 새로운 것을 주는 한편 계속 게임을 하도록 주의를 산만하게 하기도 하는 것이다.

미국인이 게임에 지출하는 시간과 돈의 양 모두 믿기 어려울 정도다. 게임 산업을 대표하는 홍보 기관인 엔터테인먼트소프트웨어협회ESA는 2015년에 미국 소비자가 게임에 235억 달러를 썼다고 보고했다. 게임을 구입하여 즐기는 이들의 약 60퍼센트는 남성이고, 40세 미만의 남성은 여성에 비해 자신을 열정적 '게이머'(매일 게임을 하는, 혹은 매주 많은 시간 동안 게임을 하는)로 여길 공산이 훨씬 크다.[16] 게임의 심리는, 그것이 문화에 미치는 영향과 관련해, 실제 경제 통계보다 이해에 도움이 된다. 가장 통찰력 있고 심란한(게이머가 아닌 이에겐) 설명 중 하나를 제시한 이는 작가이자 게임 중독자임을 자인하는, 잡지 《뉴욕》의 프랭크 관이다. 관이 주장하길 게임은 매우 유혹적인데, (인생과 달리) 그것은 예측할 수 있는 규칙이 있기 때

● 학교에서 힘만 세고 공부에는 관심이 전혀 없는 운동선수를 이르는 말.

문이다. 그는 현실 세계는 주지 못하지만 '게임'이 주는 것은 무엇인지 이렇게 설명한다.

> 우선 게임은 인생과 달리 이해가 된다. 즉 모든 스포츠(디지털이든, 아날로그든)에서처럼, 승리를 결정하는 기본 규칙(사회의 규칙과 달리 모든 이에게 분명한 규칙)이 있다. 게임 중 게임의 목적은, 사회와는 달리, 직접적으로 인정되고 결코 무시되지 않는다. 당신은 늘 주인공이다. 남들의 연기를 지켜봐야 하는 영화와 텔레비전과 달리 게임에서는 자신이 주체다. 그리고 스포츠를 할 때와 달리 경쟁, 탐험, 사귐, 권력의 행사, 혹은 행복을 위해 더는 집을 떠날 필요가 없고, 또 이 모든 것을 즉시, 동시에 할 수 있는 가능성이 있다. 게임의 환경은 도전적일 수 있지만, 다른 의미에서 그것은 말 그대로 게이머가 승리하도록 설계되어 있다(여러 명이 하는 게임에서는 승리할 수 있는 공정한 기회가 있다). 그런 게임에서도 게이머들은 보통 같은 장소에서 시작하고, 또한 무엇으로 지위를 얻는지, 그것을 어떻게 획득하는지에 관한 합의가 된 상황에서 시작한다. **달리 말해 게임은 우리가 어린 시절에는 기대하도록 배우지만 어른이 되어서는 결코 만나지 못하는 완벽한 실력주의 사회다.**(강조는 인용자)

관은 게임이 아편을 했을 때와 같은 무아지경에, 그러니까 그게 없으면 "오직 실제 아편으로만" 가능한 상태에 이르게 한다고 덧붙였다.[17] 내가 아는 게이머 대부분은 이 기사를 맘에 들어 했고 서술이 전적으로 정확하다고 생각했다. 나는 이 글을 내가 읽어본 가장 무서운 문화 분석 글 중 하나로 보고, 또 그 진정성을 의심하지 않는다. 그가 이야기하고 있는 것은 본질적으로, 성인의 삶에 필요한 성장을 거부하는(명백히 불완전한 실력주의 사회, 그리고 때로는 실력주의의 정반대 사회와 씨름하기를 거부하는) 방식으로서의 게임이다. 게임에서는 누군가를 사랑하지만 그 사람은 나를 사랑해주지 않을 때의 고통을 겪지 않는다. 결국 작동하지 않는 무언가를 만들기 위해 애쓰지 않는다.

학교의 '교육용' 비디오게임에 대한 연구 개발에 자금이 전혀 부족하지 않다는 것에 놀라지 말라. 지난 10년간 맥아더재단은 새로운 디지털 학습 매체의 연구 개발 사업에 5000만 달러 이상의 돈을 대는 데 서명했다. 미국과학자연맹(국가안보에 대해 자문을 제공하는 것으로 가장 잘 알려진 조직)은 "해석적 분석, 문제 해결, 계획 입안 및 실행, 급격한 변화에 적응하기 …… 같은 고차원적 사고 기능"을 가르치는 게임들을 개발하는 데 연방정부가 더 많은 투자를 해줄 것을 요청해왔다.[18] 전통적인 교수법에 비해 비디오게임을 통한 교육 효과에 대해서는 연구 조사가 거의 수행되지 않았다. 미군이 신병 모집과 특정 유형의 훈련에 '영상 시뮬레이션'을 광범위하게 사용하고 있는데도 말이다. 하지만 '교육용' 비디오게임이 교실에서 더욱더 중심이 되고, 긴 책을 읽는 것이 이미 활자보다 영상을 선호하는 아이들 가운데 인기가 훨씬 더 없어지리라는 것을 나는 의심하지 않는다. 새로운 세대의 초등학생들은 영아 때 비디오와 DVD를 봤기에 교육용 비디오게임에 이미 준비가 되어 있다. 그들은 생후 몇 달 이래 동반자가 되어온 동영상에 비해 책이 덜 신나고 덜 흥미롭다고 여길 것이다. 말할 필요도 없이 학교에 비디오게임을 파는 것은 엄청 큰돈이 된다. 〈비디오게임의 힘을 학습에 활용하기〉라는 미국과학자연맹의 보고서가 2006년에 엔터테인먼트소프트웨어협회와의 협력하에 발표된 것은 매우 유의미한 일이다(당시에는 게임 시장의 가치가 겨우 70억 달러였다). 2006년 미국과학자연맹 보고서와 영리 소프트웨어 홍보 회사 사이의 커넥션은 대부분의 뉴스에서 설명이 누락되었다. 그런데 기사들 가운데 찬물을 끼얹는 것이 하나 있었다. 토머스 B. 포덤 재단, 즉 미국 초·중등학교에 부족한 것들을 입증하는 무수한 보고서를 작성해온 싱크탱크의 당시 대표 찰스 E. 핀은 단도직입적으로 미국과학자연맹의 권고를 "어리석다"고 했다. 그는 이렇게 물었다. "다음에는 만화책, 리얼리티 TV 쇼, 문자메시지의 교육적 가치에 관한 정부 지원 연구를 제안할 것인가?" 실제로 그 대답은 '그렇다'였다. 그들이 보기에 핀은 필시 옥수수 껍질 인형이 아이들에게 최고의 놀잇감이라고 주장하는 또 하나의 정신나간 러다이트였을 것이다.

'구텐베르크 이후' 교육을 무비판적으로 수용하는 경향이 언젠가 역전되리라고 믿을 이유는 하나도 없는데, 젊은이들은 비디오게임 솜씨에 대한 지적 보상뿐 아니라 더 실질적인 다른 보상도 받기 때문이다. 2006년 봄 나는 미시간주립대학 커뮤니케이션스아츠 대학에서 자랑스러운 동문 상을 받았는데, 거기서 학장과 그 동료들이 졸업식장 무대에서 나누는, 흥미로운 사실을 드러내는 대화를 우연히 들었다. 학장은 고등학교 3학년생들 가운데 '일급' 지원자들을 다른 재능 있는 지원자들(높은 SAT 점수과 내신 성적을 자랑하는 이들)과 구별하는 최상의 방법은 '일급'의 우월한 비디오게임 기술을 확인하는 것이라고 말했다. 전날 밤 시상식 만찬에서는 한 우등생을 만났는데, 이야기를 하다가 프랭클린 D. 루스벨트의 노변담화가 20세기의 정치적 소통에서 중요한 혁신이었다는 말을 하게 되었다. 그 여학생은 완전히 멍한 표정이었고, 나는 그녀가 루스벨트는 알아도 노변담화는 들어보지 못했다는 것을 깨달았다. 그러니까 미국사에서 뉴딜이나 루스벨트가 어떤 위치에 있는지를 많이 배우지 못한 채로 3학년이 됐다는 의미였다. 사람들은 커뮤니케이션스아츠 대학에서 고학년 학생들이 당연히 노변담화와 닉슨-케네디 토론에 관해 무언가를 들었으리라고 예상할 것이다. 그러나 학장들이 비디오게임 능숙도를 '일급'의 표시로 언급한다면 역사 지식은 학교에서도, 이후의 '미디어' 관련 직장에서도 성공에 중요한 것으로 간주되지 않을 것이다. 만약 학생들이 비디오게임 능력과 다른 유형의 기술적 요령에 대해 가장 큰 상을 받는다면 기술은 가장 소중히 여기는 것이 될 게 분명하다.

더욱이 특별한 활동에 많은 시간을 할애하는 자유 시간의 양은 그 활동에 부여한 문화적·개인적 가치의 절대 척도다. 미국인의 우선순위가 무엇인지 살펴보려면 추수감사절 다음 날 새벽 길에 늘어선 행렬을 보면 된다. 소비자들은 명절 세일의 첫 혜택을 받아 평면 TV, 새 비디오게임, 최신 아이폰을 사고자 경쟁을 벌인다. 때로는 경찰이 중단시켜야 할 정도로 주먹다짐을 벌이기도 한다(사실 행렬의 대부분은 이제 추수감사절 당일에 형성되기 시작한다). 미국인은 할인 서적을 먼저 차지하기 위해 말 그대로 서로의 이를 부서뜨릴까? 책의 저자가 텔레비전에서 본 유명인이 아닌 한 그럴 리는 없다.

전통적 독서를 대체하고 있는 신기술의 영역에서는 '충분한'이란 개념이 존재하지 않는다. 2007년 여름에 애플이 내놓은 아이폰은 (2017년) 현재 미국인의 약 3분의 2가 가지고 있다. 지난 10년간 혼수상태에 빠졌던 이가 아니라면 누구라도 아이폰이 인터넷 접속을 제공하고 전화, 아이팟, 카메라, 그리고 전에는 가정의 대형 기계들에(적어도 무거운 노트북에) 묶여 있던 다른 많은 오디오·비디오 기기 대부분을 결합하는 강력한 휴대용 컴퓨터라는 것을 알고 있다. 아이폰, 혹은 스마트폰의 매력은 2007년에 애플이 출시한 첫날부터 분명했다. 그해 6월 마지막 주, 기온이 35도를 넘나들고 뉴욕시가 처음으로 계절에 따른 정전 사태를 겪고 있을 무렵, 사람들은 애플 기기들이 마지막 세일에 들어갔을 때 맨 앞줄에 서려고 매장 앞 숨 막히도록 더운 인도에 진을 쳤고 최장 3일간 노숙을 하기도 했다. 아이폰은 말 그대로 전화기가 전에는 도달하지 못했던 지점에까지 이르렀다. 그런데 성인들이 그 주의를 산만하게 하는 기기에 머리 숙이고 보내는 시간의 양은 특정한 문제들을 유발한다. 하나는 휴대폰에 머리를 구부릴 때 가해지는 압력이 커지면서 생기는 목뼈 통증이다. 성인 머리의 평균 무게는 6.35킬로그램인데 아이폰을 사용할 때 일반적인 각도인 60도로 머리를 구부리면 목뼈에 가해지는 실질적인 압력이 27킬로그램으로 늘어난다.[19] 또 하나는 주변 환경에 대한 부주의로 아이폰 사용자 자신 혹은 다른 보행자와 운전자에게 생기는 위험이다. 나는 최근 휴대폰에 몸을 숙인 채로 길을 건너다가 유모차를 다가오는 자전거 쪽으로 모는 아기 엄마를 막은 바 있다. 자전거 운전자도 마찬가지로 휴대폰을 사용하면서 일방통행로에서 엉뚱한 방향으로 자전거를 몰고 있었다.

영상물의 수동적·적극적 소비자 모두 글말을 통한 정보 습득 과정에 점점 더 참을성을 잃어가고 있어서, 모든 인포테인먼트 공급자들은 최대한 빨리(오늘날 그 빠름의 의미는 과거에 사용하던 것보다 훨씬 빠르다) 메시지를 전달하고 반응을 불러일으키는 데 아주 큰 압력을 받고 있다. 문화사학자 키쿠 어대토의 널리 알려진 연구에 따르면 1968년에서 1988년 사이, 대선 후보가 텔레비전에서 사용한 인상적인 한마디(후보의 핵심 주장을 담은)의 평균 길이는 42.3초에서 9.8초로 줄어들었다. 2000년 무렵에는 후보가 일상적으로 사용하는 핵심 어구가 겨우 7.8초로 줄어들었다.[20] 이 연구 조사는 트럼프의 트윗으로 규정되는 대통령의 시대에 다소 시대착오적으로 들리지만, 디지털 시대 오래전부터 짧아지기 시작한 대중의 주의 집중 시간을 곰곰이 살펴보는 데 유용하다. 트럼프의 독특한 점은 사소한 문제뿐 아니라 진지한 문제에 관한 소통 방식으로도 트윗을 즐겨 사용한다는 것이다. 오바마의 백악관에서 트위터를 사용할 때는 긴 논평이 필요 없는 정례적인 공지(대개 일정과 관련한)가 일반적인 목적이었다. 트럼프는 알렉 볼드윈이 〈새터데이 나이트 라이브〉에서 자신을 연기하는 것("차마 눈 뜨고 볼 수 없는 수준")부터 미국사에서 최악의 총기 사건, 즉 플로리다주 올랜도의 나이트클럽에서 벌어진 테러 공격까지 모든 것에 대해 트윗을 한다. 트럼프는 2016년 6월 12일의 올랜도 학살에 다음과 같은 반응을 보였는데, 오바마나 부시에게서는 상상도 할 수 없는 반응이었다. 미래의 대통령은 이런 트윗을 올렸다. "극단적 이슬람 테러리즘에 대한 내 생각이 옳았음에 대한 축하에 감사합니다. 나는 축하를 원치 않습니다. 강단과 경계를 원합니다. 우리는 영리해야 합니다!" **축하**Congrats라니. 물론 140자만 쓸 수 있을 때 5음절 전부〔congratulation〕를 다 쓸 수는 없을 것이다. 만약 그보다 1년 일찍 일어난 사건, 그러니까 사우스캐롤라이나주 찰스턴의 한 성경 공부 모임에서 아홉 명의 흑인 신자가 총격을 당한 사건 이후에 오바마가 미국인의 삶에서 인종주의의 지속에 관한 자신의 생각이 "옳았다"고 거드름을 피웠다면 그 반응이 어땠을지는 상상에 맡길 수밖에 없다. 트럼프의 트윗이 우리의 가장 고상한 정치 담론의 영구적 특성이 될지, 아니면 대중이 천박하고 자축적인 허풍에 싫증을 느끼고 트럼프의 후임자로, 대통령의 소통에 필요한 품위를 갖춘 이를 뽑을지를 판단하기에는 너무 이르다. 그렇지만 지난 8년간 몹시 생략된 소통이 유행한 것을 고려하면 나는 트위터가 진다는 데 내기를 걸지 않을 것이다. 배우 메릴 스트립(〔골든글로브〕 시상식에서 〔반이민 정책을 중심으로〕 트럼프를 비판한)부터 전 대통령 오바마(그의 위엄 있는, 말을 아끼는 태도는 늘 더 좋아 보인다)까지 모든 사람들과의 불화에 대해 토요일 아침에 으르렁거리는 트럼프의 트윗들이 전 국민을 집단적 신경쇠약에 빠뜨려, 어떻게든 트럼프가 탄핵을 당해 백악관에서 쫓겨나지 않는 한 말이다.

지난 25년간, 모든 활자 매체(교육 수준이 높은 독자들을 겨냥한 신문과 잡지를 포함해)가 기사 길이를 대폭 줄여 텔레비전의 본보기를 따라왔다. 텔레비전 뉴스 경영진이 핵심 어구가 8초보다 길어지면 독자의 주의를 딴 데 빼앗기게 된다고 믿을 때, 읽는 데 30분도(혹은 15분일지라도) 걸릴지 모르는 긴 기사를 읽기 위해 독자가 계속 앉아 있으리라고 잡지 편집자들이 어찌 믿을 수 있겠는가? 1980년대 말 이후 어떤 종류든 활자 매체에 글을 써본 적이 있는 사람이라면, 1960년대와 1970년대에 유사한 기사에 할당된 지면의 4분의 1에서 절반 사이의 분량으로 글을 써달라는 편집자의 끊임없는 요구에 응해야 했다. 1974년 당시 곧 종간될 《새터데이리뷰》 15주년 기념판 중 하나에 나는 안나 아흐마토바, 조지프 브로드스키, 오시프 만델스탐 시집의 새로운 번역본에 관해 3000단어의 서평을 썼다. 오늘날 《뉴욕 리뷰 오브 북스》나 《뉴요커》 같은 작은 문예지를 제외하면 어떤 간행물에도 소수만 즐기는 주제에 관해 그런 분량의 글을 실을 수 있도록 설득하는 것은 상상도 할 수 없다(《뉴요커》는 현재 미들브라우와 하이브라우 사이의 간극을 메우며, 재단의 지원 없이 돈을 버는 유일한 잡지다).

1970년대 말과 1980년대 초엽에도 나는 여성지에 가정 폭력부터 소련에서의 여성 지위까지 다양한 주제에 관한 진지한 기사들(대개 3000에서 5000단어 사이)을 썼고 벌이가 꽤 좋았다. 1988년 여성지 《글래머》의 훌륭한 베테랑 편집자 루스 휘트니는 미하일 고르바초프가 시동을 건 정치 변화들이 소련 여성들에게 변화를 의미할 것인지에 관한 문제를 탐사하도록 나를 러시아에 보내주었고, 그에 관한 기사는 거의 5000단어 분량으로 길었다. 오늘날에는 어느 여성지 편집자가 그런 주제에 관해 그만큼의 지면을 할애한다는 것은 상상도 할 수 없을 것이다. 나는 《코스모폴리탄》의 전설적 편집장 헬렌 걸리에게도 글을 기고했는데 그녀도 긴 글을 매우 좋아했다. 그녀는 자신의 여성 독자들이 섹시한 모델의 사진을 보는 것만큼이나 글을 읽는 데도 흥미가 있다고 보았다. '브라운 여사'(그녀는 자신이 애지중지하는 저자들에게 늘 그렇게 불렀다)는 내가 글에 밀턴을 인용한 것을 두고 칭찬의 쪽지를 준 적도 있다. "그대와 함께 있으면 시간도 계절도 그 변화도 잊게 되고, 모두가 한결같이 기쁠 뿐입니다." 드와이트 맥도널드는 분명 비웃었을 텐데, 〔그가 보기에〕 롤러스케이트 타는 말과 다를 바 없는 《코스모폴리탄》에는 남자를 유혹하고, 돈이 되는 이력을 쌓으며, 남편을 차지하는 방법을 조언하는 페이지들이 끝도 없었기 때문이다. 하지만 오늘날 《실낙원》(게다가 17세기 원문의 구두점이 들어간)에서 인용한 구절을 젊은 여성들을 겨냥한 잡지에 싣는 것은 불가능하다. 신문처럼 여성지도 지적 생활의 정점을 나타낸다고 하기 어렵지만, 지난 20년간 그 내용의 변화는 (신문 읽기의 쇠퇴와 마찬가지로) 대중문화에서 낮아진 문턱의 또 다른 증거다.

《코스모폴리탄》편집장이 브라운 여사에서 다른 이로 교체되었을 때 아직 실리지 않은 기사가 몇 개 있었는데(브라운, 이제 고인이 된 그녀가 이미 모든 원고료를 지불해준 상태였다), 새로운 편집자 중 하나는 나에게 가장 시급한 일이 기사 분량을 절반으로 줄이는 것이라고 말했다. "단어들, 단어들, 단어들." 그녀는 몹시 화가 난 어조로 말했다. 이해할 수 없게도 내가 잡지에 계속 글을 쓰기를 바라는 듯 보였던 그 여성은 나에게 처음으로 맡길 기사로 매우 핫한 구상이 있었다. 여자 친구의 자위를 지켜보는 것을 좋아하는 남성이란 주제로 1인칭 형식의 인터뷰들이 가득 담긴 기사를 주문하고 싶어 한 것이다. 처음에는 짓궂은 농담이라고 생각했지만((여성지에도 지식인들이 글을 쓰던 시절의) 다이애나 트릴링이라면 뭐라고 얘기했을까?) 내 수입의 꾸준한 원천과 작별해야 할 시간임을 곧 깨달았다.

물론 더 길다고 반드시 더 좋은 것은 아니다. 이를테면 데이비드 렘닉이 편집장으로 있는《뉴요커》의 알찬 보도 기사들은 질이 떨어지지 않고 외려 향상되었는데, 윌리엄 숀이 주관할 때보다 다소 짧아졌기 때문이다(오늘날 잡지의 표준에 따르면 여전히 매우 길지만 말이다). 하지만 주로 편집자들이 자신과 대중에 대한 기대치가 낮아 모든 글을 일상적으로, 극단적으로 축약하는 현상은 천박한 독자에게만 딱 맞는 천박한 내용(즉 위트가 아니라 상스러움의 전형으로서의 짧음)을 만들어낼 뿐이다. 나는 옛 여성지 편집자가 여성의 자위를 지켜보는 남성에 관한 기사를 주문한 적이 한 번이라도 있었을지 의심스러운데, 그 주제가 평균적인 독자에게 너무 저속한 것으로 간주되었을 것 같기도 하고 그에 관한 '심도 있는' 탐사 내용을 채울 게 있을지도 상상이 안 되기 때문이다.

최근 수년간 젊은 여성을 겨냥한 잡지들에서 벌어진 저속함 논란이 일단 주변으로 밀려나면, 충분히 외설적인 말들(전적으로 지어낸 것이든, 인터뷰에 응할 정도로 어리석은 남성에게서 얻은 것이든)을 한데 모아 1000단어의 기사를 만드는 게 가능할지도 모르겠다. 사실 1000단어 이하의 기사는 바로 오늘날 여성지가 원하는 것이다. 인쇄계 편집자들이 다른 신문 및 잡지가 아니라 유튜브, 리얼리티 TV, 즉각적인 피드백이 가능한 블로그와 경쟁할 때, 그들은 최소한의 단어로 처리할 수 있는 주제를 선택**해야만** 한다. 활자 매체는 "끊임없이 활동하는 생활 방식"을 가진 이들에게 자신들이 딱 어울림을 지속적으로 광고한다. 간행물이 시장에 "독서를 몹시 싫어하는 이들을 위한 잡지"로 나오는 것은 시간문제일 뿐이다.

인쇄 문화가 전투태세를 취하고 있다는 또 다른 징후는 신문 경영진이 소수 취향으로 간주되는 예술(특히 문학과 클래식 음악) 보도를 화전농이 밭 태우듯 제거하고 있다는 것이다. 서평에만 할당된 신문 지면이 줄고 있는 것은 1960년대 말부터 시작되었지만 그 과정은 지난 10년간 세 가지 이유로 가속화했다. 첫째,《로스앤젤레스 타임스》처럼 한때 가족 소유였던 많은 취약한 지역신문이 직원을 줄이는 데만 관심 있고 공적 의무로서 문화 보도라는 옛 관념에는 무관심한 기업들에 인수되어왔다. 둘째, 모든 신문의 독자층이 나이를 먹어가고 있고 그마저도 줄고 있다. 전통적인 예술 보도는 덜 강조하는 반면 대중적인 영상 및 디지털 문화 보도는 보강하는(종이판과 온라인판 모두에서) 것은 젊은 독자를 끌어 모으려는 전략으로 보인다. 마지막으로, 나이가 들어가는 베이비부머 다수는 문학작품 읽기뿐 아니라 1960년대 청년문화에서 거부한, 클래식 음악을 비롯한 모든 공연예술에도 부모 세대보다 관심이 덜하다. 신문 발행인들은 현재 50대, 60대인 베이비부머 독자들이 20대, 30대인 독자들과 다를 바 없이 서평과 클래식 음악 평론을 더는 그리워하지 않으리라고 확신하고 있다. 2007년에만 《로스앤젤레스타임스》는 일요판 서평 지면을 오피니언 섹션에 통합하고 책 지면을 12면에서 10면으로 줄였으며, 《샌프란시스코크로니클》은 주간 책 지면을 6면에서 4면으로 줄였다. 《애틀랜타 저널 컨스티튜션》은 책 담당 편집자의 자리를 아예 없앴다(인력을 직접 해고하기보다 조직 '재편'으로 일자리 자체를 완전히 없애는 것은 대중 취향의 예술을 지면에 넣으려는 경영진이 선호하는 전략이다). 전미도서비평가협회NBCC에 따르면 전국의 작은 신문들은 통신사의 개략적인 서평에 점점 더 의존하고 있다. 서평에 지면을 할애하는 경우에 말이다.[21]

신문 서평의 종말을 안타까워하는 저자 및 평자들은 뉴욕 동남부 지역에서 오래된 유대인 농담에 나오는 인물, 즉 웨이터에게 음식이 형편없다고 계속 투덜대는 손님과 흡사하다. 그 비난은 다음과 같은 급소를 찌르는 말로 끝난다. "맛이 형편없는데 양도 작아!" 사실 신문의 서평들은 확실히 미들브라우 어조인데, 그것들이 사라지는 현상은 미들브라우 문화의 가치를 보여주는 또 다른 예다. 급증하는 온라인상의 문학 블로그들은 정규 신문 서평들을 대체할 수 없다. 물론 논의 중인 주제에서 실제로 중요한 것이 무엇인지 아는 이들이 쓰는 긴 서평이 실리는, '엘리건트 베리에이션The Elegant Variation' 같은 문학 블로그들이 몇몇 있다. 하지만 다수의 서평 블로그는 자신의 저작이 인쇄계 편집자와 발행인에게 거절당한 작가 지망생들이 분개하는 횡설수설에 지나지 않는다. 그런 블로그에는 왜 어떤 책은 《뉴욕타임스》와 《뉴욕 리뷰 오브 북스》에 서평이 실리고 다른 책은 무시당하는지에 관한 음모론(보통 블로그 밖 문학계 칵테

반지성주의 시대

일파티에서 사람들의 입에 오르내리는 유형의)이 특히 많다. 서평을 쓰고 싶어 하는 거의 모든 이에게 발언권을 주는 웹의 민주적 특성은 서평자 자신들에겐 이점이지만, 사람들이 어떻게 도서 구입비를 쓰고 싶어 할지를 알아내고자 애쓰는 저자나 소비자에겐 꼭 득인 것은 아니다. 신문에서 서평을 읽을 때 나는 서평자의 자격을 대략 파악하고 있고, 또 그가 정치적으로 혹은 개인적으로 다른 속셈이 있는지에 대한 판단력도 있다. 하지만 (활발한 문학 블로그 중 하나인) 북슬럿닷컴bookslut.com의 서평을 읽기 위해 5분을 써야 할지 말지의 결정은 어떻게 해야 할까? 나는 데이비드 마크슨의 《마지막 소설The Last Novel》에 관한 북슬럿의 서평을 일부 읽었는데, 그 서평자는 마크슨이 밥 딜런을 인정하지 않는 데 발끈한 듯 보인다.[22] 그리고 그는 상당한 허세를 보이며, 구글로 검색해보기 전까지 유명한 (클래식) 작곡가 네드 로럼을 몰랐다고 썼다. 이를 통해 나는 그 서평자의 문화적 자격, 증명서에 대해 알아야 할 모든 것을 알게 됐지만 이미 몇 분을 낭비했다(글 말미에서 나는 서평자가 저스틴 테일러, 그러니까 세기말에 관한 단편 선집인 《세계의 종말 독본》의 편집자임을 알게 되었다). 로럼의 이력에 무지한 것이 문화에 대한 대죄는 아니지만 자신의 무지를 자랑스러워하는 것은 서평자에게 권고할 일이 아니다. 1000단어 이상의 서평을 쓰는 수고로운 노동을 해본 이들이 증언하듯, 신문들은 자사 서평 담당자뿐 아니라 자유 기고가에게서도 더 많은 것을 기대한다. 전미도서비평가협회 대표 존 프리먼은 이렇게 지적했다. "신문들은 활자의 미래에 조마조마하고 염려하지만 다른 한편으로 인쇄기가 태동한 이래 자신들을 생존시켜온 두 가지 것을 가장 면밀히 다루는 섹션을 없애고 있다. 지식과 문자언어를 향한 대중의 갈망을 담은 섹션 말이다."[23]

클래식 음악에서 평론의 미래는 훨씬 암울해 보인다. 미니애폴리스와 시카고(오래전부터 음악 문화가 확립되었고 세계적인 오케스트라들이 있는 도시들)에서는 신문 평론가들이 신문의 매각을 겪으며 자유 기고가로 대체되었다. "그들은 나를 해고하지 않았습니다." 미니애폴리스의《스타트리뷴》에서 오랫동안 음악평론가로 활동한 마이클 앤서니는 말했다. "내 일자리를 없애버렸지요."[24]《애틀랜타 저널 컨스티튜션》은 책 담당 편집자의 일자리를 없앴듯이 클래식 음악 평론을 없애려 했지만 지역의 유력한 예술 후원가들의 맹렬한 반대에 부딪혀 철회했다.

책과 클래식 공연예술 지면을 축소하는 동안 신문들은 대중문화, 인포테인먼트, 그리고 디지털 매체와 연관된 모든 것에 관한 보도를 지면과 온라인에서 확대하고 있다. 이는《새터데이리뷰》같은 옛 미들브라우 잡지들이 1960년대 말과 1970년대 초의 경향들을 적극 받아들여 젊은 독자를 끌어들이려 했던, 결국 실패하고 만 노력들을 상기시킨다. 물론 대중문화와 디지털 세계도 활자 매체에서 심도 있게 보도해야 마땅하지만 그런 보도로 신문 판매의 감소가 중단될 것 같지는 않다. 문제는 사람들이 인포테인먼트에 집착할수록 무엇이든 읽을 공산은 점점 줄어든다는 것이다. 편집자들은 예술 섹션을 최신 힙합 경향에 대한 면밀한 분석, 최신 유튜브 동영상에 대한 설명, 그리고 우아하게 사라지길 거부하는, 관절염에 걸린 1960년대 록 스타들의 최신 콘서트나 회고 무대에 관한 리뷰(나이 많은 베이비부머들을 달래기 위한 선물)로 가득 채울 테지만, 그 리뷰들이 누군가를 아이패드, 아이폰, 컴퓨터 혹은 TV 방송으로부터 꾀어내지는 못할 것이다. 디지털 장난감에서 인포테인먼트 소비자들은 그것을 읽는 대신 실제의 것을 보거나 들을(혹은 보고 들을) 수 있기 때문이다.

인터넷을 활자문화를 구해줄 메시아로 찬양하는 학파도 있는데, 이런 구원의 희망을 품는 까닭은 텍스트 접근 가능성과 실제 독서 및 글쓰기를 근본적으로 혼동하기 때문이다. 인터넷은 분명 구글을 사용할 수 있는 이라면 누구에게나 열려 있는, 영상물뿐 아니라 텍스트 고속도로도 제공하지만, 텍스트와 지적으로 실질적인 독서가 동일하다고 하기는 어렵다. 앞으로 온라인상의 텍스트 도서관이 점점 확대되리라는 것은 의심의 여지가 없다. 구글이 세계의 모든 책을 스캔 하겠다는 오만한 목표를 달성하지 못한다 할지라도 말이다. 저작권 위반에 관한 다른 저자들의 염려는 나도 공유하는 바지만 어쨌든 구글의 행운을 빈다(나의 선한 바람이 필요하다면). 1972년에 2000부도 팔리지 않은, 러시아에 관한 나의 첫 책을 구글이 스캔 하고 싶어 한다면, 또한 우즈베키스탄의 누군가가 온라인상에서 그 책을 읽고 싶어 한다면, 그래, 그의 건투를 빈다.

그런데 전통적인 의미에서 자유로운 생각과 해석이 가능한 독서는 우리 대부분이 (나이와 컴퓨터 능력과 상관없이) 인터넷에서 하고 있는 것이 아니다. 그것은 (다음 끼닛거리를 찾는 맹금처럼) 특정 정보를 찾고자 두리번거리는 과정이다. 나는 온라인상에서 무언가를 읽을 때, 그게 본질적으로 흥미롭거나 잘 쓴 것일지라도 오랫동안 곰곰이 생각하는 일이 거의 없는데, 그런 까닭은 기본적으로 시간을 아끼기 위해서다(옛 형태의 눈을 뗄 수 없는 책을 읽을 때처럼 시간 가는 줄도 모르는 일이 없도록). 만약 그 정보가 정말 중요한 것이라면 나는 프린트해서 다른 오프라인 출처의 자료들과 더불어 확인한다. 내 최근작에서 사실 확인 작업을 하면서 온라인 출처의 오류율이 책보다 세 배임을 알게 된 후 내가 취하는 필수적인 예방책이다. 아무튼 나는 진정한 의미에서 독서를 하는 것이 아니라 매우 구체적인 목적에서 텍스트들을 모으는 것이며, 이는 미래에 보편적인 가상 도서관을 이용할 사용자들에게도 다를 바 없으리라는 예감이 든다. 가상의 우즈베키스탄 독자는 아마도 한때 소련으로 불렸던 곳의 풍속에 관한 학기말 보고서를 위해 일화들을 닥치는 대로 모으는 데 여념이 없는 대학생일 테고, 그가 나의 《모스크바 대화Moscow Conversations》의 스캔본을 처음부터 끝까지 읽을 공산은 매우 낮다. 다음은 잡지 《와이어드》에 기고하는 이가 미래의 디지털 도서관에서 연구 조사와 관련해 벌어질 수 있는 일들에 대해 쓴 것이다.

검색엔진들은 우리의 문화를 변형하고 있는데, 실재하는 모든 링크들로 구성된 관계망의 힘을 이용하기 때문이다. …… 책의 각 페이지가 다른 페이지, 다른 책을 연결함에 따라, 책의 지식에 관한 고정된 세계는 그런 확산하는 관계망에 의해 이제 곧 변형된다. 텍스트가 일단 디지털화하면 책들은 장정에서 빠져나와 자신들을 함께 엮어낸다. 도서관의 집단지성 덕분에 우리는 한 권의 고립된 책에서는 볼 수 없는 것들을 보게 된다. 동시에 일단 디지털화하면 책들은 장정에서 풀려나와 각 페이지 혹은 그보다 더 작은 단위, 그러니까 토막들로 나뉠 수 있다. 이 토막들은 혼합되어, 다시 정리된 책들로, 가상의 서가로 바뀔 것이다. …… 보편적 도서관은 가상의 '서가'(도서관 서가의 전문 정보의 가치를 이루는, 일부는 단락만큼이나 짧고 일부는 책 전체만큼이나 긴 텍스트들의 집합) 구축을 촉진한다. 그리고 음악 재생 목록처럼 일단 만들어지면 이 '서가'는 공유재로 발행되고 교환될 것이다. 사실 일부 저자들은 토막들로 읽힐, 혹은 각 페이지가 짜깁기될 수 있는 책을 쓰기 시작할 것이다.[25]

나는 이 무시무시한 예측이 몇 십 년 내에 부분적으로라도 실현되리라고 확신하는데, 그 과정이 이미 상당 부분 진행 중에 있기 때문이다. 영화 및 녹음의 편집을 상기시키는 '짜깁기remix'라는 용어를 사용한 것이 매우 시사적이다. 대학 학기말 보고서부터 상업적으로 출간된 책까지 다양한 원고의 저자 다수가 짜깁기에 딱 어울리는 제재를 이미 생산하고 있다. 그 과정에는 또 다른 이름이 있다. 즉 표절이다. 2002년 러트거스대학 교육관리센터가 실시한 전국적 설문조사에 따르면 고등학생의 절반 이상이 인터넷에서 찾은 저작들을 표절했다.[26] 그러나 이 문제에서 인터넷을 유일한 범인 혹은 주요 범인으로 그리는 것은 아주 큰 실수다. 학생들이 보고서를 작성할 때 위키피디아를 인용하지 못하도록 하여 논란을 야기한 바 있는 버몬트주 미들베리대학 사학과는 핵심을 놓쳤는데, 즉 백과사전은 무엇이든(온라인이든, 오프라인이든) 연구 보고서에서 출처로 인용해서는 안 된다는 것이다. 백과사전을 이용하면 안 된다는 것은 과거에는 고등학교에서 가르쳤다. 고등학교 때 정치학을 가르쳤던 데일 브루베이커 선생님이 가장 먼저 분명히 한 것 중 하나는 학기말 보고서에 브리태니커백과사전을 인용할 수 없다는 것이었고 학생들은 이를 성가셔 했다. 과거 백과사전 판매원이 집 현관 앞에서 편리하게 이용할 수 있는 지식이 있다고 유혹할 때, 고등학교에서 과제를 작성할 때 백과사전을 쓸 수 없으리라는 것을 누가 알았겠는가? 대학교수들이 현재 학생들에게, 한때 고등학교 신입생에게 가르쳤던 보고서 작성 기초 요령을 가르쳐야 한다는 사실보다 활자

기반 미들브라우 문화의 퇴보를 보여주는 확실한 징후는 없다.

컴퓨터 시대의 기술은 문학의 독창성에 대한 존중이 줄어드는 추세를 가속화해왔다. '짜깁기'를 위한 제재를 찾는 것이 전보다 훨씬 쉬워지고 빨라졌다. 이런 기술은 저자로 하여금 상업적 성공 가능성이 이미 증명된 자신의 문학작품과 흡사한 것을 만들도록 고무하는 '일괄 기성 상품packaging' 회사들의 목적에 정확히 부합한다. 일괄 기성 상품은 책으로 불러서는 안 되고, 인터넷에서 토막글이나 짜깁기된 페이지로 사용되도록 작성한 텍스트 역시 마찬가지다. 사실 그런 제품의 저자들은 작가로 불러서는 안 된다. 그런 저작들은 작가들에 대한 이오시프 스탈린의 잊지 못할 묘사, 즉 "인간 영혼의 기술자들"로 잘 요약된다(스탈린은 1932년 어떤 작가 모임에서 축배사로 이 어구를 처음 말한 것으로 추정된다. 본디 이 말을 만든 사람은 소련의 유명하지 않은 소설가였다. 몇 년 후 기술자로서 재능이 충분하지 못한 작가들은 강제수용소로 사라지게 된다).

지난 10년간 흥미로운 사실을 드러내는, 일괄 기성 상품 및 표절 관련 소동 중 하나는 19세의 하버드대학 2학년생 카아바 비스와나탄이 세밀하게 만들고 리틀브라운 출판사에서 출간한 '칙릿' 책을 중심으로 일어났다. 인도계 미국인이 자신에 관해 처음으로 쓴 칙릿《오팔 메타는 어떻게 키스를 받고 격렬해지고 삶다운 삶을 살게 되었나How Opal Mehta Got Kissed, Got Wild, and Got a Life》는 이례적인 수준으로 매스컴의 주목을 받았고 베스트셀러가 되는 듯 보였는데, 그 무렵 저자가 메건 매캐퍼티의 칙릿 두 권에서 상당히 많은 구절을 표절했다는 것이 밝혀졌다. 비스와나탄은 기억이 정확하다면서 '베끼기'가 의도하지 않은 것이라고 주장했다.

그런데 이 이야기에는 한 야심인 젊은 여성의 모호한 윤리 의식 이상의 것이 있다. 비스와나탄은 고등학교 3학년 때 아이비리그에 합격할 가능성을 높이고자 부모가 사적으로 고용한 카운슬러의 조언에 따라 그 기획을 구상한 것으로 보인다. 그 카운슬러는 공교롭게도 대학 지원서 작성에 관한 책을 쓴 저자였고, 그녀는 비스와나탄이 쓴 것 중 일부를 윌리엄모리스에이전시의 담당자에게 보여주었다. 담당자는 비스와나탄에게 얼라우엔터테인먼트, 즉 기획서를 만들어 출판사에 보내고 구성과 등장인물이 이미 짜인 책을 만들기 위해 '소녀 감성 영혼의 기술자들'을 고용하는 일괄 기성 서적 기획사에 연락을 취하라고 했다. 《뉴욕타임스》는 리틀브라운북스포영리더스의 편집장 신디 이건이 일괄 제작에 대해 다음과 같이 한 말을 인용했다. "어떤 면에서 그건 텔레비전 쇼와 비슷한 작업입니다. 우린 모두 소설을 만들 때 함께 작업을 해요."[27] 리틀브라운북스포영리더스는 십대 초반을 대상으로 하여 클리크Clique, A리스트A-list, 가십 걸Gossip Girl●이라는 세 가지 인기 있는 소재로, 책 같지 않은 책 시리즈를 내는 출판사다. 이런 책들은 페미니스트들의 통탄을 불러일으킬 만한데, 소녀들이 소년들을 차지하기 위해 서로 속이고 음해하며 경쟁한다는 전제에 기초하고 있기 때문이다.

'가십 걸' 같은 시리즈들은 사실상 매캐퍼티 같은 저자들이 쓰고 표적 독자층이 십대 후반 및 이십대 초반인, 좀 더 '성숙한' 칙릿의 여동생 격이다. 일괄 제작 서적은 일괄 제작 기획사의 구체적인 작성 지침서에 따라 작성되고, 저자에게 통상적인 공식에서 벗어나는 글을 쓸 수 있는 자유가 주어지는 경우도 있다. 비스와나탄 사례

● '클리크'는 패거리, 'A리스트'는 사교계 최고의 유명인들, '가십 걸'은 소문을 퍼뜨리기를 좋아하는 소녀를 뜻한다.

에서 특이한 점은 이미 칙릿에 많이 등장하는 백인, 흑인, 히스패닉 여학생이 아니라 인도계 여학생에 관한 소설이라는 것이다. 하지만 하나의 범주로서 이 책들의 핵심은 쓰이는 단어가 똑같지 않다 하더라도 모두 똑같아 보이는데, 하나같이 동일한 기초 공식을 따르기 때문이다. 비스와나탄 사례가 증명하듯이 이런 책들에서 긴 구절을 가져와 매끄럽게 짜깁기해서 또 다른 책을 만드는 것은 식은 죽 먹기다. 또 다른 출판계 임원은 그런 시리즈에는 "전반적으로 특정한 유사성들"이 있다고 인정했고 "십대의 경험은 꽤 보편적"이라고 덧붙였다.[28]

공식에 따라 글을 써서 일괄 제작하는 것은 출판계에서 전혀 새로운 게 아니다. 이를테면 '낸시 드루' 시리즈와 '하디 보이스' 시리즈는 10년 간격을 두고 상이한 저자들이 동일한 필명을 사용하여 만든 것이다. 큰 차이가 있다면 좀 더 이른 시기에 나온 그 시리즈들은 거의 대부분 초등학생 연령의 아이들이 읽었다는 것이다. 즉 '낸시 드루' 시리즈와 '하디 보이스' 시리즈는 십대 중후반이나 이십대를 겨냥한 유사한 책들로 이어지는 가교 역할 및 본보기를 결코 의도하지 않았다. 당시 어떤 소녀가 열두 살쯤 되었는데 아직도 '낸시 드루' 시리즈에 흥미를 잃지 않았다면 무언가 문제가 있는 것이었다. 성性과 성인기의 신비를 탐구하기 위해 책에 기댈 정도의 나이를 먹은 경우라면 성인 저자가 성인에 관해 쓴 성인 소설에 기댔다. 1960년대 아이비리그를 목표로 한 소녀들이 읽었던 것은 메리 매카시와 필립 로스였지, 아직 십대이거나 이제 막 십대를 벗어난 작가들이 쓴 소설이 아니었다. 공식에 따른 예측 가능성 면에서 '청소년' 및 칙릿 사이비 책들은 이전에 성공한 프로그램을 모방하기 위해 분투하는 새로운 텔레비전 프로그램들과 흡사하다.

카아뱌 비스와나탄은 대중의 조롱거리가 되었을지 모르지만 문학에 대한 그녀의 태도는 특이하다고 보기 어렵다. 그녀가 《뉴욕타임스》와 한 인터뷰에서 가장 슬픈 부분은 원래 앨리스 세볼드의 베스트셀러 《러블리 본즈The Lovely Bones》를 본보기로 삼아 이야기를 썼는데 윌리엄모리스에이전시 담당자는 그 글이 "너무 어둡다"고 생각했다는 해명이었다. 비스와나탄은 담당자 및 일괄 제작 기획사로부터 이런 조언을 들었다. "좀 더 밝고 가벼운 글을 쓰면 좋겠다고 했어요. 그래야 더 잘 팔릴 거라고 생각한 거죠."[29] 아무렴, 진지한 작가를 모방한 게 팔릴 가능성이 낮다면 칙릿 작가를 모방하는 것을 왜 주저하겠는가?

'텍스트'를 서로 바꿀 수 있는 상품으로 보는 관념은 독서 자체를 (독서가 완전히 사라지지 않는 한) 개인적 혹은 사회적 손해가 전혀 발생하지 않으면서도 비디오게임 같은 다른 문화 상품에 의해 대체될 수 있는 문화생활의 한 측면이라고 보는 생각에서 자연스럽게 흘러나온다. 여기서 신기술 열광자들은 틀렸고, 문학 독서의 특별한 중요성을 옹호하는 이들이 옳다. 존 업다이크는 이렇게 웅변했다. "인쇄하여 장정한, 돈을 주고 구입해야 하는 책은 생산자에게도 소비자에게도 더 힘들고, 더 큰 노력을 요하는 것이었다. 지금도 여전히, 현재로서는, 마찬가지다. 그것은 두 정신이 침묵 속에서 조우하는 장소, 즉 상대의 발걸음을 뒤따라가기는 하지만 깊은 숙고를 하면서 상상하고 주장을 펼치며 동의할 수 있는 장소다. 그것은 단순히 사회적 관습일 뿐인, 서로 봐주고 허튼소리로만 해대는 개인적 조우를 넘어서는 것이다. 책의 독자와 저자들은 현재 비타협자, 그러니까 구텐베르크 이후 마을의 전기 햇빛 아래 나와 놀기를 거부하는 은둔자의 상태에 가까워지고 있다."[30]

책이 지적 생활에서 가장 강하고 없어서는 안 될 기둥이라면, 대화는 두 번째 것이다. 많은 측면에서 대중매체는 지난 45년간 문학보다 대화에 훨씬 더 가공할 폭력을 가해왔다. 대화는 사실 1950년대, 그러니까 많은 가족이 저녁을 먹을 때 텔레비전을 켜놓기 시작하던 시기에 처음으로 꽃을 피웠다. 이런 관습은 우리 어머니는 금지하셨지만 많은 가정에서 허락되었고, 흑백 화면의 유혹이 너무 강한 나머지 식사 시간의 텔레비전 시청에 관대한 부모님을 둔 친구들 집에서 밤새 노는 것을 나는 늘 고대했다. 텔레비전 프로그램들은 대화를 종식시키지 않았지만 그 본질을 변화시켰다. 즉 텔레비전을 꺼야만, 화면에서 일어나는 일보다 우리 자신의 삶에서 일어나는 일에 대해 이야기하게 되었다. 21세기의 첫 20년 동안에는 소위 대화 회피 기기들이 폭발적으로 증가했다.

스티븐 밀러는 대화에 관한 생생한 역사서에서 이런 기기들에는 비디오게임과 헤드폰을 사용하는 음악 재생기처럼 명백하게 대화를 중단시키는 것들만이 아니라 역설적으로 휴대폰, 이메일, 문자메시지가 포함된다고 지적했다. 이 모든 메시지 전달 기기들은 의사소통을 용이하게 하지만, 의사소통과 대화는 본질적으로 상호 관계가 텍스트와 좋은 책의 관계와 같다. 즉 전자가 반드시 후자를 낳는다는 보장이 전혀 없다. 밀러의 책에 관한 서평에서 러셀 베이커는 1930년대, 어린 시절에 풍성했던 가족의 대화를 다음과 같이 묘사했다.

대공황기, 어린 시절의 기억 중 하나는 침대에 누워 사람들, 그러니까 어른들이 밤늦게까지 소곤거리며 이야기를 나누는 소리를 듣다가 잠들었던 것이다. 우리 집은 작고 친밀한 가족이었고, 오랫동안 일을 하지 않은 어른들로 북적거렸고, 돈은 부족했다. 그래서 어른들은 이야기하고 또 이야기하고 또 이야기를 나누었다. 주로 추억담이었다. 대가족이라 어린 시절에 대한 기억이 서로 달라서 대화로 확인하곤 했다. 농담도 많이 했던 것 같은데 조용한 웃음소리가 많이 들렸다. 하지만 진지한 사안에 대해서도 이야기를 나누었다. 주요 화제는 우드로 윌슨이었다. 윌슨은 '이상주의자'였나, 아니었나를 궁금하게 여겼다. 그래서 그는 실패한 것일까요? 그는 영국에 속은 것일까요? 미합중국이 속아서 유럽을 위해 위험을 무릅쓰는 일을 하지 않았다면요? 소곤거리는 목소리로 이어지는 그런 대화를 들으며 잠들 때 느낌이 편안했다.[31]

대공황을 겪던 이들이 보기에 대화에는 돈 한 푼 들지 않는다는 아주 큰 장점이 있었다. 그런데 1950년대, 즉 밥벌이를 위한 고투가 한 세대 전보다 훨씬 덜했던 시기, 가족 간의 대화에 대한 내 기억도 베이커의 기억과 흡사하다. 나도 여덟아홉 살 무렵, 옆방에서 낮게 웅성거리는 목소리를 들으며 끔벅끔벅 졸았던 기억이 난다. 잠들지 않으려고 몹시 애썼는데 귀 밝은 아이들(최근 몇 십 년간 누구에게서도 듣지 못한 표현)이 들으면 안 될 만한 주제에 관해 어른들이 하는 이야기를 엿듣고 싶었기 때문이다. 이를테면 핵폭탄에 대한 부모님의 염려(당시 자주 나오던 그 주제가 오늘의 뉴스에 나올 때마다 부모님은 대단치 않은 일이라고 안심시키려 했다), 로젠버그 부부의 사형, 산타클로스가 없다는 것을 남동생에게 이야기하지 않도록 나에게 주의를 주어야 하는가 따위의 주제였다. 몇 살 더 먹었을 때(어른들의 대화에 참여하고 이해할 수 있는 나이지만 어른들의 대화를 시시하게 여길 정도의 나이는 아직 아닌) 나는 자지 않고 어른들 사이에 낄 수 있었다.

오늘날 십대 초반의 청소년들은 저녁 식사가 끝나면 자기 방에서 혼자, 현재 모든 연령의 아이들에게 요구되는 끝없는 숙제(취미로 하는 독서의 또 다른 적)를 하고 인터넷 서핑을 하며 휴대폰으로 문자메시지를 보내거나 비디오게임을 한다. 부모들도 대개 혼자서 좋아하는 오락을 한다. 물론 회사에서 하루 종일 일하고도 집안일에 분주한 여성들은 보통 저녁에 웹 서핑을 할 시간이 남성보다 적긴 하지만 말이다.

모든 지적·정서적 생활의 중심은 대화다. 그리고 그 대화는 태어나면서부터 시작된다. 가족의 저녁 식탁이 한때 사회적 대화의 즐거움을 누리는 제일의 대면 장소였다면, 학교의 식당, 밤샘파티를 즐기는 친구의 집, 늦은 밤 도서관에서의 한담 시간, 커피숍, 선술집(친구들과 생각, 개인적 신념을 나눌 수 있는 모든 장소)이 빠르게 그 뒤를 이었다. 가족 내외부에서 이루어지는 개인적인 사회적 접촉은 주의 산만 문화의 또 다른 피해자다. 모든 연령대의 성인들이 25년 전보다 친구들이 적고 또 중요한 문제를 상담할 사람도 적다고 보고한다. 미국인 가운데 넷에 하나는 중요한 사안에 관해 이야기할 사람이 한 명도 없다고 말한다. 1985년보다 퍼센티지가 두 배 늘어난 것이다. 낙폭이 가장 큰 것은 가족이 아닌 사람과의 사회적 접촉이었다. 1985년 미국인의 43퍼센트가 중요한 사안을 친구와 이야기했는데 2004년에는 20퍼센트만 그랬다.[32] 21세기의 첫 10년에 보고된 이런 추세는 최근 수년간 갈수록 두드러졌다. 나는, 이것이 반직관적인 결론임을 잘 알지만, 스마트폰이 진정한 대화의 방해물임을 확신한다. 휴대전화가 나오기 전에 성년이 된 사람이라면 누구나 우리 모두가 전보다 서로 대화를 덜 한다는 것을 알고 있다. 특히 스마트폰은 길고 친밀한 대화를 방해한다. 다른 것 혹은 다른 사람이 늘 방해한다. 걸려 오는 또 다른 전화, 전에 쇼핑을 했던 가게에서 오는 세일 광고, 그리고 문자메시지에 늘 신경 쓴다. 문자메시지도, 이메일도 상대의 음성을 듣는다는 진정한 대화의 목적에 부합하지 않는다. 온라인 소통에서는 기껏해야 이런 말이다. "나, 여기 있어. 네 생각 하고 있어." 최악의 경우에 이는 보통 매우 실용적인 이유에서, 굳이 대화를 나누고 싶지 않은 사람의 존재를 확인해주는 수단이다. 우리는 모두 이것을 알고 있다. 휴대폰 화면에 뜬 상대가 성가시기만 한 이라면 누가 전화를 받겠는가?

우정의 대화가 줄어든 데는 의심할 여지 없는 많은 이유가 있다. 일하는 시간이 전보다 늘었고, 일과가 빡빡한 맞벌이 가정에서는 부모가 우정을 쌓고 사회생활을 유지할 자유 시간이 훨씬 적어졌다. 그런데 기술의 고립 효과는 우리 문화에서 대화를 방해하는 다른 모든 요소들을 강화한다. 헤드폰은 모르는 사람의 원치 않는 소음뿐 아니라 친구와 가족의 (때때로 마찬가지로 원치 않는) 비밀 이야기를 차단하는 편리한 방법이다. 전에는 서로 대화를 해야 했던 상황(긴 운전 길, 해변에서의 느긋한 오후, 학교 구내식당)에서 젊은이들은 현재 일상적으로 선배들과의 대화를 차단하고 동년배들에게도 흔히 그렇다. 1980년 전에 대학을 졸업한 이라면 오늘날 기숙사의 침묵에 필시 놀랄 것이다. 학교생활의 주요소였던 밤늦은 대화, 밤샘 대화는 거의 모든 사람이 온라인에 접속해 있거나 고치 모양의 아이팟 스피커를 듣고 있는 방에서의 개인 활동에 자리를 내주었다. 한번은 대학교에서 강의한 뒤 기숙사에서 밤을 보내야 했는데, 학생 시절 밤늦게까지 시끄러운 소음과 웃음소리가 끊이질 않았던 기억이 있는 나는 잠을 설칠까 싶었지만 기우였다. 기숙사는 으스스할 정도로 조용했고, 공용 주방에서 커피를 끓이는 두 학생과 마주쳤지만 둘 다 아이팟에서 나오는 음악에 머리를 흔들고 있어서 한마디도 나누지 못했다. 1960년대 초였다면 내가 재학 중이던 미시간대학처럼 정치에 무관심하고 취업 지향적인 학교들에서도 전문 작가(유명인은 아닐지라도)가 오면 치열한 토론을 원하는 소집단 학생들의 관심을 끌었을 것이다.

또 다른 현저한 영향력은 스티븐 밀러가 "대화 대용품ersatz conversation"이라 부른 것에 의한 방송 및 인터넷 블로그의 지배다. 여기에는 분노하고 결론 없이 의견을 주고받기만 하는 게 특징인, 이데올로기에 추동되는 라디오 및 텔레비전 토크쇼와, 오프라 윈프리 같은 우상들이 선호하는 보다 부드러운 구성의 방송(생방송이지만 대본에 따르는)이 포함된다. 성희롱 혐의들(일부는 회사 측이 은밀하게 해결했다)이 폭로된 후 2017년 4월 폭스뉴스의 인기 뉴스쇼에서 퇴출된 빌 오라일리 같은 진행자들은 게스트가 하려는 말에 흥미 있는 척도 하지 않았다. 오라일리는 정치적 견해가 다른 이의 말은 그냥 끊어버렸다. 그럼에도 나는 2008년 출판사 관계자의 강권으로 〈오라일리 팩터〉에 출연했는데, 오라일리가 분명 나의 사상에 적대적일지라도 그 우파 호스트가 그날 밤 하는 모든 말에 발끈 화를 내는 것이 그 쇼를 보는 유일한 목적인 특정 퍼센티지의 시청자에게 내 책을 소개할 수 있다고 관계자는 조언했다. 오라일리는 나를 "여사Madam"로 불러 분위기를 잡았고, 나중에 들은 바에 따르면 나는 그를 "선생님Sir"으로 불러 점수를 땄다고 한다. 거기서 있었던 것은 진정한 대화와는 닮은 데가 하나도 없었다(오라일리는 나에게 성적인 것을 시사하는 발언을 전혀 하지 않았다. 아마도 내가 그가 선호하는 타입이 아니었거나, 힘없는 여성 직원들이 넘치는 상황에서 굳이 게스트한테 집적거릴 이유가 없어서였을 수도 있다. 아무튼 출판사 관계자는 옳았다. 오라일리가 내 책을 싫어한다는 이유로 내 책을 산 자유주의자들에게서 이메일을 매우 많이 받았기 때문이다).

〈오프라 윈프리 쇼〉, 즉 윈프리가 자신의 금융 제국을 세운 주간 방송 같은 토크쇼들에서는 상이한 유형의 대화 대용품이 사용되었다. 윈프리는 물론 공감의 여왕이었고, 또한 엘런 드제너러스가 대표라 할 수 있는 차세대 토크쇼 진행자들에게 자신의 대화 방식을 넘겨주었다. 대체로 그런 쇼의 게스트들은 사람들이 자신에게 기대하는 것을 잘 알고 있고 정서적 대본, 즉 시청자에게 시련과 슬픔, 생존을 위한 분투, 인간 정신의 승리와 회복을 이야기하라고 하는 대본을 받아들인다. 〈오프라 윈프리 쇼〉 대본은 대화가 아니라 《천로역정》의 축약본, 즉 게스트들 및 청중이 절망의 구렁텅이Slough of Despond°에 너무 깊숙이 빠지지 않도록 해주는 것이 윈프리의 역할인 축약본이었다. 설사 눈물이 그렁그렁 맺힐지라도 수백만의 청중 앞에서 이런 유형의 가짜 친밀함에 열중하는 것은 정상적인 것도, 사적인 것도 결코 아니다.

매일 블로그에서 이루어지는 수많은 소위 대화들은 마찬가지로 대용품이다. 블로거들이 서로 직접 대화라고 하는 것을 할 때조차 그 행위는 보통 논평과 대답 사이에 어떤 관련성도 없다. 블로그들은, 흔히 글로 자신을 조리 있게 표현하지 못하고 또 면대면 소통과 마찬가지로 온라인 의견 교환에서도 필요한 실질적인 대화 기술에 서툰 사람들의 상스러운 발언을, 대개 편집되지 않은 형태로, 뿜

° 존 번연의 《천로역정》에 나오는 시련 중 하나.

어낸다. 블로그의 핵심은 자기표현이지 대화가 아니다. 나는 수년간 《워싱턴포스트》와 《뉴스위크》가 운영하던 블로그 '신앙에 관하여On Faith'(현재는 사라진)에서 정규 패널이었는데, 사람들이 내 글들에서 끌어낸 비합리적 추론에, 간혹 재밌기도 했지만, 대체로 어안이 벙벙했다. 내가 주간 논평란에서 여론조사는 집단으로서 여성이 남성보다 종교적임을 지속적으로 나타낸다고 지적했을 때, 전형적인 반응은 이런 식이었다. 단순히 '나,Me,'라는 아이디를 쓰는 이는 여성이 남성보다 멍청하기에 더 종교적이라고 단도직입적으로 주장했다. 이어 그는 여성이 신앙에 의지하는 것은 하느님이 양육비(추측건대 독실한 믿음의 특전일)를 줄 남성을 보내주시길 원하기 때문이라고 호언장담했다.

그는 이렇게 썼다. "가장 흔한 기도문은 이렇다. 하느님, '남편'이 일자리를 잃지 않도록 해주세요. 양육비가 없으면 전 살 수 없으니까요." '나,'라는 이상한 별명을 쓰는 이의 경우처럼 기이한 구두점과 유아론적 어조는 블로그 세상의 수다의 특징이다. 그곳의 발언들이 타당한 것이든 명백히 터무니없는 것이든, 그것들은 신원을 확인할 수 있는 이들이 자신의 발언에 대한 책임을 요구받고 간혹 의견을 뒷받침할 사실을 제시해야 하기도 하는 진정한 대화와는 전혀 닮지 않았다. 물론 현실의 논의에서도 대화의 기술을 들어본 적 없는, 말 많은 지루한 사람과 천박한 사람이 매우 많지만, 그런 이들은 결국 사람들이 피하거나 철저히 반대하기 마련이다. 반면 가상 세계에서는 블로거가 개인적 공격이나 음란물 금지 같은 특정 규정을 위반하지 않는 한 그런 일은 일어나지 않는다. 내 글들 가운데 인터넷 독자들의 분노를 가장 자아낸 것은, 익명의 의견은 자신의 이름을 기꺼이 밝힐 의사가 있는 사람의 의견보다 경향적으로 덜 가치 있다는 나의 잦은 발언이었다. 익명의 필자 다수는 소셜미디어에, 만약 가족이나 친구 혹은 동료가 읽는다면 수치심을 느낄 만한 글을 쓰고 자기를 표현한다.

오늘날 활기찬 대화의 기술이 계속 쇠퇴하는 상황에서 광범위한 주제에 관한 옛날식의 열렬한 지적 대화를 책에서만 찾을 수 있다는 것은 슬픈 일이다. 지식인들이 과거에 서로(또한 어떤 계기로 청취하게 된 이들에게도) 이야기하던 방식을 엿보려면 독립 저널리스트 I. F. 스톤의 훌륭하고 간결하며 생생한 주장이 담긴 1988년 저작, 즉 스톤과 앤드루 패트너가 나눈 대화를 편집한 책을 보면 된다(패트너의 대답은 빠져 있다). 2학년 때 대학을 그만둔 독학자 스톤은 소크라테스의 재판에 관한 책을 집필하기 위해 행하던 연구 조사에 관해 다음과 같이 말했다.

나는 자주 말합니다. 누구도 플라톤처럼, 정말 매력적인 것을 가지고 극히 난센스적인 작품들을 지은 이는 없다고요. 난센스적입니다. 절대적으로요. 그리고 열정적인 플라톤주의자들은, 종교 집단에 가깝습니다. 통일교도Moonies처럼요. 내 말은 플라톤은 매력적인 사상가이자 훌륭한 작가이며 희극 천재라는 겁니다. 올림피오도로스는 말했습니다. 인생극, 그러니까 희곡, 희극 작가가 되고 싶었지만(그가 죽었을 때 침상에는 아리스토파네스의 책이 한 권 있었다고 전해집니다) 소크라테스를 만나고 나서 포기했다고요. …… 당신도 플라톤을 읽어야 합니다. 그가 말하는 체제나 사상뿐 아니라 그런 것에 어떻게 이르게 되었는지, 말하자면 그 과정에 있던 모든 것들, 즐거움, 고투를 알기 위해서도 읽어야 해요. 다른 어떤 철학자도 자신의 철학을 짧은 극으로 만들어내지 못했습니다. 플라톤 저작의 지속적인 매력은 바로 그런 점 때문입니다. …… 《파이돈》이 바로 그런 책이죠. 아메리칸대학에서 《파이돈》을 읽다가 끝까지 읽었습니다. 와락 눈물이 터져 나오더라고요. 아이들은 분명 내가 미쳤다고 생각했을 겁니다. 가슴이 정말 뭉클했어요. 위대한 극작품입니다.

…… 그래서 로마의 연극과 희극을 살펴보려면 그리스의 연극과 그 자유의 원천들을 훨씬 잘 이해하고 있어야 합니다. 고대 그리스 법과 로마 법, 그리스 민회 및 로마 민회의 절차와 법도 마찬가지죠. …… 나는 로마를 그다지 좋아하지 않습니다. 키케로는 무가치한 인물입니다. 전형적인 기업 고문 변호사이자 부자와 권력자에게 아첨하는 자였지요. 하지만 그는 위대한 시절이 끝나고 몇 세기 흐른 시점에 아테네에서 공부했어요. 그의 철학 논문들은, 심오하진 않지만, 매우 값집니다. 《신의 본성에 관하여》, 《점술에 관하여》, 《투스쿨룸 대화》를 찾아보세요. …… 나는 카이사르에 동의하지만 말입니다. 그는 그 산문체를 소아시아적, 그러니까 과장되고 화려한 문체라고 했는데, 나는 그의 연설들이 미사여구가 좀 지나치다고 생각합니다.[33]

바로 이것이 열렬한 지적 대화가 어떤 것인지를 보여준다. 천재적인 정통함, 강렬함, 수천 년 전에 살다가 죽은 사람들과의 교감. 내가 그 대화의 상대였으면 좋았을 텐데, 하고 나는 생각한다. 누군가가 플라톤을 극도의 난센스를 퍼뜨린 이라 하고 키케로가 엄청난 아첨꾼이었다고 말하는 것을 들어본 지 꽤 오래되었다. 독서의 쇠퇴와 지적 대화의 쇠퇴 사이의 연관성을 보여주는 완벽한 예를 더 찾아볼 필요는 없다.

또 다른 유형의 대화(과거에 편지에서 사용되던 종류)는 줄어들었을 뿐 아니라 모든 실용적 목적들 때문에 사망한 상태다. 문자 의사소통의 구세주이자 시대에 뒤떨어진 편지의 마땅한 계승자로 흔히 언급되는 이메일은 모든 사람이 휴대폰으로 문자메시지를 보내기 오래전에 전통적인 편지에 최후의 일격을 가했다. 최근 나는 집에서 사무실로 쓰는 방을 정리하다가 1968년, 그러니까 내가 워싱턴에서 여전히 기자로 일하고 있고 약혼자는 《워싱턴포스트》의 아프리카 통신원으로 케냐 나이로비에 있던 때에 쓴 두꺼운 편지 더미를 발견했다. 이제 막 약혼하고 사랑에 빠져 있던 우리는 긴 편지(행간 여백 없이 두 쪽에서 다섯 쪽 정도)를 최소 한 주에 두 번 주고받았다. 수십 년 만에 처음으로 그 얇고 잔주름 많은 항공우편 편지지들을 손에 쥐고, 나는 우편함을 열고 두꺼운 우편 봉투를 볼 때마다 느낀 흥분을 떠올렸다. 내 편지들은 젊은 시절 내 모습의 초상이자 1968년의 많은 트라우마적 사건들에 관한 짧은 역사서이기도 하다. 편지의 한 부분에서 나는 마틴 루서 킹이 암살된 뒤 화염과 연기가 워싱턴을 뒤덮고, 그 도시의 가장 가난한 흑인 동네에서 폭력 및 약탈 사태가 터지는 모습을 지켜보는 게 어떤 느낌일지를 토니에게 전하려고 애썼다. 폭동 구역에 출입할 수 있는 기자증을 보여주기 전까지 경찰이 나에게 총을 겨눌 때 느낀 두려움을 어찌 잊을 수 있을까? 또 킹이 사망한 다음 날 아침, 흑인 택시 운전사가 차를 돌려 세운 뒤 한 말을 들었을 때 느낀 깊은 절망감도 잊히지 않는다. "내가 오늘 백인을 태우지 **않을** 형편만 된다면 당신을 길모퉁이에 그대로 두고 가버리고 싶다는 걸 당신이 알았으면 하네요."

토니의 편지에는 그곳에 관한 짧지만 생생한 묘사가 담겨 있었다. 남아프리카공화국의 아파르트헤이트, 나이지리아와 비아프라 사이의 비극적이고 무의미한 내전. 거기서 그에게도 총부리가 겨누어졌다. 식민주의의 종식이 가난한 아프리카인들에게 사회·경제 정의를 가져다주는 게 아니라 외려 새로운 계급의 부패한 독재자들을 낳는 게 아닐까 하는 그의 두려움. 이런 편지들은 개인 기억의 저장소일 뿐 아니라 여러 시대에 걸쳐 역사학자와 전기 작가에게 중요한 1차 자료가 되어왔다.

한때 지식인뿐 아니라 글을 읽고 쓸 줄 아는 남녀 대다수가 주고받던 개인 서신, 즉 문서상의 자취가 없을 경우 1950년 이후에 태어난 사람들의 삶을 전기 작가가 어떻게 재구성할 수 있을지 짐작이 안 간다. 신문 읽기의 쇠퇴와 마찬가지로 편지 쓰기의 쇠퇴(이메일이 사용되기 오래전에 시작된)도 활자문화의 쇠퇴를 보여주는 초기 징후였다. 1970년대 초에는 장거리 전화요금이 계속 떨어지고 있었고, 편지 쓰기는 이미 일상적 활동이 아니라 드문 활동이 되면서 점점 부담으로 간주되었다(특히 우리 세대 사람들에게). 만약 내가 약혼자와 이메일을 주고받았다면 편지의 내용과 문체가 분명 좋지 않게 달랐으리라고 확신한다. 우리가 더 자주 연락할 수 있었다면 편지 길이는 훨씬 짧았을 것이다. 이메일을 주고받았다면, 그 모든 이메일을 보관했다 하더라도(우리가 막 결혼할 참이었다는 것을 고려하면 나는 그랬을 것이다) 40년 뒤에 곰곰이 생각해볼 거리는 적을 것이다.

나는 이를 잘 아는데, 막역한 친구들과 나는 지금도 이메일을 읽고 쓸 때 서투르고 부주의하기 때문이다. 나도, 내가 아는 누구도 내가 예전에 우편함을 열 때 느꼈던 기대감과 즐거움 같은 것을 갖고 이메일을 열지 않는다. 왜 그럴까? 매일 가득 차는 스팸들과 업무 연락 메일들은 (그 메시지 중 일부가 반가울 때조차) 변함없이 짜증이 날 뿐이다. 소중한 누군가로부터 이메일을 받으면 행복하다. 하지만 내용은 보통 이렇다. "안녕, 며칠 전에 이 글을 읽다가 네 생각이 났어." 그리고 링크가 달려 있다. 나도 마찬가지로 짧게 답한다. 온라인에 처음 접속했을 때 나는 이메일에 신이 났는데, 전에 주고받던 긴 편지들을 쉽게 대신하리라고 생각했기 때문이다. 하지만 이내 긴 이메일을 보내봐야 매우 간략한 답변만이 돌아온다는 것을 알게 되었다. 심지어 수신자가 나를 좋아하거나 사랑하는 사람일 때조차. 그래서 나도 같은 식으로 답장하기 시작했다.

좋은 친구들과의 이메일 서신을 보관해두고, 또 이메일을 종이 우편물 시대에 우리 대다수가 쓰던 식으로 재미있게 쓰는 소수의 사람들이 분명 있다. 하지만 대부분의 사람들에게 매체로서의 이메일이란 그야말로 메시지(그것도 아주 짧은)일 뿐이다. 미래의 역사학자들은 존 애덤스와 토머스 제퍼슨, 귀스타브 플로베르와 조르주 상드, 요하네스 브람스와 클라라 슈만, 한나 아렌트와 메리 매카시, 바이런과 그의 세계의 사람들 사이에 오고 간 종류의 편지들을 기대한다면 허사가 될 것이다. 또한 읽기, 쓰기, 그리고 얼굴을 마주하는 대화가 서로 매끄럽게 연결되어 사상을 사랑하는 사람들 사이에 깊은 만남이 가능했던 지적 생활의 자취들을 기대해도 허사가 될 것이다.

1960년대에 약혼자에게 보냈던 편지들을 찾은 직후 마지막으로 보물 같은 서신, 즉 1980년대 초부터 1990년대 중반 사이에 받은, 분명 내 인생에서 마지막으로 만개한 우정의 서한을 우연히 발견했다. 편지를 쓴 이는 필립 벨라스콧으로, 에우리피데스와 아이스킬로스를 옮긴 영국의 훌륭한 번역가인 그는 1997년에 90세를 일기로 작고했다. 나는 1984년에 낸 책《야만적인 정의: 복수의 진화Wild

Justice: The Evolution of Revenge》 집필을 위해 필립의 번역서들을 처음 읽었다. 그는 고대의 텍스트를 영원하면서도 동시대적인, 고상하지만 결코 과장하지 않은 언어로 옮기는 재능이 있었고, 나는 그의 번역 작품들을 읽을 때 그 희곡들을 처음 읽을 때만큼이나 큰 흥분을 느꼈다. 사실 고등교육을 간헐적으로 받은 탓에 나는 에우리피데스를 처음으로 진지하게 마주하고 있었다. 나는 필립에게 팬레터를 써서 내가 그의 번역 방식과 문체에 얼마나 감탄했는지를 이야기하고 싶었지만((여러 작가에게 보낸) 편지들에 답신을 못 받는 데 이미 익숙했던 터라) 실행에 옮기지는 않았다. 그런데 놀랍고 기쁘게도 1984년 어느 날 아침, 발신인 주소가 웨일스로 된 편지봉투를 받았고 거기에는 필립이 가늘고 긴 손글씨로 짧게 쓴 편지가 있었다. 그는 이렇게 시작했다. "방금 당신의 훌륭한《야만적인 정의》를 읽었습니다. 런던의 한 서점에서 우연히 발견했지요. 당신의 주장에 매료된 나머지 바로 팬레터를 써야겠다는 생각이 들었습니다."

그렇게 우리의 서한 관계가 시작되었고, 우리는 직접 얼굴을 마주하기도 전에 진정한 친구가 되었다. 결국 나는 안내자이자 탁월한 교사와 함께, 대학에서 놓쳤던 그리스비극을 공부하기 시작했다. 필립과 나는 바흐를 향한 우리의 사랑에 관해 편지를 주고받기도 했다. 또 미국 모텔의 익명성이 보장되는 편안함을 누린 것에 대해서도, 1980년대 대서양 양편에서 우세했던 우파 정치에 대한 혐오에 대해서도. 필립은 마거릿 대처라면 질색이었지만 로널드 레이건보다는 낫다고 보았는데, 그는 "대처 여사는 그녀의 사회정책만큼이나 소박해 보인다"고 썼다. 무엇보다 우리는 책에 관해 이야기했다. 그는 나에게 윌리엄 엠프슨의《밀턴의 하느님》을 소개해주었고 나는 그에게 앨프리드 케이진의《도시의 산책자》를 소개했다.

필립이 열정을 쏟은 것 중 하나(우리가 공유한 또 다른 것)는 페미니즘
이었다. 에우리피데스 비극에 관한 그의 견해, 여성의 잘못에 관한
해설은 페미니즘 문학비평보다 20년쯤 앞선 것이었다. 그는 여행을
하기에 너무 노쇠해지기 전에 캘리포니아대학 샌터크루스캠퍼스에
서 고전학 방문교수로 지내기를 고대했다. 〔그곳에 오게 된〕 그는 자
신이 "말하자면 수정주의 학문이 끓고 있는 도가니"로 묘사한 곳을
집처럼 편안해했다. 미국 학계의 오염된 언어에는 크게 실망했지만
말이다. 그는 교조주의로 유명한 한 페미니즘 문학평론가와 벌인
정중한 언쟁을 유쾌하게 이야기했는데, 그녀는 메데이아가 자녀를
살해한 것에 대해, 괜찮다는 듯 "젠더 정의를 향한 열정"을 그 원인
으로 지목했다. 필립은 이렇게 대꾸했다. "물론 정의란 성별과 무관
하지요. 아니, 〔아브라함에게 아들 이삭을 제물로 바치라고 명령한 하느님처
럼〕 성령에 가깝다고 할까요."

필립은 그때까지 살다 간 위대한 작가들에 대해 마치 친구인 양
(물론 그렇기도 했다) 이야기했다. 그를 마지막으로 만났을 때 우리는
서로 알고 있는 지인을 만나러 가는 중이었는데, 지하철이 86번가
역에 들어갈 때 한 남자가 선로로 뛰어드는 바람에 차량 안에서 반
시간 동안 꼼짝 못하고 있었다. 나는 밀실공포증과 그 자살 사건에
사로잡혀 있었는데, 필립이 뒤늦은 공부의 장점들에 관해 열정적이
고 상세하게 설명해줘서 주의를 딴 데로 돌릴 수 있었다.

"당신이 꽤 부럽습니다. 서른다섯 살에 에우리피데스를 처음 만
났으니까요." 그는 우리가 그 극작가와 한잔하러 가는 길인 양 말했
다. "에, 그건 다른 인간을 이해할 수 있을 만큼 나이를 먹고 처음으
로 사랑에 빠지는 것 같은 거예요. 정말 놀라운 일이지요! 권위를
가지고 말씀드릴 수 있습니다. 난 평생의 사랑을 만났을 때, 운 좋

게도 결혼하게 될 그녀를 만났을 때 서른두 살이었거든요." 숨 막힐 듯한 차량 안에서 셔츠를 벗어 부채질하던 꾀죄죄한 십대는 그 노인이 교양 있는 영국식 발음으로 열렬히 이야기하는 것을 유심히 듣고 있었다. 지하철 직원들이 마침내 우리를 차량 밖으로 나오게 해주었을 때, 그 십대는 필립에게 이렇게 말했다. "아저씨, 아저씨 얘기를 들었는데 멋졌어요."

정말 그랬다. 1980년대 말 어느 날의 일이었다. 헤드폰 및 개인 용 청취 기기가 일반화되기 전, 그러니까 필립의 말에 귀 기울였던 십대가 오늘날처럼 소음을 차단하기 전의 일이었다. 주의 산만 문 화가 승리하면서, 인쇄물과 더불어 시작하고 지식의 세계와 더불어 끝나는 대화들은 그저 과거의 멋진 시간이 되어가고 있다.

11장

공공생활

우둔함의 기준을
점점 더 낮게 규정하다

1968년 4월 4일, 로버트 F. 케네디는 선거운동 연설을 하기 위해 인디애나폴리스에 막 도착했을 때 마틴 루서 킹이 멤피스에서 암살되었다는 소식을 들었다. 보좌관들이 연설을 취소하자고 촉구했지만 그는 이 비극적인 소식을 흑인이 대부분인 군중에게 직접 전하기로 결정했다. 그는 청중을 "신사 숙녀 여러분"으로 부르고 선거운동 선전물들을 내려주기를 청하며 연설을 시작했다. 미국에서 즉석으로 행한 공적 수사, 연설의 작은 걸작이었다. 긴 정치 전통에서 이런 종류의 연설들 가운데 마지막일 것이다. 목멘 목소리로 케네디는 자연스럽게, 형이 암살된 후 위안이 된 아이스킬로스의 대사를 읊었다.

> 잠결에서도 잊을 수 없는 고통
> 심장 위로 방울방울 떨어진다,
> 우리가 절망하고 있을 때,
> 우리의 뜻에 반하여,
> 신의 경외스러운 은혜를 통해 지혜가 올 때까지.▫

이어서 케네디는 이렇게 선언했다. "우리에게 필요한 것은 분열이 아닙니다. 우리에게 필요한 것은 폭력과 무법이 아니라 사랑, 지혜, 서로를 향한 연민, 그리고 우리나라에서 아직도 고통받고 있는 이들을 향한 정의감입니다. 그들이 백인이든 흑인이든 말입니다." 그는 미국인이 "아주 오래전에 그리스인들이 썼던 것"에 헌신해야

▫ 아이스킬로스의 비극 〈아가멤논〉의 이 대사는 수백 년간 여러 번역자들이 상이하게 번역해왔다.

한다는 희망으로 끝을 맺었다. "즉 인간의 야만성을 길들이고 이 세상의 삶을 온화하게 만드는 일에 말입니다. 그런 일에 헌신합시다. 그리고 우리나라를 위해, 우리 국민을 위해 기도합시다."[1]

이 연설에서 눈에 띄는 것은 사전에 작성하지 않은 원고라는 점 외에도 고상한 어조와 언어다. 케네디는 보통의 남녀로 구성된 청중(서민이 아니라 신사 숙녀)이 고대 그리스 극작가가 수천 년 전에 쓴 말에 부응하리라고 추정했다. 그는 자신의 취향과 감정에서 자연스럽게 떠오른 인용문을 사용했고, 대중을 얕보는 태도로 대하려는 생각, 그러니까 대중문화에서 더 쉽게 알아볼 수 있는 예를 끌어낼 생각은 하지 않았다. 이 연설에서 눈에 띄는 또 다른 점은 결론을 맺는 문장의 겸손함이다. 1960년대, 즉 20세기 우파의 신화에서 무시무시한 악성의 시대였던 10년 동안에는 "미국에 하느님의 축복이 있기를"이라는 승리주의적인 말로 연설을 마치는 것이 정치인들에게 아직 의무가 되지 않았다. 우리나라와 우리 국민을 위해 기도하자고 제안하는 것은 잘못(외국의 영향일 리 없는, 미국인들 가운데 있는 잘못)을 인정하는 것이다.

카멜롯에 대한 향수를 상기키시거나 로버트 케네디를 감상적으로 다루려는 것은 내 의도가 아니다. 케네디의 1968년 연설은 지금, 아이스킬로스의 언어만큼이나 고대의 것으로 들린다. 현재의 문화 풍조에서 대중 정치인이 그런 연설을 하는 것은 상상조차 어려운데, (자신의 문화 취향에 따라 자연스럽게 그리스비극이 떠오른다 할지라도) 젠체하는 인물이나 엘리트주의자로 낙인찍힐까 두려워하기 때문이다. 만약 케네디가 오늘날 정치 연설을 제약하는 힘들에 굴복했다면 깊은 슬픔을 표현하는 데 아이스킬로스가 아니라 밥 딜런, 비틀스, 피터 폴 앤 메리 같은 현대 팝 음악의 우상들에 기댔을 것이다. 지도자를 열망하는 이들이 연설에서 친숙하지 않은 비유와 수사를 피하는 현상은 지난 50년간 미국의 공공생활에서 우둔함의 기준이 얼마나 점점 더 낮게 규정되어왔는지를 보여주는 매우 가시적인 증거다.[■] 최근 수년간 정치인이 오래된 문학적 비유를 일깨워 케네디의 연설만큼이나 강력한 정서적 효과를 일으킨 공적인 사례는 단 하나만 기억나는데, 2015년 찰스턴에서 성경 공부 중이던 아홉 명이 백인 우월주의자의 총에 맞아 살해된 사건의 추모식에서 버락 오바마가 〈어메이징 그레이스Amazing Grace〉를 목청껏 부른 것이었다. 1772년에 쓰인 〈어메이징 그레이스〉는 영어권 국가에서 가장 유명한 찬송가로 교회에서 노래될 뿐 아니라 대중 가수들도 녹음한다. 대중 연설가로서 오바마의 특별한 재능은 친숙하면서도 고상한 것을 넌지시 언급하는 능력이었다.

미디어 종사자와 마찬가지로 정치인도 복잡하고 미묘하며 정교한 지식을 불신하는 대중의 창조자이자 피조물이다. 지도자나 장차 지도자가 될 이들이 복잡한 정책 이슈에 대해 하는 발언, 이를테면 조지 W. 부시의 "내가 최고 결정권자다", 도널드 트럼프의 "내가, 나만이 해결할 수 있다" 같은 발언에 익숙한 사람들은 미국의 제2차 세계대전 참전 후 어두웠던 몇 달 동안, 미군이 태평양에서 줄줄이 패배하고 있는 이유를 설명하기 위해 프랭클린 루스벨트가 고심해 쓴 연설들을 상상조차 할 수 없다. 진주만 공습 이후 루스벨트의 첫 노변담화는 1942년 2월에 있었는데, 그는 국민에게 라디오 연설을 듣는 동안 전투 지형을 따라가며 이해할 수 있도록 지도

[■] 상원의원 대니얼 패트릭 모이니핸이 1970년대에 "일탈도를 낮게 규정하다"라는 말을 만들었을 때는 범죄와 관련해 사용한 것이었다.

를 펼쳐달라고 요청했다.《뉴욕타임스》는 대통령의 요청에 대한 대중의 반응에 관해, 맨해튼의 한 서점의 판매부장인 E. O. 슈미트가 한 말을 인용했다. 슈미트는 기대 수요를 충족하기 위해 새 지도책 2000부를 주문했는데, 그 노변담화의 밤에 모든 지도책이 판매되었다고 한다. 루스벨트는 청취자들(미국 성인 전체의 80퍼센트를 포함한)에게, 이전의 전쟁들과 달리 "세계의 모든 대륙, 모든 섬, 모든 바다, 모든 항공로"에서 벌어지고 있는 전쟁을 더 잘 이해하도록 지도를 사용해달라고 이야기했다. 대중에게 전략적 상황을 설명하면서 루스벨트는 자신의 잘 알려진 취미인 우표 수집을 통해 일찍이 얻은 지리학에 관한 광범위한 지식에 기댈 수 있었다. 그는 군대에 보급품을 전달하는 거리가 얼마나 먼지를 국민이 이해하면, "국민이 이 문제와 우리가 의도하는 바를 이해한다면, 어떤 종류의 나쁜 소식이든 묵묵히 받아들일 수 있다고 나는 확신한다"라고 연설문 초고 작성자들에게 이야기했다. 반면 부시는 이라크를 침공했을 때 국민이 전장의 지형에 관해 아는 것을 전혀 중요하게 여기지 않았다. 어쩌면 그는 대중이 지리학을 잘 이해할수록 나쁜 소식을 묵묵히 받아들이지 않게 된다고 느꼈는지도 모른다. 지리학에 대한 무지는 현재 미국인이 지구촌이라고들 하는 곳에서 살아가는 방식의 일부다. 내셔널지오그래픽-로퍼가 2005년 12월부터 2006년 1월(이라크전쟁이 시작된 지 3년 이상 지났고 국민 2400명이 사망한 이후의 시점)까지 행한 여론조사에 따르면, 18세부터 24세까지 미국인의 3분의 2가 지도에서 이라크를 찾지 못했다.[2] 오바마는 분명 지리학 지식을 갖고 있었지만, 러시아의 크림반도 점령 및 동우크라이나 급습의 지리학적 함의와 기원들, 뿐만 아니라 러시아와 여러 유럽 국가 사이에 전쟁이 벌어지고 있는 이 지역의 역사적 중요성도 집어내지 못했다. 오바마는 자신이 최고의 교육자의 자세와 어조를 취할 때마다 적수들이(그리고 지지자 중 일부도) 자신을 학자연하는 지식인으로 부른다는 것을 알았다. 아마 누구보다 잘 알았을 것이다. 만약 그가 교육자로서 자신의 성공과 단점이란 주제를 탐구한다면 대통령 회고록에서 아주 흥미로운 장이 될 것이다. 그런 사안에 대해 솔직하게 이야기하는 데 전직 대통령이 현직보다 훨씬 자유롭다는 점을 고려하면 말이다.

트럼프에 대해 말하자면, 그가 세계지도에서 자신의 골프장들 외에 다른 무언가를 찾을 수 있으리라는 증거는 거의 없다. 트럼프가 취임 후 중국의 시진핑 주석과 담화하고, 전에 미국이 '하나의 중국' 정책을 재고할 수 있다고 시사하여 야기했던 문제를 (일시적으로나마) 봉합했을 때 대외정책 전문가들은 안도의 한숨을 쉬었다. 당선 직후 트럼프는 대만 총통에게 전화를 걸어 중국 지도부의 분노를 산 바 있다. 하지만 대통령 당선자는 그러고 나서 (많은 미디어의 설명에 따르면) "선회했다". 그는 대만을 또 하나의 '중국'으로 인정하면 진짜 중국과의 협력 가능성이 사라질 수 있다고 조언한 다수의 지혜를 받아들인 듯 보인다. 우리는 그랬기를 바랄 뿐이다. 내 추측은 트럼프가 중국과의 관계에서 대만이 정확히 어디에 위치하는지 (지리학적으로든, 정치적으로든) 몰랐고, 그러니까 애초에 확신이 아니라 무지 탓에 곤경에 빠졌으리라는 것이다. 아무튼 트럼프는 지식을 너무 많이 뽐내려 하고 최고의 교육자 행세를 하려 한다는 비난을 받을 염려는 하지 않아도 된다.

현재의 미디어 환경에서 대통령의 성격을 지나치게 강조하기는 쉽지만, 대통령의 지도 스타일이 대중의 지식(그리고 지식의 부족)에 의해 형성되는 방식들을 충분히 강조하기는 어렵다. 루스벨트의 미국은 인공위성 덕분에 향상된 구글 지도를 사용할 수 없었지만 학습에 도움이 되는 집중력을 가진 대중이 있었다. 미국인 대부분이 대통령의 20분짜리 지리학 강의를 듣기 위해 오늘 밤 자리를 지키리라고 누가 진지하게 상상이나 할 수 있겠는가? 2006년 지리학 능력 관련 조사에 따르면, 19세에서 24세 사이의 미국인 거반이 중요한 뉴스가 발생하고 있는 다른 나라의 위치를 반드시 알아야 한다고 생각하지 않는다. 3분의 1 이상은 외국어를 아는 것이 '전혀 중요하지 않다'고 생각하고 14퍼센트만이 '매우 중요하다'고 생각한다. 그 결과는 결코 예외적인 것이 아니었다. 2002년에 수행된 동일한 설문조사에서 미국은 참여 국가 중 뒤에서 두 번째였다(캐나다, 프랑스, 독일, 영국, 이탈리아, 일본, 스웨덴에 뒤처졌다). 최근 10년간 미국인의 지리학 능력이 향상되었음을 보여주는 자료는 전무하다.

더욱이 이 여론조사 참가자들의 연령은 미국 교육이 고등학교 및 대학 모두에서 크게 실패했음을 명확하게 가리킨다. 과거에는 사람들이 어렸을 때 지리학에 관해 더(덜이 아니라) 알았는데, 학교 수업에서 배운 것들이 여전히 머릿속에 생생했기 때문이다. 보고서에서 언급된 조금 '좋은 소식'은 지도에서 이라크, 사우디아라비아, 이란, 이스라엘의 정확한 위치를 찾을 수 있는 사람의 수가, 대학 경험이 있는 이들이 고등학교만 졸업한 이들보다 네 배라는 것이다. 나쁜 소식은 그 중동 나라들을 잘 찾은 이들이 대학 집단에서는 23퍼센트뿐이고 고졸자에서는 6퍼센트라는 것이다. 달리 말해 적어도 고등학교 교육을 받은 젊은이 가운데 열에 아홉이 미국의 이익과 밀접한 연관이 있는 네 나라의 위치를 전혀 모른다는 것이다.

과하게 선전되는 인터넷의 교육 가치에 관해 말하자면, 웹은 기초 지식을 심어주는 데서만 유용성이 있는 듯 보인다(어쩌면 문제는 우리 대다수가 웹 서핑을 할 때 찾는 것은 진정한 지식이 아니라는 단순한 사실에 있을지도 모른다). 내셔널지오그래픽-로퍼에 따르면, 웹에서 뉴스를 읽는 청소년은 (전통적인 채점 방식에서) 약 69점을 받은 반면 인터넷을 사용하지 않는 청소년은 59점을 받았다(문항은 쉬셋이었다). 따라서 양 집단 모두 낙제였다. 하지만 인터넷 사용자의 점수가 비사용자보다 높았다는 결과가 다른 우울한 상황의 밝은 점으로 언급되었다는 것은 그 자체로 낮아진 기대치의 증거다. 놀랄 만큼 억제된 표현으로 연구 보고서의 저자들은 이렇게 결론 내렸다. "이 결과는 미합중국의 젊은이들이 …… 점점 지구화되어가는 미래를 위한 준비가 되어 있지 않음을 시사한다."[3] 보고서의 제목을 '무지하고, 그런 무지를 자랑스러워하는'으로 하는 편이 나았으리라.

대중의 무지와 반지성주의는 물론 동일한 것이 아니지만 밀접한 관계를 맺고 있는 것은 확실하다. 이 둘은 역사, 과학, 문화에 관한 폭넓은 지식과 품위 있는 모국어 구사력을 정치 자산이 아니라 부담으로 여기는(그리고 학식을 의식적으로 드러내는 것을 일종의 우월 의식으로 여기는 대중에 영합하기 위해 이런 지적 자질들을 곧잘 경시하려 드는) 후보들의 부상을 촉진한다.

지난 50년간 정치적인 자기표현 및 담화의 기준을 의식적으로 격하한 사례들로 사례연구를 한다면, 그 하나로 1960년 존 F. 케네디와 2004년 존 케리의 대선 선거운동을 비교해볼 수 있다. 두 사람 다 부유한 특권층 명문가의 자손이고 최상의 국내, 국제 교육의 수혜자이며 교양과 세련(여행 취향과 세계사에 관한 흥미부터 이국적인 외모에 우아하며 다국어를 구사할 줄 아는 아내까지)의 전형이었다. 케리는 선거운동 중 많은 시간을 평범한 사람처럼 보이고 말하기 위한, 필히 실패할 수밖에 없는 노력에 썼고, 시골 사냥꾼의 인상을 심어주려는 게 빤히 보이는 거위 사냥용 위장복 입기 같은 어리석은 계책으로 창피를 당하기만 했다. 케리가 사진작가들을 위해 사용한 사냥복과 12구경 2연발식 산탄총은 오하이오의 농부에게 빌린 것이었고, 오리들 또한 그 농부가 정치적 희생물로 바쳤다는 것이 결국 밝혀졌다. 케리는 선거 유세에서 학식이 드러나는 발음을 쓰지 않으려고 애썼지만 거의 성공을 거두지 못했는데, 거기서 그는 g, t, n 발음을 빼기 시작했고 의무적으로 서민을 참조하려고 애썼다.

반면 1960년에 케네디는 세련된 특성을 부각하여 자신을 돋보이게 했을 뿐 아니라 보통 유권자들의 기대를 사로잡았다. 그는 카우보이모자, 인디언 머리 장식물, 야구 모자 등 보통 사내로 보이기 위한 어떤 것도 쓰기를 주저한 것으로 유명했고, 남부나 중서부 시골 발음을 흉내 내보라는 제안에는 분명 질색했을 것이다. 그의 말씨는 보스턴과 하버드가 섞인 것이었고 그걸로 끝이었다. 그가 외모처럼 세련된 인물인지 아닌지의 여부, 역사학자(혹은 적어도 자신이 존경하는 월터 리프먼과 리처드 로비어 같은 하이-미들브라우 저널리스트)가 될 수 있었던, 닥치는 대로 책을 읽는 독서가인지 아닌지의 여부가 그에겐 지적인 특성을 드러내고 존경받고 싶은 바람보다 덜 중요했다. 좋아하는 소설이 스탕달의 《적과 흑》이라고 그는 말했다. 핵심은 이 말이 사실인가의 여부가 아니라(나는 케네디가 레이먼드 챈들러의 스릴러 소설을 읽으며 쉬는 상상을 늘 했다) 대통령이 청중 대부분이 분명 모를 프랑스 소설을 언급하는 것을 두려워하지 않았다는 것이다(오바마는 좋아하는 단 한 권의 책을 꼽기를 거부하고 그때그때의 기분에 따라 상이한 종류의 책을 읽을 필요가 있다고 이야기한 바 있는데 이런 발언이 훨씬 솔직한 것 같다). 앨프리드 케이진에 따르면 케네디의 페르소나의 가장 흥미로운 면 하나는 "책을 좋아하고 타고난 재능에 세련과 교양을 갖추었으며 또 지식인 전문가들과 함께하는 것을 무척 좋아하는 특성을, 타인의 이런 특성을 무척 의심스러워하는 사람들이 실망할 수도 있다는 것을 전혀 두려워하지 않고 대중에게 열심히 광고했다"는 것이다.[4]

사실이 무엇이든, 박학다식한 코즈모폴리턴(미국인이 몹시 되고 싶어 하는 인물을, 정확히는 자녀가 그렇게 되기를 바라는 인물을 대변하는)이라는 이미지가 그의 매력의 중대한 부분이었다는 것에는 의문의 여지가 없다. 대선 후보의 문화 소양은 대중에게 바람직한 특성으로 보였고, 케네디 가문이 세계에 보여준 문화적으로 세련된 이미지는 그들이 국내에서 갖고 있던 매력을 높이기만 했다. 극히 지능적이던 리처드 M. 닉슨은 상대에게서 자연스럽게 흘러나오는 도시적 느낌과 지성주의의 분위기가 없었다.

그렇지만 44년 뒤, 그러니까 대졸자 수가 1960년대 초 인구수에 육박하게 된 시점에 유권자들은 가장 뚜렷한 특성이 지적 호기심의 부족인 남자에게 재차 국가의 최고위직을 맡겼다. 부유하고 유력한 사람들의 아들, 손자, 증손자 '더브야Dubya'[°]는 귀족 양반의 C gentleman's C[°°]의 살아 있는 화신이었다. 부시의 뇌로는 가문의 이름과 연줄이 없었다면 예일대학교, 하버드 경영대학원, 야구팀 소유권(대통령직은 말할 것도 없고) 근처에도 못 갔을 것이다. 그럼에도 이 노력 없이 얻은 특권의 걸어 다니는 증거는 아무튼 자신이 보통 사내일 뿐이고 혐오스러운 '엘리트'에 속하지 않는다는 것을 유권자들에게

[°] 조지 W. 부시의 애칭인 W를 그의 출신지인 텍사스 방언으로 표기한 것.
[°°] 대개 학교에서 기부를 많이 하는 특권층 자녀에게 부과되는 합격점. 그런 자녀가 아니라면 낙제점을 받을 점수.

확신시켰다.

어떻게 그랬을까? 어눌한 모국어 사용에서 가장 분명하게 드러났듯이 그는 그저 자기 모습대로 하면 됐다고 나는 생각한다. 케리 (그리고 2000년 대선의 상대였던 앨 고어)와는 달리 부시는 엘리트 교육을 조금도 받지 않은 보통 사내처럼 보이려고 애쓸 필요가 없었다. (가문의 여름 별장이 있는) 케네벙크포트에서 여름을 보내고 아이비리그에서 시간을 보냈음에도, 대통령들이 자주 사용해야 하는 '뉴클리어nuclear'와 '거번먼트government'가 부시의 혀에서는 항상 '뉴쿨러nuculer'와 '거브민트guv'mint'로 발음되었다. 미국의 대중은 (적어도 이라크전쟁에 단호히 반대하는 입장으로 선회하기 전까지는) 다른 선진국 중산층 시민들에겐 분노를 살 바보 같은 실행과 성과에 매료되거나 무관심했다. 예를 들어 파리에서 자크 시라크 대통령과 한 공동 기자회견에서 부시는 NBC 통신원 데이비드 그레고리가 시라크에게 프랑스어로 유창하게 질문하자 성마른 반응을 보였다. "대단하군요." 미국 대통령 부시는 톡 쏘듯 말했다. "저 남자가 단어 네 개 외워놓고 마치 국제적인 인물인 척하네요." 깜짝 놀란 그레고리가 "계속 말씀드리자면……" 하고 대꾸하기 시작했지만 부시는 말을 끊었다. "인상적이군요. 께 부에노que bueno.° 나도 두 가지 언어를 할 수 있습니다."

쟁점은 부시가 평소의 모습처럼 실제로 보통 남자인가의 여부가 아니라, 내셔널지오그래픽-로퍼 설문조사에 참여한 젊은이들 대다수와 마찬가지로 그도 지역주의를 부끄러워하지 않는 듯(심지

° '얼마나 좋은가'라는 뜻으로 영어의 'thank you'만큼이나 쉬운 스페인어. 유명한 나초 소스의 상표명이기도 하다.

어 꽤 자랑스러워하는 듯) 보였다는 것이다. 그리고 그런 태도가 유권자들에겐 괜찮아 보였다. 2008년 공화당과 민주당 대선 예비경선 초기에 이라크전쟁 문제가 지배적 논쟁이 되면서 이라크전쟁을 재고, 수정해야 한다는 게 분명해지고, 그에 따라 부시의 "내가 최고 결정권자다"라는 단언으로 요약되는 유형의 정치 지도력에 내재한 위험들이 강조되기 전까지는 말이다. 대통령이 전쟁에 돌입하기 전에 생각 좀 해보는 게(세계의 다른 지역들에 관해 더 많이 알고 있는 사람들과 상의라도 해보는 게) 바람직한 일이 아니었을까? 공교롭게도 이 질문에 그렇다는 대답은 무명의 일리노이주 상원의원 버락 오바마, 즉 (2008년 1월 아이오와주 전당대회에서 놀라운 승리를 거두기 전에는) 기득권 정치인들에게 입후보 자격을 무시당했던 오바마가 가장 강하고 분명하게 제시했다. 2016년 트럼프와 힐러리가 벌인 훨씬 격렬한 본선거 전투로 무색해진 이 2008년 선거운동 시기는 이제 펠로폰네소스전쟁만큼이나 아득하게 느껴진다. 하지만 그 지나간 시기, 그 세기의 첫 10년으로 돌아가보면, 하늘 높이 치솟는 웅변술과 조곤조곤 합리적으로 말하는 능력을 겸비한 오바마는 부시에 신물이 난, 전쟁에 신물이 난, 그리고 무언가 새로운 것을 받아들일 준비가 된 유권자들을 이미 감동시키고 있었다. 또한 오바마는 사실 무언가 새로운 것(대외정책 같은 분명한 이슈뿐 아니라 학습과 지식의 영역에서 개인의 책임에 관해서도)을 이미 말하고 있었다. 공교육 개선의 필요에 관한 담화에서 그는 어떤 정부 조치도, 아무리 공격적일지라도, 기꺼이 "TV를 끄고 비디오게임을 치우며 자녀에게 책을 읽어주고 이야기하는 데 많은 시간을 쓰려는" 부모를 대체할 수 없다고 강조했다(사람들이 게임을 하는 시간이 기하급수적으로 늘고 있음을 고려할 때, 미국인 대다수는 이에 귀 기울이지 않았음이 분명하다). 이 발언은 (그것이 많은 사람들이 일상에서 무시하는 이상을 나타냈을지라도) 모든 인종, 민족 집단으로 구성된 청중에게서 열띤 박수를 끌어냈다. 이 메시지가 가장 큰 반응을 얻은 곳은 흑인 사회였다. 두 사람 다 하버드 로스 쿨(여기서 버락 오바마는 《하버드 로 리뷰》의 첫 번째 아프리카계 미국인 편집장이 되었다) 졸업자인 버락 오바마와 미셸 오바마는 미국에서 받을 수 있는 최고 엘리트 교육의 수혜자였다. 그들은 자력으로 장학금을 받았고 노력 끝에 학위를 따냈다. 케냐 출신 아버지는 버락이 갓난아기였을 때 어머니를 떠났고 오바마는 어머니 혼자서, 후에는 외할아버지와 외할머니가 길렀다. 그의 이야기는 **직접 획득한** 특권의 이야기였고, 아칸소주 변두리 노동계급 가족 출신으로 오직 자력으로 조지타운대학, 옥스퍼드대학, 예일 로스쿨에 간 빌 클린턴의 이야기와 다르지 않았다.

오바마가 가공할 만한 후보로 변신해 그도 케리의 선거운동을 침몰시키는 데 일조한 반엘리트주의와 반지성주의의 공격 표적이 되었을 때, 직접 획득한 특권이라는 사실이 오바마에게 어느 정도 보호막이 되었을 것이다. 2008년 대선의 마지막 두 달은 계급적 분개와 반미주의 고발과 결부된 반엘리트주의 공격으로 가득했고, 공화당 사람들은 붕괴하는 주식시장, 수천수만의 주택 압류, 증가하는 실업에 관해 매일 쏟아지는 처참한 뉴스들로부터 대중의 관심을 돌리려고 필사적으로 노력했다. 공화당 후보 존 매케인은 배관공 조Joe the Plumber°를 기꺼이 끌어안았는데 이는 오바마를 전형적인 '엘리트'로 규정하려는 의도였다. 그런데 매케인의 러닝메이트인 부통령 후보 세라 페일린이 반엘리트주의 전투에서 힘든 일을 해주었다. 선거운동이란 드라마에서 [《오즈의 마법사》의] 서쪽의 사악한 마녀 역할을 한 페일린은 오바마의 경제 관념(부의 재분배를 위한 조세 같은)

을 반미주의와 연결 지었다. 10센티 힐heels을 신고서, "비열한 놈들the heels이 나타나면 〔제대로 싸우기 위해〕장갑을 벗어야 합니다"라고 선언한 페일린은 나아가 오바마를 테러리즘과 사회주의와도 연결 지었다. 그녀는 또한 그의 천부적인 언어능력을 겨냥한 새로운 공격을 개시했다. 오바마의 연설 및 작문 능력은 드와이트 아이젠하워가 지식인을 "자기가 아는 것 이상을 말하기 위해 필요 이상의 말을 내뱉는 사람"으로 묘사한 것처럼 엘리트적 경향으로 묘사되었다. 페일린은 계급적 분개와 반지성주의를 철저히 뒤섞었는데, 버락 오바마와 미셸 오바마와 달리 자신과 남편은 "책을 써by writin' books"●● 부자가 되지 않았다고(마치 책으로 돈을 버는 게 마약 운반과 같은 일인 양) 지적했다.

2008년의 반엘리트주의 공격은 효과가 없었는데, 부분적인 이유는 많은 공직자들(매케인을 포함해)이 실패한 경제를 어떻게 해야 할지에 관해 혼란스러워하는 모습을 명백히 보였기 때문이다. 반면 오바마는 침착하게 정부 관료들뿐 아니라 클린턴 행정부에서 일한 바 있는 하버드 출신 경제학자들과도 상의했고, 어찌 된 일인지 대선 후보가 남의 말에 경청하는(되는 대로 내뱉는 게 아니라) 광경은 엘리트주의가 아니라 양식良識의 표현으로 보였다. 물론 전문가 의견을 경청한다는 것이, 정부 관료가 호프스태터가 말한 엄격한 뜻에

● 본명은 새뮤얼 조지프 워절바커로, 대선 선거운동 기간에 오바마에게 작은 배관 가게를 살 생각이 있는데 오바마의 정책대로라면 세금을 더 내야 하는 것이 아니냐고 물었고, 그 일로 전국적 관심을 얻으며 이 별명을 얻게 되었다. 후에 배관공 면허가 없고 세금을 체납했으며 공화당 경선에도 참여한 사실이 드러났다. 그는 별명과 같은 제목의 책을 출간했고 유명한 보수 활동가가 되었다. '배관공 조'는 영세 자영업자, 중하층 노동자를 일반적으로 이르는 용어로도 사용된다.

●● writing으로 쓰지 않고 발음되는 대로 쓴 틀린 표기.

서의 지식인이란 의미로 연결되는 것은 아니다. 전문가는 지식인이 아닐 수도 있고, 또 아무튼 지식인도 틀릴 수 있다(존 F. 케네디와 린든 존슨에게 조언하던 지식인들이 베트남이란 긴 터널을 빠져나올 출구에 관해 틀렸듯이). 하지만 전문가 의견을 업신여기는 것은 정치 생활의 반지성주의와 항상 연결되어 있다. 오바마는 자신이 보통 사내임을 입증하려 애쓰는 대신에 국가의 최고위직에 걸맞은 중대한 자격(위기 시와 일상 시기 모두에서, 가치 있는 의견과 무가치한 의견을 구별하려는 뜻과 그런 지적 능력)이 있음을 증명하고 있었다.

진짜 문제는 우리가 어떻게 대통령을 부시에서 오바마로 바꾸었는가가 아니라 오바마에서 트럼프로(정확히 말하자면 부시에서 오바마에서 트럼프로) 바꾸었는가다. 주기적인 정권 교체를 향한 비교적 솔직한 열망은 오바마의 지식과 합리적 기질에 끌렸던 유권자들이 후임자로, 돌이켜보건대 부시가 심지어 페리클레스나 토머스 제퍼슨처럼 보일 정도로(또한 트럼프주의의 일부인 매서운 반이민, 반무슬림 분위기 탓에 오늘날 부시는 말실수와 프랑스 공포증보다 9·11 이후 종교의 자유를 용감하게 방어한 것으로 더 기억된다) 상스럽고 무지를 숨기지 않는 사람을 선택하게 된 심리의 이유가 되지 못한다. 유권자들은 삶의 질에 만족하지 못할 때 상대 정당에 기회를 줄 수도 있고 실제로 흔히 그러길 원하기도 하지만(혹은 현재 상황에 비교적 만족할 때조차 재미 삼아 그러기도 하지만) 트럼프처럼 오바마와 기질, 가치관, 자기표현이 판이한 후보를 선택하는 일은 드물다. 대선 사후 분석에서 언론은 힐러리 클린턴의 결점들, 잠재적인 인종주의와 이민 배척주의에 대한 트럼프의 '개 호각dog-whistle'● 호소, 그리고 지난 30년간 실직해 온, 또한 오바마 집권기에 고르지 않게 분배된 경제 회복의 몫에서 대체로 뒤처져온 육체노동자(주로 백인 남성)의 일반적 분노에 집중했다. 이 모든 요인은 트럼프가 미시간, 위스콘신, 펜실베이니아에서 많은 백인 유권자를 얻어, 일반 선거에서는 약 300만 표 차이로 패했지만 결국 선거인단 투표에서 승리하는 데 확실한 역할을 했다. 하지만 이 설명들은 트럼프가 어떻게 애당초 공화당 후보 지명을 (현재는 그 이름이 양당의 대다수 유권자에게 잊힌 백인 남성 후보들과 백인 여성 후보 한 명을 모두 이기고) 따냈는지를 해명하지 못한다. 유권자들이 기억할지도 모르는 이름 하나는 벤 카슨으로, 그는 유일한 아프리카계 후보였고 트럼프가 주택도시개발부 장관으로 지명한 인물이다. 정계에 입문하기 전 오랫동안 뛰어난 소아신경외과 의사로 활동해온 카슨은 주택도시개발부를 이끌 전문 자격이 전무하다. 어쩌면 그래서 그가 받은 교육, 훈련, 경험과 관련한 자리(가령 미국 국립보건원의 직책)를 주지 않고 그를 선택했는지도 모른다. 트럼프는 전문 지식을 몹시 싫어한다(군 장성들이 제시하는 것이 아닌 한). 하지만 트럼프는 장성들이 자신보다 군에 대해 더 많은 지식이 있다고 생각하지도 않는다. "내가 ISIS에 대해 장성들보다 많이 압니다." 트럼프는 유세장에서 평상시의 허세로 이렇게 선언했다. 모든 유형의 전문 지식에 대한 진심 어린 경멸은 트럼프의 반엘리트주의, 반지성주의 메시지의 필수 요소다. 2016년 봄, 대외정책 지식이 부족하다는 비판을 받은 후 트럼프는 위스콘신 유세장에서 지리멸렬한 내용, 비웃음, 고함으로 가득한 반응을 보였다. "알다시피 나는 늘 이 이야기를 하고 싶었습니다. 이 모든 전문가들에 관해 모든 사람

● 개가 특정 주파수의 소리를 알아듣듯이, 특정 집단이나 계층이 이해할 수 있도록 표현하는 의사 전달 방식.

들이 하는 이야기, 하지만 나는 아직 한 번도 한 적이 없는 이야기 말입니다. 사람들은 '우리에게 전문가가 필요하다'고 하지요. 전문가들은 끔찍합니다. 우리의 전문가들이 망쳐버린 상황들을 좀 보세요. 이 엉망진창을 보라고요. 중동을 좀 보세요. 우리의 대통령들이, 우리의 정치인들이 1년 내내 해변에서 휴가를 보냈다면 지금 중동의 상황은 훨씬 나을 겁니다."[5]

분명 트럼프는 살아 있는 미국인들의 기억에서 가장 반지성적인 대통령이고 미국사에서도 가장 반지성적인 대통령임에 틀림없다(트럼프를 계속 앤드루 잭슨°과 견주는 이들은 내 생각엔 잭슨을, 그의 부인할 수 없는 과오들에도 불구하고, 부당하게 평가하는 것 같다).■ 만약 선거운동을 벌이던 때가, 사람들이 쉽게 이해하도록 모든 것을 지나치게 단순화하는 현상이 가속화하던 시기가 아니었다면 트럼프는 전문 지식을 마음대로 폄하할 수 없었을 것이다. 옥스퍼드영어사전은 2016년 올해의 단어로 '탈진실post-truth'(이전에 선정된 단어에는 '언프렌드unfriend'와 '셀피selfie'가 있다)을 꼽았는데, 트럼프가 바로 탈진실 시대의 산물이다.

그런 까닭에 부시만큼이나 노력 없이 특권을 얻은 가문의 자손인데도, 트럼프는 자신을 자수성가한 인물로 선전할 수 있었다. 트럼프의 아버지는 뉴욕의 부유한 주거용 부동산 개발업자였다(그의 성공의 일부 토대는 뉴욕시 퀸스구 아파트 단지에서 흑인들을 계속 쫓아낸 일이었다). 트럼프는 1975년 아버지에게서 100만 달러를 빌려 부동산

° 제7대 미국 대통령. 한편으로는 보통 사람들의 대통령, 개척자, 민주주의자로, 다른 한편으로는 인디언 학살자, 노예 소유주, 토지 투기꾼으로 평가가 엇갈린다.

■ 판사, 변호사로서의 잭슨의 개인사와 연방 사법제도에 관한 그의 견해는 다음을 보라. John Meacham, *American Lion: Andrew Jackson*, New York, 2008.

경력을 시작했고 [자기 이름의 호텔, 리조트, 골프장 등의] 브랜드화 사업을 이어갔는데 다음 10년 동안에는 아버지와 아버지 회사들에서 1400만 달러를 빌렸다. 하지만 아무튼 트럼프는 팜비치에 위치한 자신의 리조트 마라라고에 종업원 출입구를 제외하면 들어가는 것을 꿈도 꿀 수 없는 유권자들에게 자신을 자수성가한 인물로 제시할 수 있었다. 또 한편으로는 근래의 역사에서 세무신고서 공개를 거부한 유일한 대선 후보가 되었다. 만약 공개되었다면 몇몇 파산의 결과로 꽤 긴 기간 세금을 한 푼도 내지 않았다는 것이 드러났을 것이다. 처음에 트럼프는 국세청의 세무감사를 받는 중이어서 신고서를 공개할 수 없다고 말했다. 하지만 국세청이 모든 납세자는 언제라도 자신의 세무신고서를 합법적으로 공개할 수 있다고 밝히자, 그는 완강히 버티면서 아무 말도 하지 않았다. 국세청과 관련된 작은 문제조차 생각하는 것만으로도 몸을 부르르 떠는 보통 미국인이 격분해 마지않을 일을 그는 교묘히 모면했다. 우리가 탈진실의 시대를 살고 있지 않다면 트럼프는 감사 중인 납세자는 신고서를 공개할 수 없다는 거짓말과 관련한 납세 딜레마에서 매끄럽게 빠져나오지 못했을 것이다.

탈진실 문화에서 사실에 영향을 받지 않는 현상은 자수성가형 트럼프라는 허구적 인물을 창조하는 데 필수적이었다. 2014년에서 2016년 대선 사이에 나는 오하이오, 펜실베이니아, 미시간, 위스콘신에서 강연을 몇 차례 했다. 내 청중은 대개 정치적·종교적 자유주의자들이었는데(내 강연 주제는 보통 무신론이었다) 2015년 말에 트럼프 지지자들이 나타나기 시작했다. 그들이 자주 하는 말은 보통 두 가지였다. "그의 말은 우리와 비슷해요." "그를 좋아해요. 생각나는 대로 말하니까요." 트럼프의 말은 사실 그의 열렬한 팬 대다수가 하는 말과 비슷하게 **들린다.** 그가 불확실한 문법과 부유한 어린 시절을 어디서 보냈는지 짐작할 수 없는 일반적인 뉴욕 말씨로 전하는 알아듣기 힘든 연설들은, 말하기의 문법 문제가 (트럼프와 달리) 교육적·경제적으로 불리한 배경의 산물인 청중 앞에서 그에게 외려 유리하게 작용했다. 만약 트럼프가 오바마처럼 연설했다면 그가 실은 부유한 가짜 포퓰리스트라고 일축되었을 것이다. 만약 오바마가 트럼프의 조잡한 은어로 연설했다면 흑인은 책임 있는 자리(미국의 대통령직은 고사하고)를 맡기에는 교육 수준이 너무 낮고 우둔하다는 온갖 인종차별적 비방에 시달렸을 것이다. 트럼프는 지지자들에게 (트위터, 그리고 면대면에서) 5번가의 금박을 입힌 집에서 사는 경영자들보다는 공장 노동자들과 연관된 영어로 말을 걸었고, 덕분에 그는 사람들에게 자신의 경제적 성공 이면의 진짜 이야기를 쉽게 얼버무리고 넘어갈 수 있었다. 게다가 부유하고 유명한 사람이 교육을 덜 받은 지진아처럼 연설할 때, 이런 환상이 만들어진다. **저런 사람이 그렇게 말한다면, 그러니까 지금 몇 살이든 아름다운 여자를 얻어라, 부자가 돼라, 그리고 대통령에 출마하라고 말한다면, 누가 알겠어? 나 같은 남자도 그렇게 될 수 있을지.**

'생각나는 대로 말하기' 때문에 트럼프를 지도자로 보는 인식은 그의 말은 '우리'와 비슷하다는 것만큼이나 그의 매력의 반지성주의적 속성에 필수적이다. 사적·공적 생활에서 생각나는 대로 말하기는 그 생각이 말할 가치가 있고 진실에 기초할 때에만 미덕이다. 그런데 탈진실의 문화에서 사실과 지도자가 말하는 것 사이의 관련성은 허심탄회한 모습보다 덜 중요해지고, 그런 모습은 그 정치인이 하는 말이 전혀 무의미하고 명백히 거짓일지라도 그와 군중을 진정으로 연결해준다. 쌍둥이빌딩이 무너질 때 무슬림이 환호하는 영상을 봤다는 말부터 스웨덴이 시리아 난민들을 너무 많이 받아들여서 2016년 2월에 테러 공격을 당했다는 발언까지 트럼프가 대통령 후보로서, 대통령으로서 한 거짓 주장들은 사실 확인에 열심인 주류 언론들이 충분히 보도하고 논박해왔다. 트럼프의 거짓말 전부를 목록으로 만드는 일은 굳이 할 필요가 없을 것이다(공식적으로 9·11 테러에 무슬림 수천 명이 환호하는 것을 목격한 사례가 전무하듯이, 2016년 2월 스웨덴에서 발생한 테러 공격도 전혀 없었다). 그런데 트럼프의 탈진실주의는 보통의 거짓말이 아니다. 그것은 더 심각한 무언가, 그러니까 논쟁의 여지가 없는 증거에 의해 틀렸음이 입증되었을지라도 여전히 그렇게 세계를 바라보는 그의 시각으로 보인다. 트럼프의 모든 시각, 상상 가운데 내가 깜짝 놀란 것은 가랑비가 내리고 을씨년스러웠던 취임식 날에 연설을 시작하자 해가 나왔다는 그의 주장이다. 텔레비전을 시청한 이라면 누구라도 사실이 아님을 알 수 있지만(보안상의 이유로 우산을 가져오는 게 금지된 장소에서 주변 청중은 판초를 꺼내 썼다) 트럼프는 아무튼 그렇게 말했다. 어떤 면에서 그는 분명 그렇게 믿었을 것이다. 연설을 할 때 자신과 청중에게 황금빛 햇빛이 내리쬐는 심상(습기로 축축한 현실보다 강력한 심상)을 갖고 있었을 것이다. 이런 종류의 환상은 개인의 삶에서 익숙한 것이고, 또 항상 나쁜 것만은 아니다. 그것은 실망스러운 결혼식 날을 겪는 많은 신랑과 신부에게, 기대에 못 미치는 평들을 보게 되는 많은 저자에게 도움이 되어왔다. 하지만 사람들이 습관적으로 환상에 젖고 현실과 혼동하는 경우에는 사적인 생활에서도 위험할 수 있다. 그리고 공공생활에서 (특히 지구상에서 가장 강력한 나라의 지도자가 환상을 품고 있다면) 그 환상은 참사를 야기할 위험이 있다. 동포들이 비가 내리는 것을 빤히 보았는데 해가 취임식장을 비추었다고 말하는 것은 그저 어리석은 것이다. 일반 선거에서 진 이유가 오직 수백만 의 이민자들이 불법으로 투표했기 때문이라고 말하는 것은 자신이 유지, 보호, 방어하겠다고 선서한 민주제도에 대한 믿음을 약화시키 는 것이다. 결국 헌법을 유지하겠다고 선서한 대통령이 아니라 가 짜 뉴스, 더 정확히 하자면 거짓말을 확산시키는 우두머리가 된 것 이다.

'탈진실'이 옥스퍼드영어사전의 2016년 올해의 단어가 되는 게 마땅하다면, '가짜 뉴스fake news'는 분명 올해의 구절이다. 2016년 선 거 기간의 가짜 뉴스의 진화보다, 미국 정치에 영향을 미치는 열렬 한 반지성주의와 적극적 무지를 더 잘 예증하는 것은 없다. 처음으 로 가짜 뉴스 현상을 인식하게 되었을 때 사람들은 이를 고의적으 로 지어내는 거짓말, 즉 보통 공상적인 웹사이트에서 만들어지고 소셜미디어의 잘 믿는 사용자나 목적이 분명한 사악한 사용자에 의 해 퍼지는 거짓말로 이해했다. 선거 기간에 가장 널리 전파된 가짜 뉴스 두 가지는 프란치스코 교황이 트럼프를 대통령 후보로 '지지' 했다는 것과, 클린턴 지지자가 운영하는 워싱턴의 유명한 피자 가 게에 아동 성노예들이 존재한다는 것이었다. 전자의 뉴스는 전혀 해가 되지 않았는데, 로마가톨릭교회의 교황은 거짓말을 거짓말이 라고 하면 신뢰를 받을 수 있는 유일무이한 위치에 있기 때문이다. 하지만 워싱턴 피자 가게의 사장은 운이 없었다. 패밀리레스토랑에 서 아동들이 성적 학대를 받고 있다는 말도 안 되는 이야기가 소셜 미디어에서 장기간 센세이션을 일으킨 것이다. 제정신이 아닌 사람 이 장전한 총을 가지고 나타나 직접 현장을 확인하겠다고 주장하기 도 했고, 화려한 코네티컷가의 인근 가게들로 협박 전화가 걸려오

기도 했다. 바티칸만이 소셜미디어에 퍼진 거짓말을 효과적으로 반박할 수 있었다.

공상적인 웹사이트는 항간에 유명한 사내가 파자마를 입고 운영하는, 어떤 뉴스 취재 기관과도 실제 연관이 전혀 없는 도메인에 불과하다. 크리스천타임스뉴스페이퍼닷컴의 운영자를 자처해보라. 당신이 그저 정치적 악의를 품은, 시간이 남아도는 실업자 청년인지 아닌지 누가 알겠는가? 스물세 살의 캐머런 해리스, 남학생 사교 클럽의 회장을 한 바 있고 대학을 갓 졸업한 사내가 유일한 소유주인 크리스천타임스뉴스페이퍼닷컴의 이야기는 교훈적이다. 그 지저분한 내막은 그의 사이트로 이끈 통신 단서를 통해 해리스를 추적한 《뉴욕타임스》의 진짜 기사에서 매우 상세히 보도되었다. 해리스는 힐러리 클린턴에게 유리하게 "조작"될 가능성이 있다는, 트럼프가 선거 전부터 쏟아낸 호언장담에 고무된 듯 보인다. 그는 《뉴욕타임스》기자에게, 트럼프의 문제 제기를 지지할 기사를 왜 만들어내기로 결정했는지에 관해 요란하게 이야기했다. 그가 9월 말 자신의 사이트에 올린 기사는 사전에 클린턴에게 기표한 표로 가득한 수천수만의 투표함들이 오하이오주 콜럼버스의 한 창고에서 발견되었다는 것이었다. 왜 콜럼버스인가? 트럼프가 바로 그 도시에서 선거 조작 가능성에 관해 처음으로 언급했기 때문이다. 누가 투표함을 발견했는가? 해리스가 콜럼버스의 전기 기술자 랜들 프린스라는 허구의 인물을 만들어낸 것이었다. 그 기사를 뒷받침하는 것은 영국 신문 《버밍엄메일》에 실린, 중년 남성(프린스 씨라는 설명이 달린)이 투표함 더미 뒤에 서 있는 사진이었다. 그 이미지는 구글에서 무단 도용한 것이었다. 버밍엄에서 열린 선거 또한 진짜였다. 다만 미국 대선이 아니었을 뿐이다. 기사에서 해리스는 클린턴 보좌관들이, 콜럼버스의 가짜 노동자들이 사전에 기표한 가짜 투표용지들을 투표일에 실제 투표용지들 곁에 슬쩍 갖다 놓으려 했다는 의견을 제시했다. 해리스가 만든 페이스북 페이지들에서 확산시킨 그 기사는 600만 명이 공유했다.[6] 그는 돈을, 그러니까 웹 광고 수입으로 시간당 약 1000달러 벌었다(구글은 선거 며칠 후, 사이트에 명백한 거짓 기사를 홍보하는 광고를 배치해 가짜 뉴스를 퍼뜨리는 일을 더는 방조하지 않겠다고 발표했다).

이 기사에서 드러난 가장 허탈한 것은 해리스가 트럼프를 찍긴 했지만 열렬한 정치적 확신 때문에 가짜 클린턴 투표함 기사를 지어낸 게 아니라는 것이었다. 그저 돈 때문에 그런 것이었다. 그는 《뉴욕타임스》와의 인터뷰에서, 클린턴이 아니라 트럼프를 비방하는 광고를 만들 수도 있었지만 트럼프 지지자들이 더 열렬해서 반 클린턴 광고의 페이지 뷰가 더 많았다고(그에 따라 광고 수입이 더 많았다고) 이야기했다. 해리스는 수치심을 전혀 느끼지 않은 게 분명하다. 그게 아니라면《뉴욕타임스》와 결코 인터뷰하지 않았을 것이다. 결국 그는 이렇게 말했다. "선거운동이나 후보가 말하는 게 전적으로 사실인 경우는 거의 없어요."[7]

상세히 보도된 이 기사는 디지털 문화와 우리 민주주의가 지나치게 단순화되는 현상 사이의 관계를 상당히 밝혀준다. 2000년으로 돌아가면 그때도 사전 기표한 투표함들을 합법적 투표함과 섞어 현대의 선거를 교묘히 조종하는 게 가능하다고 믿을 만큼 잘 모르는 미국인이 600만 명은 있었을 것이다. 하지만 16년 전에는 이 빤한 거짓 시나리오가 TV 뉴스쇼나 신뢰를 받는 신문에 나올 수 없어서 그토록 신속히 수백만의 사람들에게 유포되지 못했을 것이다. 당시 소셜미디어는 거의 없었다. 이 기사가 그토록 많은 사람에게 빠르게 인기를 누렸다는 사실은 많은 미국인의 특징인, 시민 관여와 시민교육의 부족을 반영한다. 정기적으로 투표에 참여하고 또 선거 사무원들이 투표용지들과 디지털 투표 집계기를 면밀히 재검사하는 것을 본 사람이라면, 가짜 투표용지가 담긴 함들을 투표소에 몰래 갖다 놓는 것이 불가능하다는 것을 안다. 사람들이 가짜 뉴스를 잘 믿는 것의 원인으로 흔히 지목되는 것은 자신이 이미 견지하는 믿음을 확인해주는 증거를 (가짜든, 진짜든) 받아들이는 일반적인 심리 성향이다. 트럼프는 추종자들에게 "조작"된 선거로 인한 패배를 상기시켰고 그들은 자연히 그 주장을 지지하는 모든 기사를 믿게 되었다. 하지만 반대의 경우였다면, 그러니까 사전에 트럼프에게 기표된 투표함들이 준비되어 있었다고 해리스가 기사를 썼다면 나는 믿지 않았을 것이다. 미국인이 수십 년 동안 어떻게 선거를 치러왔는지 잘 아는 사람이라면 그게 말도 안 된다는 것을 알기 때문이다. 내 추측에 따르면 이 기사가 트럼프 지지자들에게서 견인력을 얻은 주요 이유는, 그들이 클린턴 지지자들보다 교육 수준이 낮고 과거에 투표에 참여했을 공산도 적기 때문이다. 트럼프 지지자들이 더 잘 속고 또 소셜미디어에서 생각이 비슷한 이들에게서 전해 받은 모든 가짜 뉴스들을 기꺼이 믿으려 했기에 해리스가 중상모략의 대상으로 클린턴을 선택한 것이다.

그렇다고 거짓말이 진정한 신문이나 텔레비전의 보도에는 결코 나온 적이 없다는 말은 아니다. 고전적 사례는 1980년 재닛 쿡이 보도한 헤로인에 중독된 8세 아이에 관한 기사로,《워싱턴포스트》기자 출신인 그녀는 그 기사로 퓰리처상을 받았다. 차이가 있다면 그 거짓말이 언론사에 의해(처음에는《톨레도블레이드》, 다음에는 치욕을 당한《워싱턴포스트》에 의해) 자체적으로 밝혀졌다는 것이다.《워싱턴포스트》발행인 도널드 그레이엄은 기자회견을 열어 그 기사가 거짓임을 밝히고 공개 사과했다. 《워싱턴포스트》는 웹사이트에 그 기사 원본과 함께 편집자들이 그 날조 기사를 어떻게 받아들이게 됐는지에 관한 설명도 게재하여 지금도 속죄를 하고 있다. 기자라면 누구라도 증언할 수 있듯이 쿡 사건은 또한 모든 주류 언론의 편집자들이 익명의 정보원을 다루는 방식에도 현저한 변화를 일으켰다. 지역의 물로 인한 납중독, 가정 폭력, 정부 최고위층에 대한 FBI 조사 결과 중 어떤 것에 관한 것이든 익명의 정보원을 쓰는 것은 때때로 타당한 이유가 있다. 하지만 신문이나 텔레비전 방송 기자들은 현재 일반적으로 이 정보원의 신원을 적어도 책임 있는 편집자 한 사람(대개 편집국장)과 공유해야 한다. 인터넷에는 당신이 버밍엄이 아니라 오하이오주 콜럼버스 노동자의 사진을 보고 있음을(혹은 아무튼 그 노동자가 실제로 존재한다는 것을) 보장해줄 견제와 균형, 게이트키퍼가 전혀 없다. 대중매체가 트럼프를 그저 독특한 정치인으로 취급하는 것이 늘 실수(다시 말해 '가짜 뉴스'가 아니라 의도하지 않은 실수)인 것은 그 때문이다. 그는 자신을 둘러싼 문화 덕분에 입후보할 수 있었다. 즉 트럼프는 전적으로 그의 텔레비전 쇼 〈어프렌티스〉부터 트위터까지 그의 시대의 인물이다.

그러니 임기를 시작하면서 트럼프가 가짜 뉴스의 의미를 근본적으로 뒤집은 것은 놀랄 것도 없는 일이다. 그는 자신 혹은 자신의 정책을 비판하는 모든 기사에 그 딱지를 붙이기 시작했고, 또 '가짜' 뉴스 매체에 대해 가장 공격적으로 보도하는 언론들을 재빠르게 고소했다. 그는 단지 기존의 자기 생각을 강화해주는 모든 출처에서 진실성을 보고 자기 견해와 상충하는 모든 출처에서 거짓을 보는 수많은 미국인 중 하나일 뿐이다. 그는 탈진실 사회에서 미국의 반지성주의라는 역사적 경향을 끄집어낼 수 있었는데 그도 실은 우리 중 한 사람이기 때문이다. 대다수 미국인에게 가짜 뉴스란 듣고 싶지 않은 모든 것이다.

얄궂게도 트럼프의 언론과의 전쟁(그리고 짜증나게 하는 모든 뉴스를 가짜 뉴스로 규정하려는 전체주의적 시도)은 내가 이 책을 쓰고 있는 시점에서도 선거 결과에, 또 임기 초반 몇 달 동안 대통령의 직무 수행에 여전히 아연실색하고 있는 자유주의적(그리고 적잖은 보수주의적) 지식인들에게 희망의 이유가 된다. 트럼프 전에는 경제적으로 위협받는 '전통 매체'의 많은 소유주들이 극히 중대한 공적 논의에서 최소한으로 저항하는 길을 밟고 있었다. 하지만 현재 그들은 시민의 책무를 깨닫고 있고, 이는 《뉴욕타임스》와 《워싱턴포스트》 같은 간행물의 새로운 구독자 다수도 마찬가지다. 사설란의 관점이 상이한 신문들(《뉴욕타임스》, 《워싱턴포스트》, 《월스트리트저널》, 《로스앤젤레스타임스》를 포함해)에서 온라인 트래픽도, 종이신문 구독도 최근 급격히 증가했다. 뉴욕에서는 《뉴욕타임스》의 선거 후 18일간 신규 구독자가 13만 2000명이었고, 《워싱턴포스트》 발행인 제프 베조스는 보도국에 예순 개의 일자리(주로 탐사보도직)를 추가한다고 발표했다.[8] 아마존 최고경영자인 베조스가 2014년에 《워싱턴포스트》(다른 모든 신문과 마찬가지로 구독자가 줄고 있고 수년간 인력을 삭감해온)를 인수했을 때 많은 사람들이 어리석은 투자라고 생각했다. 지금은 탈진실 선거 기간에 소셜미디어가 퍼뜨린 극도의 거짓들 때문에 적어도 일부 시민들은 공적으로 매우 큰 중요성을 지니는, 정확한 뉴스 보도를 생산하는 데 돈을 더 (소유주들뿐 아니라 자신들도) 투자해야 한다는 것을 이해하게 되었다. 기자들도 용기를 더 얻은 듯 보인다. 예를 들어 《월스트리트저널》(편집 방침이 기업 감세 같은 트럼프의 정책들을 강력히 지지하는)에서 기사를 작성하고 편집하는 이들은 (일자리를 잃을 수도 있는 위험을 감수하고) 객관적인 뉴스 보도와 사설란 사이에서 선을 유지하기 위해 매일 분투하고 있다고 한다. 물론 자유롭고 독립적인 언론의 중요성을 한층 인정하는 현상이 트럼프 행정부에서 계속 심화될지에 관해 이야기하기에는 너무 이르다.

10년 전만 해도 전통 매체의 경영진은 자신의 방식대로, 그러니까 대중의 지식 및 담론 수준을 높이기보다는 독자의 문화적·시민적 소양 수준에 맞추어 소셜미디어를 이기려고 여전히 애쓰고 있었다. 2006년 말, 《타임》은 반질반질한 절연 테이프를 붙여놓은 것 같은 표지에 올해의 인물로 "당신 – 그래, 당신YOU–Yes, You"을 올렸다. 사실 여기서 '당신'에 포함된 사람은 모든 사람이 아니라 인터넷을 사용하거나 월드와이드웹에서 새로운 콘텐츠를 생산하는 미국인이었다. 《타임》의 올해 인물, 즉 '새로운 디지털 민주주의'의 시민은 넷플릭스로 DVD를 보는 사람이라면 누구나 될 수 있었다. 마이스페이스에 프로필을 올리고, 타임닷컴을 방문하고(그런 사람은 가산점을 받았을 것이다), 이메일을 보내며, 유튜브에 자신이 토하는 영상을 올리고, 레거시닷컴에 고인의 숨은 죄들을 교묘하게 드러낼 요량으로 가시 돋친 부고 기사를 남기고, 연인이 될 수 있는 사람의 배경을 구글로 검색해 확인해보며, 정치 블로그에 글을 쓰는 이도 마찬가지였다.

"미국은 혼자 있기 좋아하는 천재들을 사랑한다. ……"《타임》은 읊조리는 어조로 말했다. "하지만 그 외로운, 꿈꾸는 이들은 타인과 노는 법을 배워야 할 것이다. 자동차 회사들은 현재 누구나 참여할 수 있는 설계 대회를 열고 있다. 로이터는 정기적인 뉴스 피드와 동시에 블로그 포스팅도 하고 있다. 마이크로소프트는 사용자가 만든 리눅스를 막아내기 위해 특근을 하고 있다. 우리는 현재 생산성과 혁신의 폭발을 바라보고 있고, 그것은 이제 막 시동을 걸고 있는데, 그렇지 않았다면 조용히 묻혔을 수백만의 지성들이 지구적 지식경제에 연결되고 있다." 잊혀도 지극히 마땅한 지성들(디지털 세계에서 기하급수적으로 성장하는 정크사상과 분노에 책임 있는 지성들)에 관해 말하자면 2006년 《타임》은 자사의 독자 수가 계속 줄 것을 확신했고 인터넷상의 모든 것은 "막대한 사회 실험"의 일부이며 "시도할 가치 있는 모든 실험과 마찬가지로 그것도 실패할 수 있다"고 확언했다. 그럼에도 웹은 기회를 제공한다. "새로운 종류의 국제적 지식을, 즉 정치인 사이, 위인 사이가 아니라 시민 사이, 개인 사이에서 지식을 구축하는 기회 …… 사람들이 컴퓨터 화면을 보고 저쪽에서 누가 나를 보고 있는지를 정말로, 진심으로 궁금해할 수 있는 기회. 자자, 말해보라. 당신은 단지 약간 궁금할 뿐인 게 아니라고."[9] 2006년에는 게임 산업이 거의 중요하지 않아서 《타임》은 지성들이 소리 없이 잊히는 일에서 벗어나는 과정에서, 가상에만 존재하는 어린 시절의 실력주의로 되돌아가려는 게이머들은 언급하지 않았다.

핵심은 이렇다. '새로운 디지털 민주주의'의 시민들은 투표를 하거나 책을 읽을 필요가 없다. 또 하루 중, 인포테인먼트 산업의 스크린 미디어가 제공하는 최면에 걸린 듯한 안락과 인공적인 자극이 없는 깨어 있는 시간을 보낼 필요도 없다. 《타임》의 겁먹은 경영진이 대중에 영합하는 주장 가운데는 디지털 중독자들에게 화면을 끄고 자사 잡지 한 부를 손에 쥐라는 내용이 결코 없었다. 대부분의 정치인처럼 대부분의 여론 형성자도 우둔함의 기준이 점점 더 낮게 규정되고 있지 않는 척하고 또 미국인에게, 그들과 그 자녀들이 이

나라에 살아온 모든 세대 가운데 가장 똑똑하고, 최상의 교육을 받은 세대들이라고 여전히 아첨한다.

이 책의 2009년 염가판에서 나는 "컴퓨터 능력literacy과 시민적·문화적 소양literacy을 동일시하는 문제는 2008년 대선에서 18세에서 29세 사이 유권자들의 투표율이 54.5퍼센트였다는 점에서 분명히 드러난다"고 썼다. 30세 이하의 표는 압도적으로 2 대 1의 표차로 오바마에게 갔고, 분명 투표율의 상승(2004년에 이 연령집단 가운데 투표한 이들은 절반에 못 미쳤다)은 젊은이들에게 호소력을 발휘하는 오바마의 강력한 매력 때문이었다. 그럼에도 '밀레니얼' 세대는 나이가 더 많은 미국인보다 투표율이 여전히 훨씬 낮았다. 오바마가 젊은이들 가운데 큰 표차로 승리한 것을 언론이 축하할 때 무시한 사실이다. 아무튼 전체 유권자의 투표율은 약 64퍼센트였다. 웹을 이용해 젊은 유권자들에게 다가가려는 오바마 선거운동의 치열하고 세련된 노력에도 불구하고, 45퍼센트 이상은 1932년 이래 가장 극적인 드라마이자 가장 많은 것이 걸린 선거에서 여전히 발을 들여놓지 않았다.

만약 그때 미래를 내다보고 2008년에서 2016년 사이에 투표율 전반이 하락한다는 것을 예측할 수 있었다면 나는 이 주장을 더 강하게 펼쳤을 것이다. 2008년에서 2012년 사이, 투표한 유권자는 64퍼센트에서 60퍼센트로 떨어졌다. 2016년에도 또 떨어졌다. 20년 만의 최저치인 약 55.4퍼센트로. 모든 연령집단의 투표율과 마찬가지로 밀레니얼 세대의 투표율도 지식과 시민의 참여를 가치 있게 여기는 이라면 결코 믿지 않았을, 정크사상에 기초한 정크뉴스의 세례 가운데 떨어졌다. 수많은 권위자들은 현재 진짜 뉴스와 가짜 뉴스를 구별하는 일이 엄청나게 힘든, 아인슈타인 수준의 과업이라

반지성주의 시대

고 시사하고 있다. 이것은 또 하나의 정크사상 사례다. 수백만의 불법 이민자가 투표했다는 기사들이 가짜 뉴스란 것을 이해하려면 투표하고, 당신이 투표하는 것을 투표 참관인이 지켜보는 경험을 하기만 하면 된다. 동네 피자 가게에서 아이들을 유괴했다는 기사가 거짓임을 알기 위해서는 그저 동네 피자 가게에 가서 식사를 한 끼 해보면 알 수 있다. 지적 능력과 책임감 있는 시민이 되려면 천재성이 있어야 한다는 생각은 이 나라의 모든 사람을 모욕하는 것이다.

지적 능력을 갖춘 유권자가 되기 위해 반드시 호프스태터가 말한 "사상을 위해 사는" 지식인이 되어야 하는 것은 아니다. 하지만 진실과 거짓을 구별하는 것을 진지하게 여기는 일은 (고졸자든, 박사학위 소지자든) 필요하다. 미디어 관계자도, 지식인도 모두 건국자들이 우리에게 경고한 사회로 가지 않도록 이 일에 특별한 책임을 떠맡고 있다.

1822년 친구에게 보낸 편지에서 제임스 매디슨은 모든 독립기념일 행사장에서 낭독되어야 할 경고의 글을 전했다. "민중에 관한 지식이 없는, 혹은 그것을 획득할 수단이 없는 민중의 정부는 그저 소극笑劇이나 비극으로 가는 서막에 지나지 않습니다. 아니면 그 둘 다로 이어지겠지요. 지식은 무지를 영원히 통치할 것입니다. 그리고 스스로 통치하는 사람이 되고자 하는 인민은 반드시 지식의 힘으로 무장해야 합니다."[10] 현재 모든 시민이 직면한 중대한 문제는 무지가 지식을 통치하도록 그대로 내버려둘 것인가다.

결론

★

기억상실과 탈진실의 시대에
무엇을 할 것인가

"낮은 목표를 추구하라고 배운 이 나라의 지성인들은 스스로를 갉아먹고 있습니다."

1837년 랠프 월도 에머슨은 분명 지적 수도를 건설 중인 신생국에서 주로 수사적 장치로서 이 주장을 펼쳤다. 하지만 에머슨의 허수아비들은 미국의 새로운 불합리 시대에 살아 움직이고 있고, 우리 시대의 피할 수 없는 주제는 기억과 지식의 침식이다. 기억상실 때문에 우리는 지적 유산의 나쁜 관리인이 되었고, 문화 보고의 소실은 결국 새로 반복되는 망각의 시간으로 이어진다. 반합리주의와 반지성주의는 인포테인먼트 중독, 모든 유형의 미신과 맹신, 그리고 기초 기술과 그런 기술 기저의 논리만을 썩 좋지 않은 수준에서 가르치는 교육 체제가 뒤섞여 있을 때 번창한다.

우리의 주의 산만 문화에 깊이 배어 있고 미국 민주주의의 이상에 해로운 퇴행적인 지적 경향을 저지할 도리가 있을까? 무지, 반합리주의, 반지성주의의 목소리들이 광장에서 매우 시끄럽게 울려 퍼질 때에도 늘 그랬듯이 대항 세력은 존재한다. 조지 W. 부시 대통령의 첫 임기 말, 승리주의적 열정에서 백악관의 한 보좌관은 학자, 과학자, 저널리스트에 대해 경멸적으로 말했다. "해결책은 분별 가능한 현실에 대한 신중한 연구에서 나온다고 믿는" 이들이라고. 그러나 현실에 기초한 세계를 무한정 부인할 수는 없다. 버락 오바마와 존 매케인의 대선 경합에서 전환점은 2008년 9월 15일, 즉 주식시장이 500포인트 이상 급락한 날(2001년 9·11 테러 공격 이후 가장 큰 폭으로 떨어진 날)이었다. 주식시장은 투자은행 리먼브라더스가 파산 신청을 하고 유서 깊은 기업 메릴린치가 같은 운명을 피하기 위해 매각되었다는 뉴스에 대한 반응을 보이고 있었다. 주택 압류가 가장 많이 행사되고 실업자들이 양산된 바로 그날 매케인은 "우리 경제의 기초들은 튼튼하다"고 선언했다. 그 발언은 중산층이 인식하는 현실(주식시장에 투자된 자신들의 연기금의 가치가 3분의 1이나 사라졌다는 자각을 포함해)과 매우 상충해서, 오바마는 상대가 어느 행성에서 살고 있는지 물을 필요도 없었다. 이때부터 오바마를 향한, 문화에 기초한 반엘리트주의 공격은 효과를 잃기 시작했고, 미국인들이 직접 목격한, 대단히 심각한 금융 상황의 증거에 뿌리박은 주요 문제는 어느 사람이 현실을 더 잘 포착할 수 있고 경제 상황을 해결할 수 있는 자격을 더 갖추었는가가 되었다. 이것을 현실 기반 세계의 복수라 부르자.

트럼프주의의 토양이 된 탈진실 시대. 이 난공불락의 현실이 어떻게, 또 언제, 미국인의 망상에 도전하고 미국인의 환상을 산산조각 낼까. 내가 이것을 안다고 주장하는 것이 아니다. 그런 일은 트럼프가 법인세와 사회복지 예산을 삭감하고 군 예산을 증강하는 한, 쇠락하는 미국의 하부구조를 재건하겠다는(그리고 그 과정에서 양질의 블루칼라 일자리를 제공하겠다는) 그의 약속이 유지될 수 없음을 미국인이 깨달을 때 일어날 수 있다.

만약 매우 많은 이주민이 강제 추방되어 밭의 농작물들이 썩고 레스토랑들이 문을 닫으면, 또 허가증이 없는 노동자들이 하던 뼈 빠지는 저임금 일자리를 미국인이 거부할 때 그런 일이 일어날 수 있다. 미국의 국토에 큰 테러 공격이 다시 발생할 때, 그 테러리스트들의 출신 국가가 트럼프의 입국 금지 국가 목록에 없을 때도 일어날 수 있다. 나는 현실에 기초한 새로운 세계가 어떤 형태를 띨지 모르지만 그 도래가 **어쩌면**이 아니라 **언제**의 문제임은 안다.

중대한 문제는 탈진실 사회라는 관념을 몹시 싫어하는 미국인이, 진실이 도래하는 순간이 더 큰 분노와 부정의 방아쇠가 아니라 심리학자들이 말하는 '배움을 얻을 수 있는 순간'으로 바뀔지도 모르는 그날을 준비하기 위해 무엇을 할 수 있는가다. 시민들이 무시할 수 없는 상황에 직면해, 사실과 논리보다 신앙과 정서에 기초해 결정을 내리는 게 얼마나 위험한지를 깨닫게 되는 기회는 늘 있다. 그런 때에 사람들은 보통 피하고 싶던 사상들을 기꺼이 생각해보고, 행동도 바꿀지 모른다. 그런데 그 순간을 붙잡으려면 미국인은 자신들이 겪고 있는 것(삶의 전 영역에 영향을 미치는 기억과 지식의 전반적 위기)을 알아보고 이름을 붙여야 한다. 그런 인식은 보통 시민들뿐 아니라 그들이 선출한 대표들에게서도, 비지식인과 지식인 모두에게서도 나와야 한다. 그렇다면 지적 결핍의 중요성을 미국인에게 알리는 데 무엇이 도움이 될까?

가장 먼저 취해야 하는 단계는 [망상에 대한] 포기다. 즉 우리는 새로운 기계들이 아무리 부추긴다 할지라도 본질적으로 기술과 관련 없는 상태를 기술이 바로잡아줄 수 있다는 망상을 단념해야 한다. 2007년 마이크로소프트 윈도우즈 비스타를 내놓으면서(10년이 지난 현재 누가 이 프로그램 이름을 기억이나 할까?) 빌 게이츠는 이전 윈도우즈와 달리 이 새로운 소프트웨어 프로그램에서는 자신과 아내가 사춘기 전 자녀들의 컴퓨터 사용 시간을 제한할 수 있다고 진지하게 발언했다. 나는 게이츠가 최신 제품을 팔기 위해 가식적으로 말한다고는 전혀 느끼지 않았다. 그는 단순히 기술이 주는 자극, 감각에 대한 굶주림을 통제하는 기술적 수단이 있다는, 부모로서 기분 좋은 망상에, 그의 경우에는 기업가적인 망상에 빠져 있었던 것이다.

다른 한편으로 마이크로소프트의 창립자 빌 게이츠는 똑똑한 열두 살이라면 엄마, 아빠가 자신의 컴퓨터 사용 시간을 통제할 수 있는 시스템을 피하는 방법을 분명, 아마도 단시간에 찾아내리라는 것을 알았다. 하지만 에덴에 과실나무를 두고 아담과 이브에게 가까이 가지 말라고 경고한 하느님과 흡사하게, 아버지 빌 게이츠는 자신이 공들여 만든 그 유혹적인 물건에 자녀가 과잉 노출되는 것을 막는 방법이 있다고 믿고 싶었다. 세대를 이어오는 인포테인먼트에 대한 중독을 끊는, 기계로 된 비교적 단순한 수단이 존재한다는 주장은 우리의 문화적 상실이 얼마나 깊고 넓은지를 우리 사회가 인정하지 못하는 하나의 사례일 뿐이다. 문화의 기준이 지나치게 낮아지는 현상들이 대개 관련 없는 문제들의 집합으로 간주되면 재계, 정부, 교육계의 근심하는 지도자들은 가장자리만 건드리는 해결책을 내놓을 수 있을 뿐이다. 현대 미국 교육의 위기는 좌우파 정치인들에게서, 사회적 혜택을 받지 못한 소수집단 학생들, 즉 성적을 올리기 위한 합심의 노력으로 도울 수 있는 학생들에게 국한된 고민거리로 간주되어왔다. 성적 처방은 마이크로소프트가 제시한 부모의 통제와 다를 바 없다. 둘 다 합리적으로 들리는 온당한 생각이지만, 가련할 정도로 낮게 설정된 기초 능력 점검 점수표를 상회하는 수준으로 설정되어 있다면, 소수가 아니라 다수의 아이들을 낙제시키는 문화적 문제들을 완화하는 데 거의 아무것도 하지 못할 것이다. 낮은 기준이 진짜 문제고, 너무 많은 가난한 흑인과 히스패닉 학생들이 최소한의 기준을 충족하지 못하는 것은 미국 사회에 존재하고 끈질기게 계속되는 거대한 인종·계급·경제 격차를 증명할 뿐이다. 또한 좀 더 부유한 가정의 아이들이 낮은 수준의 기준을 통과할 수 있다는 것이, 그들이 제대로 기능하는 민주 사회의 시민이 알아야 하는 것을 배우고 있음을 의미하지는 않는다.

시민, 문화, 과학 소양의 일반적 쇠퇴는 정치 양극화를 고무해왔는데, 대체로 토론장이 특정한 정치·문화 의제에 매우 열렬하게(주류적인 열정에서 기인하는) 신경 쓰는 이들에게 맡겨졌기 때문이다. 미국의 거버넌스의 모든 결점은 어떤 면에서 대중의 지식 부족과 관련 있다. 유권자들과 마찬가지로 지적 맹점이 있는 선출직 관리들이 만든 정책에 대한 분노가 만연하지 않다는 것만 봐도 그렇다. 2006년 의회가 이라크전쟁의 복합적 실패를 검토하고자 설립한 초당파적 위원회인 이라크연구위원회가 파악한 바에 따르면, 바그다드 주재 미국대사관의 직원 1100여 명 가운데 아랍어를 하는 이는 32명(유창하게 하는 이는 6명)뿐이었다. 정부가 현지인이 하는 말을 말 그대로 이해하지 못하는 외교관들로 대사관을 거의 전부 채운다는 것은 충격적일 수도 있으나 그리 놀랍지 않다. 요컨대 우리는 성인 여섯 중 다섯이 외국어를 아는 것이 특별히 중요하다고 생각하지 않는 나라의 시민이다. 우리의 현 대통령(지지자들에게서 "우리와 비슷해요"라고 간주되는 그)은 국내외 외교관들을 줄이고, 외국어 교육에 보조금을 지급하는 교육 프로그램들을 삭감하여 군 예산을 확대할 작정이다. 대다수 대중과 마찬가지로 그도 우리의 최근 역사에서 아무것도 배우지 못한 것 같다. 배움을 얻을 수 있는 순간은 아직 오직 않았다. 미국인 대다수는 여전히 쉬운 해결책을 믿고 싶어 하고, 또 트럼프도 쉬운 해결책의 후보로 출마했었다. 집권 첫 달에 오바마케어를 "거부하고 대체하겠다"던 대선 공약의 단기간 이행이 쉽지 않으리라는 것을 알게 됐을 때, 트럼프는 "건강보험이 그리 복잡할 수 있다는 것을 아무도 모른다"며 한탄했다. 사실 지난 사반세기 동안 건강보험공단에서 근무한 적이 있거나 건강보험에 관한 전문가들의 글을 읽어본 이라면 거의 모두가 오바마의 부담적정보험법을 크게 바꾸는 것이 얼마나 복잡한지 안다. 하지만 물론 트럼프는 건강보험 산업에서 일해본 적이 없고 또 전문가들이 쓴 "책들"을 읽지 않는 것을 자랑스러워한다. 여기서 또다시 트럼프는 오바마케어를 없애겠다고 약속했을 때 환호한 유권자들(자신들이 부담적정보험법에 따라 받는 의료보험이 실은 그 혐오하는 오바마케어임을 그동안 죽 몰랐던)의 견해를 강화하고 또 반영한다. 선거 이후 많은 지적 권위자들은 (보수뿐 아니라 자유주의 진영도) '자유주의 엘리트들'을, 트럼프의 노동계급 유권자들이 잘 속는 바보라며 경시하는 사람들로 묘사했다. 이 논지의 문제는 시민들에겐 (계급이나 소득이 어떻든지) 자신이 정보를 모르고 있는 것에 대한 책임이 전혀 없다고 가정한다는 것이다. 인터넷 시대에서는 부담적정보험법이 공화당원들이 오바마케어라는 딱지를 붙인 그것임을 알아내려면 최소한의 노력(대안우파alt-right° 웹사이트가 아니라 일반 웹사이트에서 검색하기만 해도)만 기

울이면 된다. 오바마를 싫어하는, 지식이 부족한 상당수 유권자들이
[트럼프가 추진하는] 이름만 번지르르한, 또 다른 이름의 건강보험에
서는 더는 혜택을 받지 못하리라는 것을 극우파는 정확히 알고 있
었다. 소득이 어떻든지, 주요 이슈에 관해 애써 정보를 찾아보지 않
는 미국인은 어떤 존중도 받을 이유가 없다. 그들은 바보는 아닐 테
지만 게으른 사람들이다. 8학년까지 학교를 다닌 우리 할머니는 시
민의 안녕에 영향을 미치는 두 가지 주요 정부 프로그램(메디케어와
사회보장연금)에 관해 시민이 알아야 하는 모든 것을 몰랐다면 창피
해하셨을 것이다. 할머니는 모든 시민의 의무이기에 정보를 찾아보
고 배우는 데 힘쓰셨다.

우둔함의 기준도, 똑똑함의 기준도 (비지식인뿐 아니라 지식인 가운
데서도) 점점 낮게 규정되면, 사람들에게 극단적 입장의 타당성을
납득시키기가 훨씬 쉬워진다. 일반적으로 정치 스펙트럼에서 양극
단의 정책의 토대가 되는 실제적 오류(견해 차이와는 전혀 다른)를 이
해하기 위해서는 기초 지식뿐 아니라 비판적 사고력도 필요하다.
예컨대 정치적 우파의 자유시장 절대론자들이 오랫동안 지지해온
부자 감세를 생각해보자(트럼프와 우파 지식인들이 의견 일치를 보는 몇
안 되는 지점 중 하나다). 수년간 자유주의자들은 부시 정부의 감세 중
90퍼센트가 상위 1퍼센트에게 돌아갔다는 (사실인) 주장을 거듭 했
다. 그런데 그 주장을 이해하기 위해 유권자들은 그 퍼센티지의 의
미가 무엇인지, 그리고 자신들의 소득이 스펙트럼에서 어디에 분포
하는지도 이해해야 한다. 비슷한 맥락에서 "비선출 운동권 판사들"

● 극우 국가주의 성향의 온라인 세력. 2010년 백인 인종주의자를 자처하는 리처드 스
  펜서가 '대안우파'라는 블로그를 운영하면서 알려졌다.

에 대한 우파의 끊임없는 공격은 헌법의 삼권분립, 그리고 그 틀을 잡은 이들이 독립적인 비선출 연방사법부를 맨 먼저 세운 이유들에 관한 대중의 무지를 먹고 자란다. 미국인의 3분의 2는 정부를 구성하는 세 부의 이름을 대지 못하거나, 연방대법관의 이름을 한 명도 대지 못한다. 사법부를 중요한 쟁점으로 여기는 유권자들은 명백히 소수집단이고 그들 다수는 극우다. 뉴스를 신문보다 주로 텔레비전에서 얻는 미국인은 사법제도에 관해 훨씬 덜 알고 있다. 대법원의 주요 과업이 헌법 해석이라는 것을 알고 있는 이는 신문 독자의 3분의 2이지만 텔레비전 뉴스 시청자는 40퍼센트뿐이다.[1] (대법원에 대한 태도 연구들 가운데 뉴스를 주로 소셜미디어에서 얻는 이들이 포함된 연구는 현재까지 없다. 하지만 소셜미디어가 시민학civics의 다른 어떤 양상보다 대법원의 헌법상 역할에 관해 더 정확한 정보를 제공할 것 같지는 않다). 시민들이 고등법원의 헌법상 권한에 무지할 때 그들에게, 판사들은 여론을 반영해야 한다고(그리고 판사가 일반 통념과 충돌하는 판결을 내릴 때는 무언가 잘못된 거라고) 설득하기가 훨씬 쉽다. 트럼프는 대개 무슬림인 7개국 출신 이민자들을 막는 자신의 첫 행정명령이 법원에서 제동을 당하자 "이른바 판사라는 이들"이라며 담당 판사들을 경멸적으로 무시하는 발언을 한 바 있는데, 이런 태도는 정부의 세 부의 이름도 대지 못하는 대중에게 더 쉽게 받아들여진다.

역사적 기억상실증은 오늘 우리 시민의 가장 큰 문제일 테지만, 무언가를 기억할 수 있으려면 기억할 가치가 있는 특정한 사실과 사상들(미국의 성취들을 과장하지도 과소평가하지도 않는, 공정한 국가상에 필수적인 사실들)을 먼저 흡수해야만 한다. 많은 대졸자를 포함해 미국인은 기초 수학 및 과학뿐 아니라 미국사의 중요한 사건과 정부의 토대가 되는 근본 사상 및 구조도 잘 이해하지 못한다. 국립헌법센터가 실시한 설문조사에 따르면 미국인은 헌법을 우러러보지만 나라의 토대가 되는 문서의 내용에 대해서는 비교적 아는 게 없다. 수정헌법 제1조에서 보장하는 권리들에 대해 물으면 대다수가 언론의 자유만 댈 수 있었다. 3분의 1은 하나도 대지 못했다. 42퍼센트는 "미합중국의 언어는 영어다"가 헌법에 명시되어 있다고 생각한다. 25퍼센트는 기독교가 헌법에 의해 국교로 인정되었다고 믿는다. 젊은이는 부모와 조부모보다 훨씬 무지하다. 성인의 약 절반, 하지만 십대는 41퍼센트만이 정부의 세 부의 이름을 댈 수 있다. 성인의 열에 넷, 하지만 십대는 열에 둘만이 상원의원이 100명임을 안다. 성인도, 십대도 대다수가 헌법을 언제 혹은 누가 제정했는지 전혀 모른다. 십대 중 약 98퍼센트는 미합중국 연방대법원장의 이름을 대지 못한다.[2]

이것이 우리 시민의 현재이다. 만약 젊은이들 가운데 밀물처럼 넘치는 무지를 막기 위해 아무것도 하지 않는다면 우리 시민의 미래는 훨씬 심란해질 것이다. 1981년 노트르담대학 졸업식 연설에서 로널드 레이건 대통령은 다음과 같은 바람을 밝혔다. "여러분이 다음 세대에게 과거의 의미를 설명하고 미래에 대한 약속을 제시할 때가 되었을 때 …… 우리의 문명을 규정하고 우리 국가의 유산을 이루는 진실과 전통들을 기억하길 희망합니다. 이제 그것들을 지키고 다음 세대에 넘겨주는 일은 여러분의 몫입니다."[3] [1983년 또 다른 연설에서] 레이건은 구체적으로 자신이 보기에 밝았던 미국의 과거를 언급했다. "슬픈 일화들이 있지만 객관적인 사람이라면 미국사, 즉 희망이 가득하고 꿈이 현실이 되는 이야기였고 지금도 그러한 역사에 관해 긍정적인 관점을 견지해야 합니다."[4]

하지만 시민들이 과거를 아무리 해석할지라도, 또 과거가 현재에 관해 드러내는 것에 의견 불일치가 매우 크다 하더라도, 애초에 결코 배운 적 없는 "진실과 전통들"을 기억하기란 불가능하다. 예를 들어 세속의 자유주의자와 종교적 보수주의자는 오늘날 공공생활에서 종교의 역할과 연관한 많은 문제에 의견이 불일치한다. 그런 대화에 참여하는 이들은 정교분리의 벽이 정확히 얼마나 높아야 하는지에 관해 각자 주장을 펼친다. 하지만 양편이 수정헌법 제1조가 실제로 이야기하는 것(의회는 "국교를 정하거나 또는 자유로운 신앙 행위를 금지하는 법률을 제정할 수 없다")을 모른다면 유의미한 논의가 될 수 없다. 2006년 키스 엘리슨의 당선, 즉 종교가 무슬림인 첫 하원의원의 탄생은 그가 성경이 아니라 코란에 손을 올리고 취임 선서를 할 수 있는가에 관한 무지한 토론의 계기가 되었다. 자유주의자든, 보수주의자든 수정헌법 제1조의 내용을 알고 있는 이라면 답을 안다. 즉 하원의원이 스스로 선택한 종교 책(혹은 비종교적 책)에 손을 올리고 취임 선서를 하는 것을 막는 것은 분명 헌법에 위배된다. 그 초선 하원의원은 토머스 제퍼슨의 소유였다고 하는 코란을 국립문서보관소에서 빌려와 취임 선서를 함으로써 논쟁을 끝냈다. 엘리슨은 코란과 헌법뿐 아니라 토머스 제퍼슨의 서재의 내용을 언급한 전기도 읽은 것으로 보인다(현재 미네소타주 민주당 6선 하원의원인 엘리슨은 민주당 전국위원회 부위원장이기도 하다).

최근 어떤 정치 지도자도 미국 문화의 적극적 무지에 대한 정치가 자신들의 책임뿐 아니라 대중의 책임에 관해 강하게 공언하는 용기를 보인 적이 없다. 오바마는 부모가 TV와 컴퓨터를 끄고 자녀와 대화하고 책을 읽는 데 더 많은 시간을 보내야 한다고 제안함으로써 목표에 근접하게 갔다. 이런 시도는 칭찬받아 마땅하다. 하지만 대통령이 다음과 같이 단호하게 말하는 데 대단히 큰 용기가 필요하지는 않을 것이다. "오늘날 미국인의 삶에서 가장 큰 문제는 이전 정권의 정책들이 남긴 유산이나 사람들이 이데올로기를 위해 이야기한 거짓말이 아닙니다. 가장 큰 문제는 국민으로서 우리가 건전한 공적 결정을 내리기 위해 알아야 하는 것을 배우는 데 매우 게을러졌다는 것입니다. 우리 가운데 3분의 2는 지도에서 이라크를 찾지 못합니다. 3분의 2는 우리가 내는 신용카드 이자가 얼마인지 모릅니다. 대부분은 종이신문으로도, 온라인으로도 신문을 보려 하지 않습니다. 우리 자신의 무지는 우리의 가장 큰 적이고, 이는 일반 국민뿐 아니라 많은 정부 관리들에게도 마찬가지입니다."[5] 단순히 "여러분은 거짓의 피해자입니다"라고 말하는 것은 유권자들과 그들이 선출한 대표들 모두, 양 정당 모두 자발적인 자기기만에 대한 비난을 받아들여야 한다고 말하는 것보다 훨씬 쉽고, 정치적으로 훨씬 안전하다. 유권자에 대한 트럼프의 호소력의 토대가 그가 스스로를 보통 사람으로(부유한 보통 사람이긴 하지만) 제시한다는 점임을 고려하면, 그에게서는 그런 이슈를 제기하는 것 자체를 전혀 기대할 수 없다. 새벽에 강박적으로 트윗을 하고, 그를 잘 아는 이들에 따르면, 밤늦게까지 텔레비전 시청에 중독된 대통령이라면 대중의 무지와 시민의 삶 사이의 관계를 논의할 자격이 없다(그가 기꺼이 논의에 참여할 의향이 있다 하더라도).

최고의 정치 지도자조차 대중을 옳은 방향으로 조금씩 밀고 갈 수 있을 뿐이다. 즉 그 자리가 대중이 지적 게으름을 극복하려는 의지를 만들어낼 수는 없다. 대니얼 웹스터는 1826년 존 애덤스와 토머스 제퍼슨(미국사에서 공교롭고 가슴 아픈 일 중 하나로, 이 두 사람 모두 독립기념일 15주년에 사망했다)에 대한 추모 연설에서, 제퍼슨과 애덤스의 희망대로 이 신생 공화국이 이미 "새로운 각성, 무적의 자유

탐구 정신, 지역사회 곳곳으로 보급된 지식"으로 유명해졌다고, "이는 전적으로 전대미문의 것"이라고 선언했다. 웹스터는 주장했다. "미국의 미래, 운은 이런 위대한 관심과 운명적으로 불가분하게, 긴밀하게 연결되어 있습니다. 그것들이 무너지면 우리도 무너집니다. 그것들이 유지된다면 우리가 그것들을 지켰기 때문일 것입니다."[6] 자유 탐구에 대한 "위대한 관심"과 지식 보급이 회복되려면 정치뿐 아니라 재계, 교육, 미디어를 형성하는 심히 견고한 태도들에 근본적인 변화가 있어야 할 것이다.

유독한 정치 풍조에서는, 이성과 학습을 가치 있게 여기는 모든 사람이 '탈진실'이 언젠가 올해의 단어가 아니라 시대착오적인 것으로 간주되는 것을 보기 위해 모든 노력(우리 대부분이 과거에 기울였던 것보다 절박한 노력)을 기울이는 것이 훨씬 더 중요해진다. 현재 (보수 지식인도, 자유주의 지식인도) 마치 트럼프주의와 인포테인먼트 중독이 우리 시민의 풍경에서 불가피한 부분이 된 것처럼 글을 쓰고 말하는 경향이 있다. 조지 오웰(그의 소설 《1984》는 탈진실 시대에 대한 두려움의 결과로 다시 베스트셀러가 되었다)은 1946년에 쓴 한 에세이에서, 미래에 일어날 수 있는 것들을 오직 "현재 일어나고 있는 것의 연속"으로만 보는 것의 위험을 묘사한 바 있다. 그가 주장하길 "그런 경향은 단순히 나쁜 습관이 아니다. …… 그것은 중대한 정신질환이고, 그 뿌리는 부분적으로 비겁이고 또한 비겁과 철저히 분리할 수 없는 권력 숭배다".[7]

트럼프주의는 현재 일어나고 있는 것이고, 오웰이 중대한 정신질환이라 한 것은 (특히 언론에 종사하는) 많은 자유주의 지식인들이 현재 상황을 마치 영원히 지속될 것처럼 한탄하는 경향에 그 원인이 있다. 대개 트럼프의 지명을 반대했던 보수 지식인들에게서 들려오는, 트럼프 때문에 진정한 미국 보수주의가 사망할 것이라는 푸념과 두려움도 상당하다. 자유주의 지식인도, 보수 지식인도 (진정한 지식인이라면) 동의해야 마땅한 한 가지는 영원한 것은 없다는 것이다. 그런 까닭에 훈련받고 지성을 갖춘 사람들이 전념해야 마땅한 문화 보존은 미국 지성사의 암울한 시기에 긴급한 과업이다. 탈-탈진실 시대에 온전한 정신이 회복되기까지 무엇을 보전할 수 있고, 어떻게 보전할 수 있을까?

과학계의 선각자들은 진정한 전문가가 사람들이 잘 이해하지 못하는 과학 주제에 관한 대중 토론 및 대중 지식의 질을 진정으로 변화시킬 수 있음을 이미 보여주었다. 수십 년간 최고 수준의 과학자들은 공립학교의 진화론 교육을 두고 벌어진 전투에 초연했는데, 부분적인 이유는 창조론자들의 주장에 대응하면 외려 진화론 반대 주장의 위신이 훨씬 높아진다고 느꼈기 때문이다. 세기의 전환기 이후 많은 과학자 및 과학 단체들은 180도 태도를 바꿔 그 전투에 들어갔고, 공립학교 생물학 수업에서 지적 설계론과 창조론을 가르치지 못하도록 광범위한 공적 토론장과 법정에서 지속적으로 진화에 관해 발언했다. 판사 존 E. 존스가 2005년 키츠밀러 대 도버 판결에서 분명히 피력했듯이, 광범위한 과학적 증언은 지적 설계론이 과학 이론이 아니라 초자연적 창조주의 존재를 내세우는 종교 기반 주장임을 밝히는 데 중대한 역할을 했다. 2006년 노벨상 수상자 열여섯 명이 위원으로 있는 초당파적 집단인 '미국을 위한 과학자 및 엔지니어들SEA'은 주류 과학 입장을 견지하는 후보를 공개 지지하고, 에너지 정책부터 줄기세포 연구까지 다양한 이슈에 관한 배경

자료를 "친과학" 후보에게 제공하기 위한 목적에서 만들어졌다. 좌파 과학이나 우파 과학 같은 것은 없지만(물론 좌파 정치나 우파 정치의 견해를 가진 과학자들은 있다), 존경받는 과학자들은 자연계의 진실을 탐구하는 데 헌신하는 진정한 과학과 정치적·종교적·사회적 목적에 이바지하고자 고안된 사이비과학을 분리하는 데 일반적으로 동의한다. 오늘날 대중과의 그런 탁월한 소통보다 중요한 과업은 없을 것이고, 과학적 기량이 뛰어난 지식인들(달리 말해 지적이고 박학다식한 사람들)은 특별히 그런 과업을 위해 준비가 된 사람들이다. 어린이 백신과 자폐증 사이에 존재하지 않는 관련성을 조사하기 위해 전국 규모의 위원회를 꾸리겠다고 한 트럼프의 선거공약을 고려해 볼 때, 의료 전문가들에겐 떠맡아야 할 엄청나게 중요한 이슈가 있다. 이 이슈에는 내 편 네 편이 따로 없고, 선도적 연구자 및 의사들이 일어나 그것이 본질적으로 유해한 헛소리라고 외쳐야 한다. 일부 용감한 의사들은 수년간 그렇게 해오고 있지만, 백신 반대운동은 과거와 달리 최근 대통령에게서 격려를 받고 있다.

인문학과 사회과학에서 합의는 더 까다롭지만(역사, 경제, 혹은 예술조차 비정치적 렌즈를 통해 보지 않기란 어려운 일이다), 여기에서도 보수 및 자유주의 지식인이 과거에 합의한 이슈들이 있다. 교육사학자이자 정치적 보수주의자인(조지 H. W. 부시와 빌 클린턴 대통령 집권기에 계속 교육부에서 일할 정도로 초당파적이긴 하다) 다이앤 래비치, 그리고 확고한 자유주의자 아서 슐레진저 2세는 20년도 전에 역사교육의 국가 기준(미국을 제외한 모든 선진국에 있는)을 지지하는 흔치 않은 글을《월스트리트저널》에 공동 기고했다. 그 글은 사람들에게 널리 읽혔는데, 대중지식인들이 상이한 정치적 견해에도 불구하고 미국 시민교육의 심각한 결함들을 고심하기 위해 협력한 드문 사례였기 때문이다. 저자들은 분명하게 말했다.

> 우리 아이들은 우리 역사(혹은 다른 어떤 역사도)를 너무 모른다.
> 최근 역사교육은 '사회역학', '대인관계', '자존감' 증진, 그리고
> 온갖 다른 비역사적 고찰들을 가르치는 게 목적인 '사회 교과'
> 라는 무정형의 덩어리에 섞여버렸다. 우리는 미국 국민이 자녀
> 가(또 젊은 세대 전체가) 우리가 누구인지, 우리의 제도가 어디서
> 나왔는지, 그리고 우리의 행위와 이상의 불일치에 어떻게 직면
> 해왔는지에 관해 잘 알기를 바란다는 것을 의심하지 않는다.[8]

래비치와 슐레진저의 협력은 국립인문기금이 보조금을 지급한,
이른 시기의 **임의적인** 역사 기준들에 관한 긴 소동 후에 나왔다. 캘
리포니아대학 로스앤젤레스캠퍼스에 근거지를 둔 전미역사교육센
터가 개발한 기준은 1994년에 발표되었고, 그 결과들은 (보수주의자
든, 자유주의자든) 공정한 역사학자들에게 악몽이었다. 헌법 자체가
홀대를 받았다. 정크사상이 미친 영향력은 강력해서 그 지침에서는
지속적으로 "미국 국민American people"을 언급했다. 마치 그 말이 미국
사의 어느 시점에서나 관용어로 사용된 것처럼, 또 흡사 헌법의 틀
을 세운 이들이 헌법의 서문을 "우리 인민We the People은 …… 더 완벽
한 연합체를 형성하기 위하여"라는 절로 시작했던 것처럼 말이다.

양당의 정치인들은 격분했고, 상원은 99표 대 1표로 그 기준(제
안에 불과한)을 불신임하는 안을 가결했다. 잘 알아야 마땅했고 또
아마도 잘 알았을 빌 클린턴 대통령은 시류에 편승해, 전국적 역사
기준을 개발하는 모든 노력이 오도되고 있으며 각 주가 직접 주 내
학교들의 교육 내용을 결정해야 한다고 선언했다. 전국적 기준의

부재가 미국 아이들이 유럽 아이들에 비해 국사 지식이 매우 부족한 주요 이유라는 사실을 무시한 셈이었다.

하지만 그것으로 논란이 끝나지 않았는데, 다수의 교육자 및 역사학자들이 전국적 교육과정 기준이(이 특정한 일련의 기준이 정크사상의 표본일지라도) 여전히 좋은 구상임을 깨달았기 때문이다. 학교 혁신을 고무하는 비영리재단인 기초교육위원회가 전문 역사학자들을 소집했고, 그들은 그 기준을 부끄러운 문화 전쟁에서 구할 수 있다고 판단했다. 전미역사교육센터는 그 역사학자들의 조언에 기초해 원안을 수정했고 1996년 광적인 비주류에 속하는 학계의 극좌, 극우를 제외한 거의 모든 사람들의 비위를 맞춘 새 교육과정을 발표했다.《월스트리트저널》에 기고한 글에서 슐레진저와 래비치는 첫 번째 기준이 "여러 주와 하나의 국가 사이에서 균형을 맞추지 못했고 국가의 민주적 이상을 국사의 중심에 두지 못했다"고 비판했다. 이어서 그들은 개정된 기준을 이렇게 칭찬했다. "엄격하고, 정직하며, 모든 역사학자 집단들 못지않게 거의 정확하다. 그리고 편을 들지 않고, 우리 국사에 관한 가장 근본적인 질문들을 제기한다." 개정된 기준에서는 다음과 같은 것들이 바뀌었다. "국민"이란 용어가 빠졌다. 더 많은 지면이 헌법과 권리장전에 할애되었다. 두 글쓴이가 지적했듯이 "주의가 옳게도 인종적·민족적·종교적 긴장 상태로 불안한 우리나라의 역사로 향했는데 현재 이 쟁점들은 국민이 행동을 이상에 일치시키기 위한 지속적인 노력이라는 맥락에 놓여 있다". 또한 개정된 기준에서는 "주요 자격으로서 죽은 백인 남성이 아닌 듯 보이는 무명인들에 대한 언급들"을 삭제했다. 그 기준은 미국사를 길고도 중단된 적 없는 부정의의 기록으로 가르치고 싶은 이들도 만족시키지 못하고, 아이들이 예쁘게 꾸며진 역사, 일례로 노예제가 중심적이고 끔찍한 미국의 현실이 아니라 그저 사소한 "과거의 슬픈 일화들" 중 하나로 취급되는 역사를 배우기를 바라는 레이건 같은 이들도 만족시키지 못할지라도, 역사교육을 개선할 뜻이 있는 학군에서는 자발적 의사에 따라 널리 사용할 수 있게 되었다. 불행히도 학문적 기준 개선을 자의에 맡기는 것의 문제는 그 변화들이 교정이 가장 필요한 지역 학군에서는 좀처럼 수용되지 않는다는 것이다. 전국적 기준에 대한 거부는 텍사스 같은 주들이 주 교육위원회의 역사관을 따르지 않는 교과서를 검토, 검열하는 상황으로 이어져왔다. 텍사스주 교육위원회의 최근 검열 회의에서는 13세기 신학자 토마스 아퀴나스(서구 사상에서 그의 주요 공헌은 고전 그리스 철학과 로마가톨릭 교의를 조화시키려는 노력이었다)가 혁명 사상과 운동들에 중요한 기여를 한 인물 명단에서 토머스 제퍼슨을 대체했다.

슐레진저와 래비치가 전국적 역사 기준을 호소하는 데 협력할 수 있었던 이유는 정치적 스승 덕분도, 확고한 정치 이데올로기 때문도 아니었다. 2007년에 99세를 일기로 사망한 슐레진저는 수십 년간, 즉 존 케네디와 로버트 케네디의 정치에 관여한 후 오랫동안, 미국사를 둘러싼 문화 전쟁들에서 이성과 명석함의 목소리로 두드러진 모습을 보였다. 〈역사와 국민의 어리석음〉이란 글에서 슐레진저는 통렬하게 말했다.

간혹, 특히 우울할 때 나는 우리의 행위를 어리석음의 탓으로 돌린다. 우리 지도자의 어리석음, 우리 문화의 어리석음. 30년 전 우리는 군사적 패배(우리가 전혀 알지 못하는 나라와 벌인 이길 수 없는 전투)를 겪었다. …… 베트남전은 참혹했고, 30년 후 이라크에서 동일한 실험을 반복한 것은 국민의 어리석음을 입증하는 강력한 증거다.

우선 천 송이의 역사적 꽃들을 피우자. 역사는 결코 이미 완료된 책이나 최종 평결이 아니다. 역사는 늘 진행 중에 있다. 부디 역사학자들이 지식 탐구를 저버리지 않기를 바란다. 이데올로기, 민족, 인종, 성별, 대의와의 이해관계 속에서 그 탐구가 아무리 까다롭고 문제들로 가득 차 있을지라도 말이다. 자유로운 사회에서 역사적 실천의 위대한 힘은 자정 능력이다.[9]

슐레진저와 래비치가 역사교육에서 공동의 시민 문화를 강조하기 위해 영향력을 행사했듯이, 영향력이 존재하는 한 그것을 행사하는 것은 모든 대중지식인의 목적이 되어야 한다. 래비치는 오늘날 매우 활발한 활동을 하고 있고, 교육부 장관 벳시 디보스로 체현되는, 우파가 총애하는 대의, 즉 공립학교의 사립화를 반대하는 가장 저명한 지적인 목소리다.

인문학과 사회과학의 전 영역에서도 이와 비슷한 노력이 필요하다. 자유주의 지식인과 보수 지식인의 협력이 절실히 필요한 한 가지 문제는 고등교육기관들이 인포테인먼트를 전공하길 원하는 듯 보이는 학생들과 영합한다는 것이다. '비만 연구'부터 인기 있는 텔레비전 SF 작품 깊이 읽기까지, 대학에서 제공하는 방대한 대중문화 강좌들을 한두 번 훑어본 이라면 대학이 학생과 교수의 뜻에 부응하기 위해 기준을 얼마나 낮췄는지 안다. 다수의 교수는 1960년대와 1970년대 대중문화의 최악의 면들을 어릴 적부터 익혔다. 전국 곳곳의 셀 수 없이 많은 대학교에서 제공하는 강좌 유형에 관한 유감스러운 통찰은 2007년 버지니아공대에서 서른두 명이 살해된 총격 사건을 둘러싼 매스컴의 엄청난 관심의 부산물이었다. 대참

반지성주의 시대

사 며칠 후, 신문 1면들에 따르면 영문학부 교수 및 학생들은 총을 난사한 조승희의 행동과 글에 특히 염려했다. 전해지는 바에 따르면 조승희는 영문학 수업에서 현대 공포영화와 현대문학을 전공했고, 거기서 영화 〈13일의 금요일〉 및 스티븐 킹과 퍼트리샤 콘웰의 베스트셀러 소설 같은 영어 작품들을 공부했다. 그런 수업의 존재는 총을 쏜 이나 그의 동기에 관해 아무것도 알려주지 않지만, 일부 기관에서 무엇이 고등교육으로 통하는지에 관해서는 많은 이야기를 해준다. 콘웰과 킹의 저작 모두 대륙을 횡단하는 장거리 비행을 하는 데 매우 큰 도움이 된다. 분량이 길고 긴장과 유혈이 낭자하는 부분이 가득하기 때문인데, 독자가 일반석을 타는 진짜 공포로부터 주의를 다른 데로 돌리기에 충분하다. 그 영문학 수업에서 학생들은 '공포 일기'도 써야 했고, 수업에서 다룬 다른 저작들에 대한 인상뿐 아니라 귀신, 요괴처럼 개인적으로 무서워하는 것들도 적었다. 그런 기관들이 어떻게 대학교를 자칭하고, 또 영문학과를 자칭하는 학술 부서가 어떻게 '공포 일기'를 쓰는 데 학점을 줄 수 있을까? 고등교육의 과제는 학생들에게 대중문화를 가르치는 게 아니라 더 나은 것을 접할 수 있도록 하는 것이다. 진정한 지식인(그들 중 일부는 여전히 대학 캠퍼스에 있다)이라면 그런 무가치한 것으로부터 학교를 지키는 운동을 벌여야 한다. 대중문화 강의는 학생들이 선호하는 수업이고, 담당 교수진은 그런 수업을 통해 학생들이 대중 엔터테인먼트를 "해체이론으로 분석하고" 그것을 비판적으로 사고할 수 있다고 주장한다. 하지만 그 교수들은 틀렸다. 대중문화 강의에서 실제로 학생들은 낮은 목표를 추구할 뿐이다. 《죄와 벌》과 《폭풍의 언덕》을 읽는 강의를 열어보라. 학생들은 〈13일의 금요일〉이 해체할 만한 가치 있는 대상이 아닌 이유를 이해하게 될 것이다.

마지막으로, 보수 및 자유주의 지식인(학생이든, 교수든)들은 고통 스러운 기억을 촉발할지 모르는 심란한 주제들(강간이나 아동 학대 같은)로부터 학생들을 보호하기 위해 "촉발 가능 경고"를 해야 한다는 요구에 단호히 반대해야 한다. 어떤 캠퍼스들에서는 학생들이 불쾌 감을 줄 수 있는 자료와 내용이 있는 수업을 듣지 않을 권리가 있다 고 주장하기도 했다. 이런 주장은 정치적 견해가 중도좌파와 거리 가 먼 이들이 주로 제기한다. 자신을 자유주의자로 여기는 학생 대 부분은 불쾌감을 줄 수 있는 학문적 자료나 견해로부터 보호받아 야 한다는 데 동의하지 않는다. 1960년대와 1970년대를 회고하건 대, 나는 많은 교수가 여성 연구와 아프리카계 미국인 연구 같은 탐 구 영역 전체를 모든 학생을 위한 교육과정의 필수과목, 유익한 과 목으로 만드는 게 아니라 게토화하도록 방기했을 때 교사 및 학자 로서 책무를 포기한 것이라고 확신했고 지금도 그런 믿음은 변함없 다. 전국 곳곳의 캠퍼스들을 방문해본 경험에서 말하면, 오늘날 미 국의 고등교육은 그와 유사한 결정적 국면에 있는 것으로 보인다. 지금은 교수들이 기개를 높이고, 누군가 학문의 자유와 수정헌법 제1조를 공격할 때 앞에 나서며, 교육의 목적 중 하나는 불편함을 경험하는 것임을 학생들에게 납득시켜야 할 때다. 판이한 견해를 듣고 논쟁을 벌이는 것이 고통스러울 수 있지만, 그 고통은 교육이 일어나고 있음을 보여주는 하나의 확실한 표시다. 심란하고 도전을 받는 듯한 기분을 느끼지 못하고 수업을 떠나는 학생은 그날 배운 게 별로 없는 것이다.

어떤 의미에서 내가 미국인을 사고하는 성인으로서 대하는 정치 지도자, 지식을 권력욕을 위해 쓰는 게 아니라 기꺼이 광장에 내놓으려는 지식인, 최신 유행의 통속 심리학이 아니라 가르침과 배움에 헌신적인 교육자의 필요에 관해 이야기하는 것이 미국의 기억상실의 가장자리만 건들고 있는 것일 수도 있다. 전 미국인의 기억과 주의 집중 시간은 미국 최고 지성들의 최고의 노력으로도 회복될 수 없을 정도로 큰 손상을 이미 입었을지도 모른다. 하지만 미국 최고의 지성들이 그런 과업에 몸을 사린다면, 거짓 문화의 정수인 완강한 무지를 타개하는 데 어떤 희망이 있으랴.

이런 제안들에서 나는 미디어가 만드는 핵심 문제(우리가 매일, 어디서나 접하는 정신적인 고무젖꼭지)는 다루지 않았다. 미국인이 비디오 및 디지털 세계에서 제시하는 손쉬운 만족에 대한 의존성을 줄이려는 바람이나 의지가 있음을 보여주는 증거는 거의 없다. 반면 유아용 비디오 판매의 성공은 많은 부모가 자녀가 스스로 세계를 탐색할 어떤 기회도 갖기 전에 인포테인먼트의 덫으로 끌어들이려 하고 있음을 시사한다. 만약 주의 산만 문화의 대안이 있다면, 그것은 무엇보다 기억과 참된 배움을 소중히 여기는 남은 사람들을 지키기로 마음먹은 부모 및 시민들이 각 가정에서 만들 수 있다. 성인의 자제력은, 부모의 디지털 통제가 아니라, 개인적·역사적 기억의 전파에서 주된 필요조건이다. 매일 밤 저녁 식사 후 텔레비전 앞에 앉아 있고, 다른 한편으로 자녀가 페이스북이나 최신 유튜브 영상을 확인하기 전에 숙제를 다 끝내도록 자녀의 컴퓨터 사용을 감시하는 부모는 책에 관해 엇갈리는 메시지가 아니라 철저히 부정적인 메시지를 보내고 있는 것이다. 즉 디지털 화면을 보는 시간은 구텐베르크 시대의 따분한 일을 다 마친 아이들에게 주어지는 보상이라는 것이다. 나는 안다. 내가 어린 시절 책을 읽게 된 것은 부모님이 꾸준히 독서를 했기 때문이라는 것을. 물론 부모님도 텔레비전을 보긴 했지만, 항상 책은 성인 세계에 이르는 열쇠로 보였다. 어린이들에게 과한 화면 시청 시간은 위험하다는 끊임없는 경고는 자녀들이 단지 부모의 발자취를 따른다는(부모가 소파에 남긴 넓게 팬 자국에서 엉덩이를 빼지 않는다는) 사실을 회피한다. 사람들이 단순히 텔레비전, 컴퓨터, 아이패드를 끄기를 기대하는 것은 비현실적인데, 인포테인먼트 중독은 알코올중독이나 흡연보다는 과식증과 비슷하기 때문이다. 알코올과 니코틴은 몸에서 배출할 수 있지만, 음식과 미디어는 비필수 정크뿐 아니라 필수 영양소도 공급한다. 지금 필요한 것은(대부분의 가정이나 학교에서 아이들이 얻지 못하고 있는 것은) 우리가 현실 세계에 더 가까이 다갈 수 있도록 하는 인터넷과, 현실 세계로부터 고립시키는 인터넷을 식별할 수 있도록 돕는 지도와 직접적인 본보기다.

몇 년 전 나는 돈키호테 같은 비영리 기관 TV끄기네트워크가 후원하는, TV 없이 보내는 연례 주간 행사에 참여해 나의 미디어 의존도를 측정하기로 했다. 물론 TV 끄기로는 충분치 않았다. 나는 엔터테인먼트 없는 주간으로 하여 모든 화면을 껐다. 그런데 나는 작가로서 검색을 위해 웹을 계속 이용할 필요가 있었다. 내가 평생 모든 인포테인먼트를 배제하며 산 것은 아니지만 상당히 거리를 두었던 것은 분명하다. 그런데도 결국 그 주간 동안 꽤 불편했다. 디지털 세계를 끄는 실험에 참여하는 대부분의 사람도 마찬가지일 것이다. 리모컨 사용, 휴대폰으로 이메일이나 문자메시지를 확인하기, 혹은 어떤 이들에겐 새끼 고양이 영상 보기를 스스로 금하는 일에는, 제한된 기간일지라도, 진짜 고통이 따른다. 그 고통은 금단 증상이라 불린다. 우리 자신의 생각을 차단하기 위해, 혹은 사랑하는 이들의 요구를 막기 위해, 뿐만 아니라 활동적인 유형의 오락(독서부터 긴 산책까지)을 회피하기 위해 얼마나 자주 디지털 장난감을 선택하는지를 인정하기란(특히 우리의 내밀한 마음속에서) 부끄러운 일이다. 텔레비전을 끄고 좋아하는 웹사이트를 가지 않는 동안 나는 습관적으로 인포테인먼트의 구렁텅이에 빠져 잃었던 상당한 시간을 마주하게 되었는데, 초기의 금단 증세가 완화된 이후에 디지털 시간을 절반으로 줄이는 게 쉽기도 하고 즐겁기도 하다는 것을 알게 되었다. 이를 통해 케이블 뉴스를 켜놓고, 그러니까 텔레비전 화면이 주변 시야에서 깜빡거리는 동안 책을 읽을 때 책에 얼마나 집중하지 못했는지를 깨닫게 되었다. 온라인에서 직업상 '검색'을 하다 보면 얼마나 자주 쇼핑몰의 스웨터 페이지나 유튜브의 오래된 심야 코미디 쇼 영상을 보게 되는지를 인정하지 않을 수 없었다. 그런데 나는 우리가 인터넷에서 소비(소비라는 말이 적절한 단어다)하는 시간이 그 내용보다 대단히 중요하다는 것을 그 어느 때보다도 확신한다. 일주일에 한 시간 GTA 게임을 하거나 아주 오래된 TV 쇼를 본다고 해서 머리가 나빠지는 일은 없다. 하지만 이런 취미를 하루에 몇 시간씩 하기 시작한다면 몰지각, 가짜 뉴스, 계속적인 주의 산만(무엇이 참이고 중요한지 깨닫는 것을 어렵게 하는, 집중하지 못하게 하는 모든 것)으로 가는 길에 있는 셈이다. 자립을 가치 있게 여기는 이라면 더 나은 것을 위해 화면 보는 시간을 제한해야 하고, 부모(말 그대로 자녀의 미래가 자신들의 손에 달려 있는)의 경우, 상업적으로 만들어진 이미지에 사로잡히지 않는 아이로 양육하는 방법은 스스로 본보기가 되는 것 외에는 없다.

2016년 선거에서 미국인이 선출한 대통령은 상업적으로 만들어진 이미지로 정치 이력을 시작했다. 트럼프는 〈어프렌티스〉에서 약자를 괴롭히는 진행자로 수백만 시청자의 안방에 찾아간 이력이 있었기에, 선거운동 초반부터 국민에게 이미 유명인이었다. 사업가와 건설업자로서 그의 공식 기록은 그가 텔레비전에서 오랫동안 투사한 강력한 이미지보다 덜 중요했다. 트위터, 즉 유명인들이 자신을 흠모하는 이들과 진정하고 다정한 관계를 맺고 있다는 환상을 심어주는 데 이용할 수 있는, 개인적으로 **보이는** 디지털 플랫폼의 부상은 이른 시기의 매스컴을 통해 대규모 청중을 얻은 바 있는 후보에게 더할 나위 없이 좋았다. 트럼프의 핵심 지지자들에게 아주 강한 호소력을 발휘하는, 소셜미디어의 새로운 디지털 밈meme°들은 보다 오래된 텔레비전 영상물만큼이나 상업성에 의해 추동된다. 이 메시지 및 영상물들은 비판적 사고를 막고, 그런 밈들에 의존하는 이들은 필연적으로 비판적·논리적 사고를 할 수 없는 지도자에게 끌리기 마련이다. 그것이 현재 거짓 문화로 백악관을 점령하고 있는 사람을 미국인이 선출한 가장 큰 이유다. 문제는 우리나라 지도자의 자리를, 기술을 탈진실 문화를 조장하는 데 이용하는 사람에게 넘겨준 경험에서 우리가 어떤 참된, 진정한 것을 배울 것인가다.

● DNA가 스스로를 복제하듯 문화, 이념 등도 스스로를 복제, 전파한다는 개념으로, 리처드 도킨스가 《이기적 유전자》(1976)에서 처음으로 제안했다.

★≡ 감사의 말 ≡★

늘 그렇듯 뉴욕공립도서관에 결코 갚을 수 없는 빚을 졌다. 이 책의 구판과 신판 모두 프레더릭루이스앨런실, 곧 5번가와 42번가가 가로지르는 곳에 위치한 도서관 내 논픽션 작가들의 안식처에서 썼다. 2016년 대선 기간과 그 이후에 이 신판을 집필하는 동안 학술실들을 관리한 멜라니 로케이와 캐럴린 브룸헤드에게 특별히 감사드린다.

2008년 초판 양장본을 출간한 판테온 출판사의 편집장 댄 프랭크를 언급하지 않을 수 없다. 10여 년 전에 댄이 이 책에 앞선 책들에 관한 아이디어를 이야기해주지 않았다면 이 책은 나오지 못했을 것이다.

이 빈티지북스 판본은 루앤 월터, 2009년에 발간된 페이퍼백 초판을 새로운 판으로 내는 흔치 않은 결정을 기꺼이 내려준 빈티지북스와 앵커북스의 편집국장에게 빚을 졌다. 이 판의 출간을 준비하는 과정에서 모든 세세한 부분에 신경 써준 편집국 차장 마리아 골드버그에게도 말로 다 할 수 없는 감사의 마음을 전한다.

원고를 다시 타이핑해준 애나 제이코비(나의 조카딸)에게도 감사하다. 덕분에 원고를 고쳐 쓸 수 있었다. 초판을 쓰던 2006년, 2007년에는 소프트웨어가 판이해서 나도, 출판사도 원고를 전자 파일로 작성하지 않았다.

문학 에이전트이자 친구이기도 한 조지스 보차드와 앤 보차드는
40년간 그랬듯이 나의 작업을 지지해주었다. 한 사람의 저자가 두
사람에게 그렇게 빚을 많이 지는 일은 결코 없을 것이다.

1장. 오늘날 우리는 어떻게 살아가고 있는가: 바로 우리 서민들의 이야기

1 Franklin Delano Roosevelt, *Fireside Chats*(New York, 1995), pp.48-49, 62-63.

2 George Orwell, "Politics and the English Language", *Horizon* 76(London, 1946). www.orwell.ru/library/essays/politics/english/e_polit

3 Helen Dewar and Dana Milbank, "Cheney Dismisses Critic with Obscenity", *The Washington Post*, June 25, 2004.

4 Russell Baker, "Talking It Up", *New York Review of Books*, May 11, 2006.

5 Richard Hofstadter, *Anti-Intellectualism in American Life*(New York, 1963), p.22. (한국어판:《미국의 반지성주의》, 유강은 옮김, 교유서가, 2017, 46쪽)

6 Ron Suskind, "Without a Doubt", *New York Times Magazine*, October 17, 2004.

7 Neil Postman, *Amusing ourselves to Death*(New York, 1985), p.16. (한국어판: 《죽도록 즐기기》, 홍윤선 옮김, 굿인포메이션, 2009, 37쪽)

8 "HBO Criticized for Pushing TV to Infants", *Associated Press*, May 12, 2005.

9 Steven Johnson, *Everything Bad is Good for You*(New York, 2005), p.181. (한국어판:《바보상자의 역습》, 윤명지·김영상 옮김, 비즈앤비즈, 2006, 171-172쪽)

10 Ibid., p.183. (같은 책, 173쪽)

11 Nancy Gibbs, "Apocalypse Now", *Time*, July 1, 2002.

12 "The Religious and Other Beliefs of Americans 2003", Harris Interactive Poll, February 26, 2003.

13 Nancy Gibbs, "Apocalypse Now", *Time*, July 1, 2002.

14 Frederick Lewis Allen, *Only Yesterday*(New York, 1931), p.171.

15 "Public Divided on Origins of Life", August 30, 2005, Pew Forum on Religion and Public Life. www.pewforum.org

16 "Good Science, Bad Science: Teaching Evolution in the States", Thomas B. Fordham Foundation, September 1, 2000, figure Ⅰ. https://fordhaminstitute.org/national/research/good-science-bad-science-teaching-evolution-states

17 Cornelia Dean, "Evolution Takes a Back Seat in U.S. Classes", *New York Times*, February 1, 2005.

18 George E. Webb, *The Evolution Controversy in America*(Lexington, 1994), p.254.

19 George Gallup, *The Role of the Bible in American Society*(Princeton, N.J., 1990), p.17. Genesis reference in Steven Prothero, *Religious Literacy*(San Francisco, 2007), p.12.

20 Michael Medved, "March of the Conservatives: Penguin Film as Political Fodder", *New York Times*, September 13, 2005.

21 *Kitzmiller vs. Dover School District*, U.S. District Court for the Middle District of Pennsylvania, case no. 04CV2688

22 Bill Moyers, "The Delusional Is No Longer Marginal", *New York Review of Books*, March 24, 2005.

2장. 그때는 어떻게 살았나: 신생 국가의 지성과 무지

1 이 배경의 세부 내용 대부분은 다음에서 가져왔다. Bliss Perry, "Emerson's Most Famous Speech", in *The Praise of Folly and Other Papers*(New York, 1923), pp.81-113.

2 "The American Scholar", *Today: Emerson's Essay and Some Critical Views*, ed. C. David Mead(New York, 1970), pp.29-30. (한국어판:《에머슨의 위대한 연설》, 지소철 옮김, 포북, 2017, 63-65쪽)

3 James Russell Lowell, "Thoreau", *My Study Windows*(Boston, 1885), pp.197-198.

4 Alexis de Tocqueville, *Democracy in America*(1840; New York, 1960), vol.2, p.35. (한국어판:《아메리카의 민주주의 2》, 이용재 옮김, 아카넷, 2018, 81쪽)

5 Ibid., pp.36-37. (같은 책, 83-84쪽)

6 Henry Adams, *A History of the United States*(1891-96; New York, 1962), vol.1, p.184.

7 Merle Curti, *American Paradox: The Conflict of Thought and Action*(New Brunswick, N.J., 1956), p.16.

8 James Madison, "Preface to Notes on Debates", in *The Record of the Federal Convention of 1787*, ed. Max Farrand(New Haven, Conn, 1937), vol.3, p.94.

9 George Washington, *The Writings of George Washington*, ed. Jared Sparks(Boston, 1834), vol.1, p.572. Adolphe E. Meyer, *An Educational History of the American People*(New York, 1957), p.103에서 재인용함.

10 "The American Scholar", *Today: Emerson's Essay and Some Critical Views*, p.14. (《에머슨의 위대한 연설》, 28쪽)

11 Baynard Rush Hall(필명 Robert Carlton으로), *The New Purchase, or, Seven and a Half Years in the Far West*(New York, 1843), vol.2, p.85.

12 Sidney E. Mead, *The Lively Experiment: The Shaping of Christianity in America*(New York, 1963), p.129.

13 Ellen D. Larned, *History of Windham County, Connecticut*(Worcester, Mass., 1880), vol.2, pp.220-221. G, Adolf Koch, *Republican Religion*(New York, 1933), p.245에서 재인용함.

14 Richard Hofstadter, *Anti-Intellectualism in American Life*, pp.81-82.

15 Susan Jacoby, *Freethinkers: A History of American Secularism*(New York, 2004), pp.15-34.

16 Russell Nye, *The Cultural Life of the New Nation: 1776-1830*(New York, 1960), pp.74-75.

17 Lyman Beecher, *Autobiography, Correspondence, Etc.*, ed. Charles Beecher(New York, 1865), vol.1, p.43.

18 Jon Butler, *Awash in a Sea of Faith*(Boston, 1990), p.220.

19 William Bentley, *The Diary of William Bentley*(Salem, Mass., 1905), vol.3, p.442.

20 Alexis de Tocqueville, *Democracy in America*, vol.2, p.25. (《아메리카의 민주주의 2》, 64쪽)

21 Ibid., pp.25-26. (같은 책, 64-65쪽)

22 W. J. Cash, *The Mind of the South*(New York, 1941), p.17.

23 H. C. Barnard, *Education and the French Revolution*(Cambridge, 1969), p.82에서 재인용함.

24 Adolphe E. Meyer, *An Educational History of the American People*, p.105.

25 Horace Mann to Frederick Packard, March 18, 1838. Jonathan Messerli, *Horace Mann: A Biography*(New York, 1972), p.310에서 재인용함.

26 Horace Mann to Frederick Packard, June 23, 1838. Jonathan Messerli, *Horace Mann: A Biography*, p.211에서 재인용함.

27 Scott Baier, Sean Mulholland, Chad Turner, and Robert Tamura, *Income and Education of the states of the United States, 1840-2000*, Working Paper 2004-31, November 2004, Federal Reserve Bank of Atlanta, Working Papers Series.

28 Adolphe E. Meyer, *An Educational History of the American People*, p.210.

29 *The Case of Thomas Cooper ...... Submitted to the Legislature and the People of South Carolina, December 1831*(Columbia, S.C., 1831), pp.14-15. Richard Hofstadter and Walter P. Metzger, *The Development of Academic Freedom in the United States*(New York, 1955), pp.266-267.

30 Carl Bode, *The American Lyceum: Town Meeting of the Mind*(New York, 1956), p.101.

31 Ibid., p.48.

32 Susan Jacoby, *Freethinkers*, pp.74-77.

33 Carl Bode, *The American Lyceum: Town Meeting of the Mind*, p.156.

34 Doris Kearns Goodwin, *Team of Rivals: The Political Genius of Abraham Lincoln*(New York, 2005), p.51.

35 "The American Scholar", *Today: Emerson's Essay and Some Critical Views*, pp.17-18. (《에머슨의 위대한 연설》, 34-37쪽)

3장. 미국의 문화 전쟁 초기에 발생한 사회적 사이비과학

1 Richard Hofstadter, *Social Darwinism in American Thought*(Boston, 1992), pp.51-66.

2 William Graham Sumner, "The Concentration of Wealth: Its Economic Justification", in *The Challenge of Facts and Other Essays*(New Haven, Conn., 1914), p.89.

3 Merle Curti, *The Growth of American Thought*(New York, 1943), p.601.

4 Ibid.

5 Henry Miller Lydenberg, *History of the New York Public Library*(New York, 1923), p.419.

6   *New York Tribune*, December 18, 1869.

7   Joan Shelley Rubin, *The Making of Middlebrow Culture*(Chapel Hill, N.C., 1992), p.18.

8   Richard Ohmann, *Selling Culture: Magazines, Markets, and Class at the Turn of the Century*(New York, 1996), p.29. Todd Gitlin, *Media Unlimited*(New York, 2001), p.29에서 재인용함.

9   *New York Times*, September 2, 1876.

10 Andrew Carnegie, *Autobiography of Andrew Carnegie*(Boston, 1924), p.339. (한국어판:《성공한 CEO에서 위대한 인간으로》, 박상은 옮김, 21세기북스, 2005, 464-466쪽)

11 Richard Hofstadter, *Social Darwinism in American Thought*, p.32.

12 Charles A. Beard and Mary R. Beard, *The American Spirit: A Study of the Idea of Civilization in the United States*(New York, 1942), vol.4, p.347.

13 William Graham Sumner, "Reply to a Socialist", in ibid., p.57.

14 Henry Ward Beecher, "Communism Denounced", *New York Times*, July 30, 1877.

15 Charles Darwin, *The Origin of Species and The Descent of Man*(1859, 1871; New York, 1948), p.501. (한국어판:《인간의 유래 1》, 김관선 옮김, 한길사, 2006, 217-218쪽)

16 Sidney E. Mead, *The Lively Experiment*, p.95에서 재인용함.

17 William James, "Great Men and Their Environment", *Atlantic Monthly* (October 1880).

18 Thorstein Veblen, *The Theory of the Leisure Class*(1899; New York, 1995), p.210. (한국어판:《유한계급론》, 이종인 옮김, 현대지성, 2018, 203쪽)

19 William English Walling, *The Larger Aspects of Socialism*(New York, 1913), pp.81-82.

20 Michael Kazin, *A Godly Hero: The Life of William Jennings Bryan*(New York, 2006), p.289.

21 Robert W. Cherny, *A Righteous Cause: The Life of William Jennings Bryan* (Boston, 1985), p.172.

22 Theodore Roosevelt, "History As Literature", in *History As Literature and Other Essays*(London, 1914), p.12.

23 "Americans' Bible Knowledge Is in the Ballpark, But Often Off Base", Barna Group, July 12, 2001.

4장. 빨갱이, 좌경분자, 동조자

1   Dan T. Carter, *From George Wallace to Newt Gingrich*(Baton Rouge, La.), pp.118-119. Glenn Feldman, ed., *Politics and Religion in the White South*(Lexington, Ky.), p.308.

2   Emma Goldman, *My Disillusionment in Russia*(1923; Gloucestor, Mass., 1983), p.262.

3   Clarence Darrow, *The Story of My Life*(New York, 1932), p.218.

4   Lawrence W. Levine, *Defender of the Faith: William Jennings Bryan: The Last Decade, 1915-1925*(New York, 1965), p.279.

5   Irving Howe, *A Margin of Hope*(New York, 1982), pp.61-89 and Irving Kristol, *Reflections of a Neoconservative*(New York, 1983), pp.4-13.

6   Irving Howe, *A Margin of Hope*, p.65.

7   Irving Howe and Lewis Coser, *The American Communist Party: A Critical History*(New York, 1974), p.410.

8   Diana Trilling, *The Beginning of the Journey*(New York, 1993), pp.180-181.

9   Ellen W. Schrecker, *No Ivory Tower: McCarthyism and the Universities*(New York, 1986), p.9.

10 Marshall Frady, *Billy Graham: A Parable of American Righteousness*(Boston, 1979), p.292.

11 David Caute, *The Great Fear*(New York, 1978), p.421에서 재인용함.

12 Arthur Miller, *Timebends*(New York, 1987), pp.341-342.

13 "About Elia Kazan", American Masters, http://www.pbs.org/wnet/americanmasters/database/kazan_e.html

5장. 미들브라우 문화, 전성기에서 쇠퇴기까지

1   Virginia Woolf, "Middlebrow", in *The Death of the Moth*(New York, 1942), p.182.

2   Van Wyck Brooks, *America's Coming of Age*(1915; New York, 1975), pp.28-29.

3   클래식 음악 수치는 Julie Lee, "A Requiem for Classical Music", *Regional Review*, Federal Reserve Bank of Boston, Quarter 2, 2003. 다른 문화 통계는 Dwight Macdonald, "Masscult and Midcult"(1960) and *Against the American*

Grain: Essays on the Effects of Mass Culture(New York, 1962), p.59.

4 John Hope Franklin, *Mirror to America*(New York, 2005), p.28.

5 Norman Podhoretz, *Making It*(New York, 1967), pp.10-11.

6 Joan Shelley Rubin, *The Making of Middlebrow Culture*(New York, 1992), p.160.

7 H. G. Wells, *The Outline of History*, 2nd ed.(New York, 1926), pp.1-2.

8 Ibid., pp.7-8.

9 Joan Shelley Rubin, *The Making of Middlebrow Culture*, p.233.

10 Harry Golden, *The World of Haldeman-Julius*(New York, 1960), p.5.

11 Dwight Macdonald, "Book-of-the-Millennium Club", *The New Yorker*, November 29, 1952.

12 Ibid.

13 Joan Shelley Rubin, *The Making of Middlebrow Culture*, p.191.

14 Milton Mayer, "Great Books", *Life*, October 28, 1946.

15 Joan Shelley Rubin, *The Making of Middlebrow Culture*, p.100.

16 Al Silverman, ed., *The Book of the Month: Sixty Years of Books in American Life*(New York, 1986), "Decade Three" and "Decade Four", pp.93-180.

17 Ingrid D. Rowland, "The Titan of Titans", *New York Review of Books*, April 27, 2006.

18 Ibid.

19 Norman Podhoretz, *Making It*, p.169.

20 Diana Trilling, *The Beginning of the Journey*, p.346.

21 A. M. Sperber, *Murrow: His Life and Times*(New York, 1986), p.426.

22 David Brooks, *New York Times*, June 16, 2005.

23 Dwight Macdonald, "Masscult and Midcult", *Against the American Grain*, pp.12-13.

24 Ibid., pp.54-55.

6장. 그 60년대를 탓하다

1 Irving Kristol, *New York Times Magazine*, January 23, 1977.

2 Susan Jacoby, "We *Did* Overcome", *New York Times Magazine*, April 10, 1977.

3 Philip Roth, "Imagining Jews", *New York Review of Books*, September 29,

1974.

4 Robert Bork, *Slouching Towards Gomorrah: Modern Liberalism and American Decline*(New York, 1996), p.53.

5 Norman Podhoretz, *Breaking Ranks*(New York, 1979), p.306.

6 Allan Bloom, *The Closing of the American Mind*(New York, 1987), pp.323-324. (한국어판:《미국 정신의 종말》, 이원희 옮김, 범양사, 1989, 410쪽)

7 Mark Kurlansky, *1968: The Year That Rocked the World*(New York, 2004), p.203.

8 Staughton Lynd, "Non-Violent Alternatives to American Violence", in Louis Menash and Ronald Radosh, eds., *Teach-ins: USA*(New York, 1967), p.54.

9 Mark Kurlansky, *1968*, p.180에서 재인용함.

10 Allan Bloom, *The Closing of the American Mind*, p.334. (《미국 정신의 종말》, 423-424쪽)

11 Ibid., p. 320. (같은 책, 405-406쪽)

12 A. O. Scott, "In Search of the Best", *New York Times Book Review*, May 21, 2006.

13 W. E. B. Du Bois, *The Soul of Black Folk*(Cambridge, Mass., 1903); Great Books Online (bartleby.com 1999). http://www.bartleby.com/114/6.html

14 Sheldon Wolin, "The Destructive Sixties and Postmodern Conservatism", in Stephen Macedo, ed., *Reassessing the Sixties: Debating the Political and Cultural Legacy*(New York, 1996), pp.150-151.

15 Maurice Isserman, *If I Had a Hammer*(New York, 1987), p.116.

16 Mark Kurlansky, *1968*, p.286.

17 Richard Lemon, *The Troubled Americans*(New York, 1970), pp.235-236.

18 Ibid., p.35.

19 Timothy George, "The 'Baptist Pope'", *Christianity Today*, March 11, 2002, p.54.

20 David Stricklin, "Fundamentalims", *Handbook of Texas Online*, General Libraries at the University of Texas at Austin and the Texas State Historical Association. https://tshaonline.org/handbook/online/articles/itf01

21 "Southern Baptist Bar Liberal Treatise on Bible", *New York Times*, June 4, 1970.

22 Ibid.

23 Maurice Isserman and Michael Kazin, *America Divided: The Civil War of the 1960s*(New York, 2004), p.254.

24 Ibid.

25 Andrew M. Greeley, "Children of the Council", *America*, June 7, 2004.

26 Lowell D. Streiker and Gerald S. Strober, *Religion and the New Majority: Billy Graham, Middle America, and the Politics of the Seventies*(New York, 1972), p.70.

27 Reinhold Niebuhr, "The King's Chapel and the King's Court", *Christianity and Crisis*, August 4, 1969.

28 Sydney E. Ahlstrom, *A Religious History of the American People*(New Haven, Conn., 1972), p.1087.

29 Ibid., p.1095.

7장. 유산들: 청년문화와 유명인 문화

1 Dan Wakefield, *Going All the Way*(New York, 1970), p.190.

2 "Demographic Profile: American Baby Boomers", MetLife Mature Market Institute Analysis, Populations Projection Project 2003. www.metlife.com

3 Susan Jacoby, "We Love You, Slava", *New York Times Magazine*, April 18, 1976.

4 Harvey Mansfield, *Reassessing the Sixties*(New York, 1997), p.36.

5 Josh Greenfeld, "For Simon and Garfunkel All Is Groovy", *New York Times Magazine*, October 13, 1968.

6 Donald MacLeod, "Christopher Ricks: Someone's Gotta Hold of Hits Art", *The Guardian*(London), July 13, 2004.

7 Allan Kozin, "Interpreting the Beatles Without Copying", *New York Times*, January 13, 2007.

8 William O'Neill, *Readin, Ritin, and Rafferty!: A Study of Educational Fundamentalism*(Berkeley, 1969), p.61.

9 Mark Kurlansky, *1968*, p.xviii.

10 Jerry Rubin, *Growing (Up) at 37*(New York, 1976), p.93.

11 Leo Braudy, *The Frenzy of Renown*(New York, 1986), pp.19-28.

12 Michael Rossman, "Letter to Jerry Rubin". Todd Gitlin, *The Whole World Is Watching: Mass Media in the Making and Unmaking of the New Left*(Berkeley, 2003), p.173에서 재인용함.

13 Susan Jacoby, "Howard University: In Search of a Black Identity", *Saturday*

Review, April 20, 1968.

14 Todd Gitlin, *The Whole World Is Watching*, pp.150–153.

15 Arthur Schlesinger, Jr., "History and National Stupidity", *New York Review of Books*, April 27, 2006.

8장. 새롭게 나타난 오래된 종교

1 Fred M. Heckinger, "Challenges Are Predicted–30% of All Schools Use Some Rite", *New York Times*, June 26, 1962.

2 Walter Russell Mead, "God's Country", *Foreign Affairs*(September–October 2006).

3 Nancy Ammerman, "The New South and the New Baptists", *The Christian Century*, May 14, 1986.

4 "Many Americans Uneasy With Mix of Religion and Politics", Pew Forum on Religion and Public Life, August 24, 2006. www.pewforum.org

5 "U.S. Public Becoming Less Religious", Religious Landscape Survey, Pew Research Center, November 3, 2015.

6 Baier, et al., *Income and Education of the States of the United States, 1840–2000*.

7 Hanna Rosin, "God and Country", *The New Yorker*, June 27, 2005.

8 "Many Americans Uneasy with Mix of Religion and Politics", Pew Forum.

9 Maureen Dowd, "Awake and Scream", *New York Times*, September 16, 2006.

10 Walter Russell Mead, "God's Country".

11 "Many Americans Uneasy With Mix of Religion and Politics", Pew Forum.

12 Patrica Zapor, "End of 'Catholic Vote'?", Catholic News Serivce, November 9, 2004.

13 Chris Suellentrop, "The Rev. John McCloskey: The Catholic Church's K Street Lobbyist", *Slate*, August 9, 2002. http://www.slate.com/id/2069194

14 Antonin Scalia, "God's Justice and Ours", *First Things: The Journal of Religion and Public Life*(May 2002).

15 Graduate Center, City University of New York, *American Religious Identification Survey*, 2001, exhibits 1, 3.

16 "Public Divided on Origins of Life", Pew Forum.

반지성주의 시대

17 Sam Harris, *The End of Faith: Religion, Terror, and the Future of Reason*(New York, 2004), p.20. (한국어판:《종교의 종말》, 김원옥 옮김, 한언출판사, 2005, 25쪽)

18 Harold Jacoby, *Practical Talks by an Astronomer*(New York, 1902), p.48.

19 Susan Jacoby, *Freethinkers*, p.343.

20 410 US 113.

21 "God and American Diplomacy", *The Economist*, February 6, 2003.

22 Stephen Phelan, "Oh Come All Ye Faithless", *Sunday Herald*(London), January 8, 2006.

23 Carson Holloway, "The Public-Intellectual Menace", *National Review*, June 19, 2006.

24 "Spirit and Power: A 10-Country Survey of Pentecostals," October 5, 2006, Pew Forum on Religion and Public Life.

25 Jeffery L. Sheier, "Faith in America", *U.S. News & World Report*, May 6, 2002.

9장. 정크사상과 정크과학

1 Carl Sagan, *The Demon-Haunted World*(New York, 1996), p.21. (한국어판: 《악령이 출몰하는 세상》, 이상헌 옮김, 김영사, 2001, 32쪽)

2 US05-380, Gonzales v. Carhart.

3 N. F. Russo, and K. L. Zierk, "Abortion Childbearing, and Women's Well-Being", *Professional Psychology: Research and Practice 23*(1992), pp.269-280 and N. Stotland, "The Myth of the Abortion Trauma Syndrome", *Journal of the American Medical Association 268*(October 1992), p.15.

4 Peg Tyre, "Boy Brains, Girl Brains: Are Separate Classrooms the Best Way to Teach Kids?", *Newsweek*, September 19, 2005.

5 Herbert Benson et al., "Study of Therapeutic Effects of Intercessory Prayer (STEP)", *American Heart Journal 151*(April 2006), pp.762-764.

6 Bendict Carey, "Long-Awaited Medical Study Questions the Power of Prayer", *New York Times*, March 31, 2006에서 재인용함.

7 Hanna Rosin, "God and Country", *The New Yorker*, June 27, 2005.

8 Atul Gawande, "Annals of Medicine: The Score", *The New Yorker*, October 9, 2006.

9 Vivian Chu and Daniel Utter, "To Vaccinate or Not to Vaccinate? Searching for a Verdict in the Vaccination Debate", *Science in the News*, Harvard University, the Graduate School of Arts and Sciences, January 4, 2016에서 재인용함.

10 Jake Paul Fratkin, "The Treatment of Pertussis (Whooping Cough) with Chinese Herbal Medicine, Part Two: Risks and Benefits of Vaccinations", *Acupuncture Today*(September 2006). www.acupuncturetoday.com

11 *New York Times Magazine*, May 6, 2001; interview conducted by Arthur Allen.

12 Josh Goldstein, "Report: Autism Rate Higher Than Thought", *Philadelphia Inquirer*, February 9, 2007.

13 Paul J. Shabtuck and Maureen Durkin, "A Spectrum of Disputes", *New York Times*, June 11, 2007.

14 E. Sue Blume, *Secret Survivors: Uncovering Emotional Incest and Its Aftereffects in Women*(New York, 1990), p.xiv.

15 Judith Herman Lewis, *Trauma and Recovery*(New York, 1992), p.1. (한국어판:《트라우마와 회복》, 최현정 옮김, 열린책들, 2012, 16쪽)

16 Abby Ellin, "The Kids Are All Right", *New York Times*, October 14, 2006.

17 John Tierney, "The Kids Are All Rights", *New York Times*, October 14, 2006.

18 Abby Jackson and Andy Kiersz, "The Latest Ranking of Top Countries in Math Reading, and Science Is Out-And the US Didn't Crack the Top 10", *Business Insider*, December 6, 2016.

19 Ibid.

20 Marcia Angell, *Science on Trial: The Clash of Medical Evidence and the Law in the Breast Implant Case*(New York, 1996), p.180에서 재인용함.

21 Sandra Harding, *The Science Question in Feminism*(Ithaca, N. Y. 1986), p.113.

22 Susan McClary, *Feminine Endings: Music, Gender, and Sexuality*(Minneaplis, 1991), pp.128-129. (한국어판:《페미닌 엔딩》, 송화숙 외 옮김, 예솔, 2017, 310-314쪽)

23 Marcia Angell, *Science on Trial*, 1997, p.189.

24 Diana Jean Schemo, "Change in Federal Rules Backs Single-Sex Education", *New York Times*, October 25, 2006.

25 Peg Tyre, "The Trouble with Boys", *Newsweek*, January 30, 2006.

26 Joe Garofoli, "Femme Mentale", *San Francisco Chronicle*, August 6, 2006.

27 David Brooks, "The Gender Gap at School", *New York Times*, June 11, 2006.

28 Ibid.

29 Jeannie Suk Gersen, "The Trouble with Teaching Rape Law",
www.newyorker.com, December 14, 2014.

10장. 주의 산만 문화

1 James D. Squires, *Read All About It: The Corporate Takeover of America's Newspapers*(New York, 1993), p.208.

2 Peter Baker, "Trump Delivers Heated Defense of First Month", *New York Times*, February 17, 2017.

3 Amy Mitchell et al., "The Modern News Consumer", Pew Research Center, July 7, 2016.

4 Todd Gitlin, *Media Unlimited*, p.7.

5 Lee Raine and Andrew Perrin, "Slightly Fewer Americans Are Reading Print Books, New Survey Finds", Pew Research Center, October 19, 2015.

6 *American Time Use Survey: 2014 Results*, Bureau of Labor Statistics, June 24, 2015. Dan Kopf, "How Young Adults Spend Their Time: 2004 vs 2014", Priceonomics.com, January 5, 2016에서 재인용함.

7 Neil Postman, *Amusing ourselves to Death*, p.78. (《죽도록 즐기기》, 131쪽)

8 Colin Mahan, "Babies Get Some Infatainment", May 12, 2006, http://www.tv.com/story/4511.html

9 Virginia Heffernan, "The Evil Screen's Plot to Take Over the 2-and-Under World", *New York Times*, April 14, 2006.

10 "Zero to Six: Electronic Media in the Lives of Infants, Toddlers and Preschoolers", Kaiser Family Foundation and the Children's Digital Media Centers, October 28, 2003.

11 Jeneen Interlandi, "Are Educational Videos Bad for Your Baby?", August 7, 2007, *Newsweek*, http://www.msnbc.msn.com/id/20167189/site/newsweek/page/2/

12 "Zero to Six", Kaiser Family Foundation and the Children's Digital Media Centers.

13 "Reading at Risk", July 8, 2000, National Endowment for the Arts.

14 Steven Johnson, *Everything Bad is Good for You*, p.184. (《바보상자의 역습》, 174쪽)

15 Ibid., p.36. (같은 책, 45쪽)

16 Entertainment Software Association, 2015, Annual Report.

17 Frank Guan, "Why Ever Stop Playing Video Games", *The New Yorker*, February 20, 2017.

18 *Harnessing the Power of Video Games for Learning*, Federation of American Scientists, October 17, 2006.

19 Khaleeli, Homa, "Text Neck: How Smartphones Are Damaging Our Spines", *Washington Post*, November 24, 2014.

20 Kiko Adatto, Sound Bite Democracy: *Network Evening News Presidential Campaign Coverage, 1968 and 1988*, Research Raper R-2, Joan Shorenstein Barrone Center for Press, Politics, and Public Policy, June 1990. Thomas L. Patterson, Diminishing Returns: *A Comparison of the 1968 and 2000 Election Night Broadcasts*, Harvard University Faculty Research Working Papers Series, RWP03-050, December 2003.

21 John Freeman, "The National Book Critics Circle's Campaign to Save Book Review", http://www.bookcritics.org/?go=saveBookReviews

22 Justin Taylor, "The Last Novel by Daivd Markson", http://www.bookslut.com/fiction/2007_06_011197.php

23 John Freeman, "The National Book Critics Circle's Campaign".

24 Daniel J. Wakin, "Newspapers Trimming Classical Music Critics", *New York Times*, June 9, 2007에서 재인용함.

25 Kevin Kelly, "What Will Happen to Books?", *New York Times Magazine*, May 14, 2006.

26 "New Study Confirms Internet Plagiarism Is Prevalent", Office of Media Relations, Rutgers University. http://urwebsrv.rutgers.edu/medrel/viewArticle.html?ArticleID=3408

27 Motoko Rich and Dinitia Smith, "First, Idea, Plot and Characters. Then, a Book Needs an Author", *New York Times*, April 27, 2006.

28 Ibid.

29 Ibid.

30 John Updike, "The End of Authorship", *New York Times Book Review*, June 25, 2006.

31 Russell Baker, "Talking It Up", *New York Review of Books*, May 11, 2006.

32 Lynn Smith-Lovin Miller McPherson, and Matthew E. Brashears, "Core Discussion Networks of Americans," *American Sociological Review* (June 2006).

33 Andrew Patner, *I. F. Stone: A Portrait*(New York, 1988), pp.23-24.

11장. 공공생활: 우둔함의 기준을 점점 더 낮게 규정하다

1 Robert F. Kennedy speech, Indianapolis, April 4, 1968, John F. Kennedy Library. https://www.jfklibrary.org/learn/about-jfk/the-kennedy-family/robert-f-kennedy/robert-f-kennedy-speeches

2 2006 National Geographic-Roper Survey of Geographic Literacy, May 2, 2006. https://media.nationalgeographic.org/assets/file/NGS-Roper-2006-Report.pdf

3 모든 통계를 포함해 ibid.

4 Alfred Kazin, "The President and Other Intellectuals", p.463.

5 "Trump: The Experts Are Terrible", by Nick Gass, *Politico*, April 4, 2016.

6 Scott Shane, "How to Make a Masterpiece in Fake News", *New York Times*, January 19, 2017.

7 Ibid.

8 Laurel Wamsley, "Big Newspapers Are Booming: 'Washington Post' to Add 60 Newsroom Jobs", National Public Radio online, December 27, 2016.

9 Lev Grossman, "Time's Person of the Year: You", *Time*, December 13, 2006.

10 James Madison to W. T. Barry, August 4, 1822.

결론. 기억상실과 탈진실의 시대에 무엇을 할 것인가

1 "Public Understanding, Media, and Communication", Annenberg Public Policy Center, 2006, public opinion poll, http://www.annenbergpublicpolicycenter.org

2 1997 National Poll, National Constitution Center; 1998 Teens Poll, www.constitutioncenter.org

3 Ronald Reagan, Address at Commencement Exercises at the University of Notre Dame, May 17, 1981. https://millercenter.org/the-presidency/presidential-speeches/may-17-1981-address-university-notre-dame

4 Ronald Reagan, Remarks at the Annual Convention of the

National Association of Evangelicals, March 8, 1983. https://
www.reaganfoundation.org/library-museum/permanent-exhibitions/
berlin-wall/from-the-archives/remarks-at-the-annual-convention-of-
the-national-association-of-evangelicals-in-orlando-florida/

5   대중의 금리 이해에 관한 수치는 다음을 보라. "Financial Literacy Survey",
    April 19, 2007, Princeton Survey Research Associates International,
    prepared for the National Foundation for Credit Counseling.

6   Lester J. Cappon, ed., *The Adams-Jefferson Letters*(Chapel Hill, 1959), vol.1.
    pp.l-li.

7   George Orwell, "James Burnham and the Managerial Revolution", *New
    English Weekly*, May 1946. www.k-1.com/Orwell/site/work/essays/
    burnham.html

8   Diane Ravitch and Arthur Schlesinger, Jr., "The New, Improved History
    Standards", *Wall Street Journal*, April 3, 1996.

9   Arthur Schlesinger, Jr., "History and National Stupidity", *New York Review of
    Books*, April 27, 2006.

Adams, Henry. *History of the United States*, vols.1-2. New York: Antiquarian Press, 1962.

Adams, John, and Thomas Jefferson. *The Adams-Jefferson Letters*, vols.1-2, ed. Lester J. Cappon. Chapel Hill: University of North Carolina Press, 1959.

Ahlstrom, Sydney E. *A Religious History of the American People*. New Haven: Yale University Press, 1972.

Allen, Frederick Lewis. *Only Yesterday*. New York: Harper & Bros., 1931.

Angell, Marcia. *Science on Trial: The Clash of Medical Evidence and the Law in the Breast Implant Case*. New York: W. W. Norton, 1986.

Avrich, Paul. *The Haymarket Tragedy*. Princeton: Princeton University Press, 1984.

Bagdikian, Ben H. *The New Media Monopoly*. Boston: Beacon Press, 2004.

Barnard, H. D. *Education and the French Revolution*. London: Cambridge University Press, 1969.

Beard, Charles A., and Mary B. Beard, *The American Spirit: A Study of the Idea of Civilization in the United States*, vol.4. New York: Macmillan, 1942.

Beecher, Lyman. *Autobiography, Correspondence, Etc.*, ed. Charles Beecher. New York: Harper, 1865.

Bell, Daniel, ed. *The Radical Right*. New Brunswick, N.J.: Transaction Publishers, 2002.

Bentley, William. *The Diary of William Bentley*, vols.1-4. Salem, Mass.: Essex Institute, 1905.

Blumenthal, Sidney. *The Rise of the Counter-Establishment*. New York: Times Books, 1986.

Bode, Carl. *The American Lyceum: Town Meeting of the Mind*. New York:

Oxford University Press, 1956.

Bork, Robert H. *Slouching Towards Gomorrah: Modern Liberalism and American Decline.* New York: HarperCollins, 1996.

Braudy, Leo. *The Frenzy of Renown: Fame and Its History.* New York: Oxford University Press, 1986.

Brennan, Mary C. *Turning Right in the Sixties: The Conservative Capture of the Republican Party.* Chapel Hill: University of North Carolina Press, 1995.

Burton, David H. *The Learned Presidency: Theodore Roosevelt, William Howard Taft, Woodrow Wilson.* Rutherford, N.J.: Fairleigh Dickinson University Press, 1988.

Butler, Jon. *Awash in a Sea of Faith.* Cambridge, Mass.: Harvard University Press, 1990.

Carnegie, Andrew. *The Autobiography of Andrew Carnegie.* Boston: Houghton Mifflin, 1924.

Cherny, Robert W. *A Righteous Cause: The Life of William Jennings Bryan,* ed. Oscar Handlin. Boston: Little, Brown, 1985.

Clancy, Susan A. *Abducted: How People Come to Believe They Were Kidnapped by Aliens.* Cambridge, Mass.: Harvard University Press, 1995.

Crews, Frederick. *The Memory Wars.* New York: New York Review of Books, 1995.

Curti, Merle. *American Paradox: The Conflict of Thought and Action.* New Brunswick, N.J.: Rutgers University Press, 1956.

———. *The Growth of American Thought.* New York: Harper, 1943.

———. *Human Nature in American Thought: A History.* Madison: University of Wisconsin Press, 1980.

Decter, Midge. *An Old Wife's Tale.* New York: Regan Books, 2001.

Emerson, Ralph Waldo. *Selected Essays,* ed. Larzer Ziff. New York: Penguin, 1982.

Farrand, Max, ed. *The Records of the Constitutional Convention of 1787,* vol.1. New Haven: Yale University Press, 1937.

Feldman, Glenn, ed. *Politics and Religion in the White South.* Lexington: University Press of Kentucky, 2005.

Fiske, John. *Essays Historical and Literary.* New York: Macmillan, 1907.

Frank, Thomas. *What's the Matter with Kansas?* New York: Metropolitan Books, 2004.

Gilligan, Carol. *In a Different Voice: Psychological Theory and Women's Development*. Cambridge, Mass.: Harvard University Presss, 1982.

Gitlin, Todd. *Media Unlimited*. New York: Metropolitan Books, 2001.

──. *The Whole World Is Watching: Mass Media in the Making and Unmaking of the New Left*. Berkeley: University of California Press, 2003.

Goldman, Emma. *My Disillusionment in Russia* (1923). Gloucester, Mass.: Peter Smith, 1983.

Goodwin, Doris Kearns. *No Ordinary Time: Franklin and Eleanor Roosevelt: The Home Front in World War II*. New York: Simon & Schuster, 1994.

Griffith, Robert. *The Politics of Fear: Joseph R. McCarthy and the Senate*. Lexington: University Press of Kentucky, 1970.

Hall, Bayard Rush (under pseudonym Robert Carlton), *The New Purchase: or, Seven and a Half Years in the Far West*, vols. 1–2. New York: D. Appleton & Co., 1855.

Handy, Robert T. *A Christian America: Protestant Hopes and Historical Realities*. New York: Oxford University Press, 1983.

Harding, Sandra. *The Science Question in Feminism*. Ithaca, N.Y.: Cornell University Press, 1986.

Harris, Sam. *The End of Faith: Religion, Terror, and the Future of Reason*. New York: W. W. Norton, 2004.

Herman, Judith Lewis. *Trauma and Recovery*. New York: Basic Books, 1992.

Hill, Samuel S., ed. *Religion in the Southern States*. Macon, Ga.: Mercer University Press, 1983.

Hofstadter, Richard. *Anti-Intellectualism in American Life*. New York: Knopf, 1963.

──. *Social Darwinism in American Thought*. Boston: Beacon Press, 1992.

──, and Walter P. Metzger. *The Development of Academic Freedom in the United States*. New York: Columbia University Press, 1955.

Howe, Irving. *A Margin of Hope: An Intellectual Autobiography*. New York: Harcourt Brace Jovanovich, 1982.

──, and Lewis Coser. *The American Communist Party*. New York: Da Capo Press, 1974.

Isserman, Maurice. *If I Had a Hammer*. New York: Basic Books, 1987.

──, and Michael Kazin. *America Divided: The Civil War of the 1960s*. New York: Oxford University Press, 2004.

Jacoby, Harold. *Practical Talks by an Astronomer.* New York: Charles Scribner's Sons, 1902.

Jacoby, Susan. *Freethinkers: A History of American Secularism.* New York: Metropolitan Books. 2004.

————. *Half-Jew: A Daughter's Search for Her Family's Buried Past.* New York: Scribner, 2000.

James, William. *Collected Essays and Reviews.* New York: Longmans, Green, 1920.

Jefferson, Thomas. *Basic Writings of Thomas Jefferson,* ed. Philip Foner. New York: Wiley Book Co., 1944.

————. *The Life and Selected Writings of Thomas Jefferson,* ed. Adrienne Koch and William Peden. New York: Modern Library, 1944.

Kazin, Michael. *A Godly Hero: The Life of William Jennings Bryan.* New York: Knopf, 2006.

Ketcham, Ralph. *James Madison: A Biography.* New York: Macmillan, 1971.

Koch, G. Adolf. *Republican Religion: The American Revolution and the Cult of Reason.* New York: Henry Holt, 1933.

Kristol, Irving. *Reflections of a Neoconservative.* New York: Basic Books, 1983.

Kurlansky, Mark. 1968: *The Year That Rocked the World.* New York: Ballantine Books, 2004.

Lemon, Richard. *The Troubled American.* New York: Simon & Schuster, 1970.

Loftus, Elizabeth, and Katharine Ketcham. *The Myth of Repressed Memory.* New York: St. Martins Press, 1994.

Lowell, James Russell. *My Study Windows.* Boston: Houghton Mifflin, 1885.

Lydenberg, Henry Miller. *History of the New York Public Library.* New York: New York Public Library, 1923.

Macedo, Stephen, ed. *Reassessing the Sixties: Debating the Political and Cultural Legacy.* New York: W. W. Norton, 1997.

Marcus, Daniel. *Happy Days and Wonder Years: The Fifties and Sixties in Contemporary Cultural Politics.* New Brunswick, N.J.: Rutgers University Press, 2004.

Matheson, Terry. *Alien Abductions: Creating a Modern Phenomenon.* Buffalo: Prometheus Books, 1998.

Mead, Sidney E. *The Lively Experiment: The Shaping of Christianity in America.* New York: Harper & Row, 1963.

Messerli, Jonathan. *Horace Mann: A Biography*. New York: Knopf, 1972.

Meyer, Adolphe E. *An Educational History of the American People*. New York: McGraw-Hill, 1957.

Miller, Arthur. *Timebends: A Life*. New York: Grove Press, 1987.

Miller, Stephen. *Conversation: A History of a Declining Art*. New Haven: Yale University Press, 2006.

Navasky, Victor S. *Naming Names*. New York: Viking Press, 1980.

Nye, Russell Blaine. *The Cultural Life of the New Nation: 1776-1830*. New York: Harper, 1960.

————. *Society and Culture in America, 1830-1860*. New York: Harper & Row, 1974.

————. *The Unembarrassed Muse: The Popular Arts in America*. New York: Dial Press, 1970.

O'Neill, William. *Readin, Ritin, and Rafferty!: A Study of Educational Fundamentalism*. Berkeley: Glendessary Press, 1969.

Patner, Andrew. *I.F. Stone: A Portrait*. New York: Pantheon Books, 1988.

Perry, Bliss. *The Praise of Folly, and Other Papers*. Boston: Houghton Mifflin, 1923.

Podhoretz, Norman. *Breaking Ranks*. New York: Harper & Row, 1979.

————. *Making It*. New York: Random House, 1967.

Radway, Janice A. *A Feeling for Books: The Book-of-the-Month Club, Literary Taste, and Middle-Class Desire*. Chapel Hill: University of North Carolina Press, 1997.

Rand, Ayn. *The Fountainhead*. New York: Bobbs-Merrill, 1943.

Roosevelt, Theodore. *History As Literature and Other Essays*. London: John Murray, 1913.

Sagan, Carl. *The Demon-Haunted World*. New York: Random House, 1996.

Saunders, Robert M. *In Search of Woodrow Wilson: Beliefs and Behavior*. Westport, Conn.: Greenwood Press, 1998.

Schlesinger, Arthur, Jr. *The Disuniting of America*. New York: W. W. Norton, 1992.

Silverman, Al, ed. *The Book of the Month: Sixty Years of Books in American Life*. Boston: Little, Brown, 1986.

Sperber, A. M. *Murrow: His Life and Times*. New York: Bantam Books, 1986.

Squires, James D. *Read All About It: The Corporate Takeover of America's*

Newspapers. New York: Times Books, 1993.

Streiker, Lowell D., and Gerald S. Strober. *Religion and the New Majority*. New York: Association Press, 1972.

Sumner, William Graham. *Challenge of Facts and Other Essays*. New Haven: Yale University Press, 1914.

Talmadge, Irving DeWitt, ed. *Whose Revolution?: A Study of the Future Course of Liberalism in the United States*. New York. Howell, Soskin, 1941.

Tocqueville, Alexis de. *Democracy in America*, vol.2(1840). New York: Knopf, 1960.

Trilling, Diana. *The Beginning of the Journey*. New York: Harcourt Brace, 1993.

―――. *We Must March My Darlings*. New York: Harcourt Brace Jovanovich, 1977.

Trilling, Lionel. *The Liberal Imagination*. New York: Viking Press, 1950.

Veblen, Thorstein. *The Higher Learning in America*. New York: Sagamore Press. 1957.

―――. *The Theory of the Leisure Class*(1899). New York: Modern Library, 1995.

Wallace, Mike. *Mickey Mouse History and Other Essays on American Memory*. Philadelphia: Temple University Press, 1993.

Walling, William English. *The Larger Aspects of Socialism*. New York: Macmillan, 1913.

Walters, Kerry S. *Elihu Palmer's "Principles of Nature"* , Wolfeboro, N.H.: Longwood Academic, 1990.

Ward, Lester Frank. *The Psychic Factors of Civilization*. New York: Johnson Reprint Corp., 1970.

★≡ 옮긴이의 말 ≡★

모든 글쓰기와 마찬가지로 옮긴이 글을 쓰는 것도 늘 기대와 한계 사이의 간극을 뼈저리게 느끼는 일이다. 좋아하는 작가들의 칼럼과 책을 보며 글쓰기에 대한 눈높이는 높아졌지만 여전히 시야는 좁고 지식은 일천하다. 그런 상태에서 아무리 엉덩이로 글을 쓴다 한들 흡족한 결과물이 나올 리 만무하다. 멀게는 건국시대부터 오늘날 트럼프 정권까지 미국사를 다양한 키워드로 훑는 이 장서를 일목요연하게 정리하고 그 의의와 한국에 주는 교훈도 밝히겠다는 각오로 한 달 넘게 씨름했지만 줄거리만 반쯤 요약한, 대학생 1학년 서평 수준의 글을 쓰다 말았다. 내 수준을 인정하고 다 지우고, 번역하면서 상기한 개인적 일화와 인상 비평 정도로 글을 대신한다.

　내가 다닌 고등학교는 미션스쿨이다. 일주일에 한 번 하는 채플에서는 꼬장꼬장한 할아버지 교목 선생님이 두꺼운 성경책을 오른팔에 끼고 설교도 아니고 철학 수업도 아닌 예배 수업을 진행했다. 야간자율학습, 정확히는 타율학습 혹은 타율수면시간 전 저녁시간에는 순례자라는 이름의 합창단 학생들이 운동장 강단에 삼선슬리퍼를 끌고 나와 성가 연습을 하곤 했다. 과학 수업 시간. 신앙이 있는 선생님은 진화론이 나오는 단원에서 신앙과 학문 사이에서 나름 중립을 지키고 싶으셨는지 진화론 대 창조론 토론 팀을 꾸려 수업을 진행했다. 이 책에 나오는 홀리 롤러만큼이나, 그러니까 아는 사람은 아는 한얼산기도원에 가서 나무 한 그루 뽑을 정도의 열심으로 기도와 방언을 하던 나는 물론 창조론 입장에 섰다. 사실 토론 내용은 기억나지 않는데 애초에 과학적 논리랄 게 없는 창조설과 당시에는 교과서에 더 개괄적이고, 아마도 조야하게 제시됐을 진화론을 두고 고등학생들이 벌인 토론 수준이란 게 뻔했을 것이다. 교회에 다니는 학생들은 시험에 나오는 진화론 관련 문제에 믿음대로 답을 표기해야 할지 아니면 신앙을 저버리고 점수를 택해야 할지를 두고 진지하게 고민했다. 뜨거운 열정을 품고 있던 국어 선생님은 50분의 수업 시간 가운데 10분을 창조과학에 할애했다. 너덜너덜해진, 제본한 자료집을 펼쳐 어선에 잡힌 큰 어룡 사진을 보여주며 성경에서 나오는, 공룡으로 추정되는 동물이 사실임을 주장하던 모습이 스냅사진처럼 기억에 남아 있다.

대학은 경북 포항에 있는 더 보수적인 기독교대학에 갔다. 제도적 민주화 이후 학생운동이 끝나갈 무렵, 하지만 수도권 대학에서는 아직 학생운동이 이어지던 시기, 내가 다니던 학교에서는 운동이란 기도운동 아니면 농구나 축구를 의미했다. 필수 교양과목으로 '창조와 진화'를 가르쳤고 채플이 의무였으며 유명한 CCM 가수들이 자주 찾아와 교정을 가스펠로 채웠고 학생들은 자의 반 타의 반으로 혼전순결서약식에 참여하기도 했다. 주류 복음주의 관점과 다른 교수의 수업을 듣고 이단이라고 고발하는 학생들도 있는 그런 학교였다. 뉴스로 소식을 접하건대 지금도 학교의 분위기는 달라지지 않은 듯하다.

제대 후 친구의 소개로 종교계·교육계 스펙트럼에서 왼쪽에 위치한 성공회대에서 여름사회과학 특강을 들었다. 신영복 선생님 강의를 비롯해 새로운 시각으로 세상을 보여주는 강의를 듣기 위해 멀리 경기도 성남에서 왕복 4시간을 지하철로 오갔다. 이런 내가 기특했는지 안쓰러웠는지 성공회대 선후배들은 뒤풀이에 초대하고 E. P. 톰슨의《영국 노동계급의 형성》읽기 세미나 같은 모임에도 참여하게 해주었다. 복학 후에도 성공회대 사람들과 연을 유지해 결국 함께 가톨릭계 대학원 정치학과에 들어갔는데 얄궂게도 대부분 학업을 중단하고 나만 졸업했다. 성공회 덕분에 진보적인 학계 언저리에 기웃거리고 사회적 소수자의 목소리를 내는 책도 몇 권 번역했으니 나도 오래전 성공회 신부들이 한국에 뿌린 복음의 씨앗의 열매라고 할 수 있지 않을까 생각해본다. 다른 한편으로 신앙을 저버리는 계기가 되기도 했으니 아이러니한 결실이기도 하다. 요컨대 이 책을 통해 다시 돌아보건대 미국에서 멀리 떨어진 한반도에서 살아온 나 또한 다양한 스펙트럼의 서구 기독교의 세례를 받으며 자랐다.

번역을 하고 교정을 보는 동안에도 미국에서도 한국에서도 비합리적 양상들이 계속 나타났다. 2016년에 선거 조작설을 제기했던 트럼프는 2020년에도 코로나19 여파로 대선 우편 투표를 확대하려는 조짐에 조작설을 다시 거듭 제기하고 있고, 한국에서는 21대 총선에서 낙선한 보수당 후보가 유튜버들과 함께 일부 지역 사전투표 득표율이 일치한다며 부정선거 의혹을 제기했다. 트럼프는 여전히 바이블벨트와 KKK를 정치적으로 이용하고 한국에서는 침례교 장로 출신 보수정당 대표가 태극기뿐 아니라 성조기와 이스라엘기도 흔드는 태극기부대를 국회에 난입시키는 일도 발생했다.

사이비과학, 가짜뉴스, 그리고 언론과 동영상사이트. 이 셋, 그리고 이들 사이의 군산복합체 같은 관계에 대해 말하자면 9·11 테러 및 달 착륙 음모론은 이 분야의 고전으로 자리 잡아 잊을 만하면 방송을 타고 있고 동영상사이트의 암묵적 혹은 의도적 방치 가운데 영향력을 확대하고 있다. 사이비과학이라고 칭하기에도 민망한 평평한 지구론은 국제 학회 회원 규모가 10만 명을 넘었고 지난 2월에는 지구가 평평하다는 것을 증명하겠다고 로켓을 타고 하늘로 향한 비행사가 추락해 사망하는 웃지 못할 사건도 발생했다. 한국의 보수 종편채널에서는 게르마늄 팔찌처럼 효능이 전혀 검증되지 않은 물건과 식품이 의학적 효과가 있는 듯 보도되고 심지어 의사가 방송에서 유산균을 먹고 불임 여성이 임신했다는 발언으로 논란을 일으키기도 했다. 과거부터 지금까지 오랫동안 제기된, 가장 터무니없고 악의적인 가짜뉴스는 단연코, 골상학과 비슷한 논리를 들이대 5·18광주민주화운동이 북한군의 소행이라는 주장일 것이다.

무엇보다 현 코로나 사태와 그 대응 양상은 인간과 현 사회의 합리성을 시험하는 바로미터다. 지금까지 나타난 가장 원초적이고 일반적인 대응은 인종주의적 혐오다. 바이러스는 인종과 국적을 가리지 않고 퍼진다는 점에서 국적이나 인종에 상관없이 바이러스가 확산된 지역에서 온 사람들의 출입을 제한하거나 엄격한 검사, 격리 조치를 시행하는 게 합리적인 대응임에도 불구하고 적잖은 한국 시민들은 중국인 일반에 대한 입국 제한조치를 주장했다. 심지어 이탈리아, 미국, 스페인, 호주를 비롯해 선진국들조차도 동양인 일반에 대해 인종주의적으로 대응하는 양태를 보였다. 코로나와 연관된 비과학적 반응 하나는 면역력 강화 음식으로 코로나를 예방한다는, 과학적 검증을 거치지 않은 사실상의 식품 광고로, 그런 주장들은 SNS와 심지어 언론에도 아무렇지 않게 도배되고 있다. 아마도 비과학적 사고의 끝판왕은 코로나19 치료의 한 방법으로 "주사로 살

균제를 몸 안에 집어넣는 방법 같은 것은 없을까"라는 트럼프 대통령의 말일 것이다. 요컨대 혈액형과 성격이나 오늘의 운세 같은 사이비과학은 사회에 큰 해를 미치지 않을지라도 코로나19 확산 같은 심각한 위기 상황에 비과학적 대응, 그것도 한 나라, 아니 사실상 전 세계 지도자라 할 수 있는 대통령의 그런 대응은 그 나라뿐 아니라 무수한 세계 시민들의 목숨을 앗아가고 있다.

이 같은 시대적 상황, 저자가 제기하는 문제의 보편성, 그리고 한국이 미국으로부터 정치, 경제, 역사, 종교, 문화 등 사실상 거의 모든 측면에서 세례를 받아온 나라라는 점을 고려할 때 미국 사회에 만연한 비합리성과 반과학성을 추적하는 이 책은 여러 면에서 우리에게도 큰 의미가 있다. 이 책을 통해 우리 안의 비이성적 태도의 뿌리와 역사를 살펴보는 한편, 저자가 소중하게 돌아보는 미들브라우 문화, 즉 새로운 지식과 과학을 배우려는 욕구, 책에 대한 사랑, 합리주의적 태도, 그리고 사실에 대한 관심 등 순수한 지적 욕구의 문화를 회복 혹은 개척하기를 기대해본다.

사실 한 진화학자의 자서전 저작권을 문의하기 위해 연락드렸는데 이렇게 흥미롭고 유의미한 책을 번역할 기회를 주고 여러 면에서 배려해주신 오월의봄에 감사한다. 크고 작은 오류들을 바로잡아주고 문장을 매끄럽게 고쳐주신 편집자님께 고마운 마음을 전한다. 배려심 많은 친구이자 번역이 어려울 때 늘 친절한 '전화 찬스' 같은 존재 현웅이에 대한 감사도 빼놓을 수 없다. 번역 일을 하는 동안 훌쩍 큰 이음이에게, 늘 이해해주고 격려해준 사랑하는 아내 민정에게 고맙고 사랑하는 마음을 전한다.

박광호

★☰ 찾아보기 ☰★

───────★───────
ㄱ

가십 걸 413
가짜 뉴스 11, 378, 379, 452, 454~457,
   461, 485
감독교회 93, 97, 98, 133, 300
감리교 98, 129, 130, 300, 315
'개 호각' 호소 447
개닛 377
갤럽 2세, 조지 329
거리언, 마이클 365
거스리, 우디 269
계란머리 16, 18, 19, 31, 153, 169, 182,
   183, 186, 249
고립주의 152, 165
고서치, 닐 319
골드먼, 에마 153, 154
곱창 교육 287, 288
공산주의 49, 135, 140, 145, 151, 153,
   155~175, 177, 209, 222, 312, 315,
   339
과시적 소비 141, 197
관, 프랭크 395

교황 무오류설 312, 313, 317
교황파 100, 312, 316
국립과학재단 28
국립예술기금 24, 29, 46, 391
국립인문기금 24, 46, 477
군학복합체 236
권리장전 103, 478
그레이엄, 빌리 169, 170, 260, 261
근대화 20, 328, 329
기억 회복 이론 350, 351
기틀린, 토드 226, 283, 290, 381
기후학 354, 355
깅그리치, 뉴트 151, 152, 229

───────★───────
ㄴ

⟨나에게 망치가 있다면⟩ 270
낙수 효과 134
낙태후증후군 335
《남자아이 심리백과》 365
'남자아이의 위기' 마케팅 365~367
남침례회 252~255, 300

'남학생의 뇌, 여학생의 뇌' 실험 338
'낸시 드루' 시리즈 414
노변담화 40, 398, 399, 435, 436
뉴딜 연합 261
뉴에이지 339, 341, 344
니부어, 라인홀드 260, 261
닉슨, 리처드 22, 50, 183, 229,
    246~249, 260, 261, 270, 272, 279,
    399, 441

───────────★───────────
ㄷ

다른 60년대 228, 229, 246, 246, 249,
    250, 293, 300, 301
《다빈치 코드》 203
다윈, 찰스 63, 65~67, 71, 72, 122,
    123, 127, 129, 131~136, 138,
    143~146, 155, 156, 299, 327
〈닥터 스트레인지러브〉 223, 339
단성 교육 363~365, 370
단호한 개인주의 115, 137, 138
대로, 클래런스 63, 154, 187
대안우파 468
대안적 사실 15, 16, 25, 47
대중지식인 121, 134, 327, 476, 480
대학생선교회 256, 257, 268
대화 대용품 420, 421
데이비스, G. 헨턴 254
데이비스, 비올라 27
도금시대 121, 122, 125, 135, 137
도킨스, 리처드 326, 327, 486

돕슨, 제임스 307
동조자 49, 154, 157, 159, 161,
    163~165, 169, 227, 228
듀런트, 윌 186, 190, 194, 195
듀보이스, 윌리엄 E. B. 243
듀이, 존 159, 194
드루리, 앨런 204
디보스, 벳시 73, 357, 358, 480
디스커버리재단 71
디지털 밈 486
디프사우스 304
딜런, 밥 275~277, 407, 434

───────────★───────────
ㄹ

라이시엄 운동 110~113, 125, 181
래비치, 다이앤 476~480
래퍼티, 맥스 280
랜드, 에인 146
러다이트 54, 382, 388, 398
러드, 마크 237, 282, 290
레넌, 존 268
로 대 웨이드 판결 301, 313, 316, 324
로버츠, 존 G. 316, 317
로버트슨, 팻 59, 307
로스, 필립 25, 37, 184, 221, 224, 225,
    414
로스트로포비치, 므스티슬라프 273,
    274
로우브라우 111, 182, 187, 206
로젠버그, 줄리어스 160, 167, 417

록펠러, 존 D. 121, 132

〈롤 오버 베토벤〉 279

루빈, 제리 281~283

루스, 헨리 207, 215

루스벨트, 시어도어 145

루스벨트, 프랭클린 D. 17, 18, 37, 39,
　40, 158, 163, 165, 185, 292, 398,
　399, 435~437

루엘라 라브 먼델 사건 170

리리, 티모시 282~285

리버라치 45, 209

리센코, 트로핌 D. 151

리센코가설 358

《리틀 블루 북스》 시리즈 194, 195

릭스, 크리스토퍼 276

린드, 스토턴 236

린드버그, 찰스 37, 282

링컨, 에이브러햄 26, 39, 113~115, 187

━━━━━━━━★━━━━━━━━
◼

마돈나 43, 44

마이어스, 해리엇 316

마치오브다임스 387

〈매드맨〉 15, 268

매디슨, 제임스 85, 86, 99, 101~103,
　113, 461

매카시, 조지프 R. 9, 19, 49, 50, 163,
　166~169, 223, 230, 269

매케인, 존 22, 308, 444, 464

매클러리, 수전 360

매클로스키, 존 315

맥도널드, 드와이트 196, 198, 206, 207,
　213~216, 228, 277, 403

맨, 호러스 80, 104, 107, 111

머로, 에드워드 R. 185, 209

메디케어 292, 469

모럴 머조러티 60

모르몬교 97, 99, 205, 269, 322, 323

모리슨, 토니 25, 242

모이어스, 빌 74

무신론 155, 170, 171, 193, 194, 199,
　312, 327, 371, 372

《문명 이야기》 186, 195

문화 보호주의 16, 33, 241

《미국 정신의 종말》 232

미국공산당 157~162, 164, 168, 170,
　174, 227

미국과학자연맹 397, 398

미국독립혁명 18, 111, 301

미국외교협회 308~310

《미국을 거울에 비추다》 243

미국을 위한 과학자 및
　엔지니어들(SEA) 475

《미국의 반지성주의》 9, 19

《미국인의 종교사》 261

미드, 시드니 89

미드, 월터 러셀 309~310, 314

미들브라우 111, 177, 181~217, 223,
　232, 238, 245, 289, 300, 367, 391,
　406, 408, 412, 440

미치너, 제임스 184, 202, 205

민권운동 168, 222, 239, 240

〈민중이여 일어나라〉 246, 270

밀러, 스티븐 416, 420

밀러, 아서 172~175, 201

밀레니얼 세대 52, 319, 460

───────★───────
ㅂ

《바보상자의 역습》 55, 392

바오로 6세 313

반가톨릭주의 312

반공주의 20, 162, 163, 165, 170~173, 176, 249

반전운동 222, 236, 246, 282, 283

배관공 조 444

백신 반대운동 340, 344~346, 476

백인 우월주의 129, 435

밴더빌트, 코닐리어스 129

베리, 척 279

베블런, 소스타인 141, 142, 233

〈베이비 아인슈타인〉 53, 55, 386, 390

베이비붐 세대 50, 51, 221, 343

베이비퍼스트TV 386

베조스, 제프 457

베토벤, 루트비히 반 278~280, 360

베트남전쟁 42, 223, 224, 227, 229, 236, 248, 251, 253, 259, 287, 343, 479

벨로, 솔 25, 157, 242

복음주의자 73, 92, 95, 126, 253, 256, 261, 268, 302, 303, 305~307, 309~312

볼셰비즘 153, 155

부담적정보험법 468

부분 출산 낙태 334

부시, 조지 H. W. 308, 476

부시, 조지 W. 10, 11, 37, 38, 47, 50, 72, 292, 293, 302, 305, 308, 309, 314~316, 320, 339, 364, 401, 435, 436, 441~443, 446, 448, 464

《분노의 포도》 165

불가지론 32, 63, 130, 132, 133, 135, 193

뷔페 가톨릭교도 259, 260

브라운, 댄 203

브라이언, 윌리엄 제닝스 63, 74, 123, 143, 144, 146, 155, 159, 169, 253, 306, 310

〈브레이니 베이비〉 390

브로드스키, 조지프 274, 275, 402

브룩스, 데이비드 213~215, 367~369

브룩스, 반 위크 182

브리젠딘, 루안 365

블랙파워 239, 282, 287

블룸, 앨런 232, 237, 239~242, 276

블룸, 주디 368

블룸, E. 수 351

비디오게임 11, 45, 55, 380, 390, 392~395, 397~399, 415, 416, 418, 443

비만 연구 352, 353, 480

비스와나탄, 카아뱌 412~415

비오 9세 313

비처, 라이먼 93, 105

비처, 헨리 워드 125, 126, 135, 136
비틀스 221, 268, 269, 277~279
비판적 사고 99, 469, 486
《빌러비드》 242
빨갱이 사냥 152, 173
뾰족머리 251, 257, 299, 388, 389

─────────── ★ ───────────
ㅅ

사고하는 인간 86, 87, 115, 116
사미즈다트 274
사이먼, 폴 275, 277
사이비과학 121~123, 130, 133, 137,
    143, 145, 147, 151, 333, 352, 358,
    476
사회다윈주의 121~123, 127, 130~133,
    137, 138, 140, 141, 143~146, 151,
    155, 333
사회보장제도 292
사회적 선택 133, 137, 145
사회주의 134, 135, 142, 157, 169, 170,
    176, 194, 221, 445
서머스, 로런스 H. 361~363
서스킨드, 론 47
《서양의 위대한 책》 시리즈 196,
    198~200, 230
석지영 373
선데이, 빌리 59, 252
섬너, 윌리엄 그레이엄 121~123, 131,
    133, 134, 141, 142, 144
성서문자주의 58, 59, 73, 123, 130,

146, 155, 254, 259, 300, 304~307,
    315, 322
성혁명 250, 256
《세계사 대계》 190~193, 197, 198
세로토닌 336, 338
〈세서미 스트리트〉 51, 387
세속의 정부 318, 323
세속주의 261~263, 304, 322
세이건, 칼 333
셰익스피어, 윌리엄 25~27, 114, 185,
    197, 242, 143, 250, 368, 391
소로, 헨리 데이비드 80, 111, 117, 153
소비에트 과학 155, 156, 169
소토마요르, 소니아 317
솔제니친, 알렉산드르 273
수정헌법 제1조 72, 92, 471, 472, 482
수정헌법 제5조 173
수정헌법 제14조 324
《숨겨진 생존자들》 351
슐레진저 2세, 아서 19, 292, 476~480
스캘리아, 앤터닌 317~319, 321
스콥스 재판('원숭이 재판') 63, 64, 73,
    143, 155, 191, 304
스크린 미디어 389, 459
스타이넘, 글로리아 222, 291
스타인벡, 존 165
스탈린(주의) 152, 157~161, 163~167,
    206, 222, 274, 412
스톤, I. F. 423
스톤, 어빙 184, 202~204
스티븐슨, 애들레이 17, 18, 39
스푸트니크 17, 280, 341

스펜서, 허버트 132, 133, 135, 138~141, 143, 145, 151, 155

시오니즘 310

신, 풀턴 J. 170, 315

신남부 304

신좌파 213, 217, 221, 234, 235, 237, 367

────────────★────────────

ㅇ

아마겟돈 61, 69, 257, 310

아메리칸드림 13, 27, 177

아이스킬로스 197, 427, 433, 434

아이젠하워, 드와이트 17, 18, 208, 211, 445

알스트롬, 시드니 E. 261

암스트롱, 닐 282, 342, 343

애덤스, 존 86, 427, 473

애덤스, 헨리 83, 84

앨런, 프레더릭 루이스 64, 201

앨저 히스 사건 162

어대토, 키쿠 400

〈어메이징 그레이스〉 435

〈어프렌티스〉 56, 456, 485

얼리토, 새뮤얼 A. 316, 317

업다이크, 존 415

에를리히, 폴 354

에머슨, 랠프 월도 79, 80, 82, 83, 86~88, 94, 98, 108, 110, 111, 113~117, 124~126, 132, 137, 153, 380, 463

엔터테인먼트소프트웨어협회 395, 397

엘리슨, 키스 472

엘스버그, 대니얼 222

엥겔 대 비탈리 판결 298

《여자의 뇌》 365

여호와의증인 99, 298, 322

예외주의 76, 263, 326, 328

오라일리, 빌 420, 421

오바마, 버락 후세인 10, 23~27, 38, 307, 317, 319, 361, 401, 402, 435, 436, 440, 443~447, 450, 460, 464, 468, 469, 472

오바마케어 468

〈오버 더 레인보우〉 165

오순절교 252, 329

오웰, 조지 41, 201, 330, 474

오펜하이머, J. 로버트 223

오푸스데이 315

옥시토신 336, 338, 361, 366

요한 23세 258~260, 313

요한 바오로 2세 313

요한계시록 29, 58, 60, 61

우생학 130, 131, 142, 144, 146, 151

울프, 버지니아 181, 185, 197, 201, 204

워싱턴, 조지 86, 108, 113

월리스, 조지 248, 251, 299

월링, 윌리엄 잉글리시 142, 143

웰스, 허버트 조지 190~194

웰치, 조지프 49

웹스터, 대니얼 111, 473, 474

위반 마케팅 283

윈첼, 알렉산더 129, 130

윈프리, 오프라 420, 421

유니테리언파 89, 94, 95, 97, 98, 103, 105

유맨스, 에드워드 리빙스턴 127

유명인 문화 281~285, 290, 293

《유한계급론》 141

음모론 335, 344, 353, 406

이달의 책 클럽 181, 184~186, 196, 197, 199~202, 209

〈이 땅은 너의 땅〉 269, 279

이민 배척주의 153, 446

이서먼, 모리스 244, 256

이피 281

《인구 폭탄》 354

인구통계학 353~355

인상적인 한마디 33, 401

인편테인먼트 387

인포테인먼트 29, 33, 48, 68, 187, 213, 382, 385, 400, 408, 459, 463, 474, 480, 483~485

일괄 기성 상품 412

잉거솔, 로버트 그린 32, 126, 187, 194

─────── ★ ───────
ㅈ

자기중심주의 시대 224

자유발언운동 235

자코뱅파 100, 101, 154

자폐증 340, 344~346, 348~350, 476

잭슨, 앤드루 448

적색 공포증 152~155, 166, 168, 169,

177

《전 세계가 지켜보고 있다》 290

전미도서비평가협회 406, 407

전미백신정보센터 347

전미역사교육센터 477, 478

전미침례회 255, 301

전자오두막 55

전통 매체 378, 457, 458

정치적 올바름 334, 363, 371, 372

제1차 바티칸공의회 313

제2차 바티칸공의회 258, 259, 313, 315

제대군인원호법 176, 207, 233

제임스, 윌리엄 132, 138, 145

제퍼슨, 토머스 62, 83, 85, 86, 92, 99, 102, 103, 108, 113, 427, 446, 472, 473, 479

조승희 481

《조언과 동의》 204, 205

존슨, 린든 208, 228, 237, 446

존슨, 스티븐 55, 56, 392~394

《종교의 종말》 321

《종합 철학 체계》 132

좌경분자 153, 161, 165, 166, 171, 177, 205, 213

《죽도록 즐기기》 51

죽은 유럽 백인 남성들 238, 241

지구온난화 28, 333, 353, 356

진보시대 134, 137, 145, 152, 194

진화론 22, 28, 32, 63~73, 123, 126~131, 143~146, 155, 156, 169, 191, 193, 253, 255, 299, 302, 306, 320, 326, 327, 370, 475

질병관리예방센터 349
짜깁기 411, 412, 414

★
ㅊ

차터스쿨 73, 357, 364, 365
《철학 이야기》 195
체니, 딕 44, 50
체커스 연설 183
〈추억〉 161
칙릿 391, 412~415

★
ㅋ

카네기, 앤드루 121, 125, 131, 133, 141
카리스마파 329
카마이클, 스토클리 287
카멜롯 271, 434
카슨, 레이첼 202
카슨, 벤 447
카이저가족재단 389, 390
카잔, 엘리아 174, 175
카터, 지미 302, 310
칼뱅주의 73, 104, 105, 109
《캐치-22》 202, 224
커포티, 트루먼 201
케네디, 로버트 F. 247. 434, 479
케네디, 앤서니 317, 334, 335
케네디, 재클린 271
케네디, 존 F. 16, 18, 19, 39, 49, 50,

208, 213, 222, 223, 247, 299, 312,
399, 433~435, 439, 440, 441, 446,
479
케리, 존 439, 440, 442, 444
케이진, 마이클 144, 256
케이진, 앨프리드 207, 428, 440
코진, 앨런 278, 279
코핀, 윌리엄 슬론 222, 251, 252
콩도르세, 마르키 드 101
쿠퍼, 토머스 109, 113, 129
쿡, 재닛 455
쿨란스키, 마크 281
쿨리지, 캘빈 73
크리스웰, W. A. 252, 253, 300
크리스천사이언스 99, 298, 322
크리스톨, 빌 31
크리스톨, 어빙 30, 31, 159, 162, 221,
228
〈클래시컬 베이비〉 54
클리크 413
클린턴, 빌 151, 293, 310, 361, 444,
445, 446, 477
클린턴, 힐러리 로댐 10, 12, 23, 38,
311, 446, 452~455
키츠밀러 대 도버 판결 475
킹, 마틴 루서 39, 222, 240, 247, 270,
282, 425, 433
킹, 스티븐 57, 481
탈진실 448~452, 457, 464, 465, 474,
475, 486
토머스 B. 포덤 재단 67, 398
토크빌, 알렉시스 드 83, 97

통학 학교 250
《트라우마와 회복》 351
트럼프, 도널드 J. 12~16, 22~25,
　27~29, 31, 38, 43, 47, 48, 50, 56,
　70, 73, 75, 153, 229, 305, 311, 319,
　326, 345, 357, 364, 378, 379, 388,
　401, 402, 435, 437, 446~458, 464,
　465, 468~470, 473~476, 485, 486
트루먼, 해리 17, 169, 288
트릴링, 다이애나 163, 164, 188, 207,
　208, 404
트릴링, 라이어널 19, 163, 207
트위터 12, 15, 22, 23, 33, 401, 402,
　450, 456, 486

퓨리서치센터 64, 319, 383
퓨포럼 64, 306
프란치스코 교황 311~313, 452
프랑스혁명 100, 101, 109
프랭클린, 벤저민 85, 114
프랭클린, 존 호프 187, 188, 243
프로이트, 지크문트 96, 140, 196
프리단, 베티 222
프리덤 서머 240
플라톤 126, 194, 196, 423, 424
플린, 마이클 T. 379
피셔, 바버라 로 347~349
피터 폴 앤 메리 270, 434

★
ㅍ

〈패션 오브 크라이스트〉 59
페미니즘 46, 126, 221, 287, 291, 323,
　352, 359, 360, 368, 373, 429
페이스북 22, 32, 48, 454, 483
페인, 토머스 92~95, 109, 153, 154
페일린, 세라 22, 23, 25, 445
펜스, 마이크 73, 379
〈펭귄-위대한 모험〉 69
포드호레츠, 노먼 188, 206~208, 227,
　228
포스트먼, 닐 51, 52, 384, 385
포커스 온 더 패밀리 307
포프, 알렉산더 231
표절 411

★
ㅎ

'하디 보이스' 시리즈 414
하딩, 샌드라 359
하야카와, 새뮤얼 I. 250
하우, 어빙 159, 160, 162, 176, 207
하원 반미활동조사위원회 172, 173,
　175, 223, 270
하이브라우 111, 181~184, 186, 187,
　193, 195, 196, 202, 204~209, 213,
　216, 217, 238, 403
학교 인종 분리 251
할리우드 블랙리스트 167
합의 사학 21
해리스, 샘 321
해리스, 캐머런 453~455
허먼, 주디스 351

헉슬리, 토머스 헨리 32, 126~127, 145, 191

험프리, 허버트 H. 229, 248

헬러, 조지프 202, 224

헬먼, 릴리언 173

현실 정치 310

호메로스 368

호프스태터, 리처드 9, 10, 13, 16, 18~22, 46, 121, 132, 446, 461

홀리 롤러 252

홀브룩, 조사이어 110

황금 십자가 연설 146

회중교회 93, 94, 97

훅, 시드니 159, 163

흐루쇼프, 니키타 223

히틀러, 아돌프 159~161, 165, 185

힌두교 민족주의 328

★
기타

1차 대각성운동 301

2차 대각성운동 88, 90, 97, 103, 301, 302

〈6만 4000달러짜리 문제〉 210

〈700인 클럽〉 59

9·11 테러 10, 13, 50, 61, 75, 320, 446, 451, 464

A리스트 413

PISA(국제학업성취도평가) 356, 357

반지성주의 시대

초판 1쇄 펴낸날 2020년 7월 6일

지은이 수전 제이코비
옮긴이 박광호
펴낸이 박재영
편집 이정신·임세현
마케팅 김민수
디자인 조하늘
제작 제이오
펴낸곳 도서출판 오월의봄
주소 경기도 파주시 회동길 363-15 201호
등록 제406-2010-000111호
전화 070-7704-5018
팩스 0505-300-0518
이메일 maybook05@naver.com
트위터 @oohbom
블로그 blog.naver.com/maybook05
페이스북 facebook.com/maybook05
인스타그램 instagram.com/maybooks_05

ISBN 979-11-90422-36-9 03300

이 도서의 국립중앙도서관 출판시도서목록(CIP)은 e-CIP홈페이지(http://nl.go.kr/ecip)와
국가자료공동목록시스템(http://www.nl.go.kr/kolisnet)에서 이용하실 수 있습니다.
(CIP 제어번호 : CIP2020025573)

책값은 뒤표지에 있습니다. 잘못된 책은 바꾸어 드립니다.

만든 사람들
교정교열 황인석
디자인 조하늘